中国幼儿教育名著选读

余子侠　方玉芬　编　著

华中师范大学出版社

新出图证(鄂)字 10 号
图书在版编目(CIP)数据

中国幼儿教育名著选读/余子侠,方玉芬编著. —武汉:华中师范大学出版社,2008.03(2019.2 重印)
(华大博雅.教育学系列教材)
ISBN 978-7-5622-3710-5

Ⅰ.中… Ⅱ.①余… ②方… Ⅲ.幼儿教育学—著作—简介—中国 Ⅳ.G610

中国版本图书馆 CIP 数据核字(2008)第 015921 号

中国幼儿教育名著选读

主编:余子侠 方玉芬 ©
责任编辑:周文利 责任校对:罗 艺 封面设计:甘 英
编辑室:高校教材分社 电话:027-67867364
出版发行:华中师范大学出版社
社址:湖北省武汉市珞喻路 152 号
电话:027-67861367(发行部) 027-67861321(邮购)
传真:027-67863291
网址:http://press.ccnu.edu.cn 电子信箱:press@mail.ccnu.edu.cn
印刷:湖北恒泰印务有限公司 督印:王兴平
字数:350 千字
开本:787mm×960mm 1/16 印张:19.75
版/印次:2019 年 2 月第 1 版第 5 次印刷
定价:36.00 元
欢迎上网查询、购书

前　言

中华民族自古以来就重视幼儿教育，所谓“圣功养正于童蒙”、“豫教于未发之初”即是。养正于蒙，强调了对幼儿正面教育的重要性和必要性，端正其初始，成才于长成，“圣功”在初，自当早教；豫发于初，强调对幼儿不良行为与性情应防范于“未发”之时，其时施教，有事半功倍之效，以防习性养成而难于制范，掐蘖于初，防患未然，自当早教。这种教儿婴孩、养正于蒙的思想观念和实际经验，在中华民族的文明发展史和教育发展史上，不仅源远流长而且历代有成。借鉴和继承这些前人教育后代的理论和经验，因其本于自身国情、适于民族特性，在今日中国显得更为重要！缘此，依据“古为今用”的原则，我们选编了这本幼教名著资料，并为了读者的阅读方便而加以适当的注解。

在近代以前，中国并未专设有类同今日幼儿园的公共幼教机关，幼儿教育主要通过家庭教育和社会教育来实现。与之同时，中国历代的学校教育，在20世纪之前于孩子的入学年龄上亦未有统一的要求或规定，因而童、幼教育也没有严格的年龄分界线。加之古人亦看重胎教和婴儿的养护，并在强调“蒙以养正”之时从未将蒙养阶段作出一个定义性的规定。正因如此，在今人划定的所谓胎儿、婴儿、幼儿、少儿等人生阶段的胎儿教育（胎教）、婴儿教育、托儿所一幼儿园教育以及初级小学教育等时间段的教育经验总结和理论阐释，均在我们收集相关资料的视野之中和范围之内。所以这本资料集解其实是一种广义的幼教名著选读。这是需要首先给读者作出的交待。

本书的选文大体按作者时代（或著述问世年代）先后编次，并且按照大的历史时段分章对其时幼教理论的发展和贡献及其时代特色加以简略的介述。选文既有全文也有节录，主要选取能代表各教育家主要的教育论点或观点，即有代表性和典型性的教育文字。那些不太重要的部分则加以删除，并以省略号标明。选文采用一种版本为主并注明依据的版本，同时参照其他相关版本加以校勘。选文的编排是先指明作者并加以简略的介绍，主要是介绍其在教育史上的地位及主要教育（尤其幼教）观点或主张，并对选文的主要内容予以适当的解说。选文一律加注(除极少数篇章无须注释外)。注释一般根据前人所注(有的选文原在版本已有注释则大多借用),但加入选者的认识或理解,并补入选者认为应该加注的字、词、句的注释。注释旨在有利于古文功力稍浅和教育史知识稍欠的读者阅读和理解选文之意,以便更好地吸收或借镜前人在幼教方面的"经验之谈"。

由于本书是一种文章解读性质的幼教名著选本,因此希望读者诸君注意做到三点:其一,它既是一种理论知识的传授,力求使读者系统地理解前人对幼教重要性的阐释,又是一种经验知识的传承,力求使读者在接受书本知识的同时,"体验"到为人之亲、为人之师的教育职责与教育方式方法。其二,它既需要对自古以来前人如何实现"养正于蒙"的幼教目的而谕教于"心未滥"之时的历史经验的系统了解,又必须依据时代的变化和发展来化陈腐为神奇,所以读者必须结合中华民族文化传统和民族心理来解析前人的经验之谈,同时还应该注意到如何"取其精华、剔其糟粕"。其三,读者应该突破选文自身的文字内容的知识背景,紬绎前人理论和主张的共性认知,从前人那儿获得带有规律性的知识,并转化为未来实施人生初教的指导原则,以实现教养人才"正蒙"之"圣功"!

最后需要说明的是,在本书选编过程中,华中师范大学教育学院研究生汪丞、许风霜、方红参加了前期工作,在此表示诚挚的感谢。同时对本书借用的所有选文的原版本注释的选编者们,亦一并致以衷心的谢忱。

目　录

第一章 先秦时期幼教名著选读

所谓“先秦”，即秦代以前的历史时期，从远古人类社会初步形成起始，直到公元前221年秦始皇统一中国为止。这一时期极为漫长，经历了从“天下为公”到“天下为私”的历史转变。在远古人类社会初步形成和“天下为公”的时代，人类穴居杂处，无家庭之分，亦无父子名分。但对后代的养育，其时就有所注意，尤其在学会如何生存和维护群体利益方面的施教，成为教育后代的主要内容。家庭产生和婚姻制度形成后，人类对于子女有了一种“私有”概念，教育其勇知(智)贤能，训养其和睦孝敬，就成了人类一种重要的“社会性”活动。于是，自女子怀胎即开始重教(所谓“胎教”)，并且将“出就外傅”之前的人生教育，视作后代成人成材的根本。与之相应，国家和政府为了巩固既有的社会秩序，求得人类社会自身的进步发展，也开始形成了一种慈幼习俗和逐渐建立起保傅制度。前者重在对于社会基层弱幼的保护和教养，后者重在对于统治阶级尤其是最高层统治者的后代培育和养成。所以，早在中华民族的先民那里，幼儿教育就不仅仅是一个单纯的人生起步的“训”与“养”，而且是关系着个人、家庭、社会和国家前途发展的伟大事业，故而人们称其为“圣功”!

随着中华文明的进步，尤其是文字体系的形成，关于幼儿教育的经验言论与思想观念，可以通过文字记载下来传递后世。不过，最早有关幼儿教育的认识或主张，主要见之于后世人的追述和探析。但至春秋战国时期，一些思想家和教育家，如孔子、孟子等人的教育思想理论，以及有关经典著作如《管子》、《礼记》的相应篇章，均有不少可供后人解读的幼教理论成分，所以对于先秦时期的“幼教”，我们可以通过相关教育著作及经典篇章的研习，认识其时人们有关幼教的理论主张和经验总结。

春秋战国时期，是一个百家争鸣的历史时代，其时各家各派在思想文化领域中，对中国后世影响最大者，有儒、墨、道、法等学派。这些学术流派的人物在宣传各自的政治主张和教育思想的同时，也不同程度地阐述了自己的幼儿教育理念或表达了自己的幼儿教育观念，从而形成了中国幼教思想之源。

儒家的创始人是孔丘(孔子),其后学代表人物主要有孟轲(孟子)和荀况(荀子)。该学派十分重视教育,认为教育是"修(身)齐(家)治(国)平(天下)"的主要手段,教育除能对个体发挥"改性""成材"的作用外,更能用来促进社会安定和政治清明。而幼儿阶段的教育,更是一切或整个人生教育的基础。《大戴礼记·保傅》即记载孔子之言:"少成若天性,习惯之为常。"所以,儒家在教育主张上十分重视人的早期教育,坚持"蒙以养正"的思想认识,甚至把这种教育推至胎儿时期。由于儒家在政治主张上追求"天下大同"的社会理想,看重人的社会性或群体性,轻视人的个性,所以它的幼教主张重视儿童的社会化,对儿童的个性有所忽视。由此,在幼儿教育过程中,一方面重视以成人的意志和观念来灌输儿童,使儿童始终处于被动的受支配的地位,另一方面注重行为规范的养成,致力于伦理观念的灌输,借此来培养维护社会统治秩序的人才。这种幼教理念,造成儒家学派在幼教的内容和方法上十分重视"德教"和"明德":内容上以德育为中心,将道德训育置于其他教育活动之上,以社会和谐作为人格完善的底色和教育的终极目标;方法上看重伦理关系的建立和道德规范的训练,注重对儿童的正面感化或濡染。当然,儒家也未放弃反面惩戒的手段。《礼记》即言:"夏楚二物,收其威也。"《荀子》亦言:"治之经,礼与刑。"不过,这种"收威""用刑"即体罚教育,只是适量而行,总体上是"明德慎罚"。

墨家的创始人是墨翟(墨子)。该学派主要代表手工业劳动者的利益,相对重视科技知识和劳作技能的传授。在教育作用方面,墨家认为人的本性有如"素丝","染于苍则苍,染于黄则黄,所入者变,其色亦变","故染不可不慎也"。这种"慎染"的教育作用观念,使墨家亦看重人生初始阶段的教育,而且在教育的态度上,与儒家学派一样持成人本位论,更重视师道尊严而施行"严教"。故而在教育过程中,主张强化意志("志不强者智不达")、强力而行("君子力事日强")以及强行施教("上说下教"、"不叩必鸣")等。比较儒家而言,墨家对幼儿教育重视感性认知和直接经验,智育的倾向明显,在将知识分为三类即"闻知"、"说知"和"亲知"的同时,尤其重视"身观"而得的"亲知"。此外,墨家"非乐"和"节用"的思想主张,在于戒除贪图享受和骄奢淫逸,这对幼儿教育有很大的积极意义。与儒家"幼吾幼以及人之幼"的主张有所不同,墨家强调"爱人之亲,若爱其亲",淡化了亲子关系和人我之别,所以有儿童公育的思想倾向。

道家学派的代表人物,前有老聃(老子),后有庄周(庄子)。该学派以哲学思辨见长,更为重视个体人格的塑造,这与儒家看重群体人格有较大的区别。在教育观上,道家不主张施行严格的学校教育,认为"为学日益,为道日损",反对对幼儿教育施行"人为"(主要是以成人的意志和观念来施教)的早教,更反对以伦理规范来束缚幼儿的自然成长，坚持效法自然或顺应自然，施予“不教之教”，目的是使个性得到更为充分和自由的发展，形成和完善个体人格，带有儿童本位的色彩。因此，道家反对儒家的成人本位论，对儒家“夫子步亦步，夫子趋亦趋，夫子驰亦驰”的“非礼勿动”的做法进行抨击，并且认为“从师而不囿”才能“行其随成”。比较儒家开聪启智，道家则主张“塞其兑，闭其门”，重在“物教”，即读“天地本原书”。这种教育归根结底是使人“见素抱朴，少私寡欲”，实现人与自然的和谐。

法家学派源自管仲，主要代表人物有李悝、商鞅、韩非等。该学派认为人皆有“自爱自私”之心、“趋利避害”之虑，故而人性自私，必须严加管束，使其就范。在教育理念上，既反对儒、墨重视教育改性（或扩性），又反对道家听任自然否定人的积极作为。在成人本位论方面，法家比儒家走得更远，而且与儒、墨主张教育应以慈爱为前提相异，法家认为温文尔雅的学校教育不足为驯，主张对儿童教育应“立威”、“重惩”：“夫严家无悍虏，而慈家有败子，吾以此知威势之可禁暴，而德厚之不足以止乱也。”因此，在教育内容上，法家坚持培养儿童对君王或权威的“敬畏”、“服从”心理；在教育方法上，则重视“外铄”、“注入”和反面惩戒，重用体罚有如“畜鸟”：“驯鸟者断其下翎焉，断其下翎则必恃人而食，焉得不驯乎？”这种借重体罚强行驯化的教育方法，对后世中国封建时代的传统幼儿教育产生了深远的影响。

弟　子　职

《弟子职》，中国古代的学则，见《管子·杂篇》。

《管子》一书，内容庞杂，《汉书·艺文志》著录，明定为管仲所撰。管仲（？～前645），春秋初期齐国颍上人，名夷吾，字仲。相齐桓公时，改革齐国政治，使得齐国国力大振，九合诸侯，一匡天下。齐桓公因此成为春秋五霸之首。齐桓公尊其为“仲父”。关于《管子》一书，汉代刘向校录时，定为八十六篇。因其内容反映的思想观念汇合道、法以至兵、农诸家成分，故《汉书·艺文志》列于道家，《新唐书·艺文志》改列法家。据近人研究，该书并非管仲所作，乃战国时期齐国稷下学者托名管仲所作，其中且有汉代附益者。现存《管子》仅七十六篇，《弟子职》居其《杂篇》第十。

《弟子职》记弟子事师、受业、应客、坐作、洒扫、馔馈、进退等礼节，类似今天的“学生守则”。宋代朱熹说此篇“言童子入学受业事师之法”，“全似《曲礼》”。清代洪亮吉认为“乃古塾师相传以教弟子者”，清代庄述祖也认为是“古者家塾教

弟子之法”。郭沫若在《管子集校·弟子职》的按语中,断定《弟子职》之所以“被收入《管子》书中”,“当是齐稷下学宫之学则”。

《弟子职》是一篇宝贵的中国教育史文献。从形式看,有总纲,有分章,结构谨严整齐,文笔简奥庄重;从内容看,它既有政治方面的总体纲领性要求,更有指导行为的具体而详细的规定。可以说,它在其时是一个具有权威性的正式文件,是用来作为求学者之“则”的规约。其中一些具体教作之法,如洒扫时畚箕如何拿放都有明确交代,说明在其时童蒙教育非常细微周至。

先生施教,弟子是则[1]。温恭自虚[2],所受是极[3]。见善从之,闻义则服[4]。温柔孝悌[5],毋骄恃力。志毋虚邪[6],行必正直。游居有常[7],必就[8]有德。颜色整齐,中心必式[9]。夙兴夜寐[10],衣带必饬[11]。朝益暮习[12],小心翼翼[13]。一此不解[14],是谓学则。

少者之事,夜寐蚤作[15]。既拚盥漱[16],执事有恪[17]。摄衣共盥[18],先生乃作[19]。沃盥彻盥[20],泛拚正席[21],先生乃坐。出入[22]恭敬,如见[23]宾客。危坐乡师[24],颜色毋怍[25]。受业之纪[26],必由长[27]始。一周则然,其余则否[28]。始诵必作,其次则已[29]。

凡言与行,思中以为纪[30]。古之将兴者,必由此始[31]。后至就席,狭坐则起[32]。若有宾客,弟子骏作[33]。对客无让[34],应且遂行[35]。趋进受命[36],所求虽不在,必以反命[37]。反坐复业[38],若有所疑,捧手[39]问之。师出皆起[40]。至于食时[41],先生将食,弟子馔馈[42]。摄衽[43]盥漱,跪坐[44]而馈。置酱错食[45],陈膳毋悖[46]。凡置彼食[47],鸟兽鱼鳖。必先菜羹[48],羹胾中别[49]。胾在酱前,其设要方[50]。饭是为卒,左酒右浆[51]。告具而退,捧手而立[52]。三饭二斗[53],左执虚豆[54],右执梜匕[55]。周还而贰,唯嗛之视。同嗛以齿,周还有始[56]。柄尺不跪[57],是谓贰纪[58]。先生已食,弟子乃彻。趋走进漱,拚前敛祭[59]。先生有命,弟子乃食。以齿相要[60],坐必尽席[61]。饭必捧擥[62],羹不以[63]手。亦有据膝,毋有隐肘[64]。既食乃饱,循咡覆手[65]。振衽扫席,已食者作。抠衣而降,旋而乡席[66]。各彻其馈,如于宾客[67]。既彻并器,乃还而立[68]。

凡拚之道[69],实水于盘,攘臂袂及肘[70]。堂上则播洒,室中握手[71]。执箕膺揲,厥中有帚[72]。入户而立,其仪不贷[73]。执帚下箕,倚于户侧[74]。凡拚之纪,必由奥始[75]。俯仰磬折,拚毋有彻[76]。拚前而退[77],聚于户内。坐板排之[78],以叶适己,实帚于箕[79]。先生若作[80],乃兴而辞[81]。坐执而立[82],遂出弃之。既拚反立[83],是协是稽[84],暮食复礼。昏将举火[85],执烛隅坐[86]。错总之法[87],横于坐所[88]。栉之远近[89],乃承厥火[90]。居句如矩[91],蒸间容蒸。然者处下[92],捧椀以为绪[93]。右手执烛[94],左手正栉[95]。有堕代烛[96],交坐毋倍尊者[97]。乃取厥栉,遂出是去[98]。

先生将息,弟子皆起。敬奉枕席,问所何趾[99]。俶衽则请,有常则否[100]。先生既息,各就其友[101]。相切相蹉[102],各长其仪[103]。

周则复始,是谓弟子之纪[104]。

黎翔凤:《管子校注》(下),中华书局2004年版。

注 释

1.是则:即"则是",宾语前置,意谓效法这个。则,效法。

2.温恭自虚:温和、恭敬、虚心。自虚,即虚心,与自满相反。

3.是极:接受先生所教者一无遗漏。极,穷尽。

4.服:实行。

5.悌:又作"弟",指敬爱兄长,亦泛指敬重长上。

6.虚邪:虚伪邪僻。

7.游居有常:闲暇、休息时也要遵守老师平时之教导。

8.就:接近。

9.颜色整齐,中心必式:面容整肃,脸色庄严,必须内心合乎法度,诚于中而始能形于外也。中心即心中、内心。式,法度。

10.夙兴夜寐(mèi):早起晚睡。

11.饬(chì):整治,端正。

12.朝益暮习:朝益,谓先生朝授新课。暮习,谓习其朝之所受,兼习前此之所受。

13.翼翼:恭敬的样子。

14.一此不解:意谓专心一意于此而不懈怠。一,专一。解,通"懈"。

15.少者之事,夜寐蚤作:意思是少者须先师而起,后师而息。事,职责。作,起也。

16.既拚(fèn)盥(guàn)漱:意思是弟子中的少者,扫除完毕,自己盥漱。既,尽、完。拚,扫除。盥,洗手。漱,含水荡洗口腔。

17.执事有恪(kè):担任工作,严肃认真。执事,担任工作或从事劳役。有,词头,无义。恪,恭敬。

18.摄衣共盥:意思是提起下裳为先生准备盥器。摄衣,提起衣襟。古时穿长袍,提起衣襟走是为了防止跌倒,并表示恭谨有礼。共盥,准备盥器。

19.作:指先生起床。

20.沃盥彻盥:意思是先生起后,弟子服侍先生洗漱。沃盥,浇水而洗。彻盥,盥洗完毕,撤去盥器。

21.泛拚正席:泛拚,广扫内外,主要洒扫堂室。正席,使坐席端正。古无椅凳,地面铺席,人坐席上。

22.出入:犹往来也。

23.见:接待。

24.危坐乡师:危,端正。危坐,即端坐。古人两膝着地而坐,危坐亦即正身而跪。乡,通"向"。

25. 怍(zuò):面色改变。
26. 受业之纪:受业,从师学习。纪,丝缕的头绪,引申为事物的头绪、开端。
27. 长:年长。
28. 一周则然,其余则否:意思是循回一遍以后,即不再从长者开始,因弟子才有敏钝,性有勤惰,若一概由长者始教,于才敏性勤者不利。周,循环也。否,不也。
29. 始诵必作,其次则已:意思是因敬圣人之言,故始诵时直身而跪。人无长力,不能持久,第二次背诵时,即不再跪,可以坐诵。始诵,第一次背诵。作,跪也。古人以臀就踵曰坐,直其身则曰跪。已,止也。
30. 凡言与行,思中以为纪:一切言行,必须以思想合于中和之道为准则。思中,思想合于中和,即中庸之道。古人认为能"致中和"则无事不达于和谐境界。纪,准则。
31. 古之将兴者,必由此始:古来想要为人起用当官或事业上有所作为的人,必须从这里做起。兴,举荐,起用。
32. 后至就席,狭坐则起:古一席容四人,以长幼序坐,如先至者受业已毕,后有至者,因席狭不容,旁坐之人则须起而让之。狭疑作"挟",在旁称挟。挟坐,即旁坐。
33. 骏作:快起。骏,迅速。
34. 无让:让,通"攘",排斥,抗拒。无让,此处引申为失礼。
35. 应且遂行:应,当,承担。遂行,立即执行。
36. 趋进受命:趋,小步快走,表示恭敬。受命,接受先生的差遣或指示。
37. 反命:回报。
38. 复业:因客来辍业,客去,补先生前所授者。
39. 捧手:拱手,表示敬意。
40. 师出皆起:示敬,可知师入亦当皆起示敬。
41. 食时:早食时也。
42. 馔(zhuàn)馈(kuì):馔,安排食物。馈,进食于人。
43. 摄衽(rèn):提起衣袖。衽,指衣袖。
44. 坐:同"座",指先生之座。
45. 置酱错食:置、错,设置。错,通"措",下"错总"同。酱,肉酱。食,饭也。
46. 陈膳毋悖:摆放、进献食物的先后次序,左右位置,不得有误。陈,摆放。膳,饭食。悖,违背。
47. 彼食:指所进之食,即下列四者。
48. 菜羹:有菜之羹。
49. 羹胾(zì)中别:意思是羹、胾分置于中,羹食置最近人处,羹食之外乃有肴胾。胾,切成大块的肉。中别,分别置于其中。
50. 其设要方:设,放置、陈列。古人列食,必取方正。
51. 饭是为卒,左酒右浆:饭是为卒,意思是食胾则食告终。饭,食也。是,指胾。卒,终也。左酒右浆,左备酒以酳,右备浆以漱也。酳(yìn),古时一种礼节,食毕以酒漱口。

52.告具而退,捧手而立:意思是向先生汇报,食物备齐,乃退下,拱手而立,恭而听命。捧手,犹拱手也。告,告于师。具,备也。

53.三饭二斗:意指三斗告饱,中间须添二斗饭。斗,饭斗。

54.虚豆:豆,古代食器,虚豆,犹今言空碗。

55.梜(jiā)匕:梜,即箸,筷子。匕,取饭之具,即如今之饭勺。

56.同嗛(qiàn)以齿,周还有始:嗛,通"歉",缺乏,欠缺,此处指碗中之饭吃空。同嗛,同是要添饭者。以齿,论年纪,年长者先添。周还,犹周旋。因数人共食,不能站在一处添饭,必须周旋走动。有,又也。一周之后,又从头开始。

57.柄尺不跪:柄尺,饭勺柄长盈尺。饭勺柄长,跪而进食不便,可站着递送,故谓"柄尺不跪"。

58.是谓贰纪:这就是添饭(贰)的规矩。

59.拚前敛祭:古人食前必祭,存报本反始之意。饭后即收拾所祭之物以免人践踏,席前之物则扫除之。拚,扫。祭,祭祀。

60.以齿相要(yāo):要,约,约束。座位依年纪少长为序。

61.坐必尽席:古人地上铺席,俎、豆(均为古时祭祀器具)皆陈于席前地上。若坐不尽席,则席或受污。

62.饭必捧擥(qiàn):即吃饭时必须手捧持着碗。擥,握持也。

63.羹不以手:羹之有菜者,非挟不可,无菜者,直喝之而已,其有肉调者,或当用匕,皆不用手。

64.亦有据膝,毋有隐肘:两手可放在膝上,两肘不可按捺在几案上。隐肘,谓两肘凭靠案上作大伏状,有失礼貌。

65.循咡(èr)覆手:覆手而循口边,即揩嘴,恐有肴粒等。咡,口耳之间。

66.抠衣而降,旋而乡席:抠,提起。降,退席。旋而乡席,谓退席时必由席后转至食品之前,面向坐席,以便撤馔。

67.如于宾客:师与宾客食,弟子撤器;弟子自食,各自撤器。于,犹与也。

68.既彻并器,乃还而立:食器撤藏毕,乃返而立于先生之侧待命。并,同"屏",藏也。器,食器。

69.凡拚之道:道,技艺。拚是小事而谓之道,是郑重言之,存不容忽视之义。

70.攘臂袂及肘:挽袖至肘上,恐湿其袖,亦奋其事也。攘,却。袂,袖。

71.堂上则播洒,室中握手:意谓堂上宽,播水洒之;室中窄,以手撩水洒之。

72.执箕膺揲(yè),厥中有帚:意谓执畚箕,以箕口(或箕舌)自向,置帚于其中。箕舌不向尊者,表示恭敬。膺,当也。揲,箕舌。厥,其也。

73.不贷:他本作"不忒(tè)",即没有差错。

74.执帚下箕,倚于户侧:拿起扫帚,放下畚箕,将箕靠在门旁,恐碍出入也。

75.凡拚之纪,必由奥始:纪,次序。奥,室之西南角,尊者主之。从奥开始,也是表示恭敬。

76.俯仰磬折,拚毋有彻:俯仰,视尊者所在,以为仪节。磬折,弯腰如磬,表示恭敬。彻,触动。扫除时不得触动他物。

77.拚前而退:意思是扫帚伸出向自己这边,退而扫之,不使尘及长者,不以背向尊长。

78. 坐板排之：坐(跪)而以板拥秽入箕，以手排浮尘之飞扬。排，排除。
79. 以叶适己，实帚于箕：意思是箕口朝向自己，且将扫帚压在箕口上。叶，箕舌。
80. 先生若作：先生欲起出户。作，起也。
81. 乃兴而辞：置箕于地，起而告知先生尚未扫完。兴，起。辞，犹告也。
82. 坐执而立：跪着持箕而起，复扫。执，执箕也。
83. 既拚反立：既拚，扫毕。反，通“返”。立，侍立师侧。
84. 是协是稽：指打扫完毕后，进行读讲研习的课业。是，于是。协，合。稽，考也。
85. 昏将举火：日暮将用火炬。举，用。火，火炬也。据考证，东汉以前无蜡烛，烛即火炬。古代照明以薪柴麻秸等物燃火，成为火炬。
86. 执烛隅坐：执烛，举着火炬。隅，角也。
87. 错总之法：清代王筠认为，烛、总、蒸，三者为一物。以其既燃而取明言之，谓之烛；以其成束而未燃言之，谓之总；以其质言之，谓之蒸。错，置也。
88. 横于坐所：坐所，坐处，指弟子坐席之隅。横，横置总于坐前。
89. 栉(zhì)之远近：栉，烛烬，即火炬燃烧剩下的部分。远近，意同长短。
90. 乃承厥火：意谓视烛烬之长短，更续新炬。乃，才。承，承接、继续。
91. 居句如矩：居，同“倨”，即股。句，古同“勾”。古称不等腰直角三角形直角旁二边曰勾股。旧烛朝上直举，新烛点燃时横执，新旧相接，一横一竖，如曲尺也。矩，曲尺。故曰“居句如矩”。
92. 然者处下：意思是两烛接触，不能过相切近，以便点燃。燃者，指旧烛。处下，犹在下。
93. 捧椀以为绪：意思是捧碗盂，用来贮烛末，不使旁落。椀，同“碗”，盂也。绪，残也，此指烛末。
94. 烛：指新燃之烛。
95. 正栉：正，通“整”，整理。
96. 有堕代烛：执烛者惰，则令其次代之，既均劳逸，亦以便弃栉。堕，通“惰”，倦息。
97. 交坐毋倍尊者：言代烛时当并列接受，不当迎受而以背向尊者。以背向尊者，不敬。交坐，即俱坐。执烛者隅坐，代烛者亦必隅坐，故须俱坐而代其烛。倍，同“背”，背向也。
98. 遂出是去：是去，即去是。是，此指栉。去，弃也，弃栉于户外也。
99. 问所何趾：问先生脚向何方休息，即头冲哪边睡。
100. 俶(chù)衽(rèn)则请，有常则否：意谓始为先生布席，则当请示脚向何方，若有常规，则不必请示。俶，开始。衽，此为动词，铺设枕席。
101. 各就其友：就，接受。友，同志曰友。
102. 切磋：古时骨器加工称切，象牙加工称磋，犹今言互相探讨研究。
103. 各长其仪：意谓各发挥其义理也。仪，通“义”，指义理。
104. 周则复始，是谓弟子之纪：意谓今日终了，明日又开始，明日仍如今日。周，犹终竟也。复，又也。纪，准则。

季　氏(节录)

《季氏》为《论语》之一章。《论语》,儒家经典之一,乃孔子弟子及其再传弟子关于孔子言行的记录。内容包括孔子谈话、答弟子问及弟子间相互谈论。今存二十二章。

孔子(前 551～前 479),名丘,字仲尼,春秋时期鲁国人。伟大的思想家、教育家,儒家学派的创始人。其先世为宋国贵族,因避内乱移居鲁国。鲁国是周公的封地,素称礼乐之邦。这种根深蒂固的礼乐传统对孔子产生了深刻的影响。孔子三岁丧父,随母迁居曲阜阙里,家道中落促使他较早为谋生学会了多种本领。十五岁立志向学,二三十岁时便开始授徒讲学。四十岁左右,形成了自己的学说,创立儒家学派。他年轻时曾做过管粮仓、管放牧的小官。鲁定公九年(前 501 年),出任中都宰,颇有政绩。后升为管理建筑工程的司空,再后提拔为管理司法事务的司寇,参与国政三个月,因与执政者季桓子政见不一,弃职出走,率领弟子周游列国。六十八岁归鲁。晚年致力于教育和古代文献的整理。生前完成了《诗》、《书》、《易》、《礼》、《乐》、《春秋》等古代典籍的编纂和集校工作。

孔子倾其大半生的时间和精力从事教育事业,创造了卓有成效的教育教学方法,总结了一整套正确的学习原则,形成了比较完整的教育思想体系。在教育实践上,他是大规模私学的创办者,而且在家庭教育方面也颇为成功。其幼儿家庭教育尤其是家训之事,最早见之于《论语·季氏》所记的孔子庭训。本节选取了孔子教育儿子学诗、学礼的故事,从中可见他的家庭教育和学校教育内容的一致性,既证明孔子在教学上没有偏私,且表明古之教者远离其子,也可知《诗》与《礼》两者在他的施教内容中的重要地位。

陈亢[1] 问于伯鱼[2] 曰:“子亦有异闻乎?”[3]

对曰:“未也。尝独立,鲤趋[4] 而过庭。曰:‘学《诗》乎?’对曰:‘未也。’‘不学《诗》,无以言。’鲤退而学《诗》。他日,又独立,鲤趋而过庭。曰:‘学《礼》乎?’对曰:‘未也。’‘不学《礼》,无以立。’[5] 鲤退而学《礼》,闻斯二者。”

陈亢退而喜曰:“问一得三,闻《诗》,闻《礼》,又闻君子之远其子也。”[6]

杨伯峻:《论语译注》,中华书局 1980 年版。

注　释

1. 陈亢(gāng):名原亢,字子元,又字子禽,陈人。从学于孔子,在孔子的七十二位著名弟子中居第六十八位。

2. 伯鱼：孔子的儿子孔鲤，字伯鱼。

3. 异闻：这里指密传，即陈亢以为孔子仅传给其子而不传给弟子的学问。

4. 趋：快步走。

5. 立：立世。

6. 问一得三：问一件事，得到三方面收获——知道诗的作用，礼的作用，又知道了君子并不偏爱自己的儿子，且远离其子。同时说明孔子不偏私，传授给弟子与传授给儿子的东西没有差别。

曲 礼(节录)

《曲礼》及后文《内则》均为《礼记》之篇名。曲，即委曲周到。

《礼记》是中国古代一部重要的典章制度书籍，主要记载和论述先秦的礼制。相传为孔子弟子及后来学者所记。《汉书·艺文志》著录一百三十一篇。汉宣帝时，由戴德、戴圣叔侄二人收集整理。戴德选编其中八十五篇，称为《大戴礼记》；戴圣选编其中四十九篇，称为《小戴礼记》(即今本《礼记》)。东汉以后，《大戴礼记》逐渐散佚，《小戴礼记》则流传至今，与《周礼》、《仪礼》合称“三礼”。《礼记》内容十分广博，包括政治学、伦理学、教育学、哲学、农学等，是后世研究上古社会生活特别是儒家思想的重要史料。

《曲礼》篇主要记述了春秋前后有关饮食、起居、丧葬等各种礼制规则的细节，故名《曲礼》。这里所选片段，主要记述了在对儿童进行早期家庭教育的过程中，教育他们应该懂得的家庭礼仪。

幼子常视[1]毋诳。童子不衣裘、裳。立必正方，不倾听[2]。长者与之提携[3]，则两手奉长者之手。负，剑，辟咡诏之，则掩口而对[4]。

从于先生，不越路而与人言。遭先生于道，趋而进，正立拱手。先生与之言则对，不与之言则趋而退。从长者而上丘陵，则必向长者所视。

登城不指，城上不呼[5]。将适舍，求毋固[6]。将上堂，声必扬[7]。户外有二屦[8]，言闻则入，言不闻则不入[9]。将入户，视必下[10]。入户奉扃[11]，视瞻毋回。户开亦开，户阖亦阖。有后入者，阖而勿遂。毋践屦，毋踖席[12]，抠衣趋隅，必慎唯诺。

郑玄注、孔颖达等正义：《礼记正义》，上海古籍出版社1990年版。

注 释

1. 视：通“示”，即示范。

2. 倾听：倾耳而听。孔颖达疏：“不得倾头属听左右也。”

3. 提携：犹搀扶，牵领。

4. 负,剑,辟(bì)咡(èr)诏之,则掩口而对:负,背在背上。剑,挟小儿于胁下如带剑。辟,倾。咡,口旁。诏,告。掩口而对,意谓交谈时侧着头,避免口气触及对方,以示尊敬。
5. 登城不指,城上不呼:登城而有所指,则恐惑人;登城而呼,则恐骇人。
6. 固:犹常。
7. 声必扬:因堂上有室,扬声则可提醒室中之人。
8. 户外有二屦(jù):古时客人入室,要把鞋子脱在室门外,但客人中年龄最长的一人却可以把鞋子脱在室内,因此如果看到"户外有二屦(两双鞋)",就可以断定室内有三人。屦,古代的一种单底鞋,可用麻、葛、草、丝、皮等制成。
9. 言不闻则不入:三人所言不闻于外,必有密谋之事,故不入。
10. 视必下:这是为了避免看到别人有什么隐秘的事。
11. 奉扃(jiǒng):扃,抬鼎用的横杠,上门的横杠也叫扃。这里是指双手做出如捧扃的姿势,以示恭敬。
12. 踖(jì)席:踖,践踏。案席有首尾,当从席之尾端升席,若从首端而升,则为踖席。

内　　则(节录)

《内则》为《礼记》的第十二篇,主要记载中国古代贵族妇女侍奉父母、舅姑的礼节,以及贵族家庭子弟侍奉长辈的礼节。"名曰内则者,以其记男女居室事父母舅姑之法,闺门之内,轨仪可则,故曰内则。"全篇不仅记述西周统治者生子礼仪,还介绍了公元前11世纪时创设的中国古代第一个婴儿教养机构——专为教养周王太子和各诸侯国国君的世子而设立的"孺子室"。这种"孺子室"将当时的教养、保育人员分为四种:一是教师,从诸母中选择"宽裕、慈惠、温良、恭敬、慎而寡言"的人,担任太子、世子的教师,主要职责是"教以善道",即教给太子、世子为善的道理。二是慈母,主要职责是"审其恶欲",即了解太子、世子的嗜好,并给以正确的诱导。三是保母,主要职责是"安其寝处",即管理太子、世子的起居饮食,使其安逸、舒适。四是奶妈,从士的妻子和大夫的妾当中选取,主要职责是给太子、世子喂奶。"教师"、"慈母"、"保母"和"奶妈",被称为"孺子室"的"四贤",教育太子、世子有功者常受到周王和国君的封赠,如"后"、"夫人"等。"孺子室"作为我国古代第一个婴儿教养机构,也是我国古代第一个宫廷育婴院,设置于周王和诸侯国的宫廷内,只接收太子和世子,具有明显的阶级性和贵族性。但其中对教师、慈母、保母、奶妈各自职责的明确规定,在我国幼儿教育史上还是第一次,而且这些教、保人员的名称,职责与后世育婴院的师、保人员的称谓和任务竟大致相近。

妻将生子,及月辰[1],居侧室[2]。夫使人日再问之,作[3]而自问之。妻不敢见[4],使姆[5]衣服而对。至于子生,夫复使人日再问之。夫齐[6]则不入侧室之门。子生,男子设弧于门左,女子设帨于门右[7]。三日始负子[8],男射,女否[9]。

国君世子生,告于君,接以大牢[10],宰掌具。三日,卜士负之。吉者宿齐[11],朝服寝门外,诗负之[12]。射人以桑弧蓬矢六[13]射天地四方[14]。保[15]受,乃负之。宰醴负子,赐之束帛。卜士之妻、大夫之妾,使食子[16]。

凡接子择日[17]。冢子[18]则大牢,庶人特豚,士特豕,大夫少牢,国君世子大牢。其非冢子,则皆降一等[19]。

异为孺子室于宫中。择于诸母与可者,必求其宽裕、慈惠、温良、恭敬、慎而寡言者,使为子师,其次为慈母,其次为保母,皆居子室。他人无事不往。

三月之末,择日剪发为鬌[20]:男角,女羁[21],否则男左,女右。是日也,妻以子见于父,贵人[22]则为衣服,由命士以下皆漱澣。男女夙兴,沐浴,衣服。具视朔食[23]。夫入门,升自阼阶[24],立于阼,西乡。妻抱子出自房,当楣[25]立,东面。姆先,相曰:"母某[26]敢用时日,祗见孺子。"夫对曰:"钦,有帅。"[27]父执子之右手,咳而名之。妻对曰:"记,有成。"[28]遂左还授师。子师辩告诸妇、诸母名。妻遂适寝[29]。夫告宰名。宰辩告诸男名,书曰"某年某月某日,某[30]生"而藏之。宰告闾史[31]。闾史书为二,其一藏诸闾府,其一献诸州史。州史献诸州伯[32],州伯命藏诸州府。夫入,食如养礼。

世子生,则君沐浴、朝服,夫人亦如之。皆立于阼阶,西乡。世妇抱子,升自西阶,君名之,乃降。适子、庶子见于外寝[33],抚其首,咳而名之,礼帅初,无辞[34]。

凡名子,不以日月,不以国,不以隐疾。大夫、士之子不敢与世子同名。

妾将生子,及月辰,夫使人日一问之。子生三月之末,漱澣,夙齐,见于内寝[35],礼之如始入室[36]。君已食,彻焉,使之特馂[37],遂入御。

公庶子生,就侧室。三月之末,其母沐浴、朝服见于君,摈者[38]以其子见。君所有赐,君名之[39]。众子则使有司名之。

庶人无侧室者,及月辰,夫出居群室[40]。其问之也,与子见父之礼,无以异也。

凡父在,孙见于祖,祖亦名之,礼如子见父,无辞。

食子者[41],三年而出,见于公宫,则劬[42]。

大夫之子有食母。士之妻自养其子。

由命士以上,及大夫之子,旬而见。冢子未食而见,必执其右手。适子、庶子已食而见,必循其首。

子能食食,教以右手。能言,男"唯"女"俞"[43],男鞶革,女鞶丝[44]。六年,教之数与方名[45]。七年，男女不同席，不共食。八年，出入门户及即席饮食，必后长者，始教之让。九年，教之数日[46]，十年，出就外傅[47]，居宿于外，学书记[48]，衣不帛襦袴[49]，礼帅初[50]，朝夕学幼仪，请肄简、谅[51]。十有三年，学乐、诵诗、舞《勺》[52]。成童，舞《象》[53]，学射、御。二十而冠，始学礼，可以衣裘帛，舞《大夏》[54]，惇[55]于孝弟，博学不教，内而不出。三十而有室，始理男事，博学无方，孙友视志[56]。四十始仕，方物出谋发虑，道合则服从，不可则去。五十命为大夫，服官政。七十而致事。

凡男拜，尚左手。

女子十年不出，姆教婉娩[57]、听从。执麻枲[58]，治丝茧，织纴组紃[59]，学女事，以共衣服。观于祭祀，纳酒浆、笾豆、菹醢[60]，礼相助奠。十有五年而笄[61]，二十而嫁，有故[62]二十三年而嫁。聘则为妻，奔则为妾[63]。

凡女拜，尚右手。

郑玄注、孔颖达等正义：《礼记正义》，上海古籍出版社1990年版。

注 释

1. 月辰：谓临产之月的初一。
2. 侧室：在燕寝之旁。古礼，有正寝（室）、燕寝、侧室之分。正寝在前，燕寝在后，侧室又次燕寝，在燕寝之旁，故谓之“侧室”。生子不于夫之正室及妻之燕寝，必于侧室者，以正室、燕寝尊故也。
3. 作：谓有感动，即发作。
4. 妻不敢见：意在远私媚（即借生子而私下要宠于夫）之嫌。
5. 姆：女师。
6. 齐：通“斋”，斋戒。
7. 男子设弧于门左，女子设帨（shuì）于门右：设弧、设帨，以表示生男、生女。设弧，以示男子将有事于武。帨，妇人之佩巾。
8. 负：抱。
9. 女否：女孩就算了。
10. 接以大牢：接待初生婴儿以大牢，以示重其事。后文“冢子则大牢”等义同。大牢，亦作“太牢”，古代帝王、诸侯祭祀之礼，牛、羊、豕三牲全备为太牢，也有专指用牛的祭礼。
11. 宿齐：前一夕斋戒。
12. 诗负之：诗，指“士”。盖由保母从侧室抱出来而由士承接过去。
13. 射人以桑弧蓬矢六：射人，官名，为君掌射事者。桑弧蓬矢，古礼以桑木作弓，以蓬草为矢。
14. 射天地四方：象征男子应有志于四方。
15. 保：保母。
16. 食子：使乳子。食子不使君妾，恐妻、妾有敌意。
17. 择日：是指在新生儿出生后的三天之内选择吉日。

18. 冢子：长子，这里是指天子的太子。
19. 其非冢子，则皆降一等：谓冢子之弟，及众妾之子生也。此等与诸侯少牢，大夫特豕，士特豚，庶人犹特豚也。
20. 鬌(duǒ)：留而不剪之发。
21. 男角，女羁：男，夹囟两旁不剪，谓之"角"；女，留其顶上纵横各一，相交通达，叫"午达"，即是"羁"。或者男左女右，各留半边不剪。
22. 贵人：是指孩子的父亲地位在大夫以上。
23. 朔食：指每月初一的盛馔——天子大牢，诸侯少牢，大夫特豕，士特豚。
24. 阼阶：堂前东阶。古时主人接见宾客，宾升自西阶，主人立于东阶。此处指夫(父)接见新生婴儿母子，其礼有如见大宾。
25. 楣：即屋上的二檩(lǐn)。按古人制五架之屋，正中曰栋，次曰楣，前曰庪(guǐ)，犹今农村瓦房屋上之脊檩、二檩、檐檩。
26. 某：代妻名。
27. 钦，有帅：当敬循善道。
28. 记，有成：(妻代子回答)当记识父言，而有所成就。
29. 寝：指燕寝。
30. 某：代子名。
31. 闾史：闾之属吏。
32. 州伯：即州长。
33. 适子、庶子见于外寝：适子，指世子的同母弟。庶子，指妾子。外寝，指夫之正寝，相对内寝而言。
34. 礼帅初，无辞：情循上述之礼。无辞，无前教诫的话。
35. 内寝：此指嫡妻之寝。
36. 始入室：其礼如初次入室之礼同。
37. 使之特馂：此即所谓"始入室"之礼。若非始入室，则当众妾同馂。特，独。馂，通"飧"。
38. 摈(bìn)者：傅姆之属。
39. 君所有赐，君名之：意谓生子之妾，君所特有恩赐，偏所爱幸，君则自名其子，故云"君名之"。
40. 夫出居群室：因为无侧室，妻与夫同寝而居，妻现在将生子，故夫出避之。群室，谓夹室之属。
41. 食子者：食(喂养)国君之世子的乳母。
42. 劬(qú)：慰劳。
43. 男"唯"女"俞"：唯，俞，皆应答辞，但唯之声直，俞之声婉，故作为男女不同之应辞。
44. 男鞶(pán)革，女鞶丝："鞶"有两解，一作古之束衣带，一作盛帨巾之小囊。
45. 数与方名：数，为数数。方名，为辨四方之名称。即教会数数和辨识四方。
46. 数日：日指朔望与六甲。

47. 外傅：教学之师。
48. 书记：记，或作“计”。即六艺中六书、九数之学。
49. 襦(rú)袴(kù)：襦，里衣。袴，同“裤”，下衣。二者皆不以帛为之，以防奢侈。
50. 礼帅初：帅，循也。礼帅初，言行礼动作皆辨循初日所为。对初所教长幼之礼，帅而行之而不敢忘。
51. 请肄简、谅：肄，学习。谅，信。意谓所请肄习者，贵乎简要、诚实。
52. 《勺》：古时一种文舞。勺即籥(yuè)，一种管乐器，后用作童年的代称。舞《勺》，为古时儿童所学的一种舞蹈。
53. 成童，舞《象》：成童，指十五岁以上。《象》，一种武舞。
54. 《大夏》：一种文武兼备的舞乐。
55. 惇(dūn)：勉。
56. 博学无方，孙友视志：方，犹常。孙，通“顺”。
57. 婉(wǎn)娩(wǎn)：均指柔顺。
58. 枲(xī)：即麻。
59. 纴组紃(xùn)：纴，指缯帛。组，指绶。紃，指圆丝带。
60. 纳酒浆、笾(biān)豆、菹(zū)醢(hǎi)：纳，送进。笾和豆，皆古代礼器，笾用竹制，豆用木、铜或陶制。菹醢，肉酱，供祭祀和宴会用。
61. 十有五年而笄(jī)：女子十五许嫁，而行加笄礼，犹男子之冠礼，皆表示已成年。
62. 有故：指父母之丧。
63. 奔则为妾：女不待聘而嫁就谓奔。

第二章　秦汉魏晋南北朝时期幼教名著选读

从公元前221年秦始皇统一中国起，至公元589年杨坚建立的隋灭掉南朝陈为止，在这800余年的历史中，无论是“治世”还是“乱世”，其间封建政治不仅通过文教政策影响教育，还借助选才制度这根“指挥棒”来左右教育，进而对幼儿教育也产生深刻的影响。加之中华文明自身的发展和学校教育的推进，使得这一时期的幼儿教育在理论和实践上形成了一些鲜明的历史特征，其中儿童家庭教育和胎教理论尤显特色。

与春秋战国的“乱世”相比，自秦始皇统一天下，中国社会逐渐形成了大一统的政治和文化局面。在“书同文”国策的推行过程中，秦始皇实行文字改革，将秦以前的各国文字统一化、线条化、定型化，形成今日人们所说的篆体字——“小篆”。这种改革后的文字，有利于推行和巩固一统化的政治和文化，更有利于教育走向平民社会，使得幼儿早期教育有了简易的参照物。其时问世的童蒙教材如《苍颉篇》、《爰历篇》、《博学篇》、《为吏篇》等，即以小篆书写，并仿照西周时期《史籀篇》的体例编订成册，很适合儿童的识字需要，同时也为后世识字教材的编写提供了范例。

进入汉代后，随着大一统政治局面的形成和封建统治秩序的稳定，汉武帝采纳董仲舒的“天人三策”，以“独尊儒术”取代了秦代“以吏为师”的“法治”，自是儒学成为官方法定的主体意识形态。在竭力抬高儒学创始人孔子的历史地位的同时，孔子删定的“六经”(《诗》、《书》、《礼》、《易》、《乐》、《春秋》)更置于诸子著作之上。这种尊孔的风气无疑影响到学校教育和社会教育，也影响到宫廷幼儿教育和家庭幼儿教育。具体来说，儒家的教育理念得到不断强化，培养目标、教养内容、施教方法也得以规范和明确，这对幼儿教育均有所影响。

为使儒术独尊的地位确定不移，汉代统治者在文化教育方面尊孔重经的同时，实行察举选士。这种察举制也称荐举制，由皇帝择定科目，经过各级地方官的层层推荐，选拔出德高望重之人担任一定的官职。这种以道德声名为首要条件的选才制度使得儒家教育思想中的“德育中心说”日益强化，并最终影响到幼儿教育。同时察举制所设置的“童子科”更对幼儿教育产生着直接的影响。童子科以经学取士，旨在及早培养经学人才，所以从其开始就与早期启蒙教育发生密切的联系，并影响到儿童入学接受教育年龄的提前。

历史的演进往往有着惊人的相似之处，在经历了两汉时期的“治世”之后，进入与春秋战国时代极为相似的魏晋南北朝的“乱世”。也正如春秋战国时期“百家争鸣”的繁荣学术景象一样，魏晋南北朝时期打破了儒术独尊的局面，又一次走向多元化学术发展的高峰，其表现为：佛教的迅速传播、玄学的异军突起、道教的风靡盛行、儒学的演绎播衍。佛教大约于东汉初年传入我国，由于受到其时独尊儒术的社会心理的排斥，直到魏晋南北朝时才获得广泛的传播。佛教对幼儿教育的影响主要表现在：其“三世说”、“因果报应说”影响到幼儿教育以积德行善为目的和内容；“都讲”制度和“高足弟子代讲”的教学方法影响到幼儿教育方法上的自主性。道教创立于东汉中晚期，渊源于先秦的巫术或方术，至魏晋南北朝时期开始炽盛，其对幼儿教育的影响主要表现在胎养优生上：道教强调“气变物类”的规律，认为胎儿“藉母五脏之气以养之”，因此服药保胎、养胎非常重要。玄学是先秦道家思想的继承和发展，奉老子之“玄之又玄，众妙之门”为圭臬，推崇《老子》、《庄子》、《周易》为玄学经典，专以清谈为务。在幼儿教育方面，玄学继承道家无为的传统，反对独尊儒术，主张听任自然；批判伦理本位，强调个性自由发展；关注生命的价值，重视养生教育。

魏晋南北朝时期主要的选官制度是“九品中正制”，由皇帝任命“中正官”，将人才分为“上上、上中、上下、中上、中中、中下、下上、下中、下下”九品，按照品第授官。相对于两汉察举制以德高望重为首要条件，九品中正制更加重视文化水平和能力的考察，强化了经学考试的选才要求，这就进一步刺激了童蒙教育的发展。虽说九品中正制后来流变为“上品无寒门，下品无势族”，但这种只重门第出身不问才干资质的选才理念，又反过来刺激了世族家庭为保护自身世代相袭的统治地位而重视对子弟施以家教，促进了人们对家庭幼儿教育的重视。

两汉魏晋南北朝时期还是我国胎教学说的形成时期。远古以来，中华先民都非常重视胎教的作用，无论是宫廷还是民间，都将胎教作为培养理想后代的重要条件和途径，将凝结着胎教理论的学说“书之玉版，藏之金匮，置之宗庙，以为后世戒”。虽然早在春秋之际就有关于胎教的说法，如《黄帝内经》中关于“胎病”的论述，然而这些说法都比较肤浅、零散，更多的则是关于胎教的传说，缺乏一定的可信度。到了汉代，关于胎教内容的记载和论述见诸各种典籍之中，如刘向的《列女传·周室三母》、贾谊的《新书·胎教》、戴德的《大戴礼记·保傅》、韩婴的《韩诗外传》、王充的《论衡·本性》等篇。这些胎教学说基本上都是在追述商末周初以来典型的胎教事例的基础上总结而成的，如周后妃妊成王、孟母妊孟子等事例。相对于前期的肤浅的胎教思想而言，由于这些学说的主张者大多是有一定幼教经验或经历的哲学家、文学家和教育家，因此无疑具有很大的影响和较强的可取价值。降至魏晋南北朝时期，鉴于医学的发展，尤其是妇科的出现，使得这一时期胎教学说有了一定的生理学和心理学的科学依据，人们往往能从生理、心理以及养生学的角度，来认识胎儿养护的重要和表述自己的胎教思想。如北齐名医徐之才的《胎产书》中的胎教理论，即在一定的医学知识指导下撰写而成，为隋唐乃至后来的胎教学说打下了科学的基础。

胎 教

《胎教》及后文《保傅》均为贾谊所著《新书》之篇名。

贾谊(前200～前168)，西汉著名政论家、文学家、教育家。洛阳(今属河南洛阳东)人。十八岁时，以博学能文而闻名于郡中，深得郡守吴公的赏识，收为弟子。文帝即位后，因吴公的推荐，被委任为博士，掌文献典籍。一年后，被擢升为太中大夫。后因遭朝臣忌恨，失信于文帝，改派为长沙王太傅，故后人称其为“贾长沙”或“贾太傅”。文帝七年(公元前175年)，被召回长安，任梁怀王太傅。后因梁怀王骑马摔死，极度悲泣自责。后岁余，亦死，年仅三十三岁。其作品多失轶，现仅存《新书》及文赋《过秦论》、《吊屈原赋》等。

《新书》，又称《贾子》、《贾谊新书》。《汉书·艺文志》列为儒家，著录五十八篇，今本有十卷五十八篇，其中《问孝》、《礼容语上》两篇有录无书，实际为五十六篇，主要阐述政治思想，其中部分篇章也包含一定的哲学思想。

《胎教》为《新书》之篇名。在该篇中，贾谊系统地论述了他的胎教理论：一是主张“早谕教”，“正本慎始”，行“胎教之道”；二是通过《青史氏之记》这一古籍记述古代王后怀孕后，“太师”、“太宰”、“太仆”等保傅人员如何共同配合施教，介绍了保傅的职责及古代的胎教之法；三是强调“选左右”的重要性。贾谊胎教理论的突出贡献在于：将前人如周公、太公、召公的零散的胎教经验汇总起来，形成全面系统的胎教学说，成为中国教育史上最早提出胎教学说的人。

《易》[1]曰：“正其本，而万物理，失之毫厘，差以千里。故君子慎始。”《春秋》之元[2]，《诗》之《关雎》[3]，《礼》之冠婚[4]，《易》之乾坤[5]，皆慎始敬终云尔。

素成[6]，谨为子孙婚妻嫁女，必择孝悌世世有行义[7]者。如是，则其子孙慈孝，不敢淫暴，党[8]无不善，三族[9]辅之。故凤凰生而有仁义之意，虎狼生而有贪戾之心，两者不等，各以其母。呜呼！戒之哉！无养乳虎，将伤天下。故曰“素成”。胎教之道，书之玉版，藏之金匮[10]，置之宗庙，以为后世戒。

青史氏之《记》[11]曰：“古者胎教之道，王后有身[12]，七月而就蒌室[13]，太师持铜[14]而御户左，太宰持斗[15]而御户右，太卜持蓍龟[16]而御堂下，诸官皆以其职御于门内。比三月者[17]，王后所求声音非礼乐[18]，则太师抚乐而称不习；所求滋味者非正味，则太宰荷斗而不敢煎调，而曰：‘不敢以待王太子。’太子生而泣，太师吹铜曰声中某律，太宰曰滋味上某，太卜曰命云某。

然后，为王太子悬弧[19]之礼义。东方之弧以梧[20]，梧者，东方之草，春木也；其牲以鸡[21]，鸡者，东方之牲也。南方之弧以柳，柳者，南方之草，夏木也；其牲以狗，狗者，南方之牲也。中央之弧以桑，桑者，中央之木也；其牲以牛，牛者，中央之牲也。西方之弧以棘[22]，棘者，西方之草也，秋木也；其牲以羊，羊者，西方之牲也。北方之弧以枣，枣者，北方之草，冬木也；其牲以彘[23]，彘者，北方之牲也。五弧五分矢[24]，东方射东方，南方射南方，中央高射，西方射西方，北方射北方，皆三射。其四弧具，其余各二分矢，悬诸国四通门之左；中央之弧亦具，余二分矢，悬诸社稷门之左。

然后，卜王太子名，上毋取于天，下毋取于地，毋取于名山通谷，毋悖于乡俗。是故君子名难知而易讳也，此所以养恩之道也。”

正之礼者[25]，王太子无羞臣，领臣之子也，故谓领臣之子也。身朝王者，妻朝后，之子朝王太子，是谓臣之子也[26]。此正礼[27]胎教也。周妃后妊成王于身，立而不跛[28]，坐而不差[29]，笑而不諠，独处不倨[30]，虽怒不骂，胎教之谓也。成王生，仁者养之，孝者襁[31]之，四贤傍之[32]。成王有知，而选太公[33]为师，周公为傅[34]，前有与计而后有与虑也。是以封于泰山，而禅于梁父[35]，朝[36]诸侯，一天下。由此观之，主左右不可不练[37]也。

昔禹以夏王，而桀以夏亡；汤以殷王，而纣以殷亡；阖闾[38]以吴战胜无敌，而夫差[39]以之见禽于越；文公以晋伯[40]，而厉公[41]以见杀于匠丽之宫；威王[42]以齐强于天下，而简公[43]以杀于檀台；穆公[44]以秦显名尊号，而二世[45]以劫于望夷之宫。其所以君王同而功迹不等者，所任异也。

故成王处襁褓之中朝诸侯，周公用事也。武灵王[46]五十而弑于沙丘，任李兑也。齐桓公[47]得管仲，九合诸侯，一匡[48]天下，称为义主；失管仲，任竖刁[49]，而身死不葬，为天下笑[50]。一人之身荣辱具施焉者，在所任也。故魏有公子无忌[51]而削地复，赵任蔺相如[52]而秦兵不敢出，安陵任周瞻[53]而国独立，楚有申包胥[54]而昭王复反，齐有陈单[55]而襄王得其国。由此观之，无贤佐俊士，能成功立名、安危继绝[56]者，未之有也。是以国不务[57]大而务得民心，佐不务多而务得贤者；得民心而民往之，得贤者而贤者归之。

文王请除炮烙[58]之刑而殷民从，汤去张网[59]者之三面而二垂[60]至，越王不颓[61]旧冢而吴人服，以其所为顺于人也。故同声则处异而相应，意合则未见而相亲，贤者立于本朝而天下之士相率而趋之。何以知其然也？管仲者，桓公之仇也。鲍叔[62]以为贤于己而进之桓公，七十言说[63]乃听，遂使桓公除仇雠之心，而委之国政焉。桓公垂拱[64]无事而朝诸侯，鲍叔之力也。管仲之所以趋[65]桓公而无自危之心者，同声[66]于鲍叔也。

卫灵公之时，蘧伯玉[67]贤而不用，弥子瑕[68]不肖而任事。史鳅[69]患之，数言蘧伯玉贤，而不听。病且死，谓其子曰："我即死，治丧于北堂[70]。吾生不能进蘧伯玉而退弥子瑕，是不能正君也。生不能正君者，死不当成礼，死而置尸于北堂，于我足矣。"灵公往吊，问其故，其子以父言闻。灵公戚然易容而寤[71]曰："吾失矣！"立召蘧伯玉而进之，召弥子瑕而退之，徙丧于堂[72]，成礼而后去。卫国以治，史鳅之力也。夫生进贤而退不肖，死且未止，又以尸谏，可谓忠不衰矣。

纣杀王子比干[73]，而箕子[74]被发而佯狂；陈灵公杀泄冶[75]，而邓元去陈以族徙。自是之后，殷并于周，陈亡于楚，以其杀比干与泄冶，而失箕子与邓元也。燕昭王得郭隗[76]，而邹衍、乐毅自齐、魏至[77]，于是举兵而攻齐，栖闵王于莒[78]。燕度地计众[79]，不与齐均也。然而，所以能信意至于此者，由得士故也。故无常安之国，无宜治[80]之民，得贤者显昌，失贤者危亡。自古及今未有不然者也。

明鉴[81]所以照形也，往古[82]所以知今也。夫知恶古之所以危亡，不务袭迹[83]于其所安存，则未有异于却走[84]而求及前人也。太公知之，故国微子之后[85]，而封[86]比干之墓。夫圣人之于圣者之死，尚如此其厚也，况当世存者乎！其弗失可知矣。

贾谊：《贾谊集》，上海人民出版社1976年版。

注　释

1.《易》：即指《周易》。此段文字今本《周易》无，而《礼记·经解》作："差若毫趋，谬以千里。"

2.《春秋》之元：即《春秋》一书的开始是鲁隐公元年。《春秋》是编年体史籍，儒家经典著作之一。相传是孔子根据鲁国史官撰写的《春秋》整理加工而成。元，即元年。

3.《诗》之《关雎》：即《诗经》的第一篇为《关雎》。《诗经》，我国最早的诗歌总集，亦是儒家经典之一。原来只称《诗》，自汉代始改称《诗经》。编成于春秋时期，共三百零五篇，分风、雅、颂三大类。

4.《礼》之冠婚：《仪礼》的第一篇是《士冠礼》，第二篇是《士婚礼》。《仪礼》，简称《礼》，又称《礼经》或《士礼》，儒家的经典之一，根据春秋、战国时期的一部分礼制汇编而成，共十七篇。

5.《易》之乾坤：乾为《易经》的第一卦，坤为《易经》的第二卦。

6.素成：素，即始；成，即终。素成，即指有始有终。《大戴礼·保傅》作"素诚繁成"。

7.行义：当为“仁义”之讹误。

8.党：族亲。

9.三族：父族、母族、妻族。

10.书之玉版，藏之金匮：玉版，刊刻文字的玉石板。金匮，“匮”通“柜”，用金属做成的藏书柜，这里指国家藏书室。古人以“金”统称各种金属。

11.青史氏之《记》：古代的一部典籍，名《青史子》。《汉书·艺文志》诸子小说家类下著录为五十七篇，今已不存。

12.有身：即指怀孕。

13.蒌(lóu)室：又作“宴室”或“侧室”，即王后分娩前所住的宫室。

14.太师持铜：太师，古代乐官之长，商、周、春秋皆设此官。太师手拿律管立御宴室的左侧，目的是时刻准备为王后吹奏乐曲，以备胎教之需。铜，一种乐器，即律管。

15.太宰持斗：太宰，夏、商、周三代掌馔之官。斗，量器，古代装酒或菜的用具。

16.太卜持蓍龟：太卜，商始设，为六太之一，为卜官之长，问吉凶事。蓍(shī)，一种草，即蓍草。我国古代用它的茎占卜。龟，即龟甲，古代用作占卜之具。

17.比三月：比，介词，等到。

18.非礼乐：不符合胎教礼节的音乐。礼乐，即雅乐。

19.悬弧：古代风俗，家中生男孩，在门左挂张弓，满三天后还要行悬弧之礼，叫“悬弧射矢”，用箭射天地四方。弧，木弓。

20.东方之弧以梧：梧，即梧桐树。即向东方行悬弧礼要用梧桐木做的弓。

21.牲以鸡：用鸡做祭品。牲，即祭品。

22.棘：酸枣树。

23.彘(zhì)：即猪。

24.五弧五分矢：即五张弓分别各有五支箭。《礼记·内则》记：“射人以桑弧蓬矢六。”意谓射六弧，多出“射地”一弧。

25.正之礼者：正，原意是修正，这里有规范之意。即负责纠正王太子的行为举止合于礼仪的人。

26.王太子……臣之子也：此段文字疑有讹误，疑“羞臣”至“领臣之子也”中有衍文。本句意思是“(负责纠正王太子言行举止合于礼仪的人)，王太子自己不能选用，必须用统领百官那个大臣的儿子，叫领臣之子。事情确定之后，统领百官的大臣去拜见君王，他的妻子去拜见王后，他的儿子去拜见王太子，这就叫臣之之”。

27.正礼：正规的礼法。

28.立而不跛：指站立时身体要直，不偏斜。跛，偏，不正。

29.羞：斜，即不端正。

30.倨：同“踞”，伸脚叉腿地坐着。

31.襁：用背负婴儿的宽带背负。

32.四贤傍之：四贤，即指四位贤者，此指子师、慈母、保母诸人。傍，陪护在身旁。

33.太公:即姜太公吕尚,又称姜尚,即民间所言姜子牙。

34.周公为傅:周公,周武王之弟姬旦。傅,辅佐。

35.是以封于泰山,而禅于梁父:所以在泰山顶上积土为坛祭天,在梁甫开辟一个场所而祭地。泰山在山东省泰安县南。梁父,即梁甫山,是泰山的支脉,也在山东省泰安县境内。封,帝王筑坛祭天及四方山岳之神。禅,古代帝王祭祀土地山川。

36.朝:这里为使动用法,即使诸侯来朝。

37.练:通"拣",即选择。

38.阖闾:又作阖庐,春秋时期吴国国君,名光。因重用楚国的逃亡之臣伍子胥,在一段时间内称霸诸侯,后因与敌国交战受伤而死。

39.夫差:阖闾之子,父死后即位,替父报仇,一举打败越国,但中了越国的美人计,接受了越国的投降,使越国有了喘息的机会,最后吴国反被越国所灭,夫差自刎而死。

40.文公以晋伯(bà):文公,即晋文公重耳,他即位后晋国逐渐强大,成为春秋五霸之一。伯,通"霸"。

41.厉公:春秋时晋国的国君,名晋曼,骄奢残暴无道,后被引入大臣匠丽氏的家中,被大夫乐书、中行偃幽禁而死。

42.威王:即齐威王,田氏,名因齐,一作婴齐。重用邹忌为相,田忌为将,孙膑为军师,改革政治,使齐国力日强。

43.简公:齐悼公之子,名壬,在徐州被田常杀死。

44.穆公:即秦穆公。用百里奚、蹇叔、由余为谋臣,使秦国逐渐强大,称霸西戎。

45.二世:即秦二世胡亥。即位后用赵高为相,杀李斯,统治手段与其父秦始皇一样残暴,天下大乱,后被赵高及其婿阎乐杀死在望夷宫,秦朝灭亡。

46.武灵王:战国时赵国的国君,名雍。在位时实行军事改革,因国界与胡人相连,故令国人改穿胡服,习骑射,国力逐渐强大。后传位给其子何,自称主父。其子章起兵争位,兵败后躲入武灵王的沙丘宫,大将李兑围住沙丘,逼他交出子章,武灵王欲保全章,父子双双饿死宫中。

47.齐桓公:春秋五霸之一,名小白。即位后重用管仲,齐国大治,称霸天下。

48.匡:匡正,扶正。

49.竖刁:亦作"竖刀",齐国的奸臣,齐桓公晚年的宠臣。

50.为天下笑:被天下的人所耻笑。

51.公子无忌:即信陵君,战国时期著名四公子之一。魏安厘王二十七年,他用计得到兵符,杀死将军晋鄙,掌握统领军队的兵权,出兵救赵,并收复被秦国割削的土地。

52.蔺相如:赵国的大臣。赵惠文王时,秦国向赵索取"和氏璧",蔺相如奉命带"和氏璧"入秦,由于他机智勇敢,使"和氏璧"完璧归赵。在渑池之会中,他逼秦王为赵王击瓴,再一次使赵王免受秦王的污辱。

53.安陵任周瞻:安陵,即安陵君,魏襄王之弟。安陵为战国时魏的地名,在今河南鄢陵西北。魏襄王将此地封与其弟,为安陵君。秦始皇想用五百里土地换安陵,安陵君不同意。安陵君用周瞻为将，保全了安陵。周瞻，即唐雎，形近而讹。

54. 申包胥：春秋时期楚国的大大，姓公孙，申是其封地。伍子胥率吴兵攻入楚都郢，楚昭王出逃，申包胥请来秦师救楚，楚昭王才又返回郢都。

55. 陈单：即田单。战国时期齐国的将领。初为市吏，燕将乐毅攻破齐国，占领了七十余城，田单坚守即墨(在今山东平度东南)不出，后用反间计，使燕王改用骑劫为将，田单用火牛阵打败燕兵，收复失地，被齐襄王重用，做相国，封安乐君。

56. 安危继绝：皆使动用法，使危者安使绝世继续下去。

57. 务：一定、必须。

58. 炮烙：商纣王使用过的一种酷刑。

59. 张网：张设罗网来捕捉。张，张开。

60. 二垂：边远的地方。垂，同“陲”。

61. 颓：原意是坍塌，这里是毁坏之意。

62. 鲍叔：即鲍叔牙的别称。春秋时期齐国的大夫，以知人并笃于友谊著称于世，后常以“鲍叔”代称知己好友。

63. 言说：劝说。

64. 垂拱：原意是垂衣拱手，形容不费力气。

65. 趋：归附。

66. 同声：即指同一个声音，比喻志趣相同。

67. 蘧伯玉：春秋时期卫国的大夫，名瑗。

68. 弥子瑕：春秋时期卫国的大夫，卫灵公的宠信之臣。

69. 史鳅：春秋时期卫国大夫，字子鱼，亦称史鱼。生前向灵公荐贤退奸，死后用尸体向灵公进谏，在春秋史上有贤名。史是他的官职，鳅是他的名字。

70. 治丧于北堂：北堂，指室，与正堂相对而言。古代丧礼，始卒于室，小敛于户内，然后将尸体停在堂上。治丧于北堂，则是史鳅死后自贬，欲以尸谏最后向灵公进言。

71. 寤：通“悟”，觉悟，醒悟。

72. 徙丧于堂：迁移到正堂，行殡丧大礼。徙，迁移。

73. 比干：商纣王的叔父，官少师。纣王荒淫无道，比干多次进谏，纣王不听，比干被纣王剖心而死。

74. 箕子：商纣王的叔伯父，箕是其封地。商纣王荒淫无道，箕子屡劝不听，故装疯。

75. 陈灵公杀泄冶：陈灵公，战国时陈国的国君。泄冶，陈国的大夫。陈灵公与臣下的遗妻夏姬私通，泄冶谏而不听，被灵公所杀。

76. 燕昭王得郭隗：燕昭王，战国时燕国的一代贤君，即位后招贤纳士，与秦、楚联合伐齐，迫使齐国归还燕国的领土。郭隗，燕国大臣，建议昭王招贤纳才。

77. 而邹衍、乐毅自齐、魏至：此处为互文，即“邹衍自齐至，乐毅自魏至”。

78. 莒：古地名，今山东莒县境内。

79. 燕度地计众：意思是燕昭王比较国土计算人数。度，思量、比较。计，计算。

80. 宜治:合适统治。宜,适宜。
81. 明鉴:明亮的镜子。鉴,即镜子。
82. 往古:从前的历史。
83. 袭迹:沿袭他人的行迹,遵行前人的做法。
84. 却走:即后退之意。却,即“退”。
85. 国微子之后:封国微子的后人。微子,商纣王之兄,名启,封国之地为微,故后人称其为微子。商纣王荒淫无道,微子进谏纣王不听,投归周。武王灭商纣王后,复其官职。武庚暴乱后,周公令其代殷,建国于宋。
86. 封:积土为封。

保　　傅(节录)

《保傅》亦为《新书》之一篇。在该篇中,贾谊系统地论述了他的幼儿教育的主张。他认为这一阶段是人生旅程中的一个重要时期,要抓紧这一时期的教育。在文中贾谊阐述了以下几个观点:一是教育的早期性,主张从人生之初(“太子初生”)时便抓紧教育。二是施教者的多样性,提出设置多种教傅,并且明确各自的职责。三是教育环境的选择性,强调人事安排和人事选择,把幼儿放在一个良好的人际环境中。

殷为天子,二十余世[1],而周受之。周为天子,三十余世,而秦受之。秦为天子,二世而亡。人性非甚相远也,何殷、周之君有道之长,而秦无道之暴也?其故可知也。

古之王者,太子初生,固[2]举以礼,使士负[3]之,有司斋肃端冕[4],见之南郊[5],见于天也。过阙[6]则下,过庙则趋,孝子之道也。故自为赤子[7]而教固已行矣。昔者周成王[8]幼在襁褓[9]之中,召公[10]为太保,周公[11]为太傅,太公[12]为太师。保,保其身体;傅,傅之德义;师,道之教训:三公之职也。于是为置三少,皆上大夫也,曰少保、少傅、少师,是与太子燕[13]者也。故孩提有识,三公、三少固[14]明孝仁礼义,以道习之,逐去邪人,不使见恶行。于是皆选天下之端士,孝悌博闻有道术者,以卫翼[15]之,使与太子居处出入。故太子初生而见正事,闻正言,行正道,左右前后皆正人也。习与正人居之,不能无正也,犹生长于齐之不能不齐言也;习与不正人居之,不能无不正也,犹生长于楚之不能不楚言也。故择其所嗜[16],必先受业,乃得尝[17]之;择其所乐,必先有习,乃得为[18]之。孔子曰:“少成若天性,习贯[19]如自然。”是殷、周之所以长有道也。

……

鄙谚曰:"不习为史,而视已事。"又曰:"前车覆而后车戒。"夫殷、周之所以长久者,其已事可知也;然而不能从,是不法圣智也。秦之亟绝者,去轨迹可见也;然而不避,是后车又覆也。夫存亡之反,治乱之机,其要在是矣。天下之命,县[20]于太子,太子之善,在于蚤[21]谕教与选左右。心未滥[22]而先谕教,则化易成也,夫开于道术,知义之指[23],则教之功也。若其服习积贯,则左右而已矣。夫胡越之人,生而同声,嗜欲不异,及其长而成俗也,累数译而不能相通,行有虽死而不相为者[24],则教习然也。臣故曰:"选左右,蚤谕教最急。"夫教得而左右正,则太子正矣,太子正而天下定矣。《书》曰:"一人有庆,兆民赖之。"[25]此时务也。

贾谊:《贾谊集》,上海人民出版社 1976 年版。

注　释

1. 二十:疑作"三十"。殷自汤至纣共三十一王。《大戴礼记·保傅》即作"三十"。
2. 固:必。
3. 负:托抱。
4. 有司斋肃端冕:有司,执事者。端冕,卿大夫之祭服。
5. 南郊:祭天之处。
6. 阙:宫门之代称。
7. 赤子:新生儿未有眉发,其色赤,故谓之赤子。
8. 周成王:周武王之子,名诵。成王年幼而武王崩,成王即位,暂由周公摄政,平管叔、蔡叔之乱,七年后返政于成王。
9. 襁褓(qiáng bǎo):襁,背负小儿的布袋。褓,小儿被。
10. 召(shào)公:姬姓名寅。
11. 周公:见前录《新书·胎教》注释 34。
12. 太公:见前录《新书·胎教》注释 33。
13. 燕:安息,居处。
14. 固:疑作"问"。
15. 卫翼:护卫辅助。
16. 嗜:好。
17. 尝:试。
18. 为:行。
19. 贯:通"惯"。
20. 县:通"悬"。
21. 蚤:通"早"。
22. 心未滥:心地纯良未受外界浸染,没有不纯的杂念和欲望。
23. 夫开于道术,知义之指:启之以道艺之文,能知义理之意。开,启。术,艺。指,意。
24. 行有虽死而不相为者:意谓即使以死威胁他们也不会改变己俗适应他人。

25. 一人有庆，兆民赖之：语出《尚书》。一人，指天子。兆民，指百姓。

周室三母

《周室三母》及后文《邹孟轲母》均系汉代刘向所撰《列女传·母仪》之一节。

刘向（约前77～前6），原名更生，字子政，沛县（今属江苏）人。西汉著名的史学家、经学家、目录学家、文学家。楚元王刘交四世孙。宣帝时，为谏大夫。元帝时，任宗正。因反对宦官弘恭、石显而下狱，贬为庶人，旋得释。成帝即位后，得进用，任光禄大夫，改名为"向"，官至中垒校尉。曾奉命领校秘书，校阅皇家藏书，撰《别录》，为我国最早的图书分类目录。一生著述甚丰，今存《新序》、《说苑》、《列女传》等书。其中《列女传》是中国最早的一部妇女专史，是全面了解中国古代妇女的社会生活和精神风貌的重要史料。

《周室三母》记载了我国历史上最早的宫廷教育——西周三母胎教的成功经验，叙述了周室太姜、太任、太姒三位王妇分别对王季、周文王、周武王进行胎教和后天教育的详细事迹。值得重视的是，刘向在文中提出了孕妇必须重视对外界事物的感应，认为"人生肖万物者，皆其母感于物，故形音肖之"，"故妊子之时，必慎所感。感于善则善，感于恶则恶"，为后世"外象内感"的胎教理论奠定了基础。

三母者，太姜、太任、太姒。

太姜者，王季之母，有吕氏[1]之女。太王[2]娶以为妃。生太伯、仲雍、王季。贞顺率导，靡有过失。太王谋事迁徙，必与[3]太姜。君子谓太姜广于德教。

太任者，文王之母，挚任氏中女也[4]。王季娶为妃。太任之性，端一诚庄，惟德之行。及其有娠，目不视恶色，耳不听淫声，口不出敖言[5]，能以胎教，溲于豕牢[6]而生文王。文王生而明圣，太任教之，以一而识百。君子谓太任为能胎教。古者妇人妊子，寝不侧，坐不边，立不跸[7]，不食邪味，割不正不食，席不正不坐，目不视于邪色，耳不听于淫声。夜则令瞽[8]诵诗，道正事。如此，则生子形容端正，才德必过人矣。故妊子之时，必慎所感。感于善则善，感于恶则恶。人生而肖[9]万物者，皆其母感于物，故形音肖之。文王母可谓知肖化矣。

太姒[10]者，武王之母，禹后有莘姒氏[11]之女。仁而明道。文王嘉[12]之，亲迎于渭[13]，造舟为梁[14]。及入，太姒思媚[15]太姜、太任，旦夕勤劳，以进妇道[16]。太姒号曰文母，文王治外，文母治内。太姒生十男：长伯邑考、次武王发、次周公旦、次管叔鲜、次蔡叔度、次曹叔振铎、次霍叔武、次成叔处、次康叔封、次聃季载。太姒教诲十子，自少及长，未尝见邪僻之事。及其长，文王继而教之，卒成武王、周公之德。君子谓太姒仁明而有德。《诗》曰："大邦有子，俔天之妹，文定厥祥，亲迎于渭，造舟为梁，不显其光。"[17] 又曰："太姒嗣徽音，则百斯男。"[18] 此之谓也。

颂曰：周室三母，太姜任姒。文武之兴，盖由斯起。太姒最贤，号曰文母。三姑之德，亦甚大矣[19]！

（清）王照圆：《列女传补注》，清光绪八年楼霞郝氏晒书堂刻本。

注　释

1. 有吕氏：指有吕国国君。姜姓，相传为四岳的后代。有吕，即吕，地处今河南南阳西，春秋初年为楚所灭。
2. 太王：即古公亶(dǎn)父，古代周族领袖。姬姓，相传为弃第十二代孙。曾率族人由豳(bīn，今陕西彬县)迁居周(今陕西岐山北)，其族始称周，并日臻强盛。后经子季历(王季)、孙姬昌(周文王)进一步发展，到曾孙姬发(周武王)时灭掉商朝，建立了周朝的统治。
3. 与：偕，及。
4. 挚任氏中女也：挚任氏，指挚国国君，任姓，相传为仲虺(huī)的后代。中女，次女。
5. 敖言：敖，通"傲"。喧嚷多嘴。
6. 溲(sōu)于豕(shǐ)牢：溲，便溺。豕牢，猪圈，此指兼作茅厕的猪圈。
7. 跸(bì)：跸，足偏任，即站立时重心放在一只脚上。
8. 瞽(gǔ)：代指乐官，旧时盲人多有唱诗说事者，故令其诵诗、讲正事(讲史)。
9. 肖：类似。
10. 姒(sì)：姓，相传为夏禹的后代。
11. 有莘姒氏：指有莘国国君，姒姓。有莘，即莘，地处今陕西合阳东南。
12. 嘉：赞美。
13. 渭：指渭水，今渭河，流经今甘肃南部和陕西中部，注入黄河。
14. 梁：桥梁，此指浮桥。
15. 媚：爱。
16. 进妇道：进，同"尽"。
17. "大邦有子"六句：见《诗经・大雅・大明》。大邦，大国，此指莘国。子，女儿。俔(qiàn)，譬喻，好比。妹，少女。文，指卜筮的文辞。不，通"丕"，大。
18. 太姒嗣徽音，则百斯男：见《诗经・大雅・思奇》。嗣，继续。徽音，美誉。
19. 三姑之德，亦甚大矣：姑，婆母，丈夫的母亲。三姑，又作"二姑"解，上言三姑中太姒最贤，下言太姜、太任德亦甚厚。

邹孟轲母（节录）

《邹孟轲母》亦系刘向所撰《列女传・母仪》之一节。本文记述了传诵千古的

“孟母三迁”和“断机教子”的故事。前者记述了孟母善于为儿子选择良好的学习环境；后者叙说了孟母以事理喻学理，教育儿子不断学习的故事，显现出一个古代善于教子的母性形象。

邹孟轲[1]之母也，号孟母。其舍近墓。孟子之少也，嬉游为墓间之事，踊跃筑埋。孟母曰：“此非吾所以居处子也。”乃去，舍市傍，其嬉戏为贾人炫卖之事[2]。孟母又曰：“此非吾所以居处子也。”复徙舍学宫之傍。其嬉游乃设俎豆[3]，揖让进退。孟母曰：“真可以居吾子矣。”遂居。及孟子长，学六艺[4]，卒成大儒之名。君子谓孟母善以渐化[5]。《诗》云：“彼姝者子，何以予之。”[6]此之谓也。

孟子之少也，既学而归，孟母方绩[7]，问曰：“学何所至矣？”孟子曰：“自若也。”孟母以刀断其织。孟子惧而问其故。孟母曰：“子之废学，若吾断斯织也。夫君子学以立名，问则广知，是以居则安宁，动则远害。今而废之，是不免于厮役[8]，而无以[9]离于祸患也，何以异于织绩而食[10]，中道废而不为，宁能衣其夫子而长不乏粮食哉？女则废其所食，男则堕于修德，不为窃盗，则为虏役[11]矣。”孟子惧，旦夕勤学不息，师事子思[12]，遂成天下之名儒。君子谓孟母知为人母之道矣。《诗》云：“彼姝者子，何以告之。”此之谓也。

（清）王照圆：《列女传补注》，清光绪八年棲霞郝氏晒书堂刻本。

注 释

1. 邹孟轲：邹，国名，相传为颛顼后裔所立。地处今山东济宁、邹县、滕州、金乡、费县一带。战国时为楚所灭。孟轲，即孟子，名轲，字子舆，鲁国邹（今邹县）人，继承并发挥了孔子的学说和思想，儒家学派的主要代表人物。后世尊为“亚圣”。
2. 贾（gǔ）人炫卖之事：贾，古指设肆售货的商人。所谓“行商坐贾”。炫卖，叫卖。
3. 俎（zǔ）豆：祭祀用的器具。
4. 六艺：即“六经”——《诗》、《书》、《礼》、《乐》、《易》、《春秋》。
5. 渐化：逐渐濡染，即潜移默化。
6. 彼姝（shū）者子，何以予之：见《诗经·墉风·干旄》。姝，顺从的样子。子，此指贤者。下文“彼姝者子，何以告之”，亦出自《诗经·墉风·干旄》。告，告诉，建议。
7. 绩：即缉麻纺线。
8. 厮役：作劳役供使唤的人。
9. 无以：无法。
10. 食（sì）：供养。
11. 虏役：受人役使的奴仆。
12. 子思：子思为战国初期著名学者，孔子之孙，名伋。

命 义 篇(节录)

《命义篇》及后文《本性篇》均出自汉代王充所著《论衡》。

王充(27～约100),字仲任,会稽上虞(今属浙江上虞县)人。东汉时期著名的哲学家和教育家。出身"细族孤门",自幼勤奋学习,少游学洛阳太学,师事班彪,博览群籍。历任郡功曹、治中等职。后罢职回乡,潜心著述。所著《论衡》三十卷,八十五篇,其中《招致》一篇有目无文,实存八十四篇。该书是汉代百科全书式的著作,内容涉及经学、哲学、科学、美学、逻辑学、教育学、文学、史学等。其中,《气寿篇》、《自然篇》、《命义篇》、《本性篇》、《初禀篇》等,都曾论及怀胎、胎产和胎教等问题。

在《命义篇》中,王充对"性"和"命"进行了系统阐述,进而引申到胎教的必要性及重要性。他首先从"三命"(即正命、随命、遭命)出发,认为"命自有吉凶","正命者至百而死","随命者五十而死","遭命者初禀气时遭凶恶也,谓妊娠之时遭得恶也,或遭雷雨之变,长大夭死"。接着从三性(有正、有随、有遭)入手,认为"性自有善恶",其善恶皆源于"五常之性"、"父母之性"、"遭得恶物象"等原因。

传[1]曰:"说命[2]有三:一曰正命,二曰随命,三曰遭命[3]。"正命,谓本禀之自得吉也[4]。性然骨善[5],故不假[6]操行以求福而吉自至,故曰正命。随命者,戮力操行[7]而吉福至,纵情施欲[8]而凶祸到,故曰随命。遭命者,行善得恶,非所冀望,逢遭于外[9]而得凶祸,故曰遭命。

凡人受命,在父母施气[10]之时,已得吉凶矣。夫性[11]与命异,或性善而命凶,或性恶而命吉。操行善恶者,性也;祸福吉凶者,命也。或行善而得祸,是性善而命凶;或行恶而得福,是性恶而命吉也。性自有善恶,命自有吉凶。使命吉之人,虽不行善,未必无福;凶命之人,虽勉[12]操行,未必无祸。孟子曰:"求之有道,得之有命[13]。"性善乃能求之,命吉乃能得之。性善命凶,求之不能得也。行恶者,祸随而至[14],而盗跖、庄蹻横行天下[15],聚党数千,攻夺人物,断斩人身,无道甚矣[16],宜遇其祸,乃以寿终。夫如是,随命之说,安所验乎[17]?遭命者,行善于内,遭凶于外也。若颜渊、伯牛之徒[18],如何遭凶[19]?颜渊、伯牛,行善者也,当得随命,福祐随至,何故遭凶?颜渊困于学,以才自杀[20];伯牛空居[21]而遭恶疾。及屈平、伍员之徒[22],尽忠辅上[23],竭王臣之节,而楚放其身,吴烹其尸[24]。行善当得随命之福,乃触遭命之祸,何哉?言随命则无遭命,言遭命则无随命,儒者三命之说,竟何所定[25]?且命在初生,骨表著见[26]。今言随操行而至,此命在末[27],不在本[28]也。则富贵贫贱皆在初禀之时[29]，不在长大之后而随操行而至也。

正命者至百而死；随命者五十而死；遭命者初禀气时遭凶恶也，谓妊娠之时遭得恶也，或遭雷雨之变[30]，长大夭死：此谓三命。

亦有三性[31]：有正，有随，有遭。正者，禀五常[32]之性也；随者，随父母之性；遭者，遭得恶物象之故也[33]。故妊妇[34]食兔，子生缺唇。《月令》[35]曰："是月[36]也，雷将发声。"有不戒其容[37]者，生子不备[38]，必有大凶，喑聋跛盲[39]。气遭胎伤，故受性狂悖。羊舌似我[40]初生之时，声似豺狼，长大性恶，被祸而死。在母身时，遭受此性，丹朱、商均[41]之类是也。性命在本[42]，故《礼》有胎教之法：子在身时，席不正不坐，割不正不食[43]，非正色目不视，非正声耳不听。及长，置以贤师良傅，教君臣父子之道，贤不肖在此时矣。受气[44]时，母不谨慎，心妄虑邪，则子长大，狂悖不善，形体丑恶。

王充：《论衡》，上海人民出版社1974年版。

注　释

1. 传：泛指儒家经书之外或解释经书的书籍。
2. 说命：论述"命"有三种。
3. 遭命：以上"三命说"参见《白虎通·寿命》。
4. 谓本禀之自得吉也：正命，是说本来禀的就是好命，因而不需通过行善自然就会得到富贵。
5. 性然骨善：生下来就是这样，即生下来骨相就好。
6. 假：凭借。
7. 戮力操行：努力端正操行。
8. 纵情施欲：放纵自己的情欲。
9. 逢遭于外：逢遭，偶然碰上。外，指外来的，不是本身所能控制的。
10. 施气：指交合。
11. 性：这里指先天具有的道德属性。
12. 勉：努力，这里指努力修养。
13. 求之有道，得之有命：之，代指富贵。道，途径。大意是，人的善性是自身具有的，只要求就可以得到，而富贵是身外的东西，可以通过一定的办法去求，但能否得到，则是由命决定的。
14. 行恶者，祸随而至：如果做了坏事灾祸就随着到来。
15. 盗跖(zhí)、庄蹻(jué)横行天下：跖，又作蹠，春秋末期奴隶起义的领袖。旧时被诬称为"盗跖"。《庄子·盗跖》说他"横行天下，侵暴诸侯"，所到之处，"大国守城，小国入保(堡)"。庄蹻，一作企足，战国时楚国农民起义的领袖。《荀子·议兵》说"庄蹻发于内，楚分为五"。
16. 无道甚矣：残暴到了极点。
17. 安所验乎：怎么能证实呢？
18. 颜渊、伯牛之徒：二者均为孔子学生。颜渊，即颜回，字子渊，孔子甚称他德行高尚，但短命而死。伯牛，传说得了无法医治的癞病（麻风病）。
19. 如何遭凶：为什么会遭到凶祸呢？
20. 以才自杀：颜渊拼命追求知识，劳累过度而丧失了自己的生命。
21. 空居：这里指老老实实地呆在家里。
22. 屈平、伍员（yún）之徒：屈平，即屈原，战国时楚国著名的诗人和政治家，被陷害流放，投江自杀。伍员，即伍子胥，春秋时吴国大臣，被陷害而死。
23. 上：君主。
24. 楚放其身，吴烹其尸：前指屈原遭楚王流放，后指伍子胥的尸体为吴王所烹。
25. 竟何所定：究竟是根据什么作出来的？
26. 见（xiàn）：同“现”。
27. 末：末尾，指出生以后。
28. 本：本来，指最初胚胎于母体承受“气”的时候。
29. 则富贵贫贱皆在初禀之时：然而富贵贫贱都在最初承受气的时候就决定了。
30. 遭雷雨之变：在怀孕时遭到打雷下雨这样的气候突变。
31. 三性：王充配合自己对“三命”的解释，又提出了“三性”的说法。他认为“命”和“性”都是人胚胎于母体时就具备的，“性自有善恶”，“命自有吉凶”，但两者并不一致。
32. 五常：指儒家提倡的仁、义、礼、智、信五种道德规范。
33. 遭得恶物象之故也：是由于遭遇到恶物形象的缘故。
34. 妊妇：即孕妇。
35.《月令》：《礼记》之篇名。
36. 是月：这个月。据《礼记·月令》，指的是夏历二月。
37. 不戒其容：行动不谨慎，指夫妻同房。
38. 不备：不完备，指形体有缺陷。
39. 喑（yīn）聋跛盲：喑，哑巴。跛，瘸子。
40. 羊舌似我：又作“羊舌食我”，姓羊舌，名食我，春秋时晋国大夫羊舌肸（xī）的儿子，传说初生时啼声像豺狼，长大以后，品质恶劣，后来全家因他被杀。
41. 丹朱、商均：丹朱，尧的儿子；商均，舜的儿子。传说这两人都是因为品质恶劣而未能继承帝位。
42. 性命在本：性和命是在最初承受气的时候形成的。
43. 割不正不食：不按礼的规定宰割的肉就不吃。
44. 受气：这里指父母交合。

本 性 篇

《本性篇》亦为《论衡》中的一篇，主要探讨了人性的恶善问题，故名。在该篇中，王充剖析了从春秋到汉代流行的各种人性观。他一方面批判孟子的“性善

论”、荀子的“性恶论”、告子的“人性无善无恶论”，以及扬雄的“人性善混论”，另一方面认可并发挥了世硕、密子贱、公孙尼子等的人性主张，揭示了早期教育的必要性。

情性[1]者，人治之本，礼乐所由生也。故原[2]情性之极，礼为之防，乐为之节。性有卑谦辞让，故制礼以适其宜[3]；情有好恶喜怒哀乐，故作乐以通其敬[4]。礼所以制，乐所为作者，情与性也。昔儒旧生，著作篇章，莫不论说，莫能实定。

周人世硕[5]，以为人性有善有恶，举人之善性，养而致之则善长；恶性[6]，养而致之则恶长。如此，则情性[7]各有阴阳[8]，善恶在所养焉。故世子[9]作《养书》[10]一篇。密子贱、漆雕开、公孙尼子之徒[11]，亦论情性，与世子相出入，皆言性有善有恶。

孟子作《性善》[12]之篇，以为人性皆善，及其不善，物乱之也。谓人生于天地，皆禀善性，长大与物交接者，放纵悖乱[13]，不善日以生矣。若孟子之言，人幼小之时，无有不善也。微子[14]曰：“我旧云孩子，王子[15]不出。”纣为孩子之时，微子睹其不善之性。性恶不出众庶，长大为乱不变，故云也。羊舌食我初生之时，叔姬[16]视之，及堂，闻其啼声而还，曰：“其声，豺狼之声也。野心无亲，非是莫灭羊舌氏。”遂不肯见。及长，祁胜[17]为乱，食我与焉。国人杀食我，羊舌氏由是灭矣。纣之恶，在孩子之时；食我之乱，见始生之声。孩子始生，未与物接，谁令悖者？丹朱生于唐宫，商均生于虞室。唐、虞之时，可比屋而封[18]，所与接者，必多善矣。二帝之旁，必多贤矣。然而丹朱傲，商均虐，并失帝统，历世为戒。且孟子相人以眸子焉，心清而眸子瞭，心浊而眸子眊[19]。人生目辄眊瞭，眊瞭禀之于天，不同气也，非幼小之时瞭，长大与人接，乃更眊也。性本自然，善恶有质。孟子之言情性，未为实也[20]。然而性善之论，亦有所缘。一岁婴儿，无争夺之心，长大之后，或渐[21]利色，狂心悖行，由此生也。

告子[22]与孟子同时，其论性无善恶之分，譬之湍水，决[23]之东则东，决之西则西。夫水无分于东西，犹人[24]无分于善恶也。夫告子之言，谓人之性与水同也。使性若水，可以水喻性，犹金之为金，木之为木也，人善因善，恶亦因恶。初禀天然之姿[25]，受纯壹之质，故生而兆见，善恶可察。无分于善恶，可推移者，谓中人也，不善不恶，须教成者也。故孔子曰：“中人以上可以语上[26]也；中人以下不可以语上也。”[27]告子之以决水喻者，徒谓中人，不指极善极恶也。孔子曰：“性相近也，习相远也。”[28]夫中人之性，在所习焉。习善而为善，习恶而为恶也。至于极善极恶，非复在习，故孔子曰：“惟上智与下愚不移。”[29]性有善不善，圣化贤教，不能复移易也。孔子，道德之祖，诸子之中最卓者也，而曰“上智下愚不移”，故知告子之言，未得实也。夫告子之言，亦有缘也。《诗》曰："彼姝之子，何以与之？"[30]其传曰："譬犹练丝，染之蓝则青，染之朱则赤。"夫决水使之东西，犹染丝令之青赤也。丹朱、商均已染于唐、虞之化[31]矣，然而丹朱傲而商均虐者，至恶之质，不受蓝朱变也。

孙卿[32]有反孟子，作《性恶》之篇，以为人性恶，其善者，伪也。性恶者，以为人生皆得恶性也；伪者，长大之后，勉使为善也。若孙卿之言，人幼小无有善也。稷[33]为儿，以种树为戏；孔子能行，以俎豆为弄[34]。石生而坚，兰生而香。禀善气，长大就成，故种树之戏为唐司马，俎豆之弄为周圣师。禀兰石之性，故有坚香之验。夫孙卿之言，未为得实。然而性恶之言，有缘也[35]。一岁婴儿，无推让之心，见食，号欲食之；睹好，啼欲玩之。长大之后，禁情割欲，勉厉[36]为善矣。刘子政[37]非之曰："如此，则天无气也[38]。阴阳善恶不相当，则人之为善安从生？"

陆贾[39]曰："天地生人也，以礼义之性。人能察己所以受命[40]则顺，顺之谓道。"夫陆贾知人礼义为性，人亦察己所以受命。性善者，不待察而自善；性恶者，虽能察之，犹背礼畔[41]义，义挹[42]于善不能为也。故贪者能言廉，乱者能言治。盗跖非人之窃也，庄蹻刺人之滥[43]也，明能察己，口能论贤，性恶不为，何益于善？陆贾之言，未能得实。

董仲舒[44]览孙、孟之书，作情性之说曰："天之大经[45]，一阴一阳；人之大经，一情一性。性生于阳，情生于阴。阴气鄙，阳气仁。曰性善者，是见其阳也；谓恶者，是见其阴者也。"若仲舒之言，谓孟子见其阳，孙卿见其阴也。处二家各有见，可也；不处人情性，情性有善有恶，未也。夫人情性同生于阴阳。其生于阴阳，有渥有泊[46]。玉生于石，有纯有驳，性情生于阴阳，安能纯善？仲舒之言，未能得实。

刘子政曰："性，生而然者也，在于身而不发。情，接于物而然者也，出形[47]于外。形外则谓之阳，不发者则谓之阴。"夫子政之言，谓性在身而不发。情接于物，形出于外，故谓之阳；性不发，不与物接，故谓之阴。夫如子政之言，乃谓情为阳，性为阴也。不据本所生起，苟以形出与不发见定阴阳也。必以形出为阳，性亦与物接，造次[48]必于是，颠沛必于是。恻隐不忍[49]，仁之气[50]也；卑谦辞让，性之发也。有与接会，故恻隐卑谦，形出于外。谓性在内，不与物接，恐非其实。不论性之善恶，徒议外内阴阳，理难以知。且从子政之言，以性为阴，情为阳，夫人禀情[51]，竟有善恶不[52]也？

自孟子以下至刘子政，鸿儒博生[53]，闻见多矣。然而论情性，竟无定是。唯世硕、公孙尼子之徒颇得其正。由此言之，事易知，道难论也。酆文茂记[54]，繁如荣华[55]，恢谐[56]剧谈，甘如饴蜜，未必得实。实者，人性有善有恶，犹人才有高有下也。高不可下，下不可高。谓性无善恶，是谓人才无高下也。禀性受命，同一实也。命有贵贱，性有善恶。谓性无善恶，是谓人命无贵贱也。九州田土之性，善恶不均。故有黄赤黑之别，上中下之差。水潦[57]不同，故有清浊之流，东西南北之趋。人禀天地之性，怀五常之气，或仁或义，性术乖也；动作趋翔，或重或轻，性识诡也。面色或白或黑，身形或长或短，至老极死，不可变易，天性然也。皆知水土物器形性不同，而莫知善恶禀之异也。余固[58]以孟轲言人性善者，中人以上者也；孙卿言人性恶者，中人以下者也；扬雄言人性善恶混者[59]，中人也。若反[60]经合道，则可以为教；尽性之理，则未也。

王充：《论衡》，上海人民出版社 1974 年版。

注　释

1. 情性：情，这里指人的喜怒哀乐等情感。性，是指人先天具有的道德属性。
2. 原：推究。
3. 宜：和顺，亲善。
4. 故作乐以通其敬：通，传达。敬，恭敬，这里是严肃的意思。
5. 世硕：春秋时陈国人，孔门七十二弟子之一。著有《世子》二十一篇。
6. 恶性：疑有误，当作“性恶”。
7. 情性：疑“情”为衍文。
8. 阴阳：这里指人性之善恶。
9. 世子：指世硕。
10. 《养书》：又作《养性书》，已失传。
11. 密子贱、漆雕开、公孙尼子之徒：密子贱，名不齐，字子贱，春秋时鲁国人，孔子的学生，孔子称其为君子，曾任单父宰，后世追封为单父侯。漆雕开，名启，字子开，春秋时鲁国人，孔子的学生，习《尚书》，不愿做官，以德行著称，著《漆雕子》十三篇。公孙尼子，战国初人，孔子的再传弟子，著《公孙尼子》二十八篇，今不传。
12. 《性善》：据传为《孟子》中的一篇，一般认为是后人的伪作，今已失传。
13. 悖(bèi)乱：悖，违背。乱，祸乱。
14. 微子：见前录《新书·胎教》注释 85。
15. 王子：这里指商纣王。
16. 叔姬：羊舌食(似)我的祖母。
17. 祁(qí)胜：春秋时晋国大夫祁盈的属官。
18. 比屋而封：意谓唐虞之时，人人皆贤，家家都有可受封爵之德行。
19. 眊(mào)：眼睛失神，昏乱。与“瞭”相对。
20. 未为实也：不符合实际情况。
21. 渐(jiān)：浸染。
22. 告子：姓告，名不详，一说名不害。提出性无善恶论，与孟子主张的性善论对立。

23. 决：排除堵塞，导水使行。
24. 人：疑“人”后脱一“性”字。参见《孟子·告子》。
25. 姿：通“资”，资质，本性。
26. 上：上等，高级。这里指仁义道德之类的大道理。
27. 引文参见《论语·雍也》。
28. 引文参见《论语·阳货》。
29. 引文参见《论语·阳货》。
30. 引文参见《诗经·墉风·干旄》。“何以与之”，又作“何以予之”。
31. 化：改变。
32. 孙卿：荀况，战国时赵国人。汉时人因避宣帝（名询）讳，故以“孙”代“荀”，称为孙卿。著有《荀子》一书。
33. 稷：后稷。古代周族的始祖，名弃，善于种植各种粮食作物，曾为尧舜时农官，教民耕种。
34. 以俎豆为弄：俎豆，本是祭祀时用的礼器，这里指陈设俎豆，模拟祭礼的动作。弄，玩弄，戏耍。
35. 有缘也：根据文气，疑“有”字之前夺一“亦”字。上文有“然而性善之论，亦有所缘”，“夫告子之言，亦有缘也”，可证。
36. 厉：同“砺”，磨炼。
37. 刘子政：即刘向，见前录《周室三母》之介绍。
38. 则天无气也：意思是，天气有阴阳之分，人性有善恶之别，才是正常的。如果人性只有恶而无善，那就像说天气只有阴而无阳一样，是不可能的。
39. 陆贾：汉高祖刘邦的重要谋臣，著有《新语》一书。
40. 受命：这里指从天地接受礼义之性。
41. 畔：通“叛”。
42. 挹（yì）：酌取，汲取。
43. 刺人之滥：刺，斥责，指责。滥，贪。
44. 董仲舒：西汉哲学家、今文经学大师。曾任博士、江都相和胶西相。于汉武帝举贤良文学之时，提出著名的“天人三策”。著有《春秋繁露》与《董子文集》。
45. 大经：常道或不改变的常规。
46. 有渥有泊：渥，浓郁。泊，通“薄”，即薄稀。
47. 出形：疑“形出”之误倒。下文有“形出于外”，可证。
48. 造次：仓卒，匆促。
49. 恻隐不忍：恻隐，怜悯。忍，残忍。
50. 仁之气：指具有“仁”这种道德属性的气。
51. 情：疑系“性”之误。人性禀受于天，本书时见此义。
52. 不（fǒu）：同“否”。
53. 鸿儒博生：鸿，大。博，学识广泛丰富。

54. 酆文茂记：酆，同“丰”。记，记载事物的文章或书籍。

55. 荣华：荣，草木茂盛。华，同“花”。

56. 恢谐：恢，通“诙”。

57. 潦(lǎo)：雨水。水潦，这里指水源。

58. 固：通“故”，因此。

59. 扬雄言人性善恶混者：扬雄，西汉末思想家。善恶混，指一个人身上同时具有善和恶两个方面。

60. 反：同“返”，回复，这里有符合的意思。

诫子书

《诫子书》与《诫外生书》均出自《诸葛亮集》。

诸葛亮(181～234)，字孔明，琅邪阳都(今山东沂南县)人。三国时期蜀国杰出的政治家、思想家、军事家和教育家。出生于琅邪阳都的一个官吏之家。诸葛氏是琅邪望族，先祖诸葛丰曾在西汉元帝时做过司隶校尉，父诸葛圭东汉末年做过泰山郡丞。早年丧父，与弟诸葛均一起先后跟随叔父诸葛玄至豫章、荆州。诸葛玄病逝后，兄弟俩移住隆中(今属湖北襄阳)，隐居乡间。建安四年(199年)，与友人徐庶等师从水镜先生司马徽，潜心钻研天文地理、战术兵法等。建安十二年(207年)，刘备“三顾茅庐”于隆中，遂出山辅佐建立蜀汉政权，先后相先主刘备、后主刘禅。建兴十二年(234年)，终因积劳成疾，病逝于五丈原军中。平生著述甚丰，其中对后世影响极大的有《前出师表》、《后出师表》、《隆中对》等。

《诫子书》，是诸葛亮写给儿子诸葛乔的家信，与《诫外生书》一起，都强调了励志教育在家庭教育中的重要性，今天仍有积极的借鉴意义。

夫君子之行，静以修身，俭以养德。非淡泊无以明志，非宁静无以致远。夫学须静也，才须学也，非学无以广才，非志无以成学。淫慢则不能励精，险躁则不能治性。年与时驰，意与日去，遂成枯落，多不接世。悲守穷庐，将复何及！

诫外生书[1]

夫志当存高远，慕先贤，绝情欲，弃疑滞，使庶几之志，揭然有所存，恻然有所感；忍屈伸，去细碎，广咨问，除嫌吝，虽有淹留，何损于美趣，何患于不济。若志不强毅，意不慷慨，徒碌碌滞于俗，默默束于情，永窜伏凡庸[2]，不免于下流矣！

诸葛亮：《诸葛亮集》，中华书局1960年版。

注　释

1.诫外生书：亦作《诫外甥书》。

2.窜伏凡庸：匿身于平庸之流，即下流社会。指没有什么“出息”。

杂　说（节录）

《杂说》载于张华所著《博物志》。

张华（232～300），字茂先，西晋范阳方城（今河南固安县南）人。文学家。少时家贫，曾以牧羊为生，但好学不倦，知识渊博，尤善诗赋，因作《鹪鹩赋》而深受阮籍赏识，为之延誉，由是名声大振。魏末曾任右著作郎、长史兼中书郎等职。入晋，历任黄门侍郎、中书令、散骑常侍、太子少傅、中书监等要职，官至司空，故世称张司空。赵王司马伦等谋反，因拒绝参与，遂被司马伦和孙秀所杀，夷三族。其著述多已亡佚，今存有《张司空集》一卷、《博物志》十卷。

《博物志》以笔记体记叙异境奇物及古代琐闻杂事等，多采用晋以前典籍中的材料，内容庞杂，包括山川地理、飞禽走兽、历史轶事、神仙方术、人物传说等，遂有“博物”之称。其中《杂说》下篇，对胎教有所论及。

妇人妊娠未满三月，着壻[1]衣冠，平旦[2]左绕井三匝[3]，映详影而去[4]。勿反[5]顾，勿令人知见[6]，必生男。

妇人妊娠，不欲令见丑恶物、异类鸟兽。食当避异常味，不欲令见熊罴[7]虎豹。御及鸟射射雉[8]，食牛心、白犬肉、鲤鱼头[9]。席不正不坐，割不正不食，听诵诗书讽咏之音，不听淫声，不视邪色。以此产子，必贤明端正寿考[10]。所谓父母胎教之法。故古者妇人妊娠，必慎所感，感于善则善，恶则恶矣。妊娠者不可啖[11]兔肉，又不可见兔，令儿缺唇。又不可啖生姜，令儿多指。

《异说》[12]云：瞽叟[13]夫妇凶顽而生舜，叔梁纥[14]，淫夫也，徵在[15]失行也，加又野合[16]而生仲尼。其在[17]有胎教也？

范宁：《博物志校证》，中华书局1980年版。

注　释

1.壻：即“婿”。

2.平旦：犹平明。

3.匝：周、圈。

4.映详影而去：意谓映井水详观影而去。

5.反：同“返”。

6.勿令人知见：当作“勿令人婿见”解。

7. 罴(pí)：一种熊，也叫马熊。

8. 御及鸟射射雉：不可解，当有误。学者范宁校为"不欲令见熊罴虎豹，及狂鸟、秩秩、雉"。狂鸟、秩秩均为鸟名，见《尔雅·释鸟》。狂鸟为五色而有冠；秩秩如雉而黑，栖于海中山上，又称为海雉；雉，俗称野鸡。

9. 食牛心、白犬肉、鲤鱼头：疑脱落"不"字，应作"不食牛心、白犬肉、鲤鱼头"解。

10. 寿考：犹言高寿。

11. 啖(dàn)：吃。

12.《异说》：中国古代神话著作。

13. 瞽叟：舜父之别名。

14. 叔梁纥(hé)：孔子之生父，春秋时鲁大夫，名纥，字叔梁，有勇力。

15. 徵在：即颜徵在，孔子之生母。相传她与叔梁纥祷于尼丘(即尼山，今山东曲阜东南)而生孔子。

16. 野合：一说男女苟合；一说夫妻结合不符合礼仪。

17. 在：指颜徵在。

教　子(节录)

《教子》与后文《勉学》均为颜之推所著《颜氏家训》之篇名。

颜之推(531～约595)，字介，南北朝时人，出生于湖北江陵。早承家学，博览群书。梁元帝时，官至散骑常侍。梁亡后奔北齐，为黄门侍郎、平原太守。北齐亡后入北周，为御史上士。隋文帝时，太子召为学士，年约七十时以疾卒。颜之推一生历仕四朝，多次险遭杀身之祸，因此常有忐忑之虑，曾作《观我生赋》自道其内心之痛。在其生命晚年，念念不忘保持氏族家庭的地位和传统，想以自己的经验教训子孙，以光宗耀祖，扬名于世，遂写下了《颜氏家训》。

《颜氏家训》共二十篇传世，是我国古代保存下来的最早的、影响最大的一部家教著作。该书全面系统地论述了学前家庭教育的有关内容、原则和方法。颜之推的儿童教育思想主要体现在《教子》和《勉学》等篇中。

《教子》篇专论家庭教育中如何教养子女。颜之推首先根据孔子"少成若天性，习惯如自然"的论点，指出儿童时期是人的一生发展的关键时期，应从"婴稚"时就及早施以正面的家庭教育。其次，就是如何处理好爱与教、慈与严的关系。对此，他列举了历史上一些家长严慈不当，终结苦果的真实事例，进一步论证了爱严结合的必要性，告诫后人"无教而有爱"的危害性。再次，他反对"偏宠"，提倡"均爱"。颜氏认为，历史的教训值得注意，正是因为父母偏宠偏爱、心理倾斜，才种下了共叔、赵王的杀身之祸，刘表、袁绍的毁族之果。

上智不教而成，下愚虽教无益，中庸之人[1]，不教不知也。古者，圣王有胎教之法：怀子三月，出居别宫，目不邪视，耳不妄听，音声[2]滋味，以礼节之[3]。书之玉版，藏诸金匮。生子咳[4]，师保[5]固明孝仁礼义，导习之矣。凡庶纵不能尔[6]，当及婴稚，识人颜色，知人喜怒，便加教诲，使为则为，使止则止。比及[7]数岁，可省笞[8]罚。父母威严而有慈，则子女畏慎而生孝矣。吾见世间，无教而有爱，每不能然；饮食运为[9]，恣其所欲，宜诫翻[10]奖，应诃[11]反笑，至有识知，谓法当尔。骄慢已习，方复制之。捶挞[12]至死而无威，忿[13]怒日隆[14]而增怨，逮于成长[15]，终为败德。孔子云："少成若天性，习惯如自然。"是也。俗谚曰："教妇初来，教儿婴孩。"诚哉斯语！

凡人不能教子女者，亦非欲陷其罪恶；但重于诃怒，伤其颜色[16]，不忍楚[17]挞惨其肌肤耳。当以疾病为喻，安得不用汤药针艾[18]救之哉？又宜思勤督训者，可愿苛虐于骨肉乎？诚不得已也。

王大司马[19]母魏夫人，性甚严正；王在湓城[20]时，为三千人将，年踰[21]四十，少不如意，犹捶挞之，故能成其功业。梁元帝[22]时，有一学士[23]，聪敏有才，为父所宠，失于教义：一言之是，遍于行路，终年誉之；一行之非，掩藏文饰，冀其自改。年登婚宦[24]，暴慢日兹，竟以语言不择，为周逖[25]抽肠衅[26]鼓云。

父子之严，不可以狎[27]；骨肉之爱，不可以简[28]。简则慈孝不接[29]，狎则怠慢生焉。……齐武成帝[30]子琅琊王[31]，太子母弟也，生而聪慧，帝及后并笃爱之，衣服饮食，与东宫相准。帝每面称之曰："此黠[32]儿也，当有所成。"及太子即位，王居别宫，礼数优僭[33]，不与诸王等；太后犹谓不足，常以为言。年十许岁，骄恣无节，器服玩好，必拟乘舆[34]；常[35]朝南殿，见典御[36]进新水，钩盾[37]献早李，还索不得，遂大怒，诟曰："至尊已有，我何意无?"不知分齐，率皆如此。识者多有叔段[38]、州吁[39]之讥。后嫌宰相，遂矫斩之，又惧有救，乃勒麾下军士，防守殿门；既无反心，受劳而罢，后竟坐[40]此幽薨[41]。

人之爱子，罕亦能均；自古及今，此弊多矣。贤俊者自可赏爱，顽鲁者亦当矜怜，有偏宠者，虽欲以厚之，更所以祸之。共叔之死，母实为之。赵王[42]之戮，父实使之。刘表[43]之倾宗覆族，袁绍[44]之地裂兵亡，可为灵龟明鉴[45]也。

王利器：《颜氏家训集解》，上海古籍出版社1980年版。

注　释

1. 中庸之人：即除"上智、下愚"以外的普通人。

2. 音声：古人称音乐为音声，到唐代还称奏乐的人为"音声人"。

3. 以礼节之：以礼来调节。节，节制。

4. 生子咳(tí)：生子，他本如司马光《温公家范》等均作"子生"。咳，即"孩提"，"二三岁之间，在襁褓，知孩笑，可提抱者也”。

5. 师保：古代担任教导贵族子弟的官吏，有“师”有“保”，统称“师保”。

6. 凡庶纵不能尔：普通人家即使不能做到这样。凡庶，普通人。尔，如此，这样。

7. 比及：及至，等到。

8. 笞(chī)：鞭打，杖击。

9. 运为：即“云为”，言论行为。

10. 翻：反转，反而。

11. 诃：呵斥，责备。

12. 捶挞(tà)：捶，用拳头或棍棒敲打。挞，用鞭或杖责打。

13. 忿：通“愤”。

14. 隆：增加。

15. 逮于成长：及至长大成人。逮，及至。

16. 但重于诃怒，伤其颜色：只是不愿意使孩子因怒斥而神色沮丧。重，难，不愿意。颜色，脸色、神色。

17. 楚：荆条，古时用作刑杖拷打犯人，此处为用刑杖打人之态。

18. 针艾：针，针灸，用针刺病人的穴位，以达到治病的目的。艾，艾叶，中医用艾草熏灼病人的身体以治病。

19. 王大司马：即王僧辩，南朝梁太原祁(今山西祁县)人，字君才，初仕北魏，归梁后任湘东王萧绎的左常侍及司马。其母魏夫人为人谦和，治家严谨，即使儿子功勋卓著，为人敬服时，仍不准其贪图富贵，朝野皆称其为明哲妇人。

20. 湓城：也称湓口，古城名。故址在今江西九江市。

21. 踰：即“逾”，意为超过。

22. 梁元帝：即萧绎，字世诚，南朝梁兰陵(今江苏武进西北)人，梁武帝第七子。初封湘东王，后在江陵即帝位。在位三年，为西魏所掳杀。

23. 学士：官名，南北朝时，学士为可编纂撰述之官。

24. 婚宦：结婚和做官。此指成年。

25. 周逖(tì)：据唐朝姚思廉撰写的《陈书》记载，其人“强暴无信义”。

26. 衅：古代的一种祭祀仪式，用牲畜的血涂在新制的器物上。

27. 狎：因亲近而极度不庄重。

28. 简：简慢，怠慢。

29. 慈孝不接：父要慈，子要孝，两者不接，即慈、孝都未做好。接，相接。这里引申为会合。

30. 齐武成帝：北齐第五位皇帝高湛，史称武成帝，在位五年。

31. 琅琊王：高湛的第三子高俨，字仁威。初封东平王，武成帝死后封琅琊王。

32. 黠(xiá)：狡猾；聪慧。

33. 礼数优僭：礼数，指礼仪的级别。优僭，超越本分。

34. 乘舆：旧指帝王所乘坐的车子，后用以代指皇帝。

35.常：通“尝”，曾经。

36.典御：古代主管帝王饮食的官员。

37.钩盾：古代主管帝王园林之事的官员。

38.叔段：春秋时郑国国君郑庄公之弟，因母亲姜氏偏宠纵容，从小骄纵不法，最后发动叛乱，后被庄公打败，投奔至共，故又称共叔或共叔段。

39.州吁：春秋时卫国国君卫庄公的儿子，亦因父母宠爱而骄纵放肆，其父死后兄卫恒公自立，后亦被杀。

40.坐：因为。

41.薨(hōng)：周代称诸侯之死。

42.赵王：赵隐王刘如意，系汉高祖刘邦宠妃戚夫人所生。高祖十分宠爱他，封其为赵隐王。戚夫人犹感不足，欲以如意取代太子(吕后所生)，终因群臣阻谏未成。高祖死后，吕后专权，将如意毒死，并百般折磨戚夫人。

43.刘表：字景升，东汉末山阳高平(今山东邹县)人，东汉远支皇族。初平元年(公元190年)任荆州刺史，后为荆州牧。其夫人偏爱幼子刘琮而忌长子刘琦。刘表病死后，其幼子刘琮因无力与诸家势力抗衡，终投降曹操。

44.袁绍：字本初，东汉末汝南汝阳(今河南商水西北)人，出生于四世三公的官僚家庭。建安五年(公元200年)，在官渡(今河南中牟东北)为曹操大败，不久病死。其子袁潭、袁尚为争权势互相攻击，先后被曹操所灭。

45.灵龟明鉴：灵龟，古代用来占卜的乌龟。鉴，铜镜，可用照人照物。此处以灵龟、明鉴比喻可资借鉴的事物。

勉　学(节录)

勉学即是勉励学习。《勉学》篇亦是《颜氏家训》中重要的篇章。该篇记述了颜之推的为学见解。一是在教育内容上要求进行“增益德行”和“修以学艺”两方面的教育；二是要讲究学习态度和学习方法，即端正学习态度，做到勤学、眼学、博学、友学；三是提倡早教和晚学，其中“幼而学者，如日出之光”，“人生小幼，精神专利”，“固须早教，勿失机也”等话语，为中国幼教的经典性语言；而“晚学”的主张又包含有终身教育的思想。

自古明王圣帝，犹须勤学，况凡庶乎！此事遍于经史，吾亦不能郑重[1]，聊举近世切要，以启寤[2]汝耳。士大夫子弟，数岁已上，莫不被教，多者或至《礼》、《传》，少者不失《诗》、《论》[3]。及至冠婚[4]，体性稍定；因此天机[5]，倍须训诱。有志尚者，遂能磨砺，以就素业[6]；无履立[7]者，自兹堕慢，便为凡人。人生在世，会当[8]有业：农民则计量耕稼，商贾则讨论货贿[9]，工巧则致精器用，伎[10]艺则沈[11]思法术，武夫则惯习弓马，文士则讲议经书。多见士大夫耻涉农商，羞务工伎，射则不能穿札[12]，笔则才记姓名，饱食醉酒，忽忽[13]无事，以此消日，以此终年；或因家世余绪[14]，得一阶半级[15]，便自为足，全忘修学。及有吉凶大事，议论得失，蒙然[16]张口，如坐云雾；公私宴集，谈古赋诗，塞默低头，欠伸而已。有识旁观，代其入地[17]。何惜数年勤学，长受一生愧辱哉。

梁朝全盛之时，贵游子弟[18]，多无学术，至于谚曰："上车不落则著作，体中何如则秘书[19]。"无不熏衣剃面，傅粉施朱，驾长檐车[20]，跟高齿屐[21]，坐棋子方褥[22]，凭斑丝隐囊[23]，列器玩于左右，从容出入，望若神仙。明经求第[24]，则顾[25]人答策；三九公燕[26]，则假手赋诗；当尔之时，亦快士[27]也。及离乱之后，朝市迁革[28]，铨衡[29]选举，非复曩者之亲；当路秉权，不见昔时之党。求诸身而无所得，施之世而无所用。被褐而丧珠，失皮而露质[30]，兀若枯木，泊[31]若穷流，鹿独[32]戎马之间，转死沟壑之际。当尔之时，诚驽材[33]也。有学艺者，触地而安。自荒乱以来，诸见俘虏。虽百世小人[34]，知读《论语》、《孝经》者，尚为人师；虽千载冠冕，不晓书记者，莫不耕田养马。以此观之，安可不自勉耶？若能常保数百卷书，千载终不为小人也。

夫明六经之指，涉百家之书，纵不能增益德行，敦厉风俗，犹为一艺，得以自资。父兄不可常依，乡国不可常保，一旦流离，无人庇荫，当自求诸身耳。谚曰："积财千万，不如薄伎在身。"伎之易习而可贵者，无过读书也。世人不问愚智，皆欲识人之多，见事之广，而不肯读书，是犹求饱而懒营馔，欲暖而惰裁衣也。夫读书之人，自羲、农[35]已来，宇宙之下，凡识几人，凡见几事，生民之成败好恶，固不足论，天地所不能藏，鬼神所不能隐也。

有客难主人曰："吾见强弩长戟，诛罪安民，以取公侯者有矣；文义习吏，匡时富国，以取卿相者有矣；学备古今，才兼文武，身无禄位，妻子饥寒者，不可胜数，安足贵学乎？"主人对曰："夫命之穷达，犹金玉木石也；修[36]以学艺，犹磨莹雕刻也。金玉之磨莹，自美其矿璞[37]，木石之段块，自丑其雕刻；安可言木石之雕刻，乃胜金玉之矿璞哉？不得以有学之贫贱，比于无学之富贵也。且负甲为兵，咋笔[38]为吏，身死名灭者如牛毛，角立[39]杰出者如芝草[40]；握素披黄[41]，吟道咏德，苦辛无益者如日蚀[42]，逸乐名利者如秋荼[43]，岂得同年而语矣。且又闻之：生而知之者上，学而知之者次[44]。所以学者，欲其多知明达耳。必有天才，拔群出类，为将则闇与孙武、吴起[45]同术，执政则悬得管仲、子产[46]之教，虽未读书，吾亦谓之学矣。今子即不能然，不师古之踪迹，犹蒙被而卧耳。"

……夫学者所以求益耳。见人读数十卷书，便自高大，凌忽长者，轻慢同列；人疾之如仇敌，恶之如鸱枭[47]。如此以学自损，不如无学也。

古之学者为己，以补不足也；今之学者为人，但能说之也。古之学者为人，行道以利世也；今之学者为己，修身以求进[48]也。夫学者犹种树也，春玩其华，秋登其实；讲论文章，春华也；修身利行，秋实也。

人生小幼，精神专利[49]，长成已后，思虑散逸，固须早教，勿失机也。吾七岁时，诵《灵光殿赋》[50]，至于今日，十年一理，犹不遗忘；二十之外，所诵经书，一月废置，便至荒芜矣。然人有坎壈[51]，失于盛年，犹当晚学，不可自弃。孔子曰："五十以学《易》，可以无大过矣[52]。"魏武、袁遗，老而弥笃[53]，此皆少学而至老不倦也。曾子[54]七十乃学，名闻天下；荀卿[55]五十，始来游学，犹为硕儒；公孙弘[56]四十余，方读《春秋》，以此遂登丞相；朱云[57]亦四十，始学《易》、《论语》；皇甫谧[58]二十，始受《孝经》、《论语》：皆终成大儒。此并早迷而晚寤也。世人婚冠未学，便称迟暮，因循面墙[59]，亦为愚耳。幼而学者，如日出之光，老而学者，如秉烛夜行，犹贤乎瞑目而无见者也。……

王利器：《颜氏家训集解》，上海古籍出版社 1980 年版。

注 释

1. 郑重：频繁，继续重复。
2. 寤：通"悟"，觉醒。
3. 《论》：即《论语》，为儒家经典之一。
4. 冠婚：指成人后二三十岁时。古时男子二十岁加冠，三十岁娶妻称婚。
5. 天机：人的悟性，天赋的灵性或机灵。
6. 素业：清素之业，指讲议儒经，即士族从师的事业。见下文"文士则讲议经书"。
7. 履立：立志成就事业、树立操行。
8. 会当：应当，理当。
9. 货贿：财物。货，指金玉。贿，指布帛。
10. 伎：同"技"。
11. 沈：同"沉"。
12. 札：铠甲上的铁叶。
13. 忽忽：内心空虚，神情恍惚。
14. 家世余绪：世代仕宦之家保留的特权地位。
15. 得一阶半级：获得小官位和俸禄，即一官半职。
16. 蒙然：模糊不明。
17. 代其入地：替他感到惭愧，欲入地下躲藏。
18. 贵游子弟：泛指士族子弟。
19. 上车不落则著作，体中何如则秘书：梁朝官制，秘书省设监丞各一人，掌国家的典籍图书，著作郎一人，佐郎八人，掌国史，记录皇帝起居。梁朝末年都由不学无术的贵族子弟充任。"上车不落"是当时的俗语，意即起码。这是说士族子弟一开始做官就起码可以混个著作郎，到能运用“体中何如”（问人家身体安否）进行谈论就可获得秘书郎这样的官职。

20. 长檐车：车盖有前檐的车为长檐车，是一种豪华的象征。
21. 跟高齿屐（jī）：跟，用为动词，“穿着”的意思。高齿屐，当时士大夫喜欢穿着的一种高齿木屐。
22. 方褥：方形垫褥。南北朝时，人们仍为跪坐。跪坐时讲究在座上铺上坐垫（褥）。
23. 斑丝隐囊：斑丝，染成彩色的丝绸。隐囊，犹靠褥。
24. 明经求第：汉代以来州郡举孝廉、秀才，经中央考试及第后录用。这种策试题所问多有经义，故为明经求第，非隋唐时期所设明经科。
25. 顾：雇请。
26. 三九公燕：燕，即宴。逢三逢九，公家举行宴会。
27. 快士：佳士。
28. 朝市迁革：朝政改换。朝市，朝廷。
29. 铨衡：衡量轻重的器具。此指主管任选官员的吏部。
30. 被（pī）褐而丧珠，失皮而露质：此喻贵族子弟在离乱中失去旧日权势，而显得庸碌无能。褐，粗麻制成的短衣，古时贫贱者穿用之衣。露质，显露出本质，成语“羊质虎皮”即是此意。
31. 泊：通“薄”，浅水貌。
32. 鹿独：落拓，颠沛流离之貌。
33. 驽材：才能低下。驽，劣马。
34. 百世小人：两晋南北朝时盛行讲究门阀出身，对累世出自寒门之人称为百世小人。
35. 羲、农：羲，伏羲。农，神农。均为神话传说中中国远古之帝王。
36. 修：研习。
37. 矿璞：金属未成器叫矿，玉未加工叫璞。
38. 咋（zè）笔：用嘴啃咬毛笔笔尖。咋，啃咬。
39. 角立：卓然特立。
40. 芝草：又称灵芝，生在枯木上的一种菌类，极为罕见。古人视为祥瑞之物。
41. 握素披黄：素，白色的生绢，这里指白绢写的书。黄，指黄色卷轴。其时人们将这种卷轴染成黄色借以防蠹，书写成后，卷成一卷。
42. 如日蚀：比喻罕见。
43. 秋荼（tú）：荼，苇、芦之类开放的白花。故以秋荼比喻繁多。
44. 生而知之者上，学而知之者次：见《论语·季氏》。
45. 孙武、吴起：均为春秋战国时期著名的军事家。孙武，《史记》有传，记其春秋时在吴国任大将。吴起，《史记》亦有传，记其历仕魏、楚等国。
46. 管仲、子产：均为春秋时期著名的政治家。管仲，见本书《弟子职》介绍。子产，春秋时郑国的贤大夫。
47. 鸱枭（chī xiāo）：鸱、枭，旧时视为恶鸟。

48. 进：仕进，即做官。

49. 专利：专一，注意力集中。

50.《灵光殿赋》：西汉宗室鲁恭王建有灵光殿，经战乱到东汉时仍然未毁。东汉王延寿游鲁时写下了《鲁灵光殿赋》，后被收入《文选》。

51. 坎壈(lǐn)：穷困不得志。

52. 孔子曰：见《论语·述而》。

53. 魏武、袁遗，老而弥笃：魏武，指曹操。袁遗，字伯业，东汉人，袁绍从兄。曹操曾说："长大而能勤学，惟吾与袁伯业耳。"

54. 曾子：春秋末鲁国南武城(今山东费县)人，名参，字子舆，孔子学生，以孝道著称。

55. 荀卿：见前录《本性篇》注释32。

56. 公孙弘：字季，齐地淄川人(今山东寿光南)。少时家贫，曾为富人牧豚(放猪)；年轻时因无学识，常犯过失；遂立志读书，四十岁始读《春秋》。见《汉书·公孙弘传》。

57. 朱云：汉代人名。以敢于直言进谏著称，有成语"朱云折槛"之说。见《汉书·朱云传》。

58. 皇甫谧：字士安，幼名静，自号玄晏先生，安定朝那(今甘肃省灵台县朝那镇皇甫湾)人。中国历史上杰出的文学家、史学家、医学家。见《晋书·皇甫谧传》。

59. 因循面墙：因循，沿袭，保守。面墙，指不学的人如面对着墙，一无所见。

第三章　隋唐两宋时期幼教名著选读

这一时期从公元581年杨坚建立隋朝起，至公元1276年忽必烈灭南宋统一中国为止，将近八百年的历史。杨坚于公元589年灭陈统一中国以后，广征儒家经典，重新确立了儒学的正统地位。其子隋炀帝杨广积极致力于推行民族大融合，在重视儒家学术的同时，并不排斥佛道等异家学说。至唐代，唐太宗即位后，继续推行以儒为主、兼容佛道的宽松的文教政策，使得唐代的文化和教育出现一派欣欣向荣的繁荣景象。这种相对开明宽松的文教政策为后世宋明理学的诞生准备了较好的历史条件。

经过五代半个多世纪分裂割据的战乱年代，武将出身的宋代开国皇帝赵匡胤，总结治国方术，吸取历史教训，深知"马上可以得天下，马上不能治天下"的道理，在"杯酒释兵权"之后，积极强化文官政治，"宰相须用读书人"成为定制。此种"文治"国策与科举制度一道强烈刺激着民间读书做官的热情，有利于教育走向更广大的社会层面。宋代承袭了唐代的"主以儒学，辅以佛道"的总体精神，在突出儒学主干地位的同时，基本上做到了兼容佛道。宋代抬高儒学地位的法宝依旧是尊孔崇儒，与前代有所不同的是，更加借重儒家的纲常伦理。更有一批思想家将儒、道、佛诸家融合一起，以儒家的伦理为基本，结合道家独立自主的意识和佛教相对精致的思辨哲学，熔炼加工成一种新的儒学，即理学。

宋代理学的开山祖是周敦颐，其弟子程颢、程颐袭其衣钵并加以发展，创"理气说"和"居敬穷理说"。此外，邵雍的"先天说"和张载的"心性说"亦有很大的影响。及至南宋，陆九渊与朱熹分别继承和发展了"大程"（程颢）和"小程"（程颐）的学术思想，尤其朱熹并集前代理学之大成。若从哲学的角度划分，宋代理学可分为三类：一是"理"一元论，以"小程"、朱熹为代表；二是"气"一元论，以张载为代表；三是"心"一元论，以"大程"、陆九渊为代表，至明代则以王守仁为其集大成者。

持"气"一元论的代表人物张载，力图从自然物质性去探讨人性的气质。他认为人和万物一样，都是由物质性的气凝聚而成，因而气的本性就是人的本性。

气又可以分为看不见的“太虚”和看得见的“气”两种状态，所以人生下来就有太虚的本然之性和气之性，前者即“天地之性”，后者即“气质之性”。天地之性是天理（天道）的体现，是纯善的；气质之性是人形成之后才有的，是善恶相混的。为了恢复先天的善性，就必须排除气质之性的蔽塞，变化气质，返回到本然的善性。由是他认为，教育和学习能够变化气质，并主张从“发源端本处”即开始“正蒙”或“正始”，“故善养子者，必自婴孩始，鞠之使得所养，令其和气，乃至长性美，教之以好恶有常”。

持“理”一元论的代表人物朱熹，承袭了张载关于人性有“天地之性”和“气质之性”的说法。他认为人同万物一样都是禀受理与气而生的，理在先，气在后。在他看来，“论天地之性，则专指理而言”；“论气质之性，则以理与气杂而言之”。天地之性与“天理”对应，为至善无恶；气质之性与“人欲”对应，为万恶之渊。正是基于此，朱熹提出了“存天理，灭人欲”的教育目的论。这种将“天理”与“人欲”、“人心”与“道心”对立起来的观点，将“三纲五常”等道德规范作为整个教育的重心，过分注重“外铄”型的道德规范和道德行为方面的灌输与训练，使得他一方面十分重视加强儿童阶段的教育，为变化气质和人的成长打好坯模，但另一方面在一定程度上造成了忽视儿童身心发展规律的弊端，对此后世学者多有批议。

持“心”一元论的代表人物陆九渊，在长期的教育实践与学术活动过程中，逐渐形成了“心学”的教育思想与理论。在他看来，心即是理，理即是心，“宇宙便是吾心，吾心便是宇宙”，所谓“明理”即是“明心”、“立心”。缘此，陆九渊认为为学应以“明心”、“立心”为根本，要自作主宰，不要役于外事外物，“此理本天所以与我，非由外铄。明得此理，即是主宰”。这种重视儿童个性发展的教育思想，具有“内发”论的思想倾向，与朱熹的儿童教育思想形成鲜明的对比。

隋唐以来施行的科举制度也对古代中国幼儿教育的发展发生着深刻的影响。科举制度创立于隋炀帝大业二年（606 年），是时虽未成为定制，但其考选方式和取才精神无疑具有一定的可行性和科学性。至唐代，科举制度基本定型，在考试设科、考试程序、考试内容和考试方法上逐渐形成一定的规范。宋代科举更加完备，“重文”的文教政策使科举的地位日益提升，对科举的规定愈益严格，主要表现在强化各级考试、严格报考条件、规范科考方式及细密考试方法等方面。

科举制度将读书、应考、做官三者联结在一起，在刺激广大士人求学积极性的同时，影响了其时的家庭幼教：“父教其子，兄教其弟，无所易业。大者登台阁，小者任郡县，资身丰家，各得其是，五尺童子耻不言文墨焉。”科举制对幼儿教育的影响主要表现在两个方面：一是强化了早期家庭教育中的智育因素。较之察举选才制度唯“德高望重”是瞻有所不同，此际早期家庭教育更加重视经学知识的启蒙,故其时基层蒙学获得普遍发展,学塾遂得逐渐普设。二是推进了破蒙年龄的前移。唐宋时期的科举制开设有童子科。该科始行于唐太宗年间,年龄限制在十岁以下,或放宽到十三岁以下。宋代的童子科也称“神童科”,此时的年龄虽被放宽到十五岁以下,但考试录取却非常严格,获童子科出身者并不多见。童子科本属特科,因而兴废无常。但它的开设对早期教育观念的强化起到了推波助澜的作用,儿童破蒙年龄整体前移到五六岁时。这固然有利于儿童早日垫基,但也导致了不顾儿童的年龄特点,引发“抑嬉戏之心,教念诵之语,断其日月,委以师资”的弊端,使得其时的童蒙教育具有明显的“揠苗助长”的功利主义倾向。

由于在中国古代自然科学中占重要地位的医学的迅速发展,这一时期的胎教思想显然具有前所未有的特色。这一时期胎教学说有了医学根据,开始褪去原始胎教学说肤浅、荒诞的色彩,也改变了两汉魏晋南北朝时期胎教学说注重经验总结而忽略理论探索的倾向,与现代生理学、心理学的某些认识有着惊人的相似之处。隋唐时期的著名医家巢元方、孙思邈等人关于养胎、保胎的思想或主张都是建立在医学的基础之上,为该时期以及后世胎教思想的发展提供了科学的理论依据。至北宋时期,名医陈自明在《妇人大全良方》中又立“胎教论”专篇对胎教问题进行讨论。遗憾的是,这一时期的医学家主要从妇科的角度讨论胎教,他们首先着眼于母体,其次才着眼于胎儿。因此,在胎教问题上,他们虽然能从胎儿的生理机体出发去进行探讨,但对胎儿生理机制的揭示做得颇为不够。

妊娠候

《妊娠候》系隋代名医巢元方所著《诸病源候论》之一篇。

巢元方,籍贯、生卒年均不详,一说为西华人。隋代著名医学家。大业年间为太医博士,后升为太医令。巢元方医术高明,精通医理,对疾病病因病源和症候的研究尤为精深,临床经验也很丰富。在治病过程中,能做到药食同疗,灵活掌握,对后世医学影响很大。

巢元方曾奉诏于大业六年(610年)主持编撰《诸病源候论》。该书共五十卷,分六十七门,载列症候一千七百三十九论,分别列述了内、外、妇、儿、五官、口齿、骨伤等各科疾病的病因、症候、诊断、预防,并推出按摩、外科手术等治疗方法。此书为我国第一部中医病因症候学专著,也是第一部由朝廷组织集体撰作的医学理论著作,在我国医学史上占有重要地位,为研究中国古代医学的重要资料,对后世影响十分深远。其中卷四十一为《妊娠候》,记述了妊娠保胎、养胎的

措施和重要性，是我国早期的胎教学说之一。

经[1]云："阴搏阳动，谓之有子。"此是气血和调，阳施阴化也。

诊其手少阴脉[2]动甚者，妊子[3]也。少阴，心脉也，心主血脉。又，肾名胞门、子户[4]。尺中，肾脉也。尺中之脉按之不绝者，妊娠脉也。三部脉沉浮正等，按之无断绝者，有娠也。又，左手沉实为男，右手浮大为女；左右俱沉实，生二男；左右俱浮大，生二女。又，尺脉[5]左偏大为男，右偏大为女；左右俱大，产二子。又，左右手尺脉俱浮，为产二男，不尔，女作男生；俱沉，为产二女，不尔，男作女生。又，左手尺中脉浮大者男，右手尺脉沉细者女。又，得太阴脉[6]为男，得太阳脉[7]为女；太阴脉沉，太阳脉浮。欲知男女，遣面南行，还复呼之，左回首是男，右回首是女。又，看上圊[8]时，夫从后急呼之，左回首是男，右回首是女。妇人妊娠，其夫左边乳房有核是男，右边乳房有核是女。

怀娠一月，名曰始形[9]。饮食精熟，酸美受御。宜食大麦，无食腥辛之物。是谓才贞。足厥阴[10]养之。足厥阴者，肝之脉也。肝主血。一月之时，血流涩，如不出，故足厥阴养之。足厥阴穴，在足大指歧间白肉际是。

妊娠二月，名曰始膏[11]。无食腥辛之物。居必静处，男子勿劳，百节皆痛。是谓始藏也，足少阳[12]养之。足少阳者，胆之脉也，主于精。二月之时，儿精成受于胞里，故足少阳养之。足少阳穴，在足小指间本节后附骨上一寸陷中者是。

妊娠三月，名曰始胎[13]。当此之时，血不流，形像始化，未有定仪，见物而变。欲令见贵盛公主，好人端正庄严，不欲令见伛偻[14]侏儒，丑恶形人，及猿猴之类。无食姜兔，无怀刀绳。欲得男者，操弓矢，射雄鸡，乘肥马于田野，观虎豹及走犬；其欲得女者，则着簪珂[15]环佩，弄珠玑；欲令子美好端正者，数视白璧美玉，看孔雀，食鲤鱼；欲令儿多智有力，则啖牛心，食大麦；欲令子贤良盛德，则端心正坐，清虚和一，坐无邪席，立无偏倚，行无邪径，目无邪视，耳无邪听，口无邪言，心无邪念，无妄喜怒，无得思虑，食无邪脔[16]，无邪卧，无横足，思欲果瓜，啖味酸菹[17]，好芬芳，恶见秽臭。是为外象而变者也，手心主[18]养之。手心主者，脉中精神，内属受于心，能混神，故手心主养之。手心主穴，在掌后横文[19]是。诊其妊娠脉滑疾，重以手按之散者，胎已三月也。

妊娠四月，始受水精，以成血脉。其食宜稻粳，其羹宜鱼雁。是谓盛荣，以通耳日，而行经络。洗浴远避寒暑，是手少阳[20]养之。手少阳者，三焦之脉也，内属受于腑。四月之时，儿六腑顺成，故手少阳养之。手少阳穴，在手小指间本节后二寸是也。诊其妊娠四月，欲知男女，左脉疾为男，右脉疾为女。左右俱疾，为生二子。当此之时，慎勿泻之，必致产后之殃。何谓也？是手少阳三焦之脉，风属受于三焦。静形体，和心志，节饮食。

妊娠五月，始受火精，以成其气。卧必晏起，洗浣衣服，深其屋室，厚其衣裳，朝吸天光，以避寒殃。其食宜稻麦，其羹宜牛羊，和以茱萸[21]，调以五味。是谓养气，以定五脏[22]者也。一本云：宜食鱼鳖。足太阴[23]养之。足太阴者，脾之脉，主四肢。五月之时，儿四肢皆成，故足太阴养之。足太阴穴，在足内踝上三寸是也。诊其妊娠脉，重手按之不散，但疾不滑者，五月也。又，其脉散者，必向怀；脉紧者，必胞阻；脉迟者，必腹满喘；脉浮者，必水坏为肿。

妊娠六月，始受金精，以成其筋。身欲微劳，无得静处。出游于野，数观走犬，及视走马，宜食鸷鸟[24]猛兽之肉。是谓变腠膂[25]筋，以养其爪，以牢其背膂。足阳明[26]养之。足阳明者，胃之脉，主其口目。六月之时，儿口目皆成，故足阳明养之。足阳明穴，在太冲[27]上二寸是也。

妊娠七月，始受木精，以成其骨。劳躬摇肢，无使定止，动作屈伸，以运血气。居处必燥，饮食避寒。常宜食稻粳，以密腠理。是谓养骨牢齿者也，手太阴[28]养之。手太阴者，肺脉，主皮毛。七月之时，儿皮毛已成，故手太阴养之。手太阴穴，在手大指本节后白肉际陷中是也。诊其妊娠七月脉，实大牢强者生，沉细者死。怀躯七月，而不可知，时时衄[29]而转筋者，此为躯衄；时嚏而动者，非躯也。怀躯七月，暴下斗余水，其胎必倚而堕，此非时孤浆预下故也。

妊娠八月，始受土精，以成肤革。和心静息，无使气极，是谓密腠理[30]而光泽颜色，手阳明[31]养之。手阳明者，大肠脉，大肠主九窍[32]。八月之时，儿九窍皆成，故手阳明养之。手阳明穴，在大指本节后宛宛中是。诊其妊娠八月脉，实大牢强弦紧者生，沉细者死。

妊娠九月，始受石精，以成皮毛，六腑[33]百节，莫不毕备。饮醴食甘，缓带自持而待之，是谓养毛发，致才力，足少阴[34]养之。足少阴者，肾之脉，肾主续缕。九月之时，儿脉续缕皆成，故足少阴养之。足少阴穴，在足内踝后微近下前动脉是也。

妊娠十月，五脏俱备，六腑齐通，纳天地气于丹田[35]，故使关节人神咸[36]备，然可预修滑胎[37]方法也。

《钦定四库全书·子部·医学类·巢氏诸病源候总论》

注　释

1. 经：即《脉经》，晋太医令王叔和撰。

2. 少阴脉：心肾两经脉之代名词，谓阴气之初生者。

3. 妊子：怀有身孕。

4. 胞门、子户：肾的代名词。

5. 尺脉：脉象迟缓。尺，中医诊脉部位之一。
6. 太阴脉：脾肺两经脉之代名词，阴气之极盛者。
7. 太阳脉：小肠、膀胱两经脉之代名词，阳气之极盛者。
8. 上圊(qīng)：圊，厕所。
9. 始形：又称始胚，妊娠一月之称。
10. 足厥阴：肝经脉之代名词。
11. 始膏：妊娠二月之称。
12. 足少阳：胆经脉之代名词。
13. 始胎：妊娠三月之称。
14. 伛偻(yǔ lǚ)：腰背弯曲。
15. 簪(zān)珂：女子头上的饰物。
16. 邪脔(luán)：邪，通“斜”。脔，切成小片的肉。此意与“割不正不食”近义。
17. 酸菹(zū)：酸菜。
18. 手心主：手厥阴、心包络经脉之代名词。
19. 文：同“纹”。
20. 手少阳：三焦之代名词，上焦在心下，中焦在胃脘，下焦在膀胱上口。
21. 茱萸：植物名。有浓烈香味，可入药。古代风俗，阴历九月九日重阳节，佩戴茱萸囊以驱邪避恶。
22. 五脏：即心、肝、脾、肺、肾。
23. 足太阴：脾经脉之代名词。
24. 鸷(zhì)鸟：凶猛的鸟。
25. 膂(lǚ)：脊骨。
26. 足阳明：胃经脉之代名词。
27. 太冲：足脉，三阴所交结于脚。
28. 手太阴：肺经脉之代名词。
29. 衄(nǜ)：鼻孔出血，泛指出血。
30. 腠理：中医学名词。指人体皮肤、肌肉和脏腑的纹理，乃气血流通灌注之处。腠理外连皮肤，为卫气散布、汗液等渗泄之通路。
31. 手阳明：大肠经脉之代名词。
32. 九窍：两耳、两目、两鼻孔、口为七窍，再加上前、后阴二窍，合称为九窍。
33. 六腑：亦作“六府”，胆、胃、大肠、小肠、三焦、膀胱。
34. 足少阴：肾经脉之代名词。
35. 丹田：道家称人身脐下三寸曰丹田。盖此处为男子之精室、女子之胞宫所在，可以修炼内丹之地，以此得名。
36. 咸：皆，都。
37. 滑胎：中医学病症名。一般怀孕在三个月内流产者，称为“堕胎”，若超过三个月，称为“小产”，连续堕胎或小产三次以上者称“滑胎”。

养　　胎（节录）

《养胎》选自唐代医学家孙思邈所撰《备急千金要方》一书。

孙思邈（581～682），自号孙真人，京兆华原（今陕西省耀县孙家塬）人。隋、唐两代著名大医学家。自幼聪颖，喜好读书，勤学苦练，二十岁精诸子百家学说，善言老庄，又好释典，兼通阴阳。少时因病学医，一生淡泊名利，专心医学，治病救人，有“药王”之称。先后著成《备急千金要方》和《千金翼方》，统称《千金方》。

孙思邈根据医理知识，在胎教理论方面有所建树。他承袭了北齐徐之才《胎产书》的养胎思想，非常重视饮食对于养胎的重要作用，从正反两个方面指出了孕妇养胎期间的适宜、禁忌事项。他还注意到了外部环境对胎儿发育的影响，提出了著名的“外象内感说”。其主旨阐明母体之外的客观事物及其现象会影响到母体之内胎儿的被动感应。该说具有教育的“外铄论”倾向。孙思邈胎教思想主要体现在《备急千金要方·养胎》篇中。

《备急千金要方》，又名《千金要方》，成书于唐永徽三年（652年），共计三十卷。孙氏认为“人命至重，有贵千金，一方济之，德逾于此”，故以“千金”二字为其书名。该书首列妇女、幼儿疾病，并倡立脏病、腑病分类，系统总结了唐代以前的医学成就，取材广泛，内容丰富，遍涉临床各科及针灸、食疗、药物、预防、卫生保健等，包括妇科病、儿科病、伤寒等总计二百三十三门，方、论五千三百余首。其中《妇人方·养胎第三》介绍了逐月养胎的禁忌与处方，指出了饮食营养与胎儿发育的关系。

论[1]曰：“旧说凡受胎三月，逐物变化，禀质未定。”故妊娠三月，欲得观犀象猛兽、珠玉宝物，欲得见贤人君子、盛德大师，观礼乐、钟鼓、俎豆、军旅、陈设，焚烧名香，口诵诗书、古今箴诫[2]，居处简静，割不正不食，席不正不坐，弹琴瑟、调心神、和情性、节嗜欲，庶事清净，生子皆良，长寿、忠孝、仁义、聪慧、无疾。斯盖文王胎教者也。

论曰：“儿在胎，日月未满，阴阳[3]未备，腑脏[4]骨节皆未成足。”故自初迄于将产，饮食居处皆有禁忌。妊娠食羊肝令子多危，食山羊肉令子多病；妊娠食驴、马肉令子延月，食骡肉产难；妊娠食兔、犬肉令子无声并缺唇；妊娠食鸡子及干鲤鱼令子多疮；妊娠食鸡肉糯米令子多寸白虫；妊娠食椹并鸭子令子倒出心寒；妊娠食雀肉并豆酱令子满面多皯黯[5]黑子；妊娠食雀肉并饮酒令子心淫情乱不畏羞耻；妊娠食鳖令子短颈；妊娠食冰浆绝胎；勿向非常地大小便，必半产杀人。

徐之才[6] 逐月养胎方

妊娠一月名始胚[7]。饮食精熟，酸美受御。宜食大麦，无食腥辛，是谓才正[8]。妊娠一月，足厥阴脉养，不可针灸其经。足厥阴内属于肝，主筋及血。一月之时，血行不涩[9]，不为力事，寝必安静，无令恐畏。妊娠一月，阴阳新和为胎。寒多为痛，热多卒惊，举重腰痛腹满胞急，卒有所下。当预安知。宜服乌雌鸡汤方……

妊娠二月名始膏。无食腥臊，居必静处，男子勿劳，百节皆痛。是谓胎始结。妊娠二月，足少阳脉养，不可针灸其经。足少阳内属于胆，主精。二月之时，儿精成受于胞里，当慎护惊动也。妊娠二月，始阴阳锯经，有寒多坏不成，有热即萎悴，中风寒有所动摇，心满脐下悬急，腰背强痛，卒有所下，乍寒乍热。宜服艾叶汤方……

妊娠三月名始胞。当此之时，未有定象，见物而化。欲生男者，操弓矢；欲生女者，弄珠玑[10]；欲子美好，数视璧玉；欲子贤良，端坐清虚：是谓外象而内感者也。妊娠三月，手心主脉养，不可针灸其经。手心主内属于心，无悲哀思虑惊动。妊娠三月为定形。有寒大便清；有热小便难，不赤即黄，卒惊恐、忧愁、嗔怒，喜顿仆[11]，动于经，腹满绕脐苦痛，或腰背，卒有所下。宜服雄鸡汤方……

妊娠四月，始受水精，以成血脉。食宜稻粳，羹宜鱼雁。是谓盛血气以通耳目而行经络。妊娠四月，手少阳脉养，不可针灸其经。手少阳内属三焦。四月之时，儿六腑顺成，当静形体，和心志，节饮食。妊娠四月，有寒心下愠愠欲呕，胃膈满不欲食；有热小便难，数数如淋状，脐下苦急，卒风寒，颈项强痛，寒热或惊动身躯，腰背腹痛，往来有时，胎上迫胃，心烦不得安，卒有所下。宜服菊花汤方……

妊娠五月，始受火精，以成其气。卧必晏起，沐浴浣衣，深其居处，厚其衣裳，朝吸天光，以避寒殃。其食稻麦，其羹牛羊，和以茱萸，调以五味。是谓养气以定五脏。妊娠五月，足太阴脉养，不可针灸其经。足太阴内属于脾。五月之时，儿四肢皆成，无大饥，无甚饱，无食干燥，无食炙热，无太劳倦。妊娠五月，有热苦头眩，心乱呕吐，有寒苦腹满痛，小便数。卒有恐怖，四肢疼痛，寒热胎动无常处，腹痛闷顿欲仆，卒有所下。宜服阿胶汤方……

妊娠六月，始受金精，以成其筋。身欲微劳，无得静处。出游于野，数观走犬及视走马，宜食鸷鸟猛兽之肉。是谓变腠理纫筋，以养其爪，以坚背膂。妊娠六月，足阳明脉养，不可针灸其经。足阳明内属于胃，主口目。六月之时，儿口目皆成，调无味，食甘美，无太饱。妊娠六月，卒有所动不安，寒热往来，腹内胀满身体肿，惊怖，忽有所下，腹痛如欲产，手足烦疼。宜服麦门冬汤方……

妊娠七月，始受木精，以成其骨。劳躬摇肢，无使定止，动作屈伸，以运血气。

居处必燥，饮食避寒。常食稻粳，以密腠理。是谓养骨而坚齿。妊娠七月，手太阴脉养，不可针灸其经。手太阴内属于肺，主皮毛。七月之时，儿皮毛已成，无大言，无号哭，无薄衣，无洗浴，无寒饮。妊娠七月，忽惊恐摇动，腹痛，卒有所下，手足厥冷，脉若伤寒，烦热腹满短气，常苦颈项及腰背强痛。宜服葱白汤方……

妊娠八月，始受土精，以成肤革。和心静息，无使气极，是谓密腠理而光泽颜色。妊娠八月，手阳明脉养，不可针灸其经。手阳明内属于大肠，主九窍。八月之时，儿九窍皆成，无食燥物，无辄失食，无忍大起。妊娠八月，中风寒，有所犯触，身体尽痛，乍寒乍热，胎动不安，常苦头眩痛，绕脐下寒，时时小便白如米汁，或青或黄，或使寒栗，腰背苦冷而痛。目肮肮[12]宜服芍药汤方……

妊娠九月，始受石精，以成皮毛，六腑百节，莫不毕备。饮醴食甘，缓带自持而待之，是谓养毛发，致才力。妊娠九月，足少阴脉养，不可针灸其经。足少阴内属于肾，主续缕。九月之时，儿脉续缕皆成，无处湿冷，无着炙衣。妊娠九月，若卒得下痢，腹满悬急，胎上冲心，腰背痛不可转侧，短气。宜服半夏汤方……

妊娠十月，五脏俱备，六腑齐通，纳天地气于丹田，故使关节人神皆备，但俟时而生。

妊娠一月始胎，二月始膏，三月始胞，四月形体成，五月能动，六月筋骨立，七月毛发生，八月腑脏具，九月谷气入胃，十月诸神备，日满即产矣。宜服滑胎药，入月即服；养胎临月服，令滑而易产，丹参膏方……

《钦定四库全书·子部·医学类·备急千金要方》

注　释

1. 论：指《诸病源候论》，隋巢元方撰。
2. 箴(zhēn)诫：劝告、劝诫。
3. 阴阳：阴阳之血气。
4. 腑脏：人体内部器官，即“五脏六腑”。
5. 皯䵳：皯(gǎn)，指黑斑；䵳(zèng)，面现黑气。
6. 徐之才：南北朝时北齐医学家，字士茂。祖籍东莞姑幕(今山东诸城)，寄籍丹阳(今江苏南京)。祖父徐文伯、父徐雄均为当时名医。
7. 始胚：又作“始胎”。
8. 才正：巢元方《诸病源候论·妊娠候》作“才贞”。
9. 血行不涩：不，同“否”。巢元方《诸病源候论·妊娠候》作“血流涩”。
10. 玑(jī)：不圆的珠子。
11. 喜顿仆：疑有误，难解。
12. 肮肮(huāng)：指目不明。

贞观政要(节录)

此处所选《尊敬师傅》及《教戒太子诸王》二篇,均节录自吴兢所撰《贞观政要》。

吴兢(670～749),唐代史学家,汴州浚仪(今河南开封)人。武则天时代曾入国史馆编修国史,并与著名史学家刘知几共同编撰《武后实录》。唐中宗任为右补阙、起居郎、水部郎中,玄宗时,任卫尉少卿,兼修文馆学士,累迁太子左庶子。撰有《贞观政要》等书。

《贞观政要》是唐太宗李世民和唐初开国名臣关于治国方略、为政之道、做人之本的对话实录。该书共十卷四十篇,分类编辑唐太宗与大臣魏征、房玄龄、杜如晦等人的问答以及大臣的诤议、奏疏与重大政治设施,旨在告诫李唐后人遵守前规,择善而从,以永葆基业。其内容包括为君之道、敬谏纳贤、选贤任能、正身修德、历史鉴戒、刑罚贡赋、崇尚儒术等。从该书辑录的李世民的言行,可知在位期间使社会出现"贞观之治"的升平景象的唐太宗,十分重视皇子的教育,并倾注了大量的精力和心血。他的皇子教育思想除在《贞观政要》中有所体现外,另见他为教戒太子而亲著的《帝范》一书。

尊敬师傅第十(节录)

贞观三年[1],太子少师李纲[2]有脚疾,不堪践履[3]。太宗赐步舆[4],令三卫举入东宫,召皇太子引[5]上殿,亲拜之,大见崇重。纲为太子陈君臣父子之道,问寝视膳之方,理顺辞直,听者忘倦。太子尝商略古来君臣名教、竭忠尽节之事,纲凛然曰:"托六尺之孤[6],寄百里之命,古人以为难,纲以为易。"每吐论发言,皆辞色慷慨,有不可夺之志。太子未尝不耸然[7]礼敬。

贞观六年,诏曰:"朕比寻讨[8]经史,明王圣帝曷尝无师傅[9]哉?前所进令遂不睹三师之位,意将未可,何以然?黄帝学大颠,颛顼学录图,尧学尹寿,舜学务成昭,禹学西王国,汤学威子伯,文王学子期,武王学虢叔。前代圣王,未遭此师,则功业不著乎天下,名誉不传乎载籍。况朕接百王之末,智不同圣人,其无师傅,安可以临兆民者哉?《诗》不云乎:'不愆不忘,率由旧章。'[10]夫不学,则不明古道,而能政致太平者,未之有也。可即著令,置三师之位。"

贞观八年,太宗谓侍臣曰:"上智之人,自无所染,但中智之人无恒,从教而变,况太子师保,古难其选。成王[11]幼小,周、召[12]为保傅,左右皆贤,日闻雅训,足以长仁益德，使为圣君。秦之胡亥[13]，用赵高[14]作傅，教以刑法，及其嗣位，诛功臣，杀亲族，酷暴不已，旋踵[15]而亡。故知人之善恶，诚由近习。朕今为太子、诸王精选师傅，令其式瞻礼度，有所裨益。公等可访正直忠信者，各举三两人。"

贞观十一年，以礼部尚书王珪[16]兼为魏王师。太宗谓尚书左仆射房玄龄[17]曰："古来帝子，生于深宫，及其成人，无不骄逸，是以倾覆相踵，少能自济。我今严教子弟，欲皆得安全。王珪，我久驱使，甚知刚直，志存忠孝，选为子师。卿宜语泰[18]，每对王珪，如见我面，宜加尊敬，不得懈怠。"珪亦以师道自处，时议善之也。

贞观十七年，太宗谓司徒长孙无忌[19]、司空[20]房玄龄曰："三师以德道人者也，若师体卑，太子无所取则。"于是诏令撰太子接三师仪注[21]。太子出殿门迎，先拜三师，三师答拜，每门让三师。三师坐，太子乃坐。与三师书，前名惶恐，后名惶恐再拜。

教戒太子诸王第十一(节录)

贞观七年，上谓太子左庶子于志宁[22]、杜正伦[23]曰："卿等辅导太子，常须为说百姓间利害[24]事。朕年十八，犹在人间[25]，百姓艰难，无不谙练[26]。及居帝位，每商量处置，或时有乖疏，得人谏诤，方始觉悟。若无忠谏者为说，何由行得好事？况太子生长深宫，百姓艰难，都不闻见乎！且人主安危所系，不可辄为骄纵。但出敕云'有谏者即斩'，必知天下士庶无敢更发直言。故克己励精，容纳谏诤，卿等常须以此意共其谈说。每见有不是事，宜极言切谏，令有所裨益也。"

贞观十八年，太宗谓侍臣曰："古有胎教世子，朕则不暇。但近自建立太子，遇物必有诲谕，见其临食将饭，谓曰：'汝知饭乎？'对曰：'不知。'曰：'凡稼穑艰难，皆出人力，不夺其时，常有此饭。'见其乘马，又谓曰：'汝知马乎？'对曰：'不知。'曰：'能代人劳苦者也。以时消息[27]，不尽其力，则可以常有马也。'见其乘舟，又谓曰：'汝知舟乎？'对曰：'不知。'曰：'舟所以能比人君，水所以比黎庶[28]，水能载舟，亦能覆舟。尔方为人主，可不畏惧！'见其休[29]于曲木之下，又谓曰：'汝知此树乎？'对曰：'不知。'曰：'此木虽曲，得绳则正，为人君虽无道，受谏则圣。此傅说[30]所言，可以自鉴。'"

吴兢：《贞观政要》，上海古籍出版社1978年版。

注　释

1. 贞观三年：公元629年。以下六年、七年、八年、十一年、十七年、十八年顺推。
2. 太子少师李纲：李纲，字文纪。贞观初任太子少师。少师，辅导太子的官。
3. 践履：穿鞋走路。

4. 步舆:一种有皮垫的木制便轿。

5. 引:牵引。这里指搀扶的意思。

6. 托六尺之孤:语出《论语·泰伯》。谓受托辅佐幼君。六尺之孤,指年龄十五以下的孤儿。

7. 耸然:很尊敬的样子。耸,通"竦"。

8. 寻讨:讨论,探究。

9. 师傅:指三师三傅,即太师、太保、太傅、少师、少保、少傅。

10. "《诗》不云乎"二句:见《诗·大雅·假乐》。愆(qiān),失误,过错。

11. 成王:即周成王姬诵。见前录《保傅》注释 8。

12. 周、召(shào):周,周公;召,召公。见前录《保傅》注释 10、11。

13. 胡亥:即秦二世,见前录《胎教》注释 45。

14. 赵高:秦宦官,本赵国人。始皇死,与李斯伪造遗诏,立胡亥。后杀李斯,任丞相,又杀二世,立子婴,终为子婴杀。

15. 旋踵(zhǒng):旋转脚跟。踵,脚后跟。此意转背就亡国了。

16. 礼部尚书王珪:尚书,古代官名,始置于战国时,或称掌书。尚即执掌之意。王珪,唐初大臣,字叔玠,太原祁县(今山西祁县东南)人。

17. 左仆射(yè)房玄龄:仆射,官名,仆射之名由仆人、射人合成,本为君主左右之小臣,东汉尚书仆射为尚书令的副手,职权渐重,到汉末便分置左、右仆射,唐代不设尚书令,仆射即为尚书省长官。房玄龄,唐初大臣,曾任尚书左仆射,监修国史,长期执政,与杜如晦、魏征等同为唐太宗时期的重臣。

18. 泰:即李世民之子李泰。

19. 司徒长孙无忌:司徒,古代官员,西周始置,春秋时沿置,掌管国家的土地和人民。长孙无忌,唐初大臣,太宗长孙后之兄,历任尚书右仆射、司空、司徒等职。

20. 司空:古代官员,西周始置,春秋时沿置,掌管工程。

21. 仪注:礼仪制度,礼节。

22. 于志宁:唐雍州高陵(今陕西高陵县)人。贞观三年任中书侍郎、太子左庶子等职。

23. 杜正伦:唐相州洹水(今河南安阳境内)人。隋秀才科出身,唐贞观时任兵部员外郎、给事中、中书侍郎、太子左庶子兼崇贤馆学士等职。

24. 利害:指生活困苦的意思。

25. 人间:即民间。避唐太宗讳。

26. 谙练:熟悉。

27. 消息:消,消减;息,增长。

28. 黎庶:百姓。

29. 休:靠在树旁休息。

30. 傅说(yué):传说他为傅岩地方从事版筑的奴隶,后被商王武丁起用为大臣,辅佐朝政。

伤仲永

《伤仲永》录自王安石著作《王文公文集》。

王安石(1021～1086),字介甫,号半山,抚州(今江西抚州)临川人。北宋著名的政治家、思想家、文学家和教育家。庆历二年(1042年)进士,初知鄞县,嘉祐二年(1057年)知常州。次年向仁宗皇帝上"万言书",主张培养人才,变法革新。神宗即位后,出为江宁知府,召位翰林学士兼侍讲,上《本朝百年无事札子》,阐述改革的必要性。熙宁二年(1069年)拜参知政事,次年任宰相,主持变法,史称"熙宁新政"。熙宁七年(1074年)被罢除宰相,次年复职,熙宁九年(1076年)再罢,退居江宁(今南京)半山园。先后封舒国公、荆国公,世称荆公,卒谥文。其著述主要收入《王文公文集》和《临川先生文集》。

王安石在从政期间,积极推行科举考试制度和学校教育制度的改革,总结了与科举和学校密切相关的教人之道、养人之道、取人之道及用人之道。同时,他还在教育理论上发表许多精辟的见解,认为人的心理活动和认知能力都是相同的,并在此基础上肯定教育和主观努力是影响发展的一个决定性因素。正因有此,王安石非常重视儿童的早期教育,认为只有将儿童先天的禀赋同后天的学习及经验结合起来,才能够培养出既有"经术"的理论知识又有"经事"的实用能力的经世致用人才。

《伤仲永》是王安石写的一篇议论文,讲述了一个"神童"如何变成普通人的经历,由此引发议论,说明人的天资与后天成才的关系,强调了后天教育的重要性和必要性,其中也包含了人生初期教育不可轻忽的含义。

金溪[1]民方仲永,世隶耕[2]。仲永生五年,未尝识书具,忽啼求之。父异焉,借旁近与之,即书诗四句,并自为其名。其诗以养父母、收族为意,传一乡秀才观之。自是指物作诗立就,其文理皆有可观者。邑人[3]奇之,稍稍宾客其父,或以钱币乞之。父利其然也,日扳[4]仲永环谒于邑人,不使学。

予闻之也久,明道[5]中,从先人还家,于舅家见之,十二三矣。令作诗,不能称前时之闻。又七年,还自扬州,复到舅家,问焉,曰:"泯然众人[6]矣。"王子[7]曰:"仲永之通悟,受之天也。其受之天也,贤于材人远矣。卒之为众人,则其受于人者不至也。彼其受之天也,如此其贤也,不受之人,且为众人矣。今夫不受之天,固众人,又不受之人,得为众人而已邪!"

王安石:《王文公文集》(上),上海人民出版社1974年版。

注　释

1. 金溪：县名，今属江西，宋代与临川县同属抚州。
2. 世隶耕：世代以农为生。
3. 邑人：乡里人。
4. 扳：同“攀”，援引、挽引。
5. 明道：北宋仁宗年号(1032～1033)。
6. 泯然众人：原有的形迹、印象都不见了，变得非常普通。众人，普通人。
7. 王子：王安石自称。

温公家范(节录)

《温公家范》为北宋名臣司马光的家教著作。

司马光(1019～1086)，字君实，北宋陕州夏县(今属山西)人，居涑水乡，世称涑水先生。北宋著名的政治家、史学家和文学家。自幼嗜学，尤喜《左氏春秋》。宋仁宗宝元元年(1038年)中进士，先后为谏议大夫、翰林学士、御史中丞。神宗时因反对王安石变法而辞官，后于哲宗朝任尚书左仆射兼门下侍郎，位至宰相。死后追谥太师、温国公，谥号文正。平生著述宏富，其历时十九年著成的《资治通鉴》是继《史记》之后的我国又一历史巨著，为中国古代史学的一座丰碑。除《资治通鉴》外，还有《翰林视草》、《注古文孝经》、《易说》、《注太玄经》、《注扬子》、《书仪》、《游山行记》、《续诗话》、《医问》、《涑水纪闻》、《类篇》等，主要收在《司马文正公集》中，另有《稽古录》等。

司马光非常重视儿童早期教育。他认为对孩子的教育要早，如果在孩子小时候采取放任不管、任其自由发展的态度，会有害于孩子的健康成长，“俟其长而教之，是犹养恶木之萌芽”。他还认为对儿童进行早期教育的重要手段不是惩戒，父母留给孩子的不应该是金钱，而应该是高洁的道德和追求创业的精神，并将自己的儿童教育思想具体落实到家庭教育中，在工作和生活中都十分注重对孩子道德、礼仪、学问等方面的教育。司马光关于家庭教育思想的著述主要有《温公家范》、《训俭示康》、《涑水家仪》等。

《温公家范》，共十卷，二十一篇，以传统儒家的伦理道德规范为指导修撰而成，是我国封建时代的一部家庭教育教科书。该书首先主张对孩子必须既知爱，更知教，不能因为溺爱孩子而淡化对其知识和伦理道德的教育。其次，该书认为应当重视周围环境和人事对子女教育的影响。《家范》引述了“孟母三迁”等故事，说明环境对人的行为是“无言之教”，具有潜移默化的作用。再次，该书认为

教育子女要有好的方法。父母必须言行端正，以身作则，必须做到"毋诳欺"。教育孩子不能采用棍棒政策，动辄打罚，必须晓之以理，宽严适度。最后，该书还主张儿童教育必须注重志向、人品的修养。

祖(节录)

为人祖者，莫不思利其后世，然果能利之者鲜[1]矣。何以言之，今之为后世谋者，不过广营生计以遗之，田畴连阡陌[2]，邸肆跨坊曲[3]，粟麦盈囷仓[4]，金帛[5]充箧笥[6]，慊慊然[7]求之犹未足，施施然自以为子子孙孙累世用之莫能尽也。然不知以义方训其子，以礼法齐其家。自于数十年中，勤身苦体以聚之，而子孙于时岁之间，奢靡游荡以散之，反笑其祖考[8]之愚，不知自娱，又怨其吝啬，无恩于我，而厉虐之也。始则欺绐攘窃[9]以充其欲，不足则立券举债于人，俟其死而偿之。观其意，惟患其考之寿也。甚者至于有疾不疗，阴行酖毒[10]，亦有之矣。然则向[11]之所以利后世者，适足以长子孙之恶，而为身祸也。

父(节录)

陈亢问于伯鱼曰："子亦有异闻乎？"对曰："未也。尝独立，鲤趋而过庭。曰：'学《诗》乎？'对曰：'未也。''不学《诗》，无以言。'鲤退而学诗。他日，又独立，鲤趋而过庭。曰：'学《礼》乎？'对曰：'未也。''不学《礼》，无以立。'鲤退而学《礼》，闻斯二者。"陈亢退而喜曰："问一得三：闻《诗》，闻《礼》，又闻君子之远其子也。"[12]

曾子曰："君子之于子，爱之而勿面，使之而勿貌[13]；遵之以道而勿强言；心虽爱之，不形于外，常以严庄莅之，不以辞色悦之也。不遵之以道，是弃之也。然强之或伤恩，故以日月渐磨之也。"

北齐黄门侍郎颜之推《家训》曰："父子之严，不可以狎；骨肉之爱，不可以简。简则慈孝不接，狎则怠慢生焉。由命士以上，父子异宫，此不狎之道也；抑搔痒痛，悬衾箧枕，此不简之教也。"[14]

石碏[15]谏卫庄公[16]曰："臣闻爱子，教之以义方，弗纳于邪，骄奢淫逸，所自邪也。四者之来，宠禄过也。"自古知爱子不知教，使至于危辱乱亡者，可胜数哉！夫爱之当教之使成人。爱之而使陷于危辱乱亡，乌在其能爱子也？人之爱其子者，多曰："儿幼，未有知耳，俟其长而教之。"是犹养恶木之萌芽，曰："俟其合抱而伐之。"其用力顾不多哉？又如开笼放鸟而捕之，解缰放马而逐之，曷若勿纵勿解之为易也！

《曲礼》:“幼子常视毋诳。立必正方,不倾听。长者与之提携,则两手奉长者之手。负,剑,辟咡诏之,则掩口而对。”[17]

《内则》:“子能食食,教以右手。能言,男‘唯’女‘俞’,男鞶革,女鞶丝。六年,教之数与方名;七年,男女不同席,不共食;八年,出入门户,及即席饮食,必后长者,始教之让;九年,教之数日,十年,出就外傅,居宿于外,学书记。十有三年,学乐、诵诗,舞《勺》。成童,舞《象》,学射御。”[18]

曾子之妻出外,儿随而啼。妻曰:“勿啼,吾归为尔杀豕。”妻归以语曾子。曾子即烹豕[19]以食[20]儿。曰:“勿教儿欺也。”

母(节录)

为人母者,不患不慈,患于知爱而不知教也。古人有言曰:“慈母败子。”爱而不教,使沦于不肖[21],陷于大恶,入于刑辟[22],归于乱亡,非他人败之也,母败之也。自古及今,若是者多矣,不可悉数。

周太任之娠文王也,目不视恶色,耳不听淫声,口不出敖言。文王生而明圣,卒为周宗。君子谓太任能胎教。古者妇人任子,寝不侧,坐不边,立不跸,不食邪味,割不正不食,席不正不坐,目不视邪色,耳不听淫声,夜则令瞽诵诗、道正事[23]。如此,则生子形容端正,才艺博通矣。彼其子尚未生也,固已教之,况已生乎!

孟轲之母,其舍近墓。孟子之少也,嬉戏为墓间之事,踊跃筑埋。孟母曰:“此非所以居之也。”乃去舍市傍。其嬉戏为炫卖之事。孟母又曰:“此非所以居之也。”乃徙舍学宫之傍。其嬉戏乃设俎豆揖让进退。孟母曰:“此真可以居子矣!”[24]遂居之。孟子幼时问东家杀猪何为?母曰:“欲啖汝。”既而悔曰:“吾闻古有胎教,今适有知而欺之,是教之不信。”乃买猪肉食。既长就学,遂成大儒。彼其子尚幼也,固已慎其所习,况已长乎!

汉丞相翟方进[25]继母,随方进之长安,织履以资方进游学。

晋太尉陶侃[26],早孤贫,为县吏。番阳孝廉范逵尝过侃,时仓卒无以待宾。其母乃截发,得双髲[27]以易酒肴。逵荐侃于庐江太守,召为督邮[28],由此得仕进。

(清)朱轼辑:《温公家范》,朱文端公藏书十三种。

注 释

1. 鲜(xiǎn):少。

2. 田畴连阡(qiān)陌(mò):田畴,田地;阡陌,田间的小路。此句指田地连绵成片。

3. 邸(dǐ)肆跨坊曲:邸,旅舍;肆,店铺;坊,工场或店铺,此指街坊;曲,小巷子。此句指店铺、旅馆连街沿巷。

4. 囷(qūn)仓：古代一种圆形的谷仓。

5. 金帛：帛，丝织物的总称。金帛，指财物。

6. 箧(qiè)笥(sì)：箧，小箱子。笥，盛饭或盛衣物的方形竹器。

7. 慊(qiàn)慊然：不满足、遗憾的样子。

8. 祖考：祖，父母以上的尊长。考，死去的父亲。

9. 欺绐(dài)攘(rǎng)窃：绐，欺哄。攘窃，掠夺偷窃。

10. 酖(zhèn)毒：酖，即“鸩”，传说中的一种有毒的鸟，用它的羽毛泡的酒，喝了能毒死人。

11. 向：即“曩”，从前，往昔。

12. 此段文字见前录《论语·季氏》篇。

13. 爱之而勿面，使之而勿貌：关爱和指导时不露声色，即后文的“庄严”。

14. 此段文字见前录《颜氏家训·教子》篇。

15. 石碏(què)：东周卫国大夫。

16. 卫庄公：名蒯聩。春秋时卫国国君。卫灵公之子。前480～前478年在位。因谋杀灵公夫从南子不成，出奔于宋，不久到晋。灵公死后，出公(即聩子辄)即位。出公十三年(前480年)，得其姊孔伯姬之助，迫使出公奔鲁，回国即位，是为庄公。

17. 此段文字见前录《礼记·曲礼》篇。

18. 此段文字见前录《礼记·内则》篇。

19. 烹(pēng)豕(shǐ)：烹，烹饪；豕，猪，此处指猪肉。

20. 食(sì)：给食物吃。

21. 不肖(xiào)：不贤。

22. 刑辟：刑，刑罚。辟，法律。

23. 此段文字见前录《列女传·周室三母》相关注释。

24. 此段文字见前录《列女传·邹孟轲母》相关注释。

25. 翟方进：字子威，汝南上蔡(今河南新蔡)人。西汉丞相。家世微贱，后与继母赴长安拜师学习。历任朔方太守、丞相司直、御史大夫、丞相，封高陵侯。后因皇室内争，被迫自杀。

26. 陶侃：字士衡，鄱阳人，后迁居浔阳(今九江)。东晋大臣。历任荆州刺史、征西大将军。为官忠顺勤谨，雄毅善断，颇为时人称道。

27. 髲(bì)：假发。据《世说新语·贤媛》记，“湛(陶侃母)头发委地，下为二髲，卖得数斛米”。即家穷无余钱，只好借卖髲所得招待客人。由此可见陶侃为官清廉。

28. 督邮：官名，汉时所置，唐以后废。汉代各郡的重要属吏，代表太守督察境内县乡，宣达教令兼司狱讼捕亡等事。每郡分若干部，每部设有一名督邮。

正　蒙(节录)

此处所选《中正篇》及《乾称篇》均节录于张载所撰《正蒙》一书。

张载(1020～1077)，字子厚，祖籍大梁(今河南开封)，因家居陕西省凤翔郿

县(今陕西眉县)横渠镇,当时学者称其为"横渠先生"。北宋著名的哲学家、思想家、教育家。三十八岁中进士,曾任祁州司法参军、丹州云岩县令、渭州判官公事、崇文院校书,后托病辞职回乡,一面讲学,一面著述。其著作主要有《正蒙》、《横渠易说》、《经学理窟》、《张子语录》等,后世辑有《张载集》。

在长期的苦心力学和讲学实践中,张载总结出有关儿童教育的宝贵经验,提出了许多精辟独特的儿童教育主张。他非常重视教育"变化气质"的作用,并且认为"变化气质"宜早不宜迟,其最佳时段为"自胎胞中以至婴孩时"。同时他又主张从儿童时期就应该进行正确的教育,"使蒙者不失其正",并把童蒙时期的教育同一生的成长直接联系起来,强调"其始之正,即易于为圣人"。他的幼儿教育思想主要体现在《正蒙》、《经学理窟》、《张子语录》等著作中。

《正蒙》是张载的哲学著作之一,共十八篇。它虽不是一本专门讲述蒙养知识的书,但是其中的哲学理念对于早期教育具有一定的指导意义,因其《正蒙》本身就含有"养正于蒙"或"蒙以养正"的意蕴。"西铭"是《正蒙·乾称》的首段,其中的"慈孤弱",既是对传统慈幼观的继承,又是对儒家"爱有等差"的突破,此后慈幼局、举子仓和广惠仓的创立,可视为这种慈幼观强化的结果。

中正篇第八(节录)

教人者,必知至学[1]之难易,知人之美恶,当知谁可先传此,谁将后倦此。若洒扫应对,乃幼而孙弟[2]之事。长后教之,人必倦弊。惟圣人于大德有始有卒,故事无大小,莫不处极。今始学之人,未必能继,妄以大道教之,是诬[3]也。

知至学之难易,知德也;知其美恶,知人也。知其人且知德,故能教人使入德,仲尼[4]所以问同而答异[5]以此。

"蒙以养正。"[6]使蒙者不失其正,教人者之功也。尽其道,其惟圣人乎!

洪钟未尝有声,由扣乃有声;圣人未尝有知,由问乃有知。"有如时雨之化者"[7],当其可,乘其间而施之,不待彼有求有为而后教之也。

志常继则罕譬而喻,言易入则微而臧[8]。

"凡学,官先事,士先志"[9],谓有官者先教之事,未官者使正其志焉。志者,教之大伦而言也。

道以德者,运于物外,使自化也。故谕人者,先其意而孙[10]其志可也。盖志意两言,则志公而意私尔。

能使不仁者仁,仁之施厚矣。故圣人并答仁智以"举直错诸枉"[11]。

以责人之心责己则尽道,所谓"君子之道四,丘未能一焉"[12]者也;以爱己之心爱人则尽仁，所谓“施诸己而不愿，亦勿施于人”[13]者也；以众人望人则易从，所谓“以人治人改而止”[14]者也；此君子所以责己、责人、爱人之三术也。

有受教之心，虽蛮貊[15]可教；为道既异，虽党类[16]难相为谋。

大人所存，盖必以天下为度。故孟子教人，虽货色之欲，亲长之私，达诸天下而后已。子而孚化[17]之，众好者翼飞之，则吾道行矣。

乾称篇第十七(节录)

乾称父，坤称母；予兹藐焉，乃混然中处。故天地之塞，吾其体；天地之帅，吾其性。民，吾同胞；物，吾与也。大君者，吾父母宗子；其大臣，宗子之家相也。尊高年，所以长其长；慈孤弱，所以幼其幼。圣，其合德；贤，其秀也。凡天下疲癃残疾[18]、茕独鳏寡[19]，皆吾兄弟之颠连[20]而无告者也。于时保之，子之翼也；乐且不忧，纯乎孝者也。违曰悖德，害仁曰贼。济恶者不才。其践形[21]，唯肖者也。

知化则善述其事，穷神则善继其志。不愧屋漏[22]为无忝[23]，存心养性为匪懈。

恶旨酒[24]，崇伯子之顾养；育英才，颖封人之锡类。不弛劳而底豫，舜其功也；无所逃而待烹，申生其恭也。体其受而归全者，参乎！勇于从而顺令者，伯奇也。富贵福泽，将厚吾之生也；贫贱忧戚，庸玉女于成[25]也。存，吾顺事；没，吾宁也。

张载：《张载集》，中华书局 1978 年版。

注 释

1. 至学：最高的学问。至，极，最。
2. 孙弟：孙，通“逊”。弟，通“悌”。
3. 诬：错误。
4. 仲尼：即孔子。
5. 问同而答异：见《史记・仲尼弟子列传第七》。求问曰：“闻斯行诸？”子曰：“行之。”子路问：“闻斯行诸？”子曰：“有父兄在，如之何其闻斯行之！”子华怪之，“敢问问同而答异？”孔子曰：“求也退，故进之。由也兼人，故退之。”
6. 蒙以养正：语出《易・蒙》：“蒙以养正，圣功也。”
7. 有如时雨之化者：见《孟子・尽心上》。孟子曰：“君子之所以教者五。有如时雨化之者，有成德者，有达财者，有答问者，有私淑艾者。此五者，君子之所以教也。”
8. 臧(zāng)：善的意思。
9. 凡学，官先事，士先志：语出《礼记・学记》。
10. 孙：通“逊”，次之。
11. 举直错诸枉：见《论语・为政十九》。哀公问曰：“何为则民服？”孔子对曰：“举直错诸枉，则民服；举枉错诸直，则民不服。”

12. 君子之道四，丘未能一焉：见《中庸》第十三章。"君子之道四，丘未能一焉：所求乎子，以事父，未能也；所求乎臣，以事君，未能也；所求乎弟，以事兄，未能也；所求乎朋友，先施之，未能也。庸德之行，庸言之谨；有所不足，不敢不勉；有余，不感尽。言顾行，行顾言。君子胡不慥慥尔。"

13. 施诸己而不愿，亦勿施于人：见《中庸》第十三章。"忠恕违道不远。施诸己而不愿，亦勿施于人。"

14. 以人治人改而止：见《中庸》第十三章。"诗云：'伐柯伐柯，其则不远。'执柯以伐柯，睨而视之。犹以为远。故君子以人治人，改而止。"

15. 蛮貊(mò)：蛮，古代对南方各民族的蔑称。貊，亦作"貉"，古代对东北部一个民族的蔑称。

16. 党类：朋辈。

17. 孚化：孚，通"孵"。

18. 疲癃(lóng)残疾：疲癃，古书上指衰弱多病。意谓身体多病和身患残疾的人。

19. 茕(qióng)独鳏(guān)寡：鳏，无妻或丧妻的。寡，无夫或丧夫的。意味孤苦伶仃的人。

20. 颠连：困顿不堪。

21. 践形：哲学术语。《孟子・尽心上》："形色，天性也，惟圣人然后可以践形。"认为"形色"(泛指人的身体、感觉、欲望等)原是"人性善"的外部表现，但只有圣人才能通过"形色"，把这一固有本性体现出来("践")，即圣人一举一动无不符合伦理道德标准之义。

22. 屋漏：古代室内西北隅施设小帐的地方。《诗・大雅・抑》："相在尔室，尚不愧于屋漏。"不愧于屋漏，即心地光明，不在暗中做坏事。

23. 无忝(tiǎn)：忝，谦词，表示辱没他人，自己有愧。

24. 旨酒：旨，美味。旨酒，美酒。

25. 玉女于成：女，通"汝"。原为爱之如玉，助之使成之意。后用为成全之意。

袁氏世范(节录)

此处所录十三节文字均选自袁采所著《袁氏世范》。

袁采(？～1195)，字君载，南宋信安(今浙江衢州)人，孝宗隆兴元年(1163年)进士，初为县令，官至监登闻检院。自幼受儒家影响，入仕后，以儒家之道理政。廉明刚直，教化一方，深受时人褒赞。著有《政和杂志》、《县令小录》和《袁氏世范》三书。今唯《袁氏世范》传世。

《袁氏世范》原名《训俗》，成书于宋孝宗淳熙戊戌年(1178年)，后采隆兴府通判刘镇之议，更名为《袁氏世范》，用以"淳风俗"、"美教化"、"达人情"，并"垂诸后世"。全书共分《睦亲》、《处己》、《治家》三卷，内容涉及读书修身、敬业重贤、尊老爱幼、治家理财、人伦之道、处世之道等多方面。清朝《四库全书》收录此书时，将其与《颜氏家训》相提并论："其书于立身处世之道反覆详尽"，"大要明白切要，

使览者易知易从，固不失为《颜氏家训》之亚也”。是书不仅体现了袁采的家庭教育思想，同时又体现了他的社会教育思想。

父子贵慈孝

慈父固多败子，子孝而父或不察。盖中人之性，遇强则避，遇弱则肆。父严而子知所畏，则不敢为非；父宽则子玩易，而恣其所行矣。子之不肖，父多优容[1]；子之愿悫[2]，父或责备之无已。惟贤智之人即无此患。至于兄友而弟或不恭，弟恭而兄或不友；夫正而妇或不顺，妇顺而夫或不正：亦由“此强即彼弱，此弱即彼强”积渐而致之。为人父者，能以他人之不肖子喻己子，为人子者，能以他人之不贤父喻己父，则父慈而子愈孝，子孝而父益慈，无偏胜之患矣。至于兄弟、夫妇，亦各能以他人之不及者喻之，则何患不友、恭、正、顺者哉！

处家贵宽容

自古人伦，贤否相杂。或父子不能皆贤，或兄弟不能皆令[3]，或夫流荡，或妻悍暴，少有一家之中无此患者，虽圣贤亦无如之何。譬如身有疮痍疣赘[4]，虽甚可恶，不可决去，惟当宽怀处之。能知此理，则胸中泰然矣。古人所以谓父子、兄弟、夫妇之间人所难言者如此。

人贵能处忍

人言“居家久和者，本于能忍”。然知忍而不知处忍之道，其失尤多。盖忍或有藏蓄之意。人之犯我，藏蓄而不发，不过一再而已。积之既多，其发也，如洪流之决，不可遏矣。不若随而解之，不置胸次，曰：“此其不思尔！”曰：“从其无知尔！”曰：“此其失误尔！”曰：“此其所见者小尔！”曰：“此其厉害宁几何！”不使之入于吾心。虽日犯我者十数，亦不至形于言而见于色。然后，见忍之功效为甚大，此所谓善处忍者。

孝行贵诚笃

人之孝行，根于诚笃，虽繁文末节[5]不至，亦可以动天地、感鬼神。尝见世人有事亲不务诚笃，乃以声音笑貌缪为恭敬者，其不为天地鬼神所诛则幸矣。况望其世世笃孝而门户昌隆者乎！苟能知此，则自此而往，凡与物接[6]，皆不可不诚。有识君子，试以诚与不诚者较其久远，效验孰多？

人不可不孝

人当婴孺之时，爱恋父母至切。父母于其子婴孺之时，爱念尤厚，抚育无所不至。盖由气血初分，相去未远，而婴孺之声音笑貌自能取爱于人。亦造物者设为自然之理，使之生生不穷。虽飞走微物[7]亦然。方其子初脱胎卵之际，乳饮哺啄必极其爱。有伤其子，则护之不顾其身。然人于既长之后，分[8]稍严而情稍疏。父母方求尽其慈，子方求尽其孝。飞走之属稍长则母子不相识认，此人之所以异于飞走也。然父母于其子幼之时，爱念抚育，有不可以言尽者。子虽终身承颜致养，极尽孝道，终不能报其少小爱念抚育之恩，况孝道有不尽者。凡人之不能尽孝道者，请观人之抚育婴孺，其情爱如何，终当自悟。亦犹天地生育之道，所以及人者至广至大，而人之报天地者何在？有对虚空焚香跪拜，或召羽流斋醮[9]上帝，则以为能报天地，果足以报其万分之一乎？况又有怨咨乎天地者，皆不能反思之罪也。

父母不可妄憎爱

人之有子，多于婴孺之时，爱忘其丑。恣其所求，恣其所为。无故叫号，不知禁止，而以罪保母。陵轹[10]同辈，不知戒约，而以咎他人。或言其不然，则曰："小未可责。"日渐月渍，养成其恶，此父母曲爱之过也。及其年齿渐长，爱心渐疏，微有疵失，遂成憎怒，摭其小疵以为大恶。如遇亲故，装饰巧辞，历历陈数，断然以大不孝之名加之。而其子实无他罪，此父母妄憎之过也。爱憎之私，多先于母氏，其父若不知此理，则徇其母氏之说，牢不可解。为父者须详察此。子幼必待以严，子壮无薄其爱。

子弟须使有业

人之有子，须使有业。贫贱而有业，则不至于饥寒；富贵而有业，则不至于为非。凡富贵之子弟，耽酒色，好博弈，异衣服[11]，饰舆马，与群小[12]为伍，以至破家者，非其本心之不肖，由无业以度日，遂起为非之心。小人赞其为非，则有餔啜[13]钱财之利，常乘间而翼成之，子弟痛宜省悟。

子弟不可废学

大抵富贵之家教子弟读书，固欲其取科第[14]及深究圣贤言行之精微。然命有穷达[15]，性有昏明，不可责其必到，尤不可因其不到而使之废学。盖子弟知书，自有所谓无用之用者存焉。史传载故事，文集妙词章，与夫阴阳、卜筮[16]、方技、小说[17]，亦有可喜之谈，篇卷浩博，非岁月可竟。子弟朝夕于其间，自有资益，不暇他务。又必有朋旧业儒者，相与往还谈论，何至饱食终日，无所用心，而与小人为非也。

教子当在幼

人有数子，饮食、衣服之爱，不可不均一；长幼尊卑之分，不可不严谨；贤否是非之迹，不可不分别。幼而示之以均一，则长无争财之患；幼而责之以严谨，则长无悖慢之患；幼而教之以是非分别，则长无为恶之患。今人之于子，喜者其爱厚，而恶者其爱薄。初不均平，何以保其他日无争！少或犯长，而长或陵少，初不训责，何以保其他日不悖！贤者或见恶，而不肖者或见爱，初不允当[18]，何以保其他日不为恶。

父母爱子贵均

人之兄弟不和而至于破家者，或由于父母憎爱之偏，衣服饮食，言语动静，必厚于所爱而薄于所憎。见爱者意气日横，见憎者心不能平。积久之后，遂成深仇。所谓爱之，适所以害之也。苟父母均其所爱，兄弟自相和睦，可以两全，岂不甚善！

父母常念子贫

父母见诸子中有独贫者，往往念之，常加怜恤，饮食衣服之分或有所偏私，子之富者或有所献，则转以与之。此乃父母均一之心。而子之富者或以为怨，此殆未之思也，若使我贫，父母必移此心于我矣。

父母多爱幼子

同母之子而长者或为父母所憎，幼者或为父母所爱，此理殆不可晓。窃尝细思其由，盖人生一二岁，举动笑语自得人怜，虽他人犹爱之，况父母乎！才三四岁至五六岁，恣性啼号，多端乖劣，或损动器用，冒犯危险。凡举动言语皆人之所恶，又多痴顽，不受训诫，故虽父母亦深恶之。方其长者可恶之时，正值幼者可爱之日，父母移其爱长者之心而更爱幼者。其憎爱之心，从此而分，遂成迤逦[19]。最幼者当可恶之时，下无可爱之者，父母爱无所移，遂终爱之。其势或如此。为人子者，当知父母爱之所在。长者宜少让，幼者宜自抑，为父母者又须觉悟稍稍回转，不可任意而行，使长者怀怨，而幼者纵欲，以致破家可也。

祖父母多爱长孙

父母于长子多不之爱，而祖父母于长孙常极其爱，此理亦不可晓，岂亦由爱少子而迁及之耶？

《丛书集成新编》(第三十三册)，(台湾)新文丰出版股份有限公司1985年版。

注　释

1. 优容：宽待、宽容。
2. 悫(què)：诚实。
3. 令：善，美。
4. 疙痍(yí)疣(yóu)赘：疮痍，疮疤。疣赘，肉赘，瘊子。
5. 末节：小节，细微的事。
6. 物接：即"应接"，应酬、接待宾客等。
7. 飞走微物：飞走，飞禽和走兽。微物，弱小的动物。
8. 分(fèn)：情分。
9. 羽流斋醮(jiào)：羽流，羽士之流，道士的别称。醮，古代一种祈神的祭礼，后世专指僧道为禳除灾祟而开设的道场。
10. 陵轹(lì)：欺压。
11. 耽酒色，好博弈，异衣服：耽，沉湎于。博弈，赌博。异衣服，穿着奇装异服。
12. 群小：犹言小人。古时用以称自己不满的、轻蔑的人。
13. 餔(bù)啜(chuò)：餔，婴儿吃的糊状食物；啜，喝。餔啜，吃喝，消耗，吃光。
14. 科第：科举考试或科举考试取得的功名。
15. 穷达：穷，不得志，不显贵。达，得志，显贵。《孟子·尽心上》："穷不失义，达不离道。"
16. 阴阳、卜筮(shì)：阴阳，"择日"、"星相"、"占卜"等迷信活动。卜筮，古时占卜，用龟甲称"卜"，用蓍(shī)草称筮。
17. 方技、小说：方技，医学与养生之书。小说，神话传说、街谈巷语、志怪等类书籍。
18. 允当：得当，公平。
19. 迤(yǐ)逦(lǐ)：往，向，表示在某一方向上的延伸。此处指憎爱之心更为加剧。

立　教

《立教》系朱熹所撰《小学》内篇之一。后文《童蒙须知》亦为朱熹所著。

朱熹(1130～1200)，字元晦，又字仲晦，号晦庵，徽州婺源(今属江西)人，晚居建阳(今属福建)，南宋著名的哲学家、思想家和教育家。出身于书香门第，十八岁中举人，十九岁中进士，被授泉州同安县主簿，开始其政治与教育生涯，从事教育活动达四十年之久，先后修复过白鹿洞、岳麓等著名书院，并在其间讲学。

在哲学上发展了二程(程颢、程颐)的理气关系学说,并吸收了周敦颐、张载的学术主张,为宋代理学思想的集大成者。主要著述有《四书集注》、《诗集传》、《周易本义》、《近思录》等,后人编有《晦庵先生朱文公文集》、《朱子语类》、《朱子全书》等。

朱熹的幼儿教育思想,包括"学其事"的教育目的论、"打坏模"的教育环境论、"以事教"的教育内容论及"行为重"的教育方法论,主要体现在他编写的儿童教材《小学》与《童蒙须知》中。

《小学》,为朱熹与其弟子刘清之合编而成。全书六卷,分内外两篇。内篇为立教、明伦、敬身、稽古四纲;外篇为嘉言、善行两部。该书辑录了前人文献中的诸多道德故事和修身格言,以期达到"立教、明伦、修身"的教育目的。后人对该书或补缀,或解说,或图解,或编成韵语,形成了一系列"小学类"的童蒙教材。《立教第一》为《小学》之首卷,共十三篇,记述古代圣贤所立教人之法。开篇即述胎教,以明教育之本原。

子思[1] 子曰:天命[2] 之谓性,率性之谓道[3],修道之谓教。则天明[4],遵圣法[5]。述此篇俾为师者知所以教,而弟子知所以学。

《列女传》曰:古者妇人妊子,寝不侧,坐不边,立不跸,不食邪味,割不正不食,席不正不坐,目不视邪色,耳不听淫声,夜则令瞽诵诗道正事。如此,则生子形容端正,才过人也[6]。

《内则》曰:凡生子,择于诸母与可者,必求其宽裕慈惠、温良恭敬、慎而寡言者,使为子师。子能食食,教以右手;能言,男"唯"女"俞",男鞶革,女鞶丝。六年,教之数与方名。七年,男女不同席,不共食。八年,出入门户及即席饮食,必后长者,始教之让。九年,教之数日。十年,出外就傅,居宿于外,学书计,衣不帛襦袴。礼帅初,朝夕学幼仪。请肄简、谅,十有三年,学乐诵诗舞《勺》,成童,舞《象》,学射御。二十而冠,始学礼,可以衣裘帛,舞《大夏》,惇行孝弟,博学不教,内而不出。三十而有室,始理男事。博学无方,孙友视志。四十始仕,方物出谋发虑,道合则服从,不可则去。五十命为大夫,服官政。七十致事。女子十年不出,姆教婉娩听从。执麻枲,治丝茧,织纴组紃,学女事,以共衣服。观于祭祀,纳酒浆笾豆菹醢,礼相助奠。十有五年而笄,二十而嫁。有故,二十三年而嫁。聘则为妻,奔则为妾[7]。

《曲礼》曰:幼子常视毋诳,立必正方,不倾听[8]。

《学记》曰:古之教者,家有塾,党有庠,术有序,国有学[9]。

《孟子》曰:人之有道也,饱食暖衣,逸居而无教,则近于禽兽。圣人[10] 有忧之,使契为司徒,教以人伦,父子有亲,君臣有义,夫妇有别,长幼有序,朋友有信。

舜命契[11]曰:“百姓不亲,五品[12]不逊。汝作司徒,敬敷吾教,在宽。”命夔[13]曰:“命汝典乐,教胄子,直而温,宽而栗,刚而无虐,简而无傲。诗言志,歌永言,声依永,律和声。八音可谐,无相夺伦,神人以和。”

《周礼·大司徒》[14]:以乡三物教万民而宾兴之:一曰六德,知、仁、圣、义、忠、和;二曰六行,孝、友、睦、姻、任、恤;三曰六艺,礼、乐、射、御、书、数。以乡八刑纠万民:一曰不孝之刑,二曰不睦之刑,三曰不姻之刑,四曰不弟之刑,五曰不任之刑,六曰不恤之刑,七曰造言之刑,八曰乱民之刑。

《王制》[15]曰:乐正崇四术,立四教,顺先王诗书礼乐以造士。春秋教以礼乐,冬夏教以诗书。

《弟子职》曰:先生施教,弟子是则。温恭自虚,所受是极。见善从之,闻义则服。温柔孝弟,毋骄恃力。志毋虚邪,行必正直。游居有常,必就有德。颜色整齐,中心必式。夙兴夜寐,衣带必饬。朝益暮习,小心翼翼。一此不解,是谓学则[16]。

孔子曰:弟子入则孝,出则弟,谨而信,泛爱众而亲仁,行有余力,则以学文。兴于诗,立于礼,成于乐。

《乐记》[17]曰:礼乐不可斯须去身。

子夏[18]曰:贤贤易色,事父母能竭其力,事君能致其身,与朋友交言而有信,虽曰未学,吾必谓之学矣。

朱杰人等编:《朱子全书》(第十三册),上海古籍出版社、安徽教育出版社2002年版。

注 释

1. 子思:见前录《邹孟轲母》注释12。
2. 天命:自然禀赋,又含有一种神命,儒家天命观以自然神命为主,并以此为性。
3. 道:一种有规律性的事理,亦是一种哲学概念。
4. 则天明:则,即“法”天明,指天之明命,即天命之性。
5. 圣法:即圣人之法,这里指以礼为核心的传统的儒家思想,总括儒家的天命、道德。
6. 此段文字见前录《列女传·周氏三母》篇。
7. 此段文字见前录《礼记·内则》篇。
8. 此段文字见前录《礼记·曲礼》篇。
9. 家有塾,党有庠,术有序,国有学:家、党、术、国是古时社会的四级组织。单户为家,五百家为党,一万两千五百家为术,国为天子、诸侯之都。塾、庠、序、学为教育的四级单位。
10. 圣人:此指五帝之尧舜。
11. 契:尧舜时名臣。被舜任为司徒,主管教化民众。

12. 五品：即“五伦”——君臣、父子、夫妇、长幼、朋友。
13. 夔(kuí)：人名，尧舜时乐官，以乐传教于天下。
14.《周礼·大司徒》：《周礼》亦称《周官》、《周官经》，儒家经典之一，搜集周王室官制和战国时代各国制度，添附儒家政治理想，增减而成的汇编。全书共有《天官冢宰》、《地官司徒》、《春官宗伯》、《夏官司马》、《秋官司寇》、《冬官司空》等六篇。《大司徒》是《地官司徒》之一部分。
15.《王制》：《礼记》篇名。汉文帝命博士诸生杂采六经古制而成，内容同真实的商周礼制不尽相符。
16. 此段文字见前录《管子·弟子职》篇。
17.《乐记》：《礼记》篇名。主要阐述音乐的本质、美感、社会作用以及乐与礼的关系。
18. 子夏：春秋末晋国温(今河南温县西南)人，一说卫国人。卜氏，名商，孔子学生，曾为莒父宰。孔子死后，前往魏国西河讲学，相传儒家经典《诗》、《春秋》由其所传。

童蒙须知

《童蒙须知》是朱熹继《小学》之后的又一本童蒙读物。该书又名《训学斋规》，可见它同时又具有学规、学则或学约的性质。《童蒙须知》全面地反映了训蒙的内容，如“衣服冠履”、“言语步趋”、“洒扫涓洁”、“读书写字”及“杂细事宜”，尤其是关于“杂细事宜”的要求明确，并且具有很强的操作性。该书与《小学》、《论语训蒙口义》、《易学启蒙》等著作一起，构成朱熹家庭教育或早期教育的思想体系，成为宋末及元明清以来封建社会的正统小学教材。

夫童蒙之学，始于衣服冠履，次及言语步趋，次及洒扫涓洁，次及读书写文字，及有杂细事宜，皆所当知。今逐条列，名曰《童蒙须知》。若其修身治心，事亲接物，与夫穷理尽性之要，自有圣贤典训昭然可考，当次第晓达，兹不复详著云。

衣服冠履第一

大抵为人，先要身体端整，自冠巾衣服鞋袜，皆须收拾爱护，常令洁净整齐。我先人常训子弟云：“男子有三紧，谓头紧、腰紧、脚紧。”头谓头巾，未冠者总髻[1]；腰谓以条或带束腰；脚谓鞋袜。此三者要紧束，不可宽慢。宽慢则身体放肆不端严，为人所轻贱矣。

凡著[2]衣服，必先提整衿领[3]，结两衽[4]纽带，不可令有缺落。饮食照管，勿令污坏；行路看顾，勿令泥渍。

凡脱衣服，必齐整折叠箱箧中，勿散乱顿放，则不为尘埃杂秽所污，仍易于寻取，不致散失。著衣既久，则不免垢腻，须要勤勤洗干，破绽则补缀之，尽补缀无害，只要完洁。

凡盥[5]面，必以巾帨遮护衣服，卷束两袖，勿令有所湿。

凡就劳役，必去上笼衣服，只著短便，爱护勿使损污。

凡日中所著衣服，夜卧必更，则不藏蚤虱，不即敝坏。苟能如此，则不但威仪可法，又可不费衣服。晏子一狐裘三十年，虽意在以俭化俗，亦其爱惜有道也。此最饬身[6]之要，毋忽！

言语步趋第二

凡为人子弟，须要常低声下气，语言详缓，不可高声喧哄，浮言戏笑。父兄长上有所教督，但当低首听受，不可妄自议论。长上检责，或有过误，不可便自分解，姑且隐默，久却徐徐细意条陈，云此事恐是如此，向者当是偶尔遗忘，或曰当是偶尔思省未至。若尔，则无伤忤[7]，事理自明。至于朋友分上，亦当如此。

凡闻人所为不善，下至婢仆违过，宜且包藏，不应便尔声言，当相告语，使其知改。

凡行步趋跄[8]，须是端正，不可疾走跳踯。若父母长上有所唤召，却当疾走而前，不可舒缓。

洒扫涓洁第三

凡为人子弟，当洒扫居处之地，拂拭几案，当令洁净。文字笔砚，凡百器用，皆当严肃整齐，顿放有常处，取用既毕，复置元所[9]。父兄长上坐起处，文字纸札之属，或有散乱，当加意整齐，不可辄取自用。

凡借人文字，皆置簿抄录主名，及时取还。窗壁几案文字间，不可书字。前辈云："坏笔污墨，瘝[10]子弟职；书几书研，自黥[11]其面。"此为最不雅洁，切宜深戒！

读书写字第四

凡读书，须整顿几案，令洁净端正。将书册整其顿放，正身体，对书册，详缓看字，子细[12]分明。读之，须要读得字字响亮，不可误一字，不可少一字，不可多一字，不可倒一字，不可牵强暗记。只是要多诵遍数，自然上口，久远不忘。古人云："读书千遍，其义自见。"谓读得熟则不待解说，自晓其义也。余尝谓读书有"三到"，谓心到、眼到、口到。心不在此，则眼不看子细，心眼既不专一，却只漫浪诵读，决不能记，记不能久也。三到之中，心到最急。心既到矣，眼口岂不能到乎？

凡书册，须要爱护，不可损污皱折。济阳江禄，书读未完，虽有急速，必待掩束整齐然后起，此最为可法。

凡写文字，须高执墨锭，端正研磨，勿使墨汁污手。高执笔，双钩端楷书字，不得令手揩著毫。

凡写字，未问写得工拙如何，且要一笔一画，严正分明，不可潦草。

凡写文字，须要子细看本，不可差讹。

杂细事宜第五

凡子弟，须要早起晏[13]眠。

凡喧哄争斗之处不可近，无益之事不可为。

凡饮食，有则食之；无则不可思索，但粥饭充饥不可缺。

凡向火，勿迫近火旁，不惟举止不佳，且防焚爇[14]衣服。

凡相揖，必折腰。凡对父母长上朋友，必称名。

凡称呼长上，不可以字，必云某丈。如弟行者，则云某姓某丈。

凡出外及归，必于长上前作揖，虽暂出亦然也。

凡饮食于长上之前，必轻嚼缓咽，不可闻饮食之声。

凡饮食之物，勿争较多少美恶。

凡侍长者之侧，必正立拱手，有所问，则必诚实对，言不可妄。

凡开门揭帘，须徐徐轻手，不可令震惊声响。

凡众坐，必敛身，勿广占坐席。

凡侍长上出行，必居路之右；住必居左。

凡饮酒，不可令至醉。

凡如厕，必去外衣，下必盥手。

凡夜行，必以灯烛，无烛则止。

凡待婢仆，必端严，勿得与之嬉笑。执器皿必端严，唯恐有失。

凡危险，不可近。

凡道路遇长者，必正立拱手，疾趋[15]而揖。凡夜卧，必用枕，勿以寝衣覆首。

凡饮食，举匙必置箸[16]，举箸必置匙。食已，则置匙箸于案。

杂细事宜，品目甚多，姑举其略，然大概具矣。

凡此五篇，若能遵守不违，自不失为谨愿之士[17]，必又能读圣贤之书，恢大[18]此心，进德修业，入于大贤君子之域，无不可者。汝曹[19]宜勉之。

朱杰人等编：《朱子全书》（第十三册），上海古籍出版社、安徽教育出版社2002年版。

注 释

1. 总髻(jì):挽发而结之于头顶。
2. 著:同"着"。
3. 衿(jīn)领:衿,同"襟",古代衣服的斜领。
4. 衽(rèn):衣襟。
5. 盥(guàn):洗手或脸。
6. 饬身:端正自己。
7. 忤(wǔ):抵触,违逆。
8. 趋跄:疾行。
9. 元所:原处。元,同"原"。
10. 瘝(guān):旷,没有尽到。
11. 黥(qíng):在脸上刺成记号或文字并涂上墨,古代用做体罚,后来施以士兵,防止逃跑。
12. 子细:仔细。
13. 晏:晚。
14. 爇(ruò):点燃、焚烧。
15. 疾趋:快步走。
16. 箸(zhù):即筷子。
17. 谨愿之士:诚实的君子。
18. 恢大:广大。
19. 汝曹:你等,你们这些(孩子)。

三 字 经(节录)

《三字经》为宋代王应麟所撰之童蒙教材。

王应麟(1223~1296),字伯厚,号深宁居士,世称"厚斋先生"。先世居浚仪(今河南开封),后迁居庆元(今浙江明州)。南宋著名文学家、教育家。宋理宗淳祐元年(1241年),进士及第,宝祐四年(1256年)中博学鸿辞科,历任从事郎、扬州州学教授、太常寺主簿、秘书监、中书舍人、礼部尚书兼给事中。宋亡后,杜门隐居,绝意仕途,专心著述。平生对经史百家、天文地理均有研究,著作有《困学纪闻》、《玉海》、《诗考》、《诗地理考》、《汉艺文志考证》、《玉堂类稿》、《深宁集》等。

王应麟的儿童教育思想与他本人的学习经历密不可分。他在幼年时曾受北宋晚期鄞县人汪洙的影响。汪洙九岁时被宋徽宗封为"神童"。其神童诗曾是王应麟的启蒙课本。王父为了严格教育儿子,每晚"刻烛以候",终使王应麟于九岁通六经,十八岁中进士。因此,王应麟也非常重视对子孙后代的教育,并亲自编写《三字经》作为童蒙教材,用以勉励后代子孙勤读书、明理义。其《三字经》中的

“养不教，父之过。教不严，师之惰。子不学，非所宜。幼不学，老何为”等语，就是根据自身经历的体验而阐发的。

《三字经》是我国古代最有代表性的儿童启蒙读本之一，与《百家姓》、《千字文》等合称为童蒙教材的“三、百、千”。全篇采用韵语，每三字一句，四句一组，浅显易懂、琅琅上口、言简意赅、启人心智。该书从人性善良说起，贯以重教劝学思想、识数知礼、伦理道德、经典子书、历史兴替以及苦学成器、励志成才的人物故事，内容广博丰富，涵盖了历史、天算、地理、社会等方面的知识，是我国封建社会启蒙教育的百科全书式的识字课本。1990 年，联合国教科文组织将《三字经》确定为世界性启蒙教材，向全球推广。

人之初，性本善。性相近，习相远。苟[1]不教，性乃迁。教之道，贵以专。昔孟母，择邻处。子不学，断机杼。窦燕山[2]，有义方，教五子，名俱扬。养不教，父之过。教不严，师之惰。子不学，非所宜。幼不学，老何为！玉不琢，不成器；人不学，不知义。

为人子，方少时，亲师友，习礼仪。香[3]九龄，能温席，孝于亲，所当执[4]。融[5]四岁，能让梨，弟于长，宜先知。首孝弟[6]，次见闻，知某数，识某文。一而十，十而百，百而千，千而万。三才者，天、地、人。三光者，日、月、星。三纲者，君臣义，父子亲，夫妇顺。曰春夏，曰秋冬，此四时，运不穷[7]。曰南北，曰西东，此四方，应乎中。曰水、火，木、金、土，此五行[8]，本乎数。曰仁、义，礼、智、信，此五常[9]，不容紊。稻、粱、菽，麦、黍、稷，此六谷，人所食。马、牛、羊，鸡、犬、豕，此六畜，人所饲。曰喜、怒，曰哀、惧，爱、恶[10]、欲，七情具。匏、土、革，木、石、金，与丝、竹，乃八音[11]。高、曾、祖[12]，父而身[13]，身而子，子而孙，自子、孙，至玄、曾，乃九族，人之伦。父子恩，夫妇从，兄则友，弟则恭，长幼序，友与朋，君则敬，臣则忠。此十义，人所同。

……

昔仲尼，师项橐[14]，古圣贤，尚勤学。赵中令[15]，读《鲁论》[16]，彼既仕，学且勤。披蒲编[17]，削竹简[18]，彼无书，且知勉。头悬梁[19]，锥刺股[20]，彼不教，自勤苦。如囊萤[21]，如映雪[22]，家虽贫，学不辍。如负薪[23]，如挂角[24]，身虽劳，犹苦卓。苏老泉[25]，二十七，始发愤，读书籍。彼既老，犹悔迟，尔小生，宜早思。若梁灏[26]，八十二，对大廷，魁多士[27]。彼既成，众称异，尔小生，宜立志。莹[28]八岁，能咏诗；泌[29]七岁，能赋棋。彼颖悟，人称奇，尔幼学，当效之。蔡文姬[30]，能辨琴；谢道韫[31]，能咏吟。彼女子，且聪敏，尔男子，当自警。唐刘晏[32]，方七岁，举神童，作正字。彼虽幼，身已仕，尔幼学，勉而致，有为者，亦若是。犬守夜，鸡司晨[33]，苟不学，曷为人？蚕吐丝，蜂酿蜜，人不学，不如物。幼而学，壮而行，上致君，下泽民。扬名声，显父母，光于前，裕于后。

人遗子，金满籝[34]；我教子，惟一经[35]。勤有功，戏无益。戒之哉！宜勉力。

吴蒙标点：《三字经 百家姓 千字文》，上海古籍出版社1988年版。

注　释

1. 苟：如果。
2. 窦燕山：窦禹钧的号，五代后周渔阳（今北京）人。曾建义塾，聘请名儒教授贫寒有志之士。又重视家教，教子有方，五个儿子仪、俨、侃、偁、僖相继中进士，时人称为"五子登科"。
3. 香：黄香，东汉江夏（今属湖北）安陆人。九岁丧母，侍奉父亲非常孝顺，夏天以扇凉爽枕席，冬天以身温暖被衾，为有名的孝子。
4. 所当执：指应当效法。
5. 融：孔融，东汉鲁国（今山东曲阜）人。孔子第三十二代嗣孙。年甫四岁，即明晓逊让之礼。一次人送一筐梨，孔融从容取最小的梨。父母问他原因，他回答说："哥哥比我年长，应吃大的；弟弟比我年幼，也应吃大的。"后为北海太守，性情宽容好士。
6. 弟：同"悌（tì）"，敬爱兄长。
7. 运不穷：指运转不断。
8. 五行：古人认为世界上的万事万物由金、木、水、火、土五种元素构成，它们相互生成又相互融消，从而引起万物的演变。
9. 五常：指儒家规定的五种为人准则。封建社会以此配合"三纲"，作为社会成员应共同遵循的道德准则，统称为"三纲五常"。
10. 恶（wù）：厌恶。
11. 八音：中国古代乐器的统称。匏（páo）类有笙、竽等（匏属葫芦科，其壳质地坚韧，可以作为笙竽的底部斗子），土类有埙等，革类有鼓等，木类有柷等，石类有磬等，金类有钟、铃、锣等，丝类有琴、瑟等，竹类有管、箫、笛等。匏、竹属管乐器；丝属弦乐器；土、革、木、石、金则属打击乐器。
12. 高、曾、祖：高祖、曾祖、祖父。
13. 身：指自己。
14. 项橐（tuó）：相传孔子曾拜鲁国项橐为师。
15. 赵中令：赵普，宋初人，辅佐宋太祖赵匡胤平定天下，位至中书令（相当于宰相）。
16. 《鲁论》：指鲁国孔子所著的《论语》。赵普曾悉心钻研《论语》，并对宋太宗赵光义说："臣有《论语》一部，以半部佐太祖定天下，以半部佐陛下致太平。"
17. 披蒲编：西汉人路温舒，少时家贫，无钱买书，每次放羊便割取沼泽中的蒲草，编成简牒，借人《尚书》抄而读之。后官至临淮太守。
18. 削竹简：西汉人公孙弘，幼时为人牧猪于寒竹林中，日日削竹制简，借人《春秋》抄写以诵读。后为汉武帝丞相。
19. 头悬梁：汉代人孙敬勤奋好学，深夜读书时，将头发吊在屋梁上，一打盹便惊醒，继续攻读。

20. 锥刺股：战国时人苏秦，每读书困倦时，以锥刺股(大腿)，流血至足，痛醒又读。
21. 囊萤：东晋车胤好学不倦，家贫夜读无灯油，夏天捉萤火虫装进薄纱囊，以取萤微光照明读书。
22. 映雪：晋代人孙康聪明好学，家贫无灯，冬夜坐在院子里，借雪的反光读书。
23. 负薪：西汉人朱买臣，年轻时砍柴为生，常挑着柴担，边走边读书。
24. 挂角：隋代李密，少年时为人放牛，但一心好学，将书挂在牛角上，边放牧边读书。
25. 苏老泉：苏洵，号老泉，二十七岁才发愤读书，终于成为北宋著名的文学家。与其子苏轼、苏辙号称为“三苏”。
26. 梁灏：北宋人，生于五代，于后晋、后汉、后周屡次应试，不登状元誓不甘心。到八十二岁时，即宋太宗雍熙二年终于状元及第，为多士之魁首。
27. 魁多士：指为众试之人的魁首。
28. 莹：祖莹，南北朝时北齐人，好学勤读，八岁时能诵《诗经》，时人称为小圣童。
29. 泌：李泌，唐人。七岁时已善弈，皇帝召见试其能，与张说论弈棋所蕴涵的大道理。张说曰：“方若棋局，圆若棋子，动若棋生，静若棋死。”泌立马应曰：“方若行义，圆若运知，动若逞才，静若得意。”皇帝大奇之，赐以紫衣。张说亦贺帝得神童。
30. 蔡文姬：东汉末年才女。曾经听到父亲蔡邕弹的琴声中有肃杀之音，问其缘故，果然父亲说看到猫鼠相斗，故弹出此音。
31. 谢道韫：东晋才女。大雪天，她的叔父谢安令诸子侄赋诗喻雪。其兄曰：“撒盐空中差可拟。”谢道韫说：“未若柳絮因风起。”因意境优美而受到谢安赞许。
32. 刘晏：唐代人，七岁时，在唐玄宗封禅泰山献《封禅颂文》。玄宗举为神童，授翰林院正字。一日见唐明皇(玄宗皇帝)，帝问：“卿为正字，正得几字？”晏俯伏答曰：“臣启陛下，诸经之内，他字皆正，惟有一‘朋’字不正。”是讽其时馋臣因事宠幸、朋比为奸。帝闻言大异。后历仕明、肃、代、德四朝，官至户部尚书、平章事。
33. 鸡司晨：指鸡能早晨啼叫报晓。
34. 籯(yǐng)：箱笼一类的器具。
35. 经：经书，此处特指儒家经典。汉时有谚曰：“遗子黄金满籯，不如教子一经。”

第四章　元明清时期幼教名著选读

从公元1271年忽必烈建立元朝起，至1862年京师同文馆的创设为止，这一时期将近六百年的历史。此期的元和清，均为少数民族入主中原的王朝，在以武力开国之后，两朝统治者重新强化政治文化专制制度。元代的国策是“重武轻文”，实行的是高压暴政，鲜有明确的文化和学术追求，有的只是对文化教育的控制。明代虽然扭转了元代“重武轻文”的局面，实行“重文”的治国方略，但在文化专制方面较之元代有过之而无不及。抛开残酷的特务制度、无妄的文字狱与科场案不说，即使是在“尊经崇儒”的温雅面纱下也掩藏着浓烈的专制气息。明代的尊经崇儒，集中表现在对程朱理学的强化推行上，“(太祖)一宗朱子之学，令学者非‘五经’、孔孟之书不读，非濂、洛、关、闽之学不讲”。这种专制的文教政策，使得明清时期的文化学术日益走向空疏、狭隘的境地。清代统治者继承和发展了明代的文教政策，将程朱理学提升到前所未有的高度，更进一步禁锢了思想的解放和学术的发展。

元明清专制的文教政策还体现在科举制度的僵化上。为了强化程朱理学，元代统治者在科举考试条例中明确规定：必须依据“四书”出题，且一律采用朱氏《章句集注》。明代统治者在此基础上，将科举制度进一步强化。其重要措施是确立“八股取士制”。它要求考试形式一律使用八股文，即为文布局谋篇，必须遵循破题、承题、起讲、入手、起股、中股、后股、束股的统一范式，否则不予录用。考试的内容，规定在“四书”中出题，以朱注为标准答案，考生不可有自己的思想，不得自由发挥，须“为圣人立言”。至有清一代，其科举制度全面继承了明代的形式与精神，且其考试程序更为严格和完整，以致科举的内容更加空疏不实，方法更加呆板繁琐。毫无疑问，这种专制的文教政策影响到教育的发展，因而相对既往教育而言，元明清的官学教育在总体上呈衰败趋向，与之相反的则是以童蒙教育为主体的私学教育得以发展，特别是家庭教育、私塾教育和社会教育日渐普遍，从而影响到幼儿教育的发展。

就家庭教育而言，由于此期意识形态的主流是程朱理学，它进一步强化了

"家国一体论",更加突出了"齐家"的社会作用,所以其时人们对于家庭幼儿教育的意义有了更为深刻的认识和丰富的实践。与过去相比,此期的家庭幼儿教育在内容上发生了一些变化,主要表现在以下三个方面:一是注重利生习劳教育。由于明代的商品经济渐趋活跃,商家家教中呈现出一定的功利色彩。即使在士大夫家庭教育中,习劳重耕亦被普遍认同,耕读逐步融为一体,"传家两字,曰耕曰读","除读耕二事,无一可为者"。二是注重勤俭持家教育。几乎在所有的"家训"中,都对此有所要求,"兴家两字,曰俭曰勤","一粥一饭,当思来处不易;半丝半缕,恒念物力维艰","克勤以绝耽乐之蠹己,克俭以去饥寒之害心"。三是注重志节人格教育。此期的元和清,均是少数民族入主中原,民族矛盾十分尖锐,爱国情愫非常浓烈,因而在家庭教育中强调志节操守的人格教育有其特殊的意义。"堂堂大丈夫,与故人何异?万里任翱翔,何肯缚双翅","天下兴亡,匹夫有责"等话语俱成为激励世人和后人的立志格言。

值得指出的是,盛行于唐宋时期的童子科在元明时期开始衰退,到了有清一代,则被彻底废除。虽然这种制度确实选拔出了一批才赋出众的儿童,让他们担任了重要的官职,并成为后世效仿的楷模,但这只是极个别人的事。童子科以功名富贵为利诱,促使儿童刻苦读书,不利于儿童正确价值观的形成,其严格的选拔标准使诗书经籍方面的启蒙教育变成内容加深、难度加大的强化训练,有害于儿童身心的健康发展。由此可见,从幼儿教育的角度来讲,童子科的废除使大多数儿童摆脱了成人们为他们套上的枷锁,对儿童的本来面目有所回复。

比较程朱理学借"存天理""灭人欲"的招牌窒息教育的发展和人的成长而言,陆王心学对幼儿"天性"、"天真"、"天机"的关注,即开始注意到儿童个性的自然发展问题,有如一缕清风吹拂着这一时期的童幼教育的领域。基于"心即理"的哲学理念,陆九渊针对朱熹的外铄"复性论",提出了内发"良知论",主张教育和人的发展应该沿着由内而外的路径,追求个性的自由发展和独立创新。对此,明代学者王守仁有所继承并发展为姚江学派的"陆王心学",在幼儿教育理论上主张顺应自然。尽管其时封建家长制未能触动,三纲五常的伦理规范也未被颠覆,然而在王氏"心学"的引领下,要求不违天性、顺应性情的呼声,却日渐高涨,"不必矫情,不必逆性,不必昧心,不必抑之","顺其天真,养其灵觉,自然慧性日开,生机日活"。更为重要的是,此期将游戏、歌舞视为启迪"天机"的有效方法,"人少小时未有不好歌舞者,盖天籁之发、天机之动,歌舞即礼乐之渐也。圣人因其歌舞而教之以礼乐,所谓因其势而利导之"。这种带有"自然主义"意味的幼儿教育主张,在中国教育史尤其是幼儿教育史上具有非同寻常的意义。然而由于程朱理学被赋予着至尊的地位,其实际影响力毕竟有限。

这一时期，随着传统医学的演变和进步，胎教学说也得到了继续发展。其主要表现是儿科学说的发展并走向完善，为胎教学说奠定了更为可靠的生理基础。儿科医家专门研究胎儿和儿童，把胎儿在母腹中的形成和生长发育阐释得更为清楚，促成胎教学说的日渐科学化。儿科学说虽然在隋唐时代已有分科研究，但其体系并不完整。北宋初年，由于《颅囟经》的出现，经过钱乙等著名儿科医家的努力，这门科学才逐步发展起来。及至元明清时期，儿科科学及其学说得到进一步发展，许多为医者从儿科角度，进一步探讨胎儿发育的生理机制，深入研究胎教学说。元代名医朱震亨，明代名医徐春甫和万全，清代名医陈复正等，都对胎教作了有益的探索。与其相关的医学胎教著作屡有问世，如《万氏家藏育婴家秘》、《幼幼新书》、《保婴秘书》、《寿世篇》、《幼幼集成》等，都不同程度地涉及胎教问题，其中尤以清代医家陈复正的《幼幼集成》最为全面、系统和富于创造性。所有这些，都为幼儿教育的理论发展和实践推进并走向新的历程，创造着接近或合乎科学的有利条件。

纯正蒙求(节录)

《纯正蒙求》为元代胡炳文所著。此处所选四段文字均为其中之节目。

胡炳文(1250～1333)，字仲虎，号云峰先生，安徽婺源人。元朝著名的易学家、文学家、教育家。自幼好学，十二岁即夜读不止。曾师从朱熹的从孙朱洪范(子翁)学“四书”及《周易》等，后“笃志朱子学”。先后任信州(今江西上饶市)道一书院、婺源明经书院山长，并创办云峰书院。平生著作甚丰，如《书集解》、《春秋集解》、《礼书纂述》、《大学指掌图》、《五经会义》、《尔雅韵语》等。其中《易本义通释》、《四书通》、《纯正蒙求》、《云峰集》四种，收入《四库全书》。其儿童教育思想主要体现在《纯正蒙求》一书中。

《纯正蒙求》是我国元代著名的童蒙读物，共分上、中、下三卷，在大量采集古代嘉言懿行的基础上撰写而成。全书按照“师儒之教”、“父母之教”、“勤学之功”、“父子之伦”、“君臣之伦”、“长幼之伦”的顺序分类编排。上卷叙述立教明伦之事，中卷叙述立身行己之事，下卷叙述待人接物之事。语言形式极有特色，以四字属对成文，每两句下注出处，即两个小故事。所载故事皆为有关幼学之事，如“孟母三迁”、“永叔画荻”等，其中还有几则故事被纳入现当代小学教科书的内容，如“温公击瓮”、“孔融取枣”等。

师儒之教

朱子蒙训，吕氏斋规。

宋子朱子，名熹，字仲晦，谥[1] 徽国文公。尝作训蒙五篇，名《童蒙须知》。大略：一要身体端整，衣冠鞋袜洁净整齐；二要低声下气，语言详缓，不可高声哄闹，浮言戏笑，行步端正，不可疾走跳踯；三要居处之地常扫拭。几案、文字、笔砚常严肃整齐；四要读书字字响亮，心到、眼到、手到，写字要一笔一画，严正分明；五于杂细事宜，皆要谨慎。

宋东莱先生吕祖谦，字伯恭，谥成公。《斋规》首章云："凡与此集者，以孝悌、忠信为主，其不顺于父母、不友于兄弟、不睦于宗族、不诚于朋友，言行相反、文过遂非[2] 者，不在此位。既与集，而或[3] 犯，同志者规之；规之不可，责之；责之不可，告于众而共勉之；终不悛[4] 者，除其籍。"

伯强端坐，阳城斥归。

宋焦千之，字伯强，严毅方正。吕正献公公著[5] 延[6] 之教子。诸生少有过，伯强端坐召与相对，竟日夕不与语，俟恐惧畏伏，方略降辞色。时荥阳公希哲[7] 方十余岁，内则父兄教导之笃，外则伯强师训之严，故德器成就，大异众人。公尝[8] 曰："人生无贤父兄、严师友而能成者，鲜矣。"

唐阳城，字元宗，为国子司业[9]。引诸生告之曰："凡学者，所以学为忠与孝也，诸生有久不省亲者乎？"明日谒城还养者二十辈，有三年不归侍者，斥之使归。简孝秀德行者升堂；沈酗不率教者皆罢[10]。躬讲经籍，生徒忻忻[11]，皆有法度。

父母之教

文潜古句，武侯家书。

宋张耒，字文潜，作古句戒子，"序"云："比邻卖饼儿，每五鼓未旦，即绕街呼卖，虽大风严寒，时刻不少差也。"有所警，示钜诗曰："城头月落霜如雪，楼头五鼓声又绝。捧盘出户歌一声，市桥东西人未行。北风吹衣射我饼，不忧衣单忧饼冷。业无高卑志当坚，男儿有求安得闲。"

蜀丞相诸葛亮，字孔明，谥武侯。家书与子瞻云："夫学须静也；才须学也，非学无以广才；非静无以成学。慆慢则不能研精，险躁则不能理性。年与时驰，意与岁去，遂成枯落，悲守穷庐，将复何及也？"又云："若志不强毅，意不慷慨，徒碌碌滞于俗，默默束于情，永窜伏于凡庸，不免于下流矣。"[12]

柳亲和熊，孟母买猪。

唐柳公绰，妻韩氏，相国休之曾孙。家法严肃，常令粉[13] 苦参、黄连、熊胆，和为丸，俾诸子永夜读书，含之以资勤苦。

孟子少时，问其母东家杀猪何为？母曰："欲啖汝。"既而悔曰："吾闻古有胎教，今适有知而欺之，是教之不信。"乃买猪肉以食之。

勤学之功

君实枕圆，纯仁帐墨。

宋丞相司马温公光，字君实，刻苦好学，以圆木为警枕，少[14]睡则枕转而觉，又起读书。宋丞相范纯仁，字尧夫，文正公之子。昼夜肄业[15]，置烛帐中，夜分不寐。后公贵，夫人犹收其帐，顶如墨色，持以示诸子曰："此汝父少时勤学灯烟迹也。"

仲淹齑[16]茎，永叔画荻[17]。

宋参政范文正公仲淹，字希文，少与友人在长白山读书，日煮粟米粥一器，俟冷，划为四块，断齑十数茎，酢汁半盂[18]，早晚暖而啖之，如是者三年。

宋参政欧阳文忠公修，字永叔，四岁而孤。母韩国夫人，亲教公读书。贫甚，以荻画地学书。公敏悟过人，见辄成诵，比[19]成人，举进士。

横浦辞衣，徂徕却食。

宋横浦居士张九成，字子韶，幼苦学。隆寒衣食不给，乡人有以裘衣送者，公辞之云："士处贫困，正是做工夫[20]时节，若不痛自节抑，则贪欲心生，廉耻道丧，工夫安在？"

宋徂徕先生石介，字守道。王济闻其困穷苦学，饷以盘食，公却之曰："甘脆亦某[21]所愿也，将何以继乎？朝飧膏粱[22]，暮厌粗粝，人之常情也，所以不敢当赐。"

安中精专，延平融释。

宋黄履，字安中，精专读书。早晨经书，每诵五百遍，饭后史书，可诵百遍，夜诵子书三百遍。每诵书，危坐不动，句句分明。

宋延平先生李侗，字愿中，朱夫子[23]师也。常云："理会文字，须令一件融释了，方后更理会一件。"文公云："'融释'二字，下的极好，是他经历来，所以说得如此分明。"

幼学见趣

李谦颜渊，张霸曾子。

李士谦，字子约，事母孝。母尝呕吐，疑为中毒，因舐尝之。伯父温，深所叹，尝称曰："吾家之颜回也。"

汉张霸，字伯饶，年数岁，知孝谨，虽出入饮食，自然合礼节，乡人号为张曾子[24]，七岁通《春秋》，欲进余经[25]，父曰："汝少未能。"曰："我饶[26]为之。"其敏如此。

温公击瓮，宽夫灌水。

宋司马温公[27]幼时，与群儿戏，一儿坠水瓮中，群儿哗，皆弃去。公独破瓮，取儿，儿不得死。

宋文潞公彦博，字宽夫，幼时与群儿击毬[28]，入柱穴中，不能取，公以水灌之，毬浮出。二公之仁智，盖已见于髫龄[29]时矣。

孔融取枣，僧孺辞李。

汉孔融，字文举，四岁与诸兄共食梨枣，辄取小者，人问其故，答曰："我小儿，法当取小者。"由是，宗族奇之。

王僧孺，幼聪明，年五岁，初授《孝经》，问大旨，师曰："论忠、孝二事。"答曰："若尔[30]，愿常读之。"有馈其父李者，先以一与之，辞而弗受，曰："大人未见，不敢先尝。"七岁能读千万言。

元晦孝经，刘晏朋字。

宋朱文公八岁通《孝经》大义，书八字于其上，曰："若不如此，便不成人。"闲从群儿游，独以沙列八卦，端坐默视。又指"日"问其父韦斋先生曰："日何所附？"曰："附于天。"又问："天何所附？"韦斋先生奇之。甫[31]十岁，自知力学，闻长者言，辄不忘，其颖异如此。

唐刘晏，字士安。八岁举神童。为正字。明皇问曰："卿为正字，正得几字[32]？"晏曰："天下字皆正，惟有朋字未正。"盖言当时左右皆邪人也。

黄香暖席，杜衍持竿。

东汉黄香，字孺文，九岁失母，思慕骨立[33]。事父竭力致孝，暑则扇枕，寒则以身暖席。元帝闻之，特加赏赐。

宋杜正献公衍，字世昌，幼时祖父脱帽，使公执之。会山水暴至，家人散走，其姑投一竿与之，使挟自泛。公一手持竿，一手持帽。久之救免，而帽竟不濡。

《钦定四库全书・子部・类书类・纯正蒙求》

注　释

1. 谥(shì)：封建君主时代帝王、贵族、大臣等死后，依其生前事迹所给予的称号。

2. 文过遂非：掩饰其过错。

3. 或：有时候。

4. 悛(quān)：悔悟，改过。

5. 吕正献公公著：吕公著，字晦叔，寿州(今安徽凤台)人。吕夷简之子。先后任尚书右仆射兼中书侍郎、司空、同平章军国事。封申国公，谥正献。

6. 延：延请。

7. 荥阳公希哲：字原明，寿州（今安徽凤台）人。吕公著长子。学者称“荥阳先生”。

8. 尝：经常。

9. 国子司业：学官名。自隋设国子监，内置司业为副长官，协助祭酒掌儒学训导之政。类似后世学校的教务长。

10. 简孝秀德行者……皆罢：意谓诚孝、德行好的人可以升上，沉迷于酒醉、不遵守教规的人都罢免去职。升堂，升上。《论语》：“由也升堂矣，未入于室。”率，遵守。沈，通“沉”。

11. 忻忻：忻同“欣”，这里指欣然接受。

12. 此段文字见前录诸葛亮《诫子书》与《诫外生书》。但胡炳文此处所引，于文字上有出入。如“遂成枯落”句下缺“多不接世”四字；又以“淫慢”为“慆慢”、以“砺精”为“研精”、以“治性”为“理性”、以“日去”为“岁去”等。

13. 粉：磨成粉。古汉语中名词用作动词。

14. 少：稍。

15. 肄业：原指乐工演习，后亦称研习学业为肄业。

16. 齑(qí)：腌菜茎。

17. 荻(dí)：多年生草本植物，形状像芦苇。

18. 酢(cù)汁半盂：酢，即醋。盂，碗类的用具。

19. 比：等到，及至。

20. 工夫：即“功夫”。

21. 某：我，不定代词。

22. 膏粱：肥肉美谷。

23. 朱夫子：即朱熹。下文中的“文公”、“朱文公”均指朱熹。

24. 张曾子：乡人因张霸似孔子弟子曾参那样孝敬，故号张曾子。

25. 余经：除去《春秋》以外的经典著作。

26. 饶：丰富，数量多。

27. 司马温公：即司马光。

28. 毬：即“球”。

29. 髫(tiáo)龄：指幼年。

30. 若尔：如此这样。

31. 甫：才，仅仅。

32. 正得几字：意谓能知晓多少字是正的。

33. 骨立：形容人瘦到极点。

小　儿　语

《小儿语》系明代吕得胜所撰。

吕得胜，字近溪，生卒年不详。明嘉靖时河南宁陵(在今河南省东部)人。他一生非常关心儿童的教育，主张儿童稍略懂事时，就应该进行正确教育，尤其强调儿童品德的教育。对于当时民间流传的一些儿歌，如“盘却盘”、“东屋点灯西屋亮”之类，吕得胜认为这些儿歌对儿童虽然无害，但对品德修养以及后来的发展也没有什么好处。于是决意编写新的儿歌，遂有《小儿语》、《女小儿语》等童蒙读物的问世。

《小儿语》一书语言浅显易懂，以四言、六言、杂言的语言形式，宣传一些做人的道理，其中虽然有些消极的成分，但更多的是强调每个人应该具有的勤劳、忍让、谦虚等良好品德。

四　言

一切言动，都要安详，十差九错，只为慌张。沉静立身，从容说话，不要轻薄，惹人笑骂。先学耐烦，快休使气[1]，性躁心粗，一生不济。能有几句，见人胡讲，洪钟无声，满瓶不响[2]。自家过失，不消遮掩，遮掩不得，又添一短。无心之失，说开罢手，一错半错，哪个没有？宁好认错，休要说谎，教人识破，谁肯作养[3]？要成好人，须寻好友，引酵若酸，那得甜酒？与人讲话，看人面色，意不相投，不须强说。当面证人[4]，惹祸最大，是与不是，尽他说罢。造言起事[5]，谁不怕你，也要提防，王法天理。我打人还，自打几下，我骂人还，换口自骂。既做生人，便有生理[6]，个个安闲，谁养活你？世间生艺[7]，要有一件，有时贫穷，救你患难。饱食足衣，乱说闲耍，终日昏昏，不如牛马。担头车尾[8]，穷汉营生，日求升合[9]，休与相争。兄弟分家，含糊相让，子孙争家，厮打告状。强取巧图，只嫌不够，横来之物[10]，要你承受。

六　言

儿小任情骄惯，大来负了亲心，费尽千辛万苦，分明养个仇人。世间第一好事，莫如救难怜贫，人若不遭天祸，舍施能费几文？乞儿[11]口干力尽，终日不得一钱，败子羹肉满桌，吃得只恨不甜。蜂蛾也害饥寒，蝼蚁都知疼痛，谁不怕死求活，休要杀人害命。自家认了不是，人可不好说你，自家倒在地下，人再不好跌你。气恼他家富贵，畅快人有灾殃，一些不由自己，可惜坏了心肠。

杂　言

老子终日浮水，儿子做了溺鬼[12]，老子偷瓜盗果，儿子杀人放火。休着君子下看[13]，休教妇人鄙见。人生丧家亡身，言语占了八分。任你心术奸险，哄瞒不过天眼[14]。使他不辨不难，要他心上无言[15]。人言未必皆真，听言只听三分。休与小人为仇，小人自有对头。干事休伤天理，防备儿孙辱你。你看人家妇女，眼里偏好；人家看你妇女，你心偏恼。恶名儿难揭，好字儿难得。大嚼多噎，大走多蹶[16]。为人若肯学好，羞甚担柴卖草；为人若不学好，夸甚尚书阁老。慌忙倒不得济，安详走在头地。话多不如话少，话少不如话好。小辱不肯放下，惹起大辱倒罢。天来大功，禁不得一句自称；海那深罪，禁不得双膝下跪。一争两丑，一让两有。

《丛书集成新编》(第三十三册)，(台湾)新文丰出版股份有限公司1985年版。

注　释

1. 使气：意气用事。
2. 洪钟无声，满瓶不响：钟虽大，不撞不鸣；半瓶水，动辄发声。谚语有"满瓶不响，半瓶叮当"，又有"水深流缓，人深语迟"之说。
3. 作养：帮助、培养。
4. 证人：纠正他人的言行过失。
5. 造言起事：制造谣言，挑起事端。
6. 生理：谋生之道，亦即工作。
7. 生艺：谋生的技艺。
8. 担头车尾：即挑担、赶车。
9. 升合：容量单位。十合为一升，十升为一斗。
10. 横来之物：意外之物，此处指不可测的灾祸。
11. 乞儿：乞讨的小孩。
12. 溺鬼：溺死鬼。
13. 下看：看不起。
14. 天眼：俗言常道"老天有眼"。
15. 心上无言：心服。
16. 大嚼多噎(yē)，大走多蹶(jué)：狼吞虎咽往往噎住，疾行快跑时常跌倒。

续小儿语

《续小儿语》及后文《社学要略》均为明代吕坤所撰。

吕坤(1536～1618)，字叔简，号新吾，又作心吾，晚号抱独居士、了醒亭居士。宁陵(今属河南)人。明代著名思想家、政治家。一生历经嘉靖、隆庆、万历三朝。万历二年(1574年)中进士，时授襄垣令，后分别在陕西、山西、山东及朝

廷做官二十余年,六十二岁因上著名的《忧危疏》而遭谗,辞官家居,八十三岁卒于故里。平生著作有《呻吟语》、《小儿语》、《蒙养礼》、《好人歌》、《宗约歌》、《闺范》、《闺诫》、《社学要略》等。

《续小儿语》一书是吕坤在其父所撰《小儿语》的基础上编写而成的。该书与《小儿语》形式相同,仍分四言、六言、杂言三部分,不过内容比《小儿语》更成人化,叙述的已完全不是儿童之事,而是大人的处事经验和处世哲学,要求儿童自幼就应该遵循着去做,从小养成良好的为人处世的习惯和方式。

小儿皆有语,语皆成章,然无谓。先君谓无谓也,更之;又谓所更之未备也,命余续之。既成刻矣,余又借小儿原语而演之。语云教子婴孩,是书也,诚鄙俚,庶乎婴孩一正传哉。乃余窃自愧焉。言各有体,为诸生家[1]言,则患其不文;为儿曹家[2]言,则患其不俗。余为儿语而文,殊不近体,然刻意求为俗,弗能。故小儿习先君语,如说话,莫不鼓掌跃诵之,虽妇人女子,亦乐闻而笑,最多感发。习余语如读书,謇謇惛惛[3],无喜听者,拂其所好,而强以所不知,理固宜然。嗟嗟!儿自有不儿时,即余言或有裨于他日万分一。第恐小儿徒以为语,人徒以为小儿语也,无论文俗,总属空谈,虽仍小儿之旧语,可矣。先君何庸更。余何庸续且演哉。重蒙养者,其绎思之。

四　　言

心要慈悲,事要方便,残忍刻薄,惹人恨怨。手下无能,从容调理,他若有才,不服事[4]你。遇事逢人,豁绰舒展[5],要看男儿,须先看胆。休将实用,费在无功,蝙蝠翅儿,一般有风。一不积财,二不结怨,睡也安然,走也方便。要知亲恩,看你儿郎,要求子顺,先孝爷娘。别人情性,与我一般,时时体悉[6],件件从宽。都见面前,谁知脑后,笑着不觉,说着不受。人夸偏喜,人劝偏恼,你短你长,你心自晓。卑幼不才,瞒避尊长,外人笑骂,父母夸奖。仆隶纵横[7],谁向你说,恶名你受,暗利他得。从小做人,休坏一点,覆水难收,悔恨已晚。贪财之人,至死不止,不义得来,付与败子。都要便宜,我得人不[8],亏人是祸,亏己是福。怪人休深,望人休过[9],省你闲烦,免你暗祸。正人君子,邪人不喜,你又恶他,他肯饶你?好衣肥马,喜气扬扬,醉生梦死,谁家儿郎?今日用度,前日积下,今日用尽,来日乞化[10]。无可奈何,须得安命,怨叹躁急,又增一病。仇无大小,只恐伤心,恩若救急,一芥千金。自家有过,人说要听,当局者迷,旁观者醒。丈夫一生,廉耻为重,切莫求人,死生有命。要甜先苦,要逸先劳,须屈得下,才跳得高。白日所为,夜来省己,是恶当惊,是善当喜。人誉我谦,又增一美,自夸自败,还增一毁。害与利随，祸与福倚，只个平常，安稳到底。怒多横语，喜多狂言，一时褊急，过后羞惭。人生在世，守身实难，一味小心，方得百年。慕贵耻贫，志趣落群[11]，惊奇骇异，见识不济。心不顾身，口不顾腹[12]，人生实难，何苦纵欲。才说聪明，便有障蔽，不着学识，到底不济。威震四海，勇冠三军，只没本事，降伏自心。矮人场笑[13]，下士涂说[14]，学者识见，要从心得。读圣贤书，字字体验，口耳之学，梦中吃饭。男儿事业，经纶天下，识见要高，规模要大。待人要丰，自奉要约，责己要厚，责人要薄。一饭为恩，千金为仇，薄极成喜，爱重成愁。鼷鼠杀象，蜈蚣杀龙，蚁穴破堤，蝼孔崩城[15]。意念深沉，言辞安定，艰大独当，声色不动。相彼儿曹，乍悲乍喜，小事张皇，惊动邻里。分卑气高，能薄欲大，中浅外浮，十人九败。坐井观天，面墙定路[16]，远大事业，休与共做。冷眼观人，冷耳听话，冷情当感，冷心思理。理可理度，事有事体[17]，只要留心，切莫任己。

六　言

修寺将佛打点，烧钱买免神明，灾来鬼也难躲，为恶天自不容。贫时怅望糟糠，富日骄嫌甘旨，天心难可人心，那个知足饿死。苦甜下咽不觉，是非出口难收，可怜八尺身命，死生一任舌头。因循惰慢之人，偏会引说天命，一年不务农桑，一年忍饥受冻。天公不要房住，神道不少衣穿，强似将佛塑画，不如救些贫难。世上三不过意，王法天理人情，这个全然不顾，此身到处难容。责人丝发皆非，辨己分毫都是，盗跖[18]千古元凶，盗跖何曾觉自？柳巷风流地狱，花奴胭粉刀山[19]，丧了身家行止，落人眼下相看。只管你家门户，休说别个女妻[20]，第一伤天害理，好讲闺门是非。人侮不要埋怨，人羞不要数说，人极不要跟寻，人愁不要喜悦。大凡做一件事，就要当一件事，若还苟且粗疏，定不成一件事。少年志肆心狂，长者言必偏恼，你到长者之时，一生悔恨不了。改节莫云旧善，自新休问昔狂，贞妇白头失守，不如老妓从良[21]。自家痛痒偏知，别个辛酸那觉，体人须要体悉，责人慎勿责苛。快意从来没好，拂心不是命穷，安乐人人破败，忧勤个个亨通。儿好何须父业，儿若不肖[22]空积，不知教子一经，只要黄金满室。君子名利两得，小人名利两失，试看往古来今，惟有好人便益。厚时说尽知心，提防薄后发泄，恼时说尽伤心，再好有甚颜色[23]？事到延挨怕动，临时却恁慌忙，除却差错后悔，还落前件牵肠。往日真知可惜，来日依旧因循，若肯当年一苦，无边受用从今。东家不信阴阳，西家专敬风水，祸福彼此一般，费了钱财不悔。德行立身之本，才识处世所先，孟浪痴呆自是，空生人代百年[24]。谦卑何曾致祸，忍默没个招灾，厚积深藏远器，轻发小逞凡才[25]。俭用亦能够用，要足何时是足？可怜惹祸伤身，都是经营长物[26]。未来难以预定，算够到头不够，每事常余二分，那有悔的时候？火正灼时都来，火一灭时都去[27]，炎凉自是通情，我不关心去住。何用终年讲学，善恶个个分明，稳坐高谈万里，不如蹶躃[28]一程。万古此身难再，百年展眼光阴，纵不同流天地，也休涴[29]了乾坤。世上第一伶俐，莫如忍让为高，进履结袜胯下[30]，古今真正人豪。学者三般要紧，一要降伏私欲，二要调驯气质，三要跳脱习俗。百尺竿头进步，钻天巧智多才，饶你站得脚稳，终然也要下来。莫防外面刀枪，只怕随身兵刃，七尺盖世男儿，自杀只消三寸。

杂　言

创业就创干净，休替子孙留病。童生进学喜不了[31]，尚书不升终日恼。若要德业成，先学受穷困，若要无烦恼，惟有知足好，若要度量长，先学受冤枉，若要度量宽，先学受懊烦。十日无菽粟，身亡；十年无金珠，何伤？事止五分无悔，味只五分偏美。老来疾痛，都是壮时落的；衰后冤孽，都是盛时作的。见人忍默[32]偏欺，忍默不是痴的。鸟兽无杂病，穷汉没奇症。闻恶不可就恶，恐替别人泄怒。休说前人长短，自家背后有眼。湿时捆就，断了约儿[33]不散；小时教成，殁了父兄不变。说好话，存好心，行好事，近好人。算计二着现在[34]，才得头着不败。君子口里没乱道，不是人伦是世教；君子脚跟没乱行，不是规矩是准绳；君子胸中所常体，不是人情是天理。好面上灸个疤儿，一生带破；白衣上点些墨儿，一生带涴。恩怕先益后损，威怕先松后紧。饥勿使耐，饱勿使再，热勿使汗，冷勿使颤。未饥先饭，未迫先便。久立先养足，久夜先养目。清心寡欲，不服四物[35]；省事休嗔，不服四君。酒少饭淡，二陈没干；慎寒谨风，续命[35]无功。线流冲倒泰山，休为恶事开端。才多累了己身，地多好了别人。白首贪得不了，一身能用多少？趁心休要欢喜，灾殃就在这里。未须立法，先看结煞[36]。休与众人结仇，休作公论对头。做第一等人，干第一等事，说第一等话，抱第一等识[37]。欺世瞒人都易，惟有此心难昧。暗室虽是无人，自身怎见自身？兰芳不厌谷幽，君子不为名修。触龙耽怕，骑虎难下。焚结碎环，这个不难；解环破结，毕竟有说。无忽久安，无惮初难。处世怕有进气，为人怕有退气。乘时如矢，待时如死[38]。毋贱贱，毋老老，毋贫贫，毋小小。欲心要淡，道心[39]要艳。上看千仞，不如下看一寸；前看百里，不如后看一屣[40]。将溢未溢，莫添一滴；将折未折，莫添一搦。无束燥薪，无激愤人。辩者不停，讷者若聋；辩者面赤，讷者屏息；辩者才住，讷者一句；辩者自惭，讷者自谦。积威不论从违，积爱不论是非。一子之母余衣，三子之母忍饥[41]。世情休说透了，世事休说够了。盼望也不来，空劳盼望怀；愁惧也须去，多了一愁惧[42]。贪吃那一杯，把百杯都呕了；舍不得一金，把千金都丢了。怪人休怪老了，爱人休爱恼了[43]。侵晨[44]好饭，算不得午后饱；平日恩多，抵不得临时少。祸到休愁，也要会救;福来休喜,也要会受。不怕骤,只怕辏[45];不怕一,只怕积。声休要太高,只是人听的便了;事休要做尽,只是人当的便好。要吃亏的是乖,占便宜的是呆。雨后伞,不须支;怨后恩,不须施。人欺不是辱,人怕不是福。刚欲杀身不顾,柔欲杀身不悟[46]。当迟就要宁耐,当速就要慷慨。回顾莫辞频,前人怕后人。歇事难奋,玩民难振。穷易过,富难享,宁受疼,莫受痒。一向单衫耐得冻,乍脱绵袄冻成病。无医枯骨,无浇朽木。

《丛书集成新编》(第三十三册),(台湾)新文丰出版股份有限公司 1985 年版。

注　释

1. 诸生家:有才学的人,或读书人。
2. 儿曹家:小孩子。
3. 謇(jiǎn)謇惽(mǐn)惽:謇謇,口吃。惽惽,即愍愍,迷糊不清。
4. 服事:服从事奉。
5. 豁绰舒展:度量宽大,气度开阔,心胸磊落,不受拘束。
6. 体悉:体谅而知其衷曲,意即体恤。
7. 纵横:放纵横行,狂放妄为。
8. 我得人不:人己无两得之理,我得到便宜他人就得不到。
9. 望人休过:不要对他人寄于过高的希望。
10. 乞化:乞讨、募化。
11. 落群:单零无友。
12. 心不顾身,口不顾腹:意为欲多损身、食多伤腹。
13. 矮人场笑:个子矮小的人,看不见场内的情形,只能跟着别人一起哄笑。
14. 涂说:同"途说",道听途说。涂,通"途"。
15. 鼷(xī)鼠杀象……蝼孔崩城:这里是告诫人们不要轻忽小事。鼷鼠,小鼠。
16. 坐井观天,面墙定路:比喻所见狭小,做决定盲目。
17. 理可理度,事有事体:理度,道理法度。事体,事之体统。
18. 盗跖:见前录《命义篇》注释 15。
19. 柳巷风流地狱,花奴胭粉刀山:柳巷,即花街柳巷,妓女聚集之所。花奴胭粉,指妓女。
20. 女妻:即妻、女。
21. 从良:旧时妓女属乐籍,出籍嫁人,称从良。
22. 不肖:子不似父,后多用以指不贤孝的子孙。
23. 厚时说尽知心……再好有甚颜色:两人相交深厚时说尽知心话,相交淡薄了对方就有可能把这些话说出去;恼怒时各种伤人心的话都说,怒气平息之后还有什么脸面与人打交道呢?
24. 孟浪痴呆自是,空生人代百年:孟浪,鲁莽、轻率。人代,即人世。
25. 厚积深藏远器,轻发小逞凡才:厚积深藏的人才是真正的大才,而急于展示一己之能的人,不过是平庸的人。

26. 长物：剩余之物。

27. 火正灼时都来，火一灭时都去：这里是说富贵时就有人来结交，而失势时则亲友也离开躲避。

28. 踸踔(chěn chuō)：跛着走，引申为迟滞。

29. 涴(wò)：弄脏，如油、泥等粘在衣服或器物上。

30. 进履结袜胯下：进履，指汉时张良的故事。结袜，指汉时张释之的故事。胯下，指汉时韩信的故事。

31. 童生进学喜不了：科举时代，士子未入学以前，无论年龄老幼，都被称为童生。一旦“进学”，就跨入了科举道路之门槛，故读书人心中喜悦。

32. 忍默：忍让沉默。

33. 约儿：此处指绳子。

34. 算计二着现在：即遇事现在就考虑下一步。

35. 四物：即“四物汤”，方剂名。后文“四君”、“二陈”、“续命”义亦同。

36. 结煞：结果。

37. 抱第一等识：怀有第一等的见识。

38. 乘时如矢，待时如死：有效地利用机会，静静地等待时机。

39. 道心：即道德观念。

40. 屣(xǐ)：鞋。此两句意为人生要站稳立足地，看好退步处。

41. 一子之母余衣，三子之母忍饥：此句之意在于：儿孝一子即足，不孝多子反辱。

42. 盼望也不来……多了一愁惧：这是教人不要有外慕之心，而要有顺受之意。

43. 怪人休怪老了，爱人休爱恼了：不要一而再、再而三地责备人，使之破罐子破摔；爱人也不要凡事叮嘱，使生烦恼。

44. 侵晨：破晓、天刚亮。

45. 辏(còu)：本义是在车轮上的辐条集中于毂上，引申为聚集。

46. 刚欲杀身不顾，柔欲杀身不悟：刚欲，指气。柔欲，指酒、色、财。

社学要略

《社学要略》是吕坤对社学中的儿童教育提出的要求。社学创始于元代，明、清两代沿袭了这种学校制度。明代各地都有社学，以专门教育十五岁以下的儿童。在《社学要略》中，吕坤认为首先要选择好社学的老师，由负责的官吏选择品行好者，将其集中于文庙进行培训，能胜任者再派到各个社学任教。接着他述说了子弟读书的好处，并要求父母送孩子上学。吕坤还对学生的品德、行为及老师的教学方法提出了要求。这些要求虽然有些呆板苛刻，但基本上都是合理的，其

中关于倦怠时有选择地进行“歌诗”，“少年脾弱，饭后不可遽用心力，恐食不消化”等要求，也都符合现代幼儿心理和生理的特征，即使在今天也具有很高的参考价值。

自教化陵夷[1]之后，举世不知读书为何事，师弟相督，父子相传，不过取科甲、求富贵而已。今选社师[2]，务取年四十以上、良心未丧、志向颇端之士，不拘已、未入学[3]者二十余人，掌印官群之文庙[4]，饩[5]以日食，先教以讲解《小学》、《孝经》及字学反切[6]。一年之后，如果见识近正、音韵不差、文理粗通、讲解亦是者，掌印官下学考试，择其堪以教人，查有社学[7]，挨次拨发。

子弟读书，大则名就功成，小则识字明理，世间第一好事。有等昏愚父母，有子不教读书，邪心野性，竟成恶人。做盗贼、犯刑宪[8]，皆由于此。几曾见明理识字之人，肯为盗贼者乎？掌印官晓谕百姓，今后子弟，可读书之年，即送社学读书。纵使穷忙，也须十月以后在学，三月以后回家。如此三年，果其材无可望，省令归业。

学中以长幼为先，序就齿数[9]。除系相亲，自有称呼外，其余，少称长者兄，长呼少者名。行则右行，坐则下坐，长者立则立，长者散则散。一禁成群戏耍；二禁彼此相骂；三禁毁人笔墨书籍；四禁搬唆倾害；五禁有恃凌人：此处人五禁。犯者比读书加倍重责。

学者立身，行检[10]为重。一戒说谎；二戒口馋；三戒村语谣言；四戒爱人财物；五戒讲人长短；六戒看人妇女；七戒交结邪人；八戒衣服华美；九戒捏写是非；十戒性暴气高。犯者比读书加倍重责。

童子每日早起，向父母前一揖，问曰：今夜安否？早饭、午饭回家，见父母，揖，问曰：父母饮食多少？晚上，看父母卧处，待父母睡毕而后退。父母怒骂，跪而低头，不许劲声强辩；父母勤劳，即来待作；父母久立，忙取坐物；父母唤人，高声代唤；父母疾病，煎尝汤药。此虽人子末节，少年先须日习。至于一家尊长，俱要恭敬。家中凡事忍默。如有违犯，父兄即告先生，加倍重责。

行步要安详稳重，不许跳跃奔趋。说话要从容高朗，不要含糊促迫。作揖要舒徐深圆，不可浅遽。侍立要庄严静定，不可跛欹。起拜要身手相随，不可失节。衣履要留心爱惜，不可邋遢。瞻视要静正安闲，不可流乱[11]。抄手要着衣齐心，不可怠惰。在坐要端严持重，不可箕岸[13]。有违犯者罚跪，再三犯者重责。

每讲书，就教童子向自家身上体贴。这句话与你相干不相干？这章书，你能学不能学？仍将可法、可戒故事，说与两条，令之省惕。他日违犯，即以所讲之书责之，庶几有益身心。

每日遇童子倦怠懒散之时，歌诗一章。择古今极浅、极切、极痛快、极感发、极关系者，集为一书，令之歌咏，与之讲说，责之体认。古诗如《陟岵》[13]、《蓼莪》、《凯风》（以上父母），《棠棣》、《小明》、《杕杜》（以上兄弟），《江汉》、《出东门》（以上男女），《鸡鸣》、《雄雉》（以上夫妇），《燕燕》（嫡妾），《伐木》（朋友），《芄兰》（童子），《葛藟》（民穷），《相鼠》（教礼），《伐檀》（训义），《采苓》、《青蝇》（戒谗），《蟋蟀》、《瓠叶》（示俭），《采苹》（重祀），《白驹》（悦贤）。至于汉魏以来，乐府[14]古诗，近世教民俗语，凡切于纲常伦理、道义身心者，日讲一章。其新声[15]艳语，但有习学者，访知重责（《训蒙约》[16]后附集诗歌，即此意也）。

初入社学，八岁以下者，先读《三字经》，以习见闻；《百家姓》，以便日用；《千字文》，亦有义理。有司先将此书，令善书人写姜体字[17]，刊布社学师弟，令之习学。盖姜字虽吃力，而点画分毫不苟，作字之时，能令此心不放、此心不粗。佻达[18]纵横者厌之，以为欠苍劲、欠自然，而不知有益于性灵也。

教童子，先学爽洁。砚无积垢，笔无宿墨[19]。蘸墨只着水皮，干笔先要水润。书须离身三寸，休令拳揉。手须日洗两番，休污书籍。案上书，休乱堆斜放，书中句，休乱点胡批。学堂日日扫除，桌凳时时擦抹。

念书初要数字，次要联句，次要一句紧一句。眼瞅定则字不差；心不走则书易入；句渐紧则书易熟；遍数多则久不忘。

看书不可就讲，先令童子将注帖经[20]，帖过一番，令之回讲，然后一一细说，巧比再看。复回不知，再讲。庶几有得。

作文，出极明浅易于发挥题目。作不得题，细讲一遍，仍作此题。一题三作，其思必尽，其理自通，胜于日易一题也。

记文，须选前辈老程文，极简、极浅、极切、极清者，每体读两篇。作文之日，模仿读过文法者出题，庶易引触。读书以勤为先，童子不分远近，俱令平明到学，背书完，读新书。吃饭后，略令出门松散一二刻，然后看书、作文，写仿毕，仍读书。午饭后，略令出门松散一二刻，仍读书。日落后，分班对立，出对一个，破题[21]一个，即与讲解。然后放学。盖少年脾弱，饭后不可遽[22]用心力，恐食不消化也。

吕坤：《吕新吾先生社学要略》，清光绪二十六年胶州听雨何时轩刻本。

注　释

1. 陵夷：本指迤逦渐平，此处指颓废，衰落。
2. 社师：社学的老师。
3. 入学：明、清童生考试，经考取后入府、州、县学读书，称为入学、进学，又称入泮、游庠。
4. 群之文庙：（将他们）群聚于文庙内。

5. 饩(xì):谷物、生肉等。此处指赠送人的粮食。
6. 反切:旧时汉语注音法。以二字相切,取上一字声母、下一字韵母及声调,拼读成被注字之音,成某某反或某某切。
7. 社学:乡社间所设学校。
8. 刑宪:刑法,法令。
9. 齿数:此处指年龄顺序。
10. 行检:品行,操行。即注重行为检点。
11. 流乱:两眼左顾右盼,眼神动乱不定。
12. 箕(jī)岸:箕,古人席地而坐,随意伸开两腿,像个簸箕,是谓"箕坐",又作"箕踞",是一种不拘礼节的坐法,实为待人以一种轻慢的态度,故《礼记·曲礼上》曰:"坐毋箕。"岸,傲岸,表示对人态度高傲无礼。
13.《陟岵》:《诗经》之篇名。下文《蓼莪》等均为《诗经》之篇名。
14. 乐府:本为古代官署名,掌管朝会、宴飨、道路游行时所用音乐,兼采民间诗歌、乐曲。后以魏晋至唐可入乐之诗歌及仿乐府古题的作品,通称乐府。
15. 新声:新制的歌曲。
16.《训蒙约》:即王守仁所撰《训蒙教约》。
17. 姜体字:明代书家姜立纲,楷书清劲方正,自成一体,流行天下,人称"姜体字"。
18. 佻(tiāo)达:轻薄。
19. 宿墨:前夜之墨。
20. 帖经:唐代科举进士、明经科都有帖经的考试。以所习经掩其两端,中间唯开一行,裁纸为帖。
21. 破题:古代应科举考试所作诗赋和经义,起首数句须说破题目要义,称破题。明清八股文起首二句破题,成为固定格式。
22. 遽(jù):急,突然。

训蒙大意示教读刘伯颂等

《训蒙大意示教读刘伯颂等》与后文《教约》均录自王守仁的留世文集《阳明全书》。

王守仁(1472~1528),字伯安,号阳明,世称阳明先生,谥号文成,故后人又称其为王文成公。浙江余姚人。明代著名的哲学家、思想家和教育家。明弘治十二年(1499年)中进士,历任刑部、兵部主事,右副都御史,南京兵部尚书,官至左都御史、两广总督兼巡抚等职,封新建伯。自弘治十八年(1505年)开始讲学授徒,直至去世,历时二十三年之久。平生所到之处,皆建学校、创书院、立社学,并亲自主讲。曾创立"龙冈书院",修复"濂溪书院",兴办思田学校、南宁学校和

“敷文书院”等,并先后讲学于白鹿洞书院、稽山书院和龙泉寺中天阁等处。一生不从事著述,其语录、文录、杂文由弟子钱德洪汇编成《王文成公全书》,亦称《阳明全书》。其中的《传习录》为其弟子记录他的言论和选摘其论书札而成,是研究其教育思想的主要资料。

王守仁在继承和发展陆九渊的哲学、教育思想的基础上形成了与程朱理学相径庭的心学理论体系,认为“心即理”,主张“致良知”,提出“知行合一”观,倡导道德意识和道德行为的统一,强调“言行一致”、“笃实躬行”的重要性。其学说在王氏众多弟子的发扬下,形成了著名的阳明学派,不仅在国内,而且在日本、朝鲜及东南亚各国都产生了深远的影响。

王守仁的儿童教育思想带有明显的“自然主义”倾向,主要表现在尊重儿童,主张对儿童要顺其自然,实施正面教育,反对强求一律。他将儿童比喻为“草木”,将施教者比喻为“时雨春风”,认为只有顺应儿童性情,方可“日长月化”,否则便会“生意萧索,日渐枯槁”。他还特别重视家庭教育化民成俗的作用,将其时社会动乱的原因归结为家教无方。王守仁平生以身作则,不仅对自己的幼子亲自教诲,而且撰写了《训蒙诗》进行“诗教”,并取得了很大的成功。

《训蒙大意示教读刘伯颂等》一文,集中地阐发了王守仁关于儿童教育的观点和主张:一是确定儿童教育以“明人伦”为其主要任务;二是对宋明以来在儿童教育过程中过于重视死记硬背和滥用体罚的现象提出了尖锐的批评;三是主张教育儿童应该从积极方面入手,采取顺应儿童性情、鼓舞儿童志趣的办法;四是强调儿童教育的内容应以“歌诗”、“习礼”和“读书”为重。

古之教者,教以人伦[1]。后世记诵词章[2] 之习起,而先王之教亡。今教童子,惟当以孝弟忠信礼义廉耻为专务。其栽培涵养之方,则宜诱之歌诗以发其志意;导之习礼以肃其威仪,讽之读书以开其知觉。今人往往以歌诗习礼为不切时务,此皆末俗[3] 庸鄙之见,乌足以知古人立教之意哉!

大抵童子之情,乐嬉游而惮[4] 拘检,如草木之始萌芽,舒畅之则条达[5],摧挠之则衰痿[6]。今教童子,必使其趋向鼓舞,中心喜悦,则其进自不能已;譬之时雨春风,沾被卉木,莫不萌动发越[7],自然日长月化;若冰霜剥落,则生意萧索,日就枯槁矣。故凡诱之歌诗者,非但发其志意而已,亦所以泄其跳号呼啸于咏歌,宣其幽抑结滞[8] 于音节也;导之习礼者,非但肃其威仪而已,亦所以周旋揖让[9] 而动荡其血脉,拜起屈伸而固束其筋骸也;讽之读书者,非但开其知觉而已,亦所以沈潜[10]反复而存其心,抑扬讽诵以宣其志也。凡此皆所以顺导其志意;调理其性情,潜消其鄙吝,默化其粗顽,日使之渐于礼义而不苦其难,入于中和而不知其故。是盖先王立教之微意也。

若近世之训蒙稚者，日惟督以句读课仿[11]，责其检束，而不知导之以礼，求其聪明，而不知养之以善；鞭挞绳缚，若待拘囚。彼视学舍如囹狱[12]而不肯入，视师长如寇仇而不欲见，窥避掩覆以遂其嬉游，设诈饰诡以肆其顽鄙，偷薄[13]庸劣，日趋下流。是盖驱之于恶而求其为善也，何可得乎？

凡吾所以教，其意实在于此。恐时俗不察，视以为迂，且吾亦将去，故特叮咛以告。尔诸教读，其务体吾意，永以为训；毋辄因时俗之言，改废其绳墨，庶成蒙以养正之功[14]矣。念之念之！

王阳明：《王阳明全集》（第一册），红旗出版社 1996 年版。

注　释

1. 人伦：封建社会人与人之间的关系及应当遵守的行为准则。
2. 记诵词章：记诵，默记背诵。词章，也作辞章，诗文的总称。
3. 末俗：乱世败坏的习俗。
4. 惮(dàn)：害怕。
5. 条达：通达。
6. 衰痿(wěi)：痿，中医指身体某一部分萎缩或失去功能。
7. 萌动发越：萌芽发生。
8. 幽抑结滞：内心忧闷不畅。
9. 周旋揖让：来回往返作揖行礼。
10. 沈潜：沈，通“沉”，沉思。
11. 课仿：教其摩仿写字与学作诗文。
12. 囹(líng)狱：监狱。
13. 偷薄(bó)：苟且浅薄。
14. 蒙以养正之功：《周易·蒙卦》：“蒙以养正，圣之功也。”

教　约

《教约》，为王守仁所手订并颁行于社学的关于儿童教育的教条。该教条比较系统地阐述了王守仁关于儿童教育的教学计划。其主要观点和主张是：首先，教学组织形式以班次教学为主；其次，教学应该按照一定的程序进行；再次，知识教学要注意启发儿童的思维和直观性原则；最后，歌诗与习礼的教学要注意儿童心性的训练。

每日清晨，诸生参揖毕，教读以次。遍询诸生：在家所以爱亲敬长之心，得无懈忽，未能真切否？温清定省之仪，得无亏缺，未能实践否；往来街衢[1]，步趋礼节，得无放荡，未能谨饬否？一应言行、心术，得无欺妄非僻，未能忠信笃敬否？诸童子务要各以实对，有则改之，无则加勉。教读复随时就事，曲加诲谕开发。然后各退就席肄业。

凡歌《诗》，须要整容定气，清朗其声音，均审其节调；毋躁而急，毋荡而嚣，毋馁而慑[2]。久则精神宣畅，心气和平矣。每学量童生多寡，分为四班，每日轮一班歌《诗》，其余皆就席敛容肃听。每五日则总四班递歌于本学。每朔望，集各学会歌于书院。

凡习礼，须要澄心肃虑，审其仪节，度其容止；毋忽而惰，毋沮而怍，毋径而野[3]；从容而不失之迂缓，修谨而不失之拘局。久则体貌习熟，德性坚定矣。童生班次，皆如歌《诗》，每间一日，则轮一班习礼。其余皆就席，敛容肃观。习礼之日，免其课仿。每十日则总四班递习于本学。每朔望，则集各学会习于书院。

凡授书不在徒多，但贵精熟。量其资禀，能二百字者，止可授以一百字，常使精神力量有余，则无厌苦之患，而有自得之美。讽诵之际，务令专心一志，口诵心惟，字字句句紬绎[4]反覆，抑扬其音节，宽虚其心意。久则义礼浃洽[5]，聪明日开矣。

每日工夫，先考德，次背书诵书，次习礼或作课仿，次复诵书讲书，次歌《诗》。凡习礼歌《诗》之类，皆所以常存童子之心，使其乐习不倦，而无暇及于邪僻。教者如此，则知所施矣。虽然，此其大略也；神而明之，则存乎其人[6]。

王阳明：《王阳明全集》(第一册)，红旗出版社 1996 年版。

注 释

1. 衢(qú)：大路。
2. 毋馁(něi)而慑：不要气馁而畏惧。馁，灰心丧气。
3. 毋径而野：不要硬直而粗野。
4. 紬(chōu)绎：阐释，亦为开导，引端伸义。紬，引出。
5. 浃(jiā)洽：深入浸润，一般指融合和洽。浃，透，遍及，如汗流浃背。
6. 神而明之，则存乎其人：能心领神会而更详尽地阐明它，则在乎(你们)各人了。

护 胎

《护胎》录自陈复正所撰《幼幼集成》。

陈复正(约 1736～1795)，字飞霞，惠州府(今广东惠阳县)人。明代著名医学家。自幼灵敏，学穷枢要，对《周易》卦象、《尚书·洪范》以及天文理数，均有心

得。又因幼年禀亏多病，故对前代医学典籍颇有研究。其医学成就尤以儿科为最，并辑录有《幼幼集成》一书。

《幼幼集成》共六卷，前四卷辑录了儿科各家的方论、民间验方以及自己的研究成果；后二卷专论痘疹，内容丰富，形式多样。该书在胎养方面也有详细的论述，主要记载在"护胎"、"保产论"、"胎病论"等篇中。《护胎》篇是在总结前人胎养理论的基础上，告诫孕妇应如何注意饮食营养、生活起居、语言举止等生活细节。

《易》[1]曰："天地气蕴，万物化醇；男女媾精，万物化生。"盖天地生生之道，终古为然矣。《颅囟经》[2]曰："成胎之后，一月为胞胎，精气凝也，二月为胎形，始成胚也，三月阳神为三魂，四月阴灵为七魄，五月应五行[3]，分五脏也，六月应六律[4]，定六腑也，七月精开窍通，光明也，八月元神具，降真灵也，九月宫室罗布，以御外侮，十月受气足，万象成也。"此胎元长养，造化自然，非人力也。第妊母脏气护胎，仍若四时之有序：足厥阴肝、足少阳胆，属木旺，春养胎在一月二月；手心主包络、手少阳三焦，属火旺，夏养胎在三月四月；足太阴脾、足阳明胃，属土旺，长夏养胎在五月六月；手太阴肺、手阳明大肠，属金旺，秋养胎在七月八月；足少阴肾，属水旺，冬养胎在九月至十月，儿气已足，待时而生。惟手少阴心，君主之官，神明之脏，虽不主月，而无月不在，其胎元长养，脏气护持，可谓至矣[5]。而人事恣纵败坏，能保其冲任有恒乎？《蓄德录》[6]曰："世人无不急于生子，要知生子之道，精气交媾，镕液成胎。"故少欲之人恒多子，且易育，气固而精凝也；多欲之人常艰子，且易夭，气泄而精薄也。譬之酿酒然，斗米下斗水，则酽[7]且耐久，其质全也；斗米倍下水，则淡；三倍四倍则酒非酒，水非水矣，其真元少也。今人夜夜淫纵，精气妄泄，邪火上升，真阳愈惫，安能成胎？即侥幸生子，又安能必其有成！所以年少生子者，或多羸弱[8]，欲勤而精薄也；老年生子者，反见强盛，欲少而精全也。且凡嗜于饮者，酒乱其性，精半非真，无非湿热。勤于欲者，孕后不节，盗泄母阴，耗其胎气，所谓恣纵败坏者，殆以是欤！然父天母地，古人尝言之矣。父主阳施，犹天雨露；母主阴受，若地资生。胎成之后，阳精之凝，尤仗阴气护养，故胎婴在腹，与母同呼吸、共安危，而母之饥饱劳逸，喜怒忧惊，食饮寒温，起居慎肆，莫不相为休戚。古人胎教，今实难言。但愿妊娠之母，能节饮食，适寒暑，戒嗔恚[9]，寡嗜欲则善矣。此尤切于胞胎之急务，幸毋视为泛常而忽之。

（清）陈复正：《幼幼集成》，上海卫生出版社1956年版。

注　释

1.《易》：即《易经》。

2.《颅囟经》：儿科著作，又名《师巫颅囟经》。囟（xìn），脑门。书名取小儿初生时颅囟未合之义。传说某人托名周穆王时“师巫”所撰，又作东汉卫汛撰。据考证，为唐末宋初之人所撰。该书专述幼儿脉法，及常见的惊、痫、癫、疳、痢、丹毒等病的症状和方药。

3.五行：指金、木、水、火、土。

4.六律：中国古代律制。广义的六律兼包十二律，用三分损益法将一个八度分为十二个不完全相等的半音，各律从低到高依次为：黄钟、大吕、太蔟、夹钟、姑洗、仲吕、蕤宾、林钟、夷则、南吕、无射、应钟。其中位于奇数者为阳律，位于偶数者为阴律。又因奇数各律称“律”，偶数各律称“吕”，总称为“六律”“六吕”，故陈氏在此有“六律”之说。六律建阴阳诸经而合之为十二月、十二辰、十二节、十二经水、十二时、十二经脉。此处指阳律。

5.此段文字见前录《妊娠候》之相关注释。

6.《蓄德录》：明代席本桢编辑先贤格言而成。

7.酽（yàn）：汁液浓稠。

8.羸（léi）弱：瘦弱。

9.嗔（chēn）恚（huì）：怨恨。

论小学

《论小学》乃陆世仪的教育著述。

陆世仪（1611～1672），字道威，号刚斋，又号桴亭，门人私谥其为尊道先生，或文潜先生，江苏太仓人。明末清初著名的思想家、教育家。早年习武，后师从明末学者刘宗周，通晓诸子百家学说。曾入复社。明朝灭亡后，绝意科举，隐居不仕，历主东林、毗陵、太仓等书院，专心致力于读书、著述、讲学。著作有《思辨录》、《三吴水利志》、《书鉴》、《诗鉴》、《学酬》、《春秋考》、《复社纪略》、《桴亭全集》等。

陆世仪非常重视教育，主张教育内容上讲究实用，认为除“六艺”外，天文、地理、河渠、兵法之类，都是安国兴邦不可缺少的有用知识，应纳入教育内容之内，并在此基础上将学生应读的书分为最重要、次要、更次三等，具体为：“四书”、“五经”、“性理”等是最重要的，需终身诵读；水利、农田、天文、兵法等是次要的，要一一寻究，得其要领；子、史百家等书是更次要的，不必一一诵读，只观其大意即可。童蒙教育阶段为诵读时期，应以诵读“四书”、“五经”、“性理”等书为主。陆世仪也很重视儿童教育，其儿童教育思想主要体现在《论小学》和《论读书》两文中。

《论小学》具体阐述了陆世仪关于童蒙教育的一些主张，如对于儿童入小学之年龄，古人认为应自八岁开始，而他认为应该提前到六岁；又如对儿童喜欢的歌舞，他认为不宜宽，也不宜严，而是应该因势利导，使之归于礼乐。前者体现了

他注重教育儿童心理特征的一面，但后者却未逃脱封建之藩篱。

古者八岁入学，十五入大学[1]。此自是正理。然古者人心质朴，风俗淳厚，孩提至七八岁时，知识尚未开。今则人心风俗，远不如古，人家子弟，至五六岁，已多知诱物化矣。又二年而始入小学，即使父教师严，已费一番手脚，况父兄之教，又未必尽如古法乎？故愚谓今之教子弟入小学者，决当自五六岁始。

小学之书，文公所集备矣。然予以为古人之意，小学之设，是教人由之；大学之道，乃使人知之。今文公所集，多穷理之事，近于大学。又所集之语，多出"四书"、"五经"，读者以为重复。且类引多古礼，不谐今俗；开卷多难字，不便童子。此小学所以多废也。愚意小儿五六岁時，语音未朗，未能便读长句。窃欲仿明道[2]之意，采择《礼经》中《曲礼》、《幼仪》，参以近礼，斟酌古今，择其可通行者编成一书。或三字，或五字，节为韵语，务令易晓，名曰《节韵幼仪》，俾之即读即教。如"头容直"，即教之端正头项。"手容恭"，即教之整齐手足。合下便教他知行并进，似于造就人材之法，更为容易。

礼乐不可斯须去身。古人教人，自幼便教他礼乐，所以德性气质易于成就。今人自读书外一无所事，不知礼乐为何物。身子从幼便娇惰坏了。愚意自《节韵幼仪》外，更欲参酌古今之制，辑冠、婚、祭及乡饮、乡射[3]诸礼为礼书。文廟乐舞及宴饮、升歌诸仪为乐书。俾童子十数岁时仍读四书，兼习书数。暇日，则序一处，教升歌、习礼，如古人舞《勺》、舞《象》之类，务使之郁郁彬彬[4]。则涵养气质，熏陶德性，或可不劳而致。

凡人有记性、有悟性。自十五以前，物欲未染，知识未开，多记性，少悟性。十五后知识既开，物欲渐染，则多悟性，少记性。故凡所当读书，皆当自十五前，使之熟读。不但"四书"、"五经"，即如天文、地理、史学、算学之类，皆有歌诀，皆须熟读。若年稍长，不惟不肯读，且不能读矣！今人村塾中开蒙，多教子弟念诗句，直是无谓。

凡子弟学写仿书，不独教他字好，即可兼识字及记诵之功。

四明程端礼[5]有《家塾分年读书法》。教童子读"四书"、"五经"，先令读正文，既毕，然后即读注亦可。盖子弟读书，大约十岁前有记性，以后渐否。若令先读正文，虽子弟至愚，未有不于十岁前完过者。此亦读书之一法。

近日人才之坏，皆由子弟早习时文[6]。盖古人之法，四十始仕。即国初童子试[7]，亦必俟二十后，方许进学。进学者，必试经论。养之者深，故其出之者大也。近日人务捷得，聪明者，读摘段数叶，便可拾青紫[8]，胸中何尝一毫道理知觉，乃欲责其致君泽民！故欲人才之端，必先令子弟读书务实。

昔人之患在朴，今人之患在文。文翁[9]治蜀，因其朴而教之以文也。今日之势，正与文翁相反，使民能反[10]一分朴，则世界受一分惠。而反朴之道，当自教童子始。有心世道者，慎毋于时文，更扬其波哉！

家庭之教，又必原于朝廷之教。朝廷之教以道德，则家庭之教亦以道德；朝廷之教以名利，则家庭之教亦以名利。尝有友人问："建文[11]时何多忠义？"予曰："此父兄之教严耳。"友人问："何以知之？"曰："以朝廷之教知之。"盖当时朝廷重名节、励清修，其教甚严。苟子弟居官不肖，则累及父母，累及宗族。故孩提之时，倘或不肖，则父兄必变色而训之。《语》曰："少成若天性，习惯如自然。"积累既深，所以居官之时，虽九死而靡悔也。

洒扫、应对、进退，此真弟子事。自世俗习于侈靡，一切以仆隶当之，此理不讲久矣。然应对、进退，贫士家，犹或有之。至于洒扫，则贫士家亦绝无之矣。偶过友人姚文初家，见其门庭萧然，一切洒扫应对进退，皆令次公执役，犹有古风。文初，现闻先生后也，其高风如此，为贫士者，可以愧矣！

或问六艺，童子十五以内，恐未必能习。曰："玩礼乐射御书数之文。"文字则与义字有别，文是习其事，义是详其理。礼乐虽精微，然《礼记》云："十三学乐、诵诗。"又曰："十三舞《勺》，成童舞《象》。"则知由粗及精，自有因年而进之法。射御虽非童子事，然北人与南人不同。曹丕《典论》论文，自言八岁即学骑射。是射御亦非难事也。至于书数，尤易为力。

古者八岁入小学，周官保氏掌养国子，教之六书[12]。汉兴，萧何[13]草律令，太史试学童，能讽书九千字以上，乃得为史[14]。又以六体试之，课最者，以为尚书、御史、史书令史。六体者，古文、奇字、篆书、隶书、缪篆、虫书，皆所以通知古今文字，摹印章书幡信[15]也。则知古人皆以字学为小学，故人皆识字。今俗崇尚制科，人务捷得，至贵为公卿，而目不识古文奇字，且并音画亦多讹谬[16]者，少此一段工夫也。

人少小时，未有不好歌舞者，盖天籁[17]之发、天机之动。歌舞，即礼乐之渐也。圣人因其歌舞，教以礼乐，所谓因其势而利导之。今人教子，宽者或流于放荡，严者并遏其天机[18]，皆不识圣人礼乐之意。欲蒙养之端，难矣！

朱子《蒙卦注》曰："去其外诱、全其真纯八字最妙。"童子时，惟外诱最坏事，如樗蒲[19]博弈及看搬演故事之类，极易使人流荡忘返。善教子者，只是形格势禁，不使得亲外诱。《乐记》所谓"奸声乱色不留聪明，淫乐慝[20]礼不接心术"是也。然其尤要在端本清源，使父兄不为非礼之戏，则子弟自无从得接耳目。

(清)陈宏谋辑：《五种遗规》，清同治七年湖北崇文书局刻本。

注　释

1. 大学：十五岁以上者入的学校，不同于今日之大学。
2. 明道：指程颢(1032～1085)，字伯纯，谥纯公，众称明道先生。
3. 乡饮、乡射：乡饮，古代乡学三年业成，考其德行，选贤举能，由乡大夫主持，设宴礼仪皆有规定，称乡饮酒礼。乡射，古代的射礼。州长在春秋两季以礼会民，习射于州学。
4. 郁郁彬彬：郁郁，形容很有文采；彬彬，形容文雅的样子。
5. 四明程端礼：四明，浙江宁波府别称。程端礼：字敬叔，元代著名学者，曾任衢州路儒学教授，学宗朱熹，著有《家塾分年读书法》。
6. 习时文：学作八股文以应科举。
7. 国初童子试：国初，指清朝立国之初。童子试，即童生试，简称“童试”或“小考”，应考者无论年龄大小均称童生，其试包括县试、府试、院试三阶，考取者方取得入学资格。
8. 青紫：借喻高官。汉丞相、太尉金印紫绶；御史、大夫银印紫绶。
9. 文翁：名党，字仲翁。西汉文官。仁爱，好教化。治蜀时首重兴办地方教育培养人才。
10. 反：通“返”。
11. 建文：明朝第二个皇帝建文帝朱允炆的年号，相当于公元1399年至1402年，前后共四年。
12. 六书：一般指形声、象形、会意、指事、假借、转注六种造字条例。
13. 萧何：汉丞相。参照《秦律》定《汉律》九章。
14. 乃得为史：又作“乃得为吏”。
15. 幡(fān)信：幡，一种窄长的旗子，垂直悬挂。幡信，古代以幡传命，称为幡信，其功用与符节相同。
16. 讹(é)谬(miù)：差错。
17. 天籁：自然界的音响。
18. 天机：天赋的资质。
19. 樗(chū)蒲(pú)：古代的一种游戏，像后来的掷骰子。
20. 慝(tè)：邪恶、罪恶、恶念。

治家格言

《治家格言》为朱柏庐所撰。

朱柏庐(1617～1688)，名用纯，字致一，号柏庐，江苏昆山人。明末清初著名理学家、教育家。自幼勤奋读书，曾于明末考取秀才，有志于仕途。清入关后，淡泊功名，康熙时坚辞不应博学鸿词科，终身不仕，居乡授徒，潜心治学。著作有《治家格言》、《四书讲义》、《愧讷集》、《删补易经蒙引》、《困衡录》、《春秋五传酌解》、《毋欺录》等。

由于深感其时教育方法弊端丛生，难以使学生学到真实的学问，朱柏庐撰写

《辍讲语》,以披露时弊兼及反躬自责,并亲自手写数十本教材用于教学。其中《朱子治家格言》充分体现了朱柏庐的家庭教育思想。

《治家格言》又称《朱子治家格言》、《朱子家训》,是我国古代的家教名篇。该文通篇对偶,语言极富特色。开篇即从日常起居方面提出要求,接着讲述如何对待亲人、朋友及其他人情世故,最后勉励学者学做圣贤,旨在劝人勤俭持家、安分守己。自问世以来流传甚广,被后世士大夫尊为"治家之经",清及民国年间一度成为童蒙必读课本之一。其中"一粥一饭,当思来处不易;半丝半缕,恒念物力维艰"等句,至今读来仍脍炙人口。

黎明即起,洒扫庭除,要内外整洁;既昏便息,关锁门户,必亲自检点。一粥一饭,当思来处不易;半丝半缕,恒念物力维艰。宜未雨而绸缪[1],毋临渴而掘井。自奉必须俭约,燕客切勿流连[2]。器具质而洁,瓦缶[3]胜金玉;饮食约而精,园蔬愈珍馐[4]。勿营华屋,勿谋良田。三姑六婆[5],实淫盗之媒,婢美妾娇,非闺房之福。奴仆勿用俊美,妻妾切忌艳装。祖宗虽远,祭祀不可不诚;子孙虽愚,经书不可不读。居身务期质朴,训子要有义方。勿贪意外之财,勿饮过量之酒。与肩挑贸易,毋占便宜;见贫苦亲邻,须加温恤[6]。刻薄成家,理无久享;伦常乖舛[7],立见消亡。兄弟叔侄,需分多润寡;长幼内外,宜辞严法肃。听妇言,乖骨肉,岂是丈夫?重资财,薄父母,不成人子。嫁女择佳婿,毋索重聘;娶妇求淑女,勿计厚奁[8]。见富贵而生谄[9]容者,最可耻;见贫穷而作骄态者,贱莫甚。居家戒争讼,讼则终凶;处世戒多言,言多必失。勿恃势力,而陵逼孤寡;毋贪口腹,而恣杀牲禽。乖僻自是,悔误必多;颓惰自甘,家道难成。狎昵[10]恶少,久必受其累;屈志老成,急则可相依。轻听发言,安知非人之谮[11]诉,当忍耐三思;因事相争,安知非我之不是,需平心再想。施惠无念,受恩莫忘。凡事当留余地,得意不宜再往。人有喜庆,不可生妒忌心;人有祸患,不可生喜幸心。善欲人见,不是真善;恶恐人知,便是大恶。见色而起淫心,报在妻女;匿[12]怨而用暗箭,祸延子孙。家门和顺,虽饔飧[13]不继,亦有余欢;国课[14]早完,即囊橐[15]无余,自得至乐。读书志在圣贤,非徒科第;为官心存君国,岂计身家。守分安命,顺时听天,为人若此,庶乎近焉。

(清)陈宏谋辑:《五种遗规》,清同治七年湖北崇文书局刻本。

注 释

1. 未雨而绸(chóu)缪(móu):趁着天没下雨,先修缮房屋门窗。比喻事先防备。
2. 流连:依恋不忍离去。
3. 缶(fǒu):一种口小肚子大的瓦器。
4. 珍馐(xiū):滋味好的食物。

5. 三姑六婆：三姑，尼姑、道姑、卦姑。尼姑是佛教的；道姑是道教的；卦姑是专门占卦的。六婆，牙婆、媒婆、师婆、虔婆、药婆、稳婆。牙婆是专门贩卖人口的贩子，专为人买卖奴婢、妾侍；媒婆是专为人介绍姻亲的女性；师婆是专门画符施咒、请神问命的巫婆；虔婆是妓院内的鸨母；药婆是专门卖药的女人；稳婆则是专门接生的接生婆。
6. 恤(xù)：救济。
7. 舛(chuǎn)：差错。
8. 奁(lián)：古代妇女梳妆用的镜匣。
9. 谄(chǎn)：用卑贱的态度向人讨好。
10. 狎(xiá)昵：亲近而态度不端正。
11. 谮(zèn)：诬陷。
12. 慝(tè)：邪恶，罪恶。
13. 饔飧(yōng sūn)：早饭和晚饭。
14. 国课：即应缴国家的税金。
15. 橐(tuó)：一种口袋。

父师善诱法(节录)

《父师善诱法》为唐彪的教育代表作。此处节录其中"父兄教子弟之法"等五节。

唐彪，生卒年月无从考定，字翼修，浙江兰溪人。明末清初著名教育家、语文教学法专家。曾受学于应嗣寅、王言远、毛稚黄、仇兆鳌、毛奇龄等著名学者，历任会稽、长兴、仁和训导。平生教学，积有丰富的教育教学经验，并根据这些经验和前人的有关论说，写成了《读书作文谱》和《父师善诱法》两部关于教育的著作。《读书作文谱》是在纂辑古今先贤言论的基础上著成，并加上自己的评说，分类论述读书法、作文法及书法，强调"学"应有"谱"。《父师善诱法》则是阐发儿童教育的理论，强调"教"要"善诱"。二者合刻为《家塾教学法》，是我国教育史上第一部以"教学法"命名的理论著作，对我国古代语文教学法进行了初步的理论建设。

《父师善诱法》共分十二卷，专门阐述唐彪自己在教学实践过程中总结出来的儿童教育思想与主张。该书在应该重视蒙师的教育作用，对学生因材施教，如何选择教材等方面都有独到见解，对语文教学方法也极有研究，举凡讲解、读书、背书、提问、作文、改文等，论述极为详明具体，针对性极强，至今仍有很高的参考价值。其中尤其值得重视的是对儿童识字教育和作文教学的论述。

父兄教子弟之法

唐彪曰：父兄教子弟，非仅六七岁时延塾师训诲便可以谢己责也，必多方陶淑[1]。于幼稚时，即教以幼仪；稍长，择明师与之斟酌，尽善课程，某书为正课，某书为兼课，某书读毕某书继之。通体定其正兼、先后，使确有成规可守，则所学自然允当矣。更则良朋，切磋夹辅。必不使亲近狡仆、损友，导之以色声，并诱其嬉游博弈。如此，则子弟之学必有成，庶可谓克尽父兄之职也。

唐彪曰：父子之间，不过不责善而已，然致功之法与所读之书，不可不自我授也。故孔子于伯鱼亦有读《诗》、读《礼》之训。今怠忽之父兄，不能设立善法教其子弟，又不购觅好书与之诵读，事事委之于师，不知我既无谆切教子弟之心，师窥我意淡漠，恐亦不尽心训诲矣。

唐彪曰：父兄于子弟课程，必宜详加检点。书文，间时当令其面背；文艺[2]，间时当面课之。如己不谙于文，当转质之于人，始知所学之虚实也。

尊师择师之法

唐彪曰：富贵之家姑息子弟，必欲他人来家附学，不欲子弟外往；又多存尔我之见，与人稍不相合，明知其家延有明师，不屑令子弟从游，甘心独请先生。不思一人独请，束修[3]未必能厚，应请者未必名师，偶或名师曲意俯就，然终岁所入，不能给其一家之需，虽欲精勤严厉，尽心教迪，不可得矣。故诚心欲教子弟者，必不可姑息子弟，更不可多存我见，宜与亲朋联络，虚心延访，同请名师。彼此互相趋就，虽所居少远，往来微艰，不可辞也。古人千里寻师尚不惮远，何况同乡井乎！

唐彪曰：人仅知尊敬经师[4]，而不知尊敬蒙师[5]。经师束修，犹有加厚者。蒙师则甚薄，更有薄之又薄者。经师犹乐供膳，而蒙师多令自餐，纵膳，亦亵慢而已矣。抑知蒙师教授幼学，其督责之劳，耳无停听，目无停视，唇焦舌敝，其苦甚于经师数倍。且人生平学问，得力全在十年内外："四书"与本经，宜熟也；余经与后场，宜带读也；书法与执笔，宜讲明也；切音[6]与平仄，宜调习也；经书之注，删读宜有法也。工夫得失，全赖蒙师，非学优而又勤且严者，不克胜任。夫蒙师劳苦如此，关系又如此，岂可以子弟幼小，因而轻视先生也哉！

唐彪曰：子曰："温故而知新，可以为师矣。"是师，必以学问优为胜也。今人第谓蒙师贵勤与严，不必学优，皆属偏见矣。惟于三者兼备，乃明师也。人无择师之识，欲为子弟择师，不宜止询一人，恐其人以所亲所友荐，或过揄扬，未必得实；必再加体问，果学优而又严且勤者，方令子弟从游，庶几其可乎？又毛稚黄[7]曰：大抵举子业，求政于先达最善。先达，举业过来人也。若为子弟择师，自己不能别其贤否，以其人之文，质诸先达，先达赞其文，则知其造诣正矣。此亦择师一法也。

教法要务

唐彪曰：教法严厉，乃至烦苦之事，实先生所不乐为。然先生欲求称职，则必以严为先务，不然，学问虽优，而教法过于宽恕，使弟子课程有缺，终非师道之至也。

唐彪曰：凡书随读随解，则能明晰其理，久久胸中自能有所开悟。若读而不讲，不明其理，虽所读者盈笥，亦与不读者无异矣。故先生教学工夫，必以勤讲解为第一义也。

唐彪曰：凡同馆所读之书文，一半相合，则诸人可以同解、同听，先生自然工夫有余；若所读之书文，人人各异，每人需一番讲解，则不特先生工夫无暇，即力量亦有所不及。然此必先生虚心细察，与有学识者商量，确知何书何文当读、当解，宜先宜后，确有成见，然后使学生课程不甚参差，庶几讲解简省，而学生受益多也。

唐彪曰：先生教童子之法，其根基全在正二月间。此时宜屏绝外务，专心致志，开导督责，令学生读书字句分明，课程悉循法度。此后训诲工夫俱易为力矣。又曰：学生前师手中所读之经书，全不成诵者，后师多不令其温习，此甚非教诲之善法，亦非忠厚长者之道也。必也于初入学时，悉令其开明前此读过之书，于每册中，或令学生背半，或令背三分之一，以验其生熟。生则先宜令其温习，不必授生书。一则能知学生底蕴，则教诲易于成功；二则可免不肖子弟避难就易，止温其熟者，竟置其生者，以致长大经书不能成诵；三则经书既熟，可免学生终身之怨；四则我乐补前师之所不足，后日之师亦必乐补吾之所不足，此又感应必然之理也。

唐彪曰：夫子云："工欲善其事，必先利其器[8]。"父兄苟不购觅好书与子弟诵读，先生必宜再三开导鼓舞之，令之购觅。无刻本[9]者，必宜令其借抄。不然当读者既无其书，将以何者为资益学问之具？此实先生必不当漠视者也。

童子初入学

王虚中[10]曰："六岁且勿令终日在馆，以苦其心志而困其精神。书易记、字易识者，乃令读之；其难者，慎勿用也。初，间授书四句，若未能尽读，且先读前两句；稍熟，令读后两句；稍熟，然后通读四句。初时如此，日久则可以不必矣。"

童子最重认字并认字法

唐彪曰：凡教童蒙，清晨不可即上书，须先令认字；认不清切，须令再认，不必急急上书也。何也？凡书，必令学生自己多读，然后能背。苟字不能认，虽欲读而不能；读且未能，乌能背也？初入学半年，不令读书，专令认字，尤为妙法。

唐彪曰：先生教读书，不过五六遍，至多不过十余遍止矣。而童蒙心散，不会用心，先生教彼时，彼心已不在书，不过随先生之口，述而念之。资性钝者，既到案头，一句且不记，任先生催促，彼终不读，非不欲读也，不识字也。在童蒙，幼稚无知，但畏书之难读，疾书如仇，而不知由于不识字之故；在先生，更不神思，但咎学生之顽拙，骂詈扑责交加，而不知由于已不教令认字之故。噫！所谓方枘圆凿两不相入也。若先教令认字，字既能认，虽教三遍四遍，彼到案头亦能按字口诵。读至百遍外，虽甚拙者，亦能记能背矣。

唐彪曰：余子正心，自六岁入学，因书不成诵，三岁历三师，至四年无可如何，不复易矣。其岁，则甲寅[11]也。因兵乱，避居山中，适有朱两生设帐其地，因令就学。从游至五月，所读新书，不减于前三载，且于前三载不成诵之书，无不极熟。彪敬问其故，答曰："吾无他术，惟令认字清切而已。令郎非钝资，止因一二句中，字认不清，不敢放心读去，则此一二句便不熟；因一二句不熟，通体皆不成诵矣。又尝试验之，童蒙苟非先生强令之认字，必不肯认；认过而仍忘者，苟非强令之来问，必不肯问。此皆先生所当知者也。"彪思：读书在认字，甚为浅近，何以前三师皆不见及此？乃知甚明之理，未经人指出，未易知也。

唐彪曰：教童蒙泛然令之认字，不能记也。凡相似而难辨者，宜拆开分别教之。……凡见易混淆之字，即当引其相似者证之，曰：此宜分别熟记者也。如此，始能记忆，无讹误遗忘之患矣。此教认字之法也。更有令彼复认之法：将认过之字，难记者，以厚纸钻小隙露其字，令认之；或写于他处令认之。倘十不能认六者，薄惩以示儆，庶可令其用心记忆云。

唐彪著，赵伯英、万恒德选注：《家塾教学法》，华东师范大学出版社1992年版。

注　释

1. 陶淑：诱导之意。陶，教化的意思。淑，美善的意思。
2. 文艺：指写文章的才能。
3. 束修：学生给教师的报酬。《论语·述而》："自行束修以上，吾未尝无诲焉。"历来一般沿袭朱熹的说法："修，脯也，十脡为束。古者相见，必执贽以为礼，束修其至薄者。"
4. 经师：教人经义的教师，有经义研究的专长。
5. 蒙师：启蒙教师。
6. 切音：即反切，以两字拼切成一音。即上一字取其声母，下一字取其韵母及声调拼合而成。
7. 毛稚黄：即毛先舒，字稚黄，后更名骙，字驰黄。清初钱塘（今浙江省余杭县）人，入清不仕。从事音韵学研究，尤以诗文见长。诗音节浏亮，文以雅赡称，与毛奇龄、毛际可齐名，时称"浙中三毛，文中三豪"。著有《针心类钞》、《韵学指归》等。

8. 工欲善其事，必先利其器：见《论语·卫灵公》。

9. 刻本：雕版印成的书本。

10. 王虚中：王鼎，字虚中，辽代涿州(今河北省涿县)人。清宁(1055～1064)进士，累迁翰林学士，当代典章多出其手。曾上书言治道十事。寿隆(1095～1100)初，升观书殿学士，寻流镇州，召还复职。著有《焚椒录》。

11. 甲寅：旧时干支纪年法，以天干(甲、乙、丙、丁、戊、己、庚、辛、壬、癸)循环相配地支(子、丑、寅、卯、辰、巳、午、未、申、酉、戌、亥)用以纪年。计六十组，称为“六十花甲子”，其“甲寅”年属相为虎。

教童子法(节录)

《教童子法》是王筠撰写的一本专门论述蒙学教育的著作。

王筠(1784～1854)，字贯山，号菉友，山东安丘人。清朝著名的文字学家、教育家、《说文》四大家之一。少喜篆籀之文，长成之后博涉经史，尤专《说文》。由于深受清代考据学的学风影响，对文字考证的研究很有兴趣，而且很有造诣，跻身仕途后，在山西乡宁、徐沟、曲沃等县任过知县，并任过国子监学正。为官之余，仍潜心研究文字学，形成了独到的关于汉文字结构以及音、形、义特点的文字理论。著述有《说文释例》、《说文句读》、《说文系传校录》、《文字蒙求》、《正字略》、《毛诗重言》、《夏小正正义》、《弟子职正音》，此外有《蛾术编》、《禹贡正字读》、《仪礼郑注句读刊误》、《四书说略》等。

王筠十分重视教育，注重根据汉字的特点和儿童的心理特征来探讨“小学”教育和儿童教学方法，在总结前人教学经验的基础上，撰成著名的《教童子法》。该书对传统蒙童教法鞭辟入里，并提出“学生是人，不是猪狗”的基本命题，系统地论述了当时的小学教育的一般原理，创见性地阐述了儿童教育及教学的基本原则和有关传统语文教学方法的主张，并以洗练的笔墨总结了我国古代儿童语文教学的宝贵经验。

《礼记》有“心丧三年[1]”，是师与君、父同也[2]。乃世之教童子者，只可谓之猎食[3]，而父兄为子弟延师，亦以其幼也，而延无知之师，曾不闻王介甫[4]先入为主之说，是自误也。不敢望子弟为圣贤，亦当望子弟为鼎甲[5]。蒙养之时，识字为先，不必遽[6]读书。先取象形指事之纯体[7]教之。识“日”、“月”字，即以天上日月告之；识“上”“下”字，即以在上在下之物告之，乃为切实。纯体字既识，乃教以合体字，又须先易讲者，而后及难讲者，讲又不必尽说正义[8]，但须说入童子之耳，不可出之我口，便算了事。如弟子钝，则识千余字后，乃为之讲；能识二千字，乃可读书，读亦必讲。然所识之二千字，前已能解，则此时合为一句讲之；若尚未解，或并未曾讲，只可逐字讲之。八九岁时，神智渐开，则四声[9]、虚实[10]、韵部[11]、双声叠韵[12]，事事都须教，兼当教之属对[13]，且每日教一典故。才高者，全经[14]及《国语》[15]、《国策》[16]、《文选》[17]尽读之；即才钝，亦“五经”、《周礼》[18]、《左传》[19]全读之，《礼》、《仪》、《公》、《谷》[20]摘抄读之。才高者，十六岁可以学文，钝者二十岁不晚。初学文，先令读唐宋古文之浅显者；即令作论，以写书为主[21]，不许说空话；以放为主，越多越好；但于其虚字不顺者，少改易之，以圈为主[22]；等他知道文法而后，使读隆万文[23]，不难成就也。

学生是人，不是猪狗。读书而不讲，是念藏经[24]也，嚼木札[25]也。钝者，或俯首受驱使；敏者，必不甘心。人皆寻乐，谁肯寻苦？读书虽不如嬉戏乐，然书中得有乐趣，亦相从矣。读书一两年，即教以属对。初两字，三四月后三字，渐而加至四字，再至五字，便成一句诗矣。每日必使作诗，然要与从前所用之功，事事相反。前既教以四声，此则不论平仄[26]；前既教以双声叠韵，此则不论声病[27]；前既教以属对，此则不论对偶，三字句亦可，四字句亦可，五句也算一首，十句也算一首，但教以韵部而已。故初读诗，亦只读汉魏诗，齐梁以下，近律[28]者不使读。吾乡非无高才，然作诗必律，律又多七言，七言又多咏物，通人见之，一开卷便是春草秋花等题目，知其外道[29]也，掩卷不观矣。以放为主，以圈为主。等他数十句一首，而后读五、七言律，束之以属对声病不难也。

……

小儿无长精神，必须使有空闲。空闲即告以典故，但典故有死有活。死典故，日日告之。如，“十三经”何名？某经作注者谁？作疏者谁？“二十四史”何名？作之者姓名？日告一事，一年即有三百六十事。师虽枵[30]腹，能使弟子作博学矣。如闻一典，即逢人宣扬，此即有才者，然间三四日，必须告以“活典故”。如问之曰：“两邻争一鸡，尔能知确是某家物否？”能知者即大才矣。不能知而后告以《南史》，先问两家饲鸡，各用何物，而后剖嗉[31]验之。弟子大喜者，亦有用人也，自心思长进矣。

今之教者，弟子入学，视为废才，到十三四岁则又视为天才，何也？书，不取其多，不取其熟，不取其解，但念藏经而已，是废才也；忽然十余岁，便使之作文，岂有生而知作文者乎？是天才也。然其教以文也，仍以废才教之，曰：“读二十艺，三十艺。”[32]然以一字不讲之胸，即读俗不可耐之文，庸[33]能解乎？费尽师傅蛮力，使之能解，钝者终身于此，芹不可掇[34]；敏者别读佳文。夫费数年之功，以粪浸灌其心，又费数年之功，以洗濯[35]其粪，何如不浸，而无庸洗之为愈乎！且此乃俗语“鬼扯腿”之说也：当应读书之时，不多读不勤讲，而以时文爚乱[36]之，是文扯书之腿也；当应学文之时，又念经书不熟不解，无作料光彩，则又欲温习，此经扯文之腿也。意不两锐，事不并隆，何如分致其功之为愈乎！

作诗文必须放。放之如野马，踶跳[37]咆嗥，不受羁绊[38]，久之必自厌而收束矣。此时加以衔辔[39]，其俯首乐从。且弟子将脱换时，其文必变而不佳，此时必不可督责之，但涵养诱掖[40]，待其自化，则文境必大进。譬如蚕然，其初一卵而已，渐而有首有身，蠕蠕然[41]动，此时胜于卵也；至于作茧而蛹，又复块然[42]，此时不如蚕也；徐俟其化而为蛾，则成矣。作文而不脱换，终是无用才也。屡次脱换，必能成家者也。若遇钝师，当其脱换而夭阏[43]之，则戚矣。诸城王木舟先生十四岁入学，文千余字；十八岁乡魁[44]第四，文七百字；四十岁会元[45]，文不足六百字矣。此放极必收之验也。

识字必裁方寸纸，依正体书之，背面写篆独体字，非篆不可识，合体则可略。既背一授，则识此一授之字，三授皆然。合读三授，又总识之。三日温书，亦仿此法。勿惮烦，积至五十字作一包。头一遍温，仍仿此法。可以无不识者矣，即逐字解之。解至三遍，可以无不解者矣，而后令其自解。每日一包。此无上下文，必须逐字解到茁实[46]，异日作文，必能逐字嚼出汁浆，不至滑过。既能解，则为之横解：同此一字，在某句作何解，在某句又作何解，或引申，或假借[47]，使之分别划然[48]，即使之展转流通也。

教弟子如植木，但培养浇灌之，令其参天蔽日。其大本可为栋梁，即其小枝，亦可为小器具。今之教者，欲其为几也，即曲折其木以为几，不知器是做成的，不是生成底，迨其生机不遂，而夭阏以至枯槁，乃犹执夏楚[49]而命之曰："是弃材也，非教之罪也。"呜乎，其果无罪耶？……

《丛书集成新编》(第三十三册)，(台湾)新文丰出版股份有限公司 1985 年版。

注　释

1. 心丧三年：心中悼念三年。旧时师死，弟子守丧，不穿孝服，只在心中悼念，称为心丧。
2. 是师与君、父同也：君、亲、师三者虽然与本人的关系不同，但对守丧三年的要求是相同的。
3. 猎食：本义为搏取禽兽为食，此处引为谋取财物。
4. 王介甫：即北宋政治家、文学家、教育家王安石。
5. 鼎甲：科举时殿试，以名列一甲之三人，即状元、榜眼、探花，为鼎甲。
6. 遽(jù)：就，急于。
7. 纯体：指独体字，与下文的"合体字"相对。
8. 正义：恰当、正确的含义。
9. 四声：汉语字音的四种声调，原以平、上、去、入为四声，今普通话以阴平、阳平、上声、去声为四声。
10. 虚实：即虚字和实字，或虚词和实词。

11. 韵部：古时将韵母及声调相同的字合在一起称为一个韵部，因时代变化，字音发生变异，韵部也不同。

12. 双声叠韵：音韵学术语。两字的声母相同曰双声，韵母相同为叠韵。

13. 属对：即对对子。文字中连属而成对偶者谓之属对。

14. 全经：儒家的全部经典，即"十三经"——《周易》、《尚书》、《毛诗》、《周礼》、《仪礼》、《礼记》、《春秋左氏传》、《春秋公羊传》、《春秋谷梁传》、《论语》、《孝经》、《尔雅》、《孟子》。

15.《国语》：又称《春秋外传》。相传为春秋时鲁国左丘明所作，共二十一篇，分国记叙春秋时期的记言史书。

16.《国策》：即《战国策》。西汉刘向编订战国时各国史料而成，内容多述当时游说之士的言论、活动。

17.《文选》：即《昭明文选》。南朝梁萧统编，是我国现存最早的诗文总集。

18.《周礼》：也称《周官》，是一部讲述古代政治制度的书，分《天官》、《地官》、《春官》、《夏官》、《秋官》、《冬官》六篇。

19.《左传》：也称《春秋左氏传》或《左氏春秋》。相传为春秋时鲁国左丘明所作，记自鲁隐公元年至鲁悼公四年计二百六十年史事。

20.《礼》、《仪》、《公》、《谷》：指《礼记》、《仪礼》、《春秋公羊传》、《春秋谷梁传》。

21. 以写书为主：以阐述所读书意为主。

22. 以圈为主：评点学生习作，以"圈"表示肯定，意思是以肯定为主。

23. 隆万文：指明代隆庆、万历年间的时文，时文是相对于古文而言，即四书文、八股文，亦称八比文、制艺或制义。

24. 藏经：指佛教经典的总称，又称《大藏经》、《一切经》，简称《藏经》、《佛藏》或《释藏》。

25. 木札：古代书写用的木简。

26. 平仄：平声和仄声。诗文声律用字，古人以四声中平声字为平，上去入三声字为仄声，现在以阴平、阳平为平声，上声、去声为仄声。

27. 声病：指不符合诗歌声律或辞赋取士规定的标准。

28. 律：这里指律诗。律诗是唐初形成的一种格律诗，对古诗而言，又称近体诗。其平仄、押韵、对仗、句数均有一定格式，不能任意改变，故称律诗。有七言律诗、五言律诗，共八句，十句以上的称为排律。

29. 外道：指不合于正道的论说、法则等。

30. 枵(xiāo)：中空的树枝，引申为空虚。

31. 嗉(sù)：鸟类消化器官的一部分，指鸡胃。

32. 读二十艺，三十艺：艺，制艺，即时文。读制艺二十至三十部。

33. 庯：哪能。

34. 芹不可掇(duō)：芹，即"芹藻"的简称。喻旧时生员入学宫，即取得功名。掇，拾取。《聊斋志异·狐谐》："行年二十有奇，尚未能掇一芹。"

35. 濯(zhuó)：洗。

36. 爚(yuè)乱：爚又读 shuò，通“铄”，销毁也。
37. 踶(dì)跳：踢跳。踶，踢、踏。
38. 羁(jī)绊：马笼头和绊索，引申为束缚。
39. 衔辔(pèi)：驾驭牲口用的嚼子和缰绳。
40. 涵养诱掖：滋润养育，诱导扶助。
41. 蠕(rú)蠕然：虫爬行的样子。
42. 块然：孤独的样子。
43. 夭阏(è)：夭阏，亦作夭遏，摧折、遏止。阏，堵塞。
44. 乡魁：乡试前四名。一说乡试第一名。
45. 会元：科举制度中会试第一名为会元。会试以后还有一次殿试，殿试第一名则称状元。
46. 茁实：健壮结实。这里指逐字解释，扎实无误。
47. 假借：六书之一。
48. 划然：界限分明的样子。
49. 夏楚：同“榎楚”，古时常用此二物作为教学的体罚工具。据郑玄所解，“夏，槄也；楚，荆也”。

小学韵语(节录)

《小学韵语》为清人罗泽南所撰。

罗泽南(1808～1856)，字仲岳，号罗山，湖南湘乡(现双峰县)人，塾师世家。早年中秀才，道光二十八年(1848 年)课徒于“左氏芭蕉山房”，及门弟子甚众，“日与诸生讲小学、大学之方”。咸丰元年(1851 年)被举为“孝廉方正”。次年太平军攻湖南，即在籍倡办团练，号湘勇。咸丰三年(1853 年)往长沙协同曾国藩练湘军，所部团练成为湘军的基础，其中骨干多为罗氏及门弟子或其祖、父的门生。同年，叙功保荐为训导，旋擢知县，又以同知直隶州升用。咸丰四年，与塔齐布反攻岳州，进占城陵矶，升知府。九月入湖北，占咸宁，破武昌。十一月，在田家镇半壁山与太平军激战获胜，升任按察使。咸丰五年(1855 年)在湖口被太平军击败后，随曾国藩退守南昌。后又占弋阳、德兴等地，加布政使衔。咸丰六年(1856 年)率部协同胡林翼争夺武昌，在城郊洪山被太平军击伤左额，不治身亡。罗泽南以儒学治军，每有余暇即召将士环帐论学，每逢战事则身先士卒。平生著有《小学韵语》、《西铭讲义》、《周易附说》、《太极衍义》、《姚江学辨》、《读孟子札记》、《皇舆要览》等。

《小学韵语》乃罗泽南在道光年间开门授徒撰印，后在“军务倥偬之余”，又一再加以修订。是书因其有感于朱熹所撰《小学》，虽“为人生必读之书，惟语句长

短参差不齐，小儿初入学，遂以此授之，往往不能以句”，故而“撮其大要，辑为韵语，复取古人注疏附于其下”撰订成书，以利儿童在启蒙教育的学堂里，乐闻易晓，“随读随解”。

教人之道，首重发蒙，蒙以养正，是曰圣功[1]。小学之功，大学之基，涵养德性，务习少仪[2]。人之初生，至善者性，仁义礼智，天之所命。恻隐辞让，羞恶是非，蔼然四端[3]，扩而充之。幼而不学，送丧天真，性漓情乖，不可为人。父兄之教，当及其时，长其良能，充其良知[4]。

……

与子言孝，与臣言忠，与兄言友，与弟言恭。吉凶荣辱，为口所起，君子存诚，不妄语始。温温恭人，为德之基，容体必正，颜色必齐。足容宜重，手容宜恭，肩背竦直，步履从容。立不可跛，坐不可箕，折旋中矩，周旋中规。无曰虚器[5]，执虚如盈，无曰虚室，入如有人。将上其堂，尔声必扬，将入其户，尔视毋昂。入户奉扃[6]，视瞻毋回，户阖亦阖，户开亦开。入国不驰，城上不呼[7]，衣裳齐衰，见之必趋。若有疾风，恐雷甚雨，虽夜必兴[8]，不敢安处。

童子之年，不衣裘帛，洁其衣裳，正其服色。冠垢则漱，衣垢则洗，亵衣与衾[9]，不见其里。不服红紫，不饰绀緅[10]，服之不衷，致灾之由。暑无裸裎，劳无裼袒[11]，蓬头跣足，是曰放诞[12]。口之于味，人有同嗜，左食右羹，先菜后胾。不可放饭[13]，不可流歠[14]，食不可咤[15]，骨不可啮。毋扬尔饭[16]，毋刺尔齿，啞羹絮羹[17]，人所共耻。毋投狗骨，毋反鱼肉[18]，固获嚃炙[19]，是曰肆欲。

子事父母，鸡鸣请安，下气柔声，问衣燠寒。少者奉盘，长者奉水，沃盥授巾，乃进甘旨。养以鸡豚，膳以稻黍，酒肉将彻，必请所与。疴痒则搔，疾痛则抑，出入扶持，小心翼翼。立则视足，坐则视膝，游目[20]以察，惟恐有失。不敢嚏咳，不敢跛依，不敢唾涕，不敢睇视[21]。亲召无诺[22]，急趋其所，执业则投[23]，既食则吐。出则告之，反则面之[24]，出不易方[25]，复不过时。牲无私畜，货无私贮，不敢私假，不敢私与。敬其所敬，爱其所爱，先意承志，罔敢或悖。父母有过，人子几谏[26]，谏若不入，孝敬无间。待其既悦，复谏不违，三谏不听，号泣以随。父母有疾，饮药先尝，冠则不栉[27]，行则不翔[28]。饮不变貌，食不变味，笑不至矧[29]，怒不至詈[30]。

……

戒尔童子，不可失时，少不努力，老徒伤悲。戒尔童子，不可助长[31]，譬如行远，由近而往。戒尔童子，不可佚游，盘游[32]无度，我是用忧。戒尔童子，不可放旷[33]，晋人清谈[34]，名教日丧。戒尔童子，勿开侈端，俭入奢易，奢入俭难。戒尔童子，勿生骄矜，月满则缺，器满则倾。戒尔童子，勿好谀媚，奉承我者，以我儿戏。

戒尔童子，勿逞奸谋，作伪日拙，作德日休[35]。戒尔童子，勿嗜旨酒，狂荡移人，损生丧守。戒尔童子，勿恋女色，温柔乡里，铄精败德。戒尔童子，勿贪货宝，得之有命，求之有道。戒尔童子，勿妄生嗔，一朝之忿，忘身及亲。勿摘人失，勿言人恶，责己宜厚，责人宜薄。勿护己短，勿饰己非，闻过不喜，如疾忌医。勿坏心术，勿丧品行，澡身浴德，表里交正。勿合污世，勿同流俗，经正民兴，古道可复。读书何为，曰学圣人，禀资虽异，降衷维均[36]。人同此心，心同此理，学至圣人，尽性而已。人之为学，须自立志，志之所向，其气自至。所向维何？必大且远，天道王道，有末有本。古有程子，不囿小成，十五岁时，便学圣人。伊尹[37]躬耕，乐道有莘，天下己任，尧舜君民。不计其功，不谋其利，无为而为，明道正谊。内则为圣，外则为王，参赞天地，悠久无疆。舜也何人，予也何人[38]，待人而兴，是为凡民。罔念作狂，克念作圣，彻始彻终，惟是一敬。

（清）罗泽南：《小学韵语》，清光绪十八年吉林盛氏探源书坊刻本

注　释

1. 圣功：至高无上的功业德行。
2. 少仪：《礼记》的篇名，记载子弟应学的礼仪，后来多用以指少年宜遵循的仪则。
3. 四端：儒家认为人所固有的四种德性。即孟子所说的："恻隐之心，仁之端也；羞恶之心，义之端也；辞让之心，礼之端也；是非之心，智之端也。"
4. 长其良能，充其良知：良能，天生具备的实现天赋道德观念的能力；良知，先天具有的道德善性和认识本能。
5. 虚器：没有装什物、空无一物的器皿。下文"虚宅"指没有人的房间。
6. 扃(jiōng)：自外关闭门户用的门拴。
7. 入国不驰，城上不呼：因担心车马碾压伤人，所以在国都驾车不能飞跑；在城楼上呼号会迷惑人，因而在城楼上不能呼叫。
8. 兴：起来。
9. 亵衣与衾(qīn)：亵衣，内衣，贴身之衣。衾，被子，特指大被。
10. 不服红紫，不饰绀(gān)緅(zōu)：服红紫，不用浅红色和紫色作平常居家的衣服。不饰绀緅，绀，天青色；緅，黑中带红的颜色。即不用天青色和铁灰色作耀边。
11. 暑无裸(luǒ)裎(chéng)，劳无裼(xī)袒(tǎn)：裼袒：裼，皮衣上加罩衣；袒，脱衣露体。裸裎裼袒，即脱衣露体，显示粗野无礼。
12. 放诞：放纵不守规矩。
13. 放饭：张口大吃而饭粒狼藉。
14. 流歠(chuò)：歠，指可以喝的粥、羹汤等。流歠，即大口喝汤而汤水从口角流下。
15. 咤(zhā)：吃东西时口中作声。
16. 扬尔饭：尔，你。扬饭，贪于快速吃食，扬散饭中热气。
17. 呕羹絮羹：呕羹，饮羹时不细咽而吞咽。絮羹：掺盐梅于汤中，以调和其味。

18. 反鱼肉：把自己吃过的菜重新放回到茶碗里去。

19. 固获嘬(zuō)炙：固获，专取为"固"，争取为"获"，与人共食不可霸道独得及争食，故民间指人贪心独占食物为"吃获食"。嘬炙，一口将大块鱼肉吃下去，引申为贪吃、硬吃。

20. 游目：用眼光由近及远观览一遍。此指目光察看一下足、膝。

21. 睇(dì)视：斜视，流盼。

22. 诺：应声缓慢。

23. 执业则投：放下手中正在从事的工作。

24. 出则告之，反则面之：外出要禀告父母，回来后即向父母复命。

25. 易方：改变方位。

26. 几谏：委婉地劝谏。

27. 栉(zhì)：梳子、篦子的通称，引申为梳头。

28. 翔：行走时两臂张开，有轻松、愉快之意。

29. 矧(yǐn)：通"龈"，齿根。《礼记·曲礼上》："笑而不至矧。"

30. 詈(lì)：骂。

31. 助长：即揠苗助长。

32. 盘游：娱乐游逸。

33. 放旷：旷达，此处指放荡不羁。

34. 晋人清谈：魏晋间何晏、王衍等人崇尚老庄，空谈玄理，成为一时风气。

35. 休：美善，喜庆。

36. 降衷维均：指人的心性相同。

37. 伊尹：商汤之辅佐，曾耕种于有莘之野。

38. 舜也何人，予也何人：舜也是人，我也是人，为什么我不能像舜一样呢？

第五章　晚清时期幼教名著选读

自1862年中国近代第一所新式教育机构京师同文馆的创设起，至1912年中华民国成立止，正好半个世纪的时间。虽然在时间段上较其他时期要短暂得多，但这是中国历史上教育变迁转型至关重要的时期。此时期的中国社会正处于早期现代化的起始阶段，实乃数千年来未有之社会转型期。在转型期中，面对的不单是传统的封建思想的改造，更紧迫的是要对外来异质思想文化的冲击和挑战作出积极、正确的应对。其时应对的指导思想是"中体西用"，即"中学为体，西学为用"或称"旧学为体，新学为用"。就是说，在保存或维护中国古老的精神文明的前提下，学习或仿效西方的物质文明。后来虽有"政本艺末"、"西体西用"等主张的提出，但都没有取代"中体西用"思想所处的支配地位。清末社会各个领域的变革都在这种思想的指导下进行和运转，尤其在教育领域有着典型的反映。

西方殖民势力借鸦片战争用大炮轰开了中国国门，打破了中国闭关自守的局面。自此以后，伴随着一系列不平等条约的签订，西方的异质文明涌入中国并冲击着古老的中华文明。于是在政治、经济、文化、教育等各个领域开始不断地渗透着西方文明的因子。幼儿教育也不例外。这种西方文明对幼儿教育的影响，可归纳为以下两点：

一是西方幼儿教育思想的传入。自文艺复兴和启蒙运动以来，西方教育思想中"人"的地位日益突出，相应的即是对儿童的关注与尊重。这种尊重儿童价值、尊重人才的思想观念随着近代西力东侵和西学东渐一并传入中国。西方幼儿教育思想最早在明代就已通过传教士渐入中土。其时西方传教士艾儒略撰有《西学凡》一书，较为系统全面地把欧洲各国教育制度、教育思想（包含幼教思想）介绍到中国来。传教士高一志亦译有《童幼教育》一书，向中国读者介绍西方的幼儿教育，这是在中国境内最早宣传西方儿童教育的专著。可以说，西方幼儿教育在华的传播，在明清之交就已下了一点毛毛雨，唤起了少数先进者的注意。然而由于历史的原因，大量的西方幼儿教育思想，尤其是德国福禄培尔幼教主张和日本幼儿教育经验在华的传播,则发生在清末。1899年,《万国公报》刊登裴斯塔洛齐的文章《养蒙正规》;1901年,《教育世界》节录西方教育名著卢梭的《爱弥尔》和裴斯塔洛齐的《贤伉俪》;随后,《教育杂志》也大篇幅地刊登和宣传福禄培尔、蒙台梭利等世界著名幼儿教育家的思想和主张。1900年,瑞典作家、教育家、妇女运动活动家爱伦·凯撰写了《儿童的世纪》一书,揭露了体罚儿童的严重危害性,批判了注入式教学法,提倡"尊重儿童个性",保持天真纯朴的儿童天性,并在此基础上采取适当的教育,把儿童培养成具有理想、富于创造的"新人"。她深情地希望,不断进行教育改革的20世纪将成为"儿童的世纪"。爱伦·凯的儿童教育观可以说是世界儿童教育勃兴的预兆和宣言,立即在中国与其他国家引起了积极的反响。

二是西方幼儿教育制度的传入。在中国古代社会中,虽然一度出现过"孺子室"、"慈幼局"之类的幼儿教育机构,然而其时幼教的主要形式仍然是家庭幼儿教育。而有组织的社会幼儿教育机构,则是在西方幼儿教育制度的影响下开始出现并得以实行。第一次鸦片战争后,西方传教士为了便于传教,通过举办孤儿园、慈幼院、育婴堂等慈善机构笼络中国人心。这类机构虽与中国的慈幼机构性质相同,但教养方式却大异其趣。19世纪80年代,传教士又在一些沿海口岸的城市举办了小孩察物学堂,主要招收牧师和中国教徒的子女入学,除教授宗教知识外,还重视启蒙知识的传授。1892年,美国监理会传教士海淑德女士在上海中西女塾创办幼稚园教师培训班。这是近代中国开办最早的教会幼儿师资培训机构。以上传教士在中国的早期学前教育实践,为中国近代学前教育体制的创立提供了可贵范本。20世纪初期,他们更加重视举办幼儿教育机构。美国著名传教士林乐知1905年在《万国公报》上发表《论中国亟须设立幼稚园》一文,介绍了福禄培尔的游戏理论和西方的幼稚园制度,同时指出:"幼稚园者,导儿童以实行,始知有权利,而后毕生之行事,由习惯而成自然,习之既久,但使不误于趋向,则充其能力,虽他年任之以艰巨,亦不足畏矣。"并要求"吾党传道之士,苟知劝华人之法,惟幼稚园收效最大"。

与之相应,其时中国一些知识分子也开始了对西方幼儿教育思想的吸收和西方幼儿教育制度的借鉴。早在1892年,郑观应即在《盛世危言·学校》篇中,较为全面地介绍了西方的学校制度,指出了各国"初训以幼学"的共同特征。与此前后,康有为在广泛涉猎西书的基础上,结合中国远古的教育史实和社会理想,酝酿并提出了具有西方乌托邦色彩的儿童公育思想。随后,梁启超在考察日本教育制度之后,设计了构建包括幼稚园在内的学制系统的主张,并根据日本的相关研究,摘要辑成《教育期区分表(儿童身心发达表)》,其中分列的幼儿期、儿童期、少年期、成人期四段及其各阶段所具备的身心特征，明显具有一定的科学性。严复则在吸收达尔文生物进化学说的基础上，从遗传生物学的角度来认识中国古代胎教理论。及至清末，曹广权赴日本考察教育，归国时带回了在日本得到的福禄培尔的游戏“恩物”（幼稚园用于教学的玩具），并向国人介绍了福禄培尔的幼稚教育思想、游戏的意义和恩物的用途。之后，他在《教育杂志》上发表题为《幼儿保育实习谈》的文章，详细介绍福禄培尔的幼教思想和日本幼稚园的实施经验，大力提倡学习福禄培尔幼稚园的四门课程——游嬉、唱歌、谈话、手技。

正是在东西方内外因素的促成下，中国幼儿教育开始由思想层面的宣传走向制度层面的构建。1903 年 9 月，中国第一所公立幼教机构——省立湖北幼稚园正式在武昌开办；1904 年 1 月 13 日，中国近现代最早颁行的幼教法规——《奏定学堂章程》（内含《奏定蒙养院及家庭教育法章程》）颁行，首次确立了蒙养院制度和学前教育的地位；1907 年 3 月 8 日，《奏定女子小学堂章程》和《奏定女子师范学堂章程》颁行，使蒙养院从必须附设于育婴堂、敬节堂的陈规中剥离出来，改变了通过蒙养院培养幼教师资的设想，使清末的幼教事业开始真正融会于世界潮流。

去家界为天民（节录）

《去家界为天民》系康有为所著《大同书》的一部分。

康有为(1858～1927)，原名祖诒，字广厦，号长素，又号更生。广东南海人，人称南海先生。早年习儒学，攻举业。清光绪三年(1877 年)应乡试不第，从朱次琦受“济人经世”之学。光绪五年(1879 年)游历香港后，醉心于西学。光绪八年(1882 年)赴北京应顺天乡试，途经上海购得大量西书译本，研读后萌生变法思想。是科中举。光绪十年(1884 年)始撰《人类公理》(即《大同书》)。光绪十四年(1888 年)第一次向光绪皇帝上万言书，请求及时变法。自后数年间，先后共七次上书，主张变法。光绪十七年(1891 年)在广州长兴里创设万木草堂，培养变法人才。光绪二十一年(1895 年)中进士。光绪二十四年(1898 年)促成光绪帝实行“戊戌变法”，对立新学、停书院、废八股、广游学等兴革，均有较大作为。进入 20 世纪后，思想渐趋保守、颓唐，沦为尊孔、保皇的遗老之流。1927 年病逝于青岛。平生著述甚丰，现已结集为《康有为全集》。

《大同书》是康有为的代表作之一，始撰于 1884 年，原名《人类公理》，最后成书于 1902 年，全书刊行于 1935 年。在《大同书》中，康有为混合了公羊三世说、《礼运篇》小康大同说、佛家慈悲平等说、卢梭的天赋人权说以及耶稣博爱平等自

由说，还耳食了一些欧洲的社会主义学说，幻构出一个“大同之世”。全书共分十个部分，“去家界为天民”是其中的第六部分。在此部分中，康有为主张消灭家庭，由政府对儿童实行公养公育。具体措施如下：一是设立公养机构——人本院、育婴院、怀幼院（也称慈幼院）；二是设立公教机构——蒙学院、小学院、中学院、大学院。三是设立公恤机构——医疾院、养老院、恤贫院、养病院、化人院。其中纯粹属于学前教育的设施为人本院、育婴院、慈幼院，蒙学院也与幼儿教育有着一定的关系。在人本院、育婴院、慈幼院、蒙学院四个阶段中，作者对儿童公育进行了具体的规划，包括各阶段的入院时间、地理环境、职员要求、院内布置、育儿方法等。

论去家有天下为公之良法　夫既欲去家而至太平，而又不忍绝父母夫妻以存人道，然则何道以至之？康有为曰：赴之有道，致之有渐，曲折以将之，次第以成之，可令人无出家之忍而有去家之乐也。

康有为曰：人非人能为，人皆天所生也，故人人皆直隶于天。而公立政府者，人人所共设也；公立政府当公养之而公教之，公恤之。

公养之如何　一曰人本院，凡妇女怀妊之后皆入焉，以端生人之本；胎教之院，吾欲名之曰人本院也，不必其夫赡养。

二曰公立育婴院，凡妇女生育之后，婴儿即拨入育婴院以育之，不必其母抚育。

三曰公立怀幼院，凡婴儿三岁之后，移入此院以鞠之，不必其父母怀抱。

公教之如何　四曰公立蒙学院，凡儿童六岁之后，入此院以教之。

五曰公立小学院，凡儿童十岁至十四岁，入此院以教之。

六曰公立中学院，凡儿童十五岁至十七岁，入此院以教之。

七曰公立大学院，凡儿童十八岁至二十岁，入此院以教之。

公恤之如何　八曰公立医疾院，凡人之有疾者入焉。

九曰公立养老院，凡人六十以后不能自养者入焉。

十曰公立恤贫院，凡人之贫而无依者入焉。

十一曰公立养病院，凡人之废疾者入焉。

十二曰公立化人院，凡人之死者入焉。

夫人道不外生育、教养、老病、苦死，其事皆归于公，盖自养生送死皆政府治之，而于一人之父母子女无预焉。父母之与子女，无鞠养顾复之劬，无教养糜费之事。且子女之与父母隔绝不多见，其迁徙远方也并且展转不相识，是不待出家而自然出家，未尝施恩受恩，自不为背恩，其行之甚顺，其得之甚安。

或曰：父母于子天性也，舍去非天理也。然今法、美、澳洲私生子多矣，日本岁亦八十万，孔融所谓“父母于子，为情欲来耳”；男女自由后，则私生子必多。即合天下计之，亦贫贱不能教养子者多，富贵能教养子者少，从多数决之，盖必愿明归公养者多，故必天下为公，而后可至于太平大同也。

人本院

生人之本，皆在胚胎，人道之始，万化之原也。世之言治者，曰明其政刑，又曰修其法律，未尝教人，而多为法网以待其触，是以罟待兽，以网待鱼也；此真据乱世之治矣，孔子所谓“民免而无耻”也，其距性善之平世不可道里计矣。其进而言教者，知人道之治，风俗人心为先矣；则谆谆于教化，摩之以仁，渐之以义，示之以信，齐之以礼，劝善惩恶，崇节尚耻……

今人本院专为胎教以正生人之本，厚人道之原：

一、胎孕多感地气，故山谷崎岖深阻之地，其生人多瘿瘤突额，锐颐黄馘[1]，无有丰颐广颡者；其人性褊狭，锐眼重眭[2]，深阻险僻，寡有光明广大者；水泽沮洳之地，其生人多柔质弱态，润色靡颜，鲜有劲骨雄魄者；其人性多委靡卑湿，曲折柔脆，寡有刚直贞固者。其他岩石荦确[3]，原陵衍隰，皆可以此而推矣。故都邑之地，广原厚土，乃有丰颐广颡、白皙明秀者，此华土之大概也。若非洲人之黑面银牙，尖腮斜面，脑后颐前，固由传种，亦半由生长热地，居住山谷致之也。南洋诸岛，地近赤道，华人、英人来此，居之岁月，皆为疲损，色变黄黑；又汗出太多，聪明亦减。若印度万里平原，多热少水，故人被日光，积成黑面，目多圆突；其英人久居于是，传至子孙，面变黄蓝；华人之杂婚传子于是者亦然；岂非地气使然哉！若加拿大地当五十度，落机雪山，日照于面，故华人生子多红白明秀；欧洲各国地近寒带，故多白；南意大利、葡萄牙、西班牙在三十余度，地在温带，故面色稍黄；是皆地气所感成。然则犀角端盈与顽邪穷固，皆地所关，而天下之人皆出于胎，胎生既误，施教无从。然则胎教之地，其为治者第一要欤！

今欲定胎教之地，皆立于温冷带间，以受寒气而得凝固，得红白而去蓝黑，以为人种改良之计。

环球热带，地方无数，妇女无数，岂可尽遣之冷带中，此岂可行之事哉？然此不过今日电学未精，道路未通，国土各限故耳。若在大同之世，国土同一，电汽极精，飞船满空，则自热带之初度至温带境不过五千里，以美国方今汽车一小时可行二百七十里，则一日已逾五千里；况千数百年后，五千里路不过一二时可至，如枕席上行，如门户之中游耳。且热带地之文明而广大者莫如印度，横北皆有雪山可移居；若澳洲近赤道之人皆移于雪梨、坤士兰、纽西兰之境；非洲之人移出沙漠之南，或迁入欧洲之北；南洋诸岛，蕞然无几，亦自有高山可居；但须少待，以渐移徙，不能速成之耳。若惮于迁移，留此恶种，存此黑色，终为黄白人所不齿，是人类终不能平等，而进化必不能至大同也。兹事虽大且难，然必当决行之。故此热带之地，只可为耕牧之场，决不可为生育之地，并不可为学校之地，必使生平年逾二十，自谋生计，始许来游来居。此义关平等甚大，必决少弃此地，然后大同得行也。

一、院地当择平原广野、丘阜特出、水泉环绕之所，或岛屿广平、临海受风之所，或近海广平之地，次则远背山陵，前临溪水，又次则高山之顶及岭麓广平者。若不近海，亦必营之于江河原隰[4]之地，远山而有土气，近水而无湿蒸。凡崎岖岩险，荦确崚嶒，壑谷偏隘，幽闭遮压，狭窄锐曲，皆所力戒而舍弃之。选择极奇，位置极精，务令多吸天气，多受海风，则生人乎必多丰颐广颡、隆准直面、河目海口者，尽为高加索人相矣；其性必能广大高明、和平中正、开张活泼，而少险诐[5]反侧、悲愁妒隘者矣。

一、院数之多寡，量人数以随时酌增。

一、有司皆以妇女曾业医者充之，由众公举其仁慈智慧尤深者，其员数、俸数随时视人数多寡公议。

一、妇女有孕，皆应入院；其孕之月数多少乃入院，随时由医生公议。然世愈太平，则教养愈密；其始平世或六月乃入，其中平世三月乃入，其极平世则有孕即入，略可因世之进化、养资之足否以定之。

一、有孕之妇入院后，自以高洁寡欲、学道养身为正谊，虽许其与男子往还，若其交合宜否，随时由医生考验。生产之道与交合之事碍否，及与一男之交合，若众男之交合碍否，或定以月数，或限以人数，务令于胎元无损，乃许行之，否则应公议加以禁限，以保人元胎本。夫大同之道，虽以乐生为义，然人为天生，为公养，妇女代天生之，为公孕之，必当尽心以事天，尽力以报公，乃其责任。妇女有胎，则其身已属于公，故公养之，不可再纵私乐以负公任也；若纵私乐以负公任，与奉官而旷职、受赃，同科[6]矣。

按妇女以生人为大任，故公政府尊崇之，敬养之；既有胎矣，则奉职之时，非行乐之时矣。奉职者在端恪奉公，欣喜欢爱，中正无邪，情欲之感无介于仪容，燕私之情不形于动静，无爱私愁以乱其中，生子乃能和平中正。若有私交，则有爱私愁感、缠绵歌泣、死生忧患、得失变乱感动其中，则胎孕感之，必不能和平中正，而亦有爱私愁感、忧患得失之乱矣。即大同之时无此诸患，而死生、得失、变乱亦难尽泯，则其人德必不和，性未尽善，此事所关在人种，即与大同太平有碍，故万不能纵私乐以听之也，故以正义必当断其交合。然十月绝欲，人道所难，特恐因此无欢，纷纷堕胎，反为大害；稍徇其乐欲，许以他物代之；必不得已，则于怀胎可交合月内，不许易夫，以专笃其心志而不乱杂其情思。然若其夫有疾病、死丧、忧患，官应断其往还，并许易夫以节其忧感。盖万法有弊，斯亦不得已之道也乎！

一、孕妇代天生人，为公产人，盖众人之母也。况既无将来有子尊养之望，而有怀胎生子之苦，又须节欲谢交，乃一极苦难之事，公众宜为天尊之，为公敬之。故当立崇贵孕妇之礼，凡孕妇皆作为公职之员，故得禄养，贵于齐民[7]。凡入院之孕妇，皆当号为众母，赠以宝星[8]，所在礼貌，皆尊异于众焉。盖大同之世无他尊，惟为师、为长、为母耳。而师长无苦母有苦，故尤宜尊崇其位，在大师大长之下而在寻常众师众长之上。至既生产后，则如官满闲散者，在小师小长之下，然犹在众人之上。于诸产妇之中，又以多孕者为上，每一孕得一宝星，可以众母宝星之多寡为位次之高下焉。但生后免职之宝星，其带较短小于在孕本职之时，以示别异。既有堕胎之严禁，又有产子之荣章，两者相辅，庶几人乐有子而人类得繁乎！

一、院中医者皆用妇女为之。

一、孕妇每日有二医者晨夕察视二次，务慎之于未疾之先，令有胎时无使小疾之侵，以弱其体而感其胎。除初入院被疾外，其后孕妇有遘疾[9]者，则罚其医者。其察视次数多寡及医者罚之轻重，随时公议施行。

一、孕妇饮食，由医者选择食品之最能养胎健体而后给之，并各因其人之强弱、精壮、动静以定其多寡之数及消受之宜，每日开单，如给药然。孕妇悉当奉医之命，不得自行率意饮食，其有犯者可微罚之，随时由大医巡视其当否。

一、孕妇宫室，由医者考察其最宜，无有愆阳伏阴[10]之虞，无有引湿闭风之患，无有藩溷[11]秽污之迫。其室外游观之所，楼观高峻、林园广大、水池环绕、花木扶疏，皆务使与孕妇身体相宜，俾其强健。其室更预备产子之时，阴阳寒暑之所合，风日之所宜忌，及山海原隰之别异，务令生产相宜，婴孩相宜，随时由医生考察新理而精改之。

一、孕妇衣服冠履，随时由医生考察其最宜于孕妇身体者，辨其寒带温带之殊，山海原隰之异。若中华缠足，欧西细腰，雕琢人体，即为文明世所不许，而尤为孕妇之大忌。又若欧美行礼之时及跳舞之际，大宴之会，甚至来复日[12]之夜食，大酒店之夜食，皆袒肩露臂，妇女勉强行之，多感冒致疾者，此等弊俗当亦大同世之所无；然若未尽除，尤孕妇、产妇之所大忌，所当严禁者也。

一、孕妇既入院后，即离其所业。每日有女师讲人道之公理，仁爱慈惠之故事，高妙精微之新理，以涵养其仁心，使之厚益加厚，以发扬其智慧，使之明益加明。每来复日，又有女保医生讲全体之用，卫生之法，生产之宜忌，育子之良法，使之了然自解。则于未产时养生之道、当产时生产之法、既产后育养之方、皆能自得其宜，无所待于旁人，并不必专倚于医者，则其孕育必安，生产必易。今未至太平时，乡僻贫妇不知产学，而得医尤难，富妇亦自不解，而医者不能常待，故孕育多失，生产极艰，人以为苦事，亦由此也。

一、孕妇为大地众母，为天下传种。种之佳否皆视其母，故当立一女傅教之、监之。女傅亦自医出，公举为之，视孕妇多寡而立。一女傅随之出入，同其起居，以傅其德义，化其气质；令孕妇目不视恶色，耳不听恶声，口不道恶言，鼻不闻恶臭，身不近恶人，心不知恶事。使耳目之所染，心知之所遇，无非高妙、仁慈、广大、和平、安乐之事；其有异形、怪事、恶色、恶声、刑人、恶言，皆戒不得近人本院。其孕妇出入、游观、宴会，前警后跸[13]；凡有异形、怪事、恶色、恶声、刑人、恶言皆走避，无使有丝毫入于孕妇之耳目以感动其魂知，此为胎教第一要义。尝见吾乡人生子有面分两色者，人皆骇异；究其所由，则以孕妇好看演剧，而剧场有涂面者，孕妇尤为赏心，一念所动，遂如影相之照，深入胎中，乃成着色。盖电气所传，并非异事，故感染之大，未有若胎孕之易者。昔孔子操琴，见猫捕鼠，而颜子惊其有杀心；伯牙志在高山流水[14]而钟子期知之，盖物感于外，即情动于中，情志既动，血气从之，故周于肢体，达于营卫，铭于魂魄，发于梦寐。观童少耳目之所感，即为一生心思之所印，纵使一时不发，触物即生，虽至垂老，随事发现。观夫近世人或噩梦而醒，或死而复生，所见鬼神，多冕旒而髯，金甲而刀，道服白衣，红黑其面，或称阎罗、观音[15]，或号关帝、吕祖[16]，或见有地狱、净土，从未见一欧洲人者；盖说部之所演，庙像之所塑，佛典之所染，积久渐渍，遂为固然也。楚子玉[17]梦河神问取琼弁玉缨，则以古者瘗玉祀神之故；后世以纸为元宝祀神，则鬼神亦索纸钱元宝而已。其他深信丧门神[18]、三煞者，其人即有所遇，若不信者，亦复无之。有说部见猫犬仇者而畏之，后误杀猫犬，病果患猫犬仇之而死。盖梦魂知气之与胎，皆为气质所传，感入正同，故父母之性情，子女多肖之者。以晋太子遹[19]之聪明，其母谢贵嫔为屠家子，于是太子遹亦好屠肉，宫中作市而自卖之，亲自论斤播两。尝见孕妇嗜烟，子生即食烟，止之即病，三月而烟瘾日重。又见族人妊子而毁改室墙，子生而死，额有毁改红迹。又见其孕母闻雷而惧者，其子闻雷及炮一切响声皆战栗。其他产蛇、产鳖，盖皆因感成孕，故古称履武吞卵而生子[20]，亦非异事也。故胎妊之时，感入最易，其人之好杀者，盖亦其父母怀感杀心而成孕胎有以致之。自余一切，贪心、淫心、诈心、怒心、畏心，其蓄之甚深，好之成癖者，亦皆由其父母怀感此心，传种入胎，浸渍使然。盖下种一误，此根遂生，身有生死，魂无变易，展转传染，无有已时。故传种养魂，母仪胎教，实为人道无上无始之义；不于胎妊时拔其根本，及质形既成，乃思矫易，欲有以教之，治必无当也。故母仪既教之学校之先，更敬慎之于既妊之后，不使物感情移而误其胎元也。

一、孕妇入院之后，必有所佩，佩皆作冲牙，相触成声，锵鸣协和，必中乐律，若古者行中《采荠》、趋中《肆夏》之义。若脑中须臾不和不乐，则佩声不谐，体中斯须不节不文，则佩声不谐。其有跳舞之事，弦歌之雅，登高临深，坐作进退，出入周旋，嬉游走舞，皆由医生体察，加以节度，务令四肢、百体、血气、心知，皆由顺正，皆由中和，则胎感所被，亦无非顺正中和者矣。

一、院中所读之书，所见之画，凡有异形怪事、恶色恶言及争杀贪诈、诡伪奸偷、邪说淫论，皆不得藏。故于群书之中，皆当别编，选其高明超妙、广大精微、中和纯粹、仁慈慈惠、吉祥顺正以及嘉言懿行，足以蓄德理性、兴起仁心者，号为《胎教丛编》。至工艺学之中，若天文、乐律、图画，最为有益，其余凡与胎无损，乃许学习。其他用精太过或与胎不宜者，虽所素业，亦当禁断。院中所读所学，皆有禁限，不得逾越。盖孕妇如当官奉职，皆有职守，入院之后，以养胎为宗旨职业，其有碍此宗旨职业者，皆不可行也。

一、孕妇出游，女傅皆当监察，其有异形怪事、恶言恶声之地，皆不得往；及机器厂之震动，兵器厂之伤生，皆不得往。

一、孕妇交游之人，女傅皆当讥察，其有不正之业，不正之人，其有恶言相闻，恶事相告，固禁之于院中相见之时，亦禁之于出游过往之日。甚者女傅可暂断其交，俟产子后乃听往还，大同世实无恶声恶事，姑极言之。

一、人本院终日常有琴乐歌管，除早夕某某时停奏外，余皆有乐人为之，亦听孕妇自为之。盖声音动荡，最能感人，其入魂尤易，故佛氏称清净在音闻。但取其最和平中正者，常以声乐养其耳，必能养性情而发神智。

按怀胎之事，既人所不便，生子之苦，尤人所难堪，禁欲节交固非人心之所愿，离乡入院亦非人情之所乐。既生之后，乳养之时，必须节欲戒行之苦，保抱携持，则有失眠湿坐之苦，种种为累，男子所难。在据乱、升平以笃父子之世，妇女待子而养，待子而荣，所以望于子者甚厚，则所以事于子者最苦，皆所愿乐而不敢辞。又足迹不出户庭，学问不通名理，耳无闻，目无见，则惟风俗之是从，而不敢稍萌他念，以不容于众，故虽苦身禁欲，辛劳累年而不敢畏恶也。今欧美自由之风渐昌，平等之义渐出，女权日达，女学日明，美、法国且有为官吏学士者以自由之故，女嫁既不事舅姑，而子娶必各树门户，子不得事父母，不养父母，欧美人又无坟墓之扫除，庙祠之祭祀，则所以望于子者甚薄而无所待；计自十岁出就外傅之后，多远游学于都会，至冠乃还，则又娶妇别居矣，则所以抚于子者甚疏而无所亲。子之于母既薄且疏，徒以国律所定，父母有养子之责任，故勉强抚养之，然苟无国律，则弃之者必众矣。又女之能学问、能为官者，足以自立于世，不待其子之养，不待其子之荣，而保抱携持之苦，实于为学有大损，故为学之女尤不愿有子，以自累其身体，自损其学问。夫凡人之茹苦冒难者，必计其利息而后为之。夫以无待无亲之物而有大累大损之事，而重以怀胎生子之苦，节育禁行之难，保抱携持之艰，谁愿为之。故法国妇女多事堕胎，比十年来，英民增至千万，德国增至千五六百万，美国增二三千万，而法国民数且损至数百万。凡万国之民，虽野蛮之国，苟非乱亡，无有不岁增人数者，而法乃岁减，其事大反者，何哉？则以妇女多智，皆乐自由，不愿生子故也。今法国深畏民少，遂悬生子之赏，夫生子有赏，岂不异哉！夫以方今法女之知识，自由之风俗，其与千数百年后大同之世，不及岂只千万计，然而今之法女已不愿生子矣，何况大同之世，男女平权，男女齐等，同事学问，同充师长，同得名誉，同操事权，彼男子则逍遥自由，纵欲极乐，无所累，无所苦矣，彼女子之学识、名业、仕宦皆同，岂肯甘受怀胎之累、生子之苦、节欲禁行之艰、保抱携持之难哉！故女权平等、自由大行之后，妇女惟有争事堕胎而已，于欢欲无损，于苦累不受，有超脱自由之乐而无生产保抱之艰，必不肯为十月之劳，任胎妊之重矣。若果如此，则未至大同之世，人种已绝，普地球又复为大草大木鸟兽狉榛[21]之世，繁盛之都邑、壮丽之宫室、精妙之什器，皆废弃、芜没、毁坏、断烂，欲望野蛮之世亦不可得矣。故大同纵欲自由之乐，与佛氏、婆罗门戒淫不嫁娶之苦，其事相反至极点，而绝人种，芜地球，同归于狉榛草莽之世则不约而全同，若交线而合符也。乃知人道全在得中，凡义不能极，南北极地至相远相反，而为冰海则同，亦其理也。故据乱、升平之制，明知其有害而有不得已者。故古俗抑女而不平等，固出于强凌弱之余风，重子而待其尊养，固出于亲所生之顺势，然各国据乱之制皆因之；义虽不公不乐，然实人类所由繁华，以胜于禽兽而立于天地之故，亦文明所由兴起，以胜于野蛮而成为大国之故，乃进化必经之道而不可已者也。若人食禽兽则极不仁，印度古教戒杀，印人最慈，虫蚁不践，然印人之岁食于猛兽者遂以万数矣。且人之聪明，多赖食肉以充其精气，故能日创新制以改文明，故食兽之暴与利民之仁，适相反而赖以相成，道无一致，体无一面。故立法者难矣哉！扶东则西倒，法立则弊生，故物方生方死，方盛方衰，竟无全理。凡圣人立制，皆顺势以因之，因病而补之而已。夫以同为天生之人，形体聪明之用皆同，而乃尊男抑女，至为不公，至为不平，而岂知尊男抑女之事效，人类赖以孳繁，国土赖以文明，男女平权之事效，人种因此灭绝，地球因以芜没哉！即使人种不绝，而生人日少，则执业任事者不足，为学穷理者更寡，势必政事隳[22]坏，学术断绝，机器缺乏，宫室败而不修，图书焚而不续。夫政事隳，学术断，书器坏，则人类复归于愚。一物不修，则众物牵连而不可行，如机器然，总机坏则群机不行，群机不行，久则生锈而不可用矣。至是则道路不通，不可越山海，则复分为部落之小国以相争战；人类无学，不能知古术，则复化为野蛮之风俗以受苦毒。夫智则必乐，愚则必苦，及自然之理也。至是时也，强复凌弱，男子复抑制女子而禁其自由，亲其所生，女但望生子而待其尊养，经此部落野蛮之世，又不知经几千年，经几历劫，经几许仁人圣哲创制立法，肝脑涂地，而后渐为一统，渐为升平。不幸则有他星之来触，而地球已粉碎矣，或去日渐远，势力渐少，则生人之热力亦弱，聪明亦微，无复能制作之精美；是大地人类因男女平权之故，人类永无文明之迹，地球太平大同之乐矣，岂不大可畏哉！然若因此而抑女，禁平等自由，于理不公，于事失用，不独非仁人之心，亦非时势所宜也。故太平之世男女平权之后，怀胎产子，实为人种存亡继绝之第一大事，不可不极思良法以保卫之、禁制之也。

为全地人种之故而思保全之，则禁堕胎乃第一要义矣，当以为无上第一大禁，视之与杀生长之人尤加重焉，严著以为律，俾人知畏。昔周公之酒律曰："群饮汝勿佚，尽执拘以归于周，予其杀！"饮酒之罪亦微矣，以杀刑施之亦过矣，然当时纣王沈湎之俗，实不得不然也。今大同之世，人皆性善，刑措不用，当废杀刑；然堕胎之禁应以为刑律第一重律。有犯此者，重则监禁终身，充当苦工，谥为不仁，剥削名誉，虽贵太上，罚之无赦；轻则以有胎之月数为监禁之年数，即出监禁，别异冠服，戴堕胎之章，人皆不齿，所有为师、为长尊荣之职皆不许允，所有合众、宴会、公议之事皆不得预。悬为重禁，庶几怀胎生子之苦小而监禁不齿之苦大，两相比较，虽无将来之望而深怀刑耻之恐，则堕胎之患庶几可息，而人种之传庶几不绝矣。又有医生日监视其举动，庶几可免。其医生密为堕胎之方，药肆密卖堕胎之药，皆为祸首，罪比杀人，并监禁终身，剥削名誉；或轻减年数，出监后异其冠服，仍戴堕胎之章，终身不齿，所有为师、为长尊荣之职皆不许充，合众、宴会、会议之事皆不得预，悬为厉禁，庶几少免。其药肆则有大医生随时察视，著为炯戒[23]，防察周密。名耻相尚，以兹救平权自由之女，庶人种或可保全！

一、众母妊胎时，既日有二医视之，调养得宜，安胎、保胎、养胎自皆有日出新法以安之，令无痛苦，令人无所畏恶之。

一、众母将产时，诊而知之，告之大医生视察，预备产具。众医日所诊视次数，随时议增。

一、本院医生专考求安胎、保胎、养胎及生子最易无苦之新法。其最得宜之法令孕妇怀胎生子绝无痛苦者，予以最荣高之宝星及厚赏。医者别孕妇之长短肥瘦、大小强弱而以方施之，务令孕妇绝无痛苦。考求之学既专，尊荣之赏既重，生理自易，令人无畏。

一、众母将产时，移置产室密静不虞风寒者，一切产儿养儿之物皆备，并设电话线以通大医生室，以随时问话。

一、众母移入产室后，女医看护人即常时看护，其饮食居处，皆女医节度，务合于生产最适宜者。

一、产室应有乐室、书画室及玻璃草木室，以为众母不出门之清娱。

一、接产选医生精于生理学者充之；其十全无缺者，经若干人加俸，再若干人赏荣衔。有不合法或不得成全者，俸金多者削名誉。

一、子生后即有女看护人专为抚视，凡剪脐、洗浴、穿衣皆女医每日亲为之。医者日视数次，随时酌议。其助乳之法或养育之宜，由医者随时考查良方为之。此为生人之始，尤为郑重。

一、本院医生专考求养子之法，壮健之宜，务令孺子壮健无疾。

一、众母除字子[24]之外，皆有一女看护人为之抚视，众母仍可照常听乐、读书、看画。众母产后气血大亏，应急补养；其饮食滋味，皆日有数医诊视，为之节度。

一、产室常有人鼓琴诵诗于将产已产之时，产母未能自由之日。其琴诗作之虽有时亦听众母之所欲；其琴诗旨义，皆仁爱慈祥、恺悌[25]中正、和平安乐之音，不得有不类不祥、不仁不正之言于其中，俾众母及孺子感入无闲，放于血气，畅于四肢。

一、子生由管院人报知人口吏，每七日人口吏来视新生子一次，院内群医众母抱子于户内，与官行礼，执事人皆集，奏乐诵吉词而为之名，重人之生也。人口吏乃上之本度地方总长。其父知者，听其省视预闻可也。

一、人生之姓，太古从母，以是时知有母未知有父也；后世从父，以父母可并亲，而父尊有力，成族姓也。然不论从母从父，皆因父母所养成，其功最大，故当从之。升平之世，兼从父母，为复姓可也；然大同之世，人既皆养于公，父母无殊功焉，不必再从其姓以生畛域。泣父哭母，据乱世也；兼从父母，升平世也；舍父母之姓，太平之世也。盖有姓即有亲，有亲即有私，其于天下为公之理最碍矣，故必当去姓。各人本院皆有甲乙号数，每度因人口多寡而设院，院室各有以某日生号，即以某度、某院、某室、某日数成一名可也。

一、子生弥月后，医者诊视强健，乃可减省视次数。然每日犹当二次，因小儿体弱，顷刻变态也。

一、产母生后在乳字之期，为饮食当受医者节度，以乳食为小儿托命，不能少误。

一、产母以何时可出院行游，何时可见客，何时可与人居宿，应否一月或数十日，皆由医者考察最宜施行。

一、产母字子以岁月为期，然后断乳；由医生考定最宜月数，务令孺子得以健全而后断乳，大约多则六月，极少亦须三月也。

一、众母断乳之后，即可出院，一切听其照常复业自由。

一、众母在人本院字子期间，原应不得与男子结约住宿。然恐人性或难，限以几十日或若干月，许其与男子同游同宿。未许宿之先，或只代以机器之男行欢乐，皆由医生考定适宜日数。若断乳时早，则可定于断乳出院时；其在期内者，未便在产院居住，偶留则可。

一、产母即产子后能出门时，一切听其自由，但在赴会饮食宜受医节度。其有未及预知者，归时当报医生；若有损于孺子者，应立加补救。

一、产母出院时，人口官长到院，会同医生，集各官长，奏乐诵赞功词，赠以众母宝星，贫者或以金钱；并以旗帜送之出院，至其住所；或远方则送以汽车，以示荣耀，见者皆为加敬。

一、各看护人皆用女子，其名曰保，由总医生择其德性慈祥、身体强健、资禀聪敏、有恒心而无倦性者为之。其妥否由产母品定，若其不妥，由产母告明司事易人，若被易逐，则减削名誉，终身不得选上职。一年为期，若至断乳时产母出院，称其慈美，即由公赠以兹保宝星以为荣耀。此宝星下产母一等，下育婴慈保二等，与慈幼女保同。凡女子，必须由人本院、婴幼院、医老院之保傅、看护人出身，乃得升上职；未充此职者，终身不得为君、为师、为长。

育　婴　院

（慈幼院同。慈幼者，自三岁至五岁入焉，如不设慈幼院，则总归于育婴院可也。）

一、凡婴儿断乳后，产母出院，即移送入此院。

一、此院看护者皆女子，以男子心粗性动而少有耐性，不若女子之静细慈和而有耐性也，其名曰保。凡女保皆由本人自愿，而由总医生选其德性慈祥、身体强健、资禀敏慧，有恒性而无倦心、有弄性而非方品者，乃许充选。盖孺子既离产母，则女保有代母之任，其责最大，人类所关，不可不重其选也。

一、女保皆悬有女保字于冠服，见者不论贵贱，皆加敬礼，以其代为众母，非其子而抚之如子，人类所托命，其事至仁，其行至难。盖数月之婴儿，体弱无知，事事皆待于女保，抱持、拥卧、哺食、矢溺、提携、嬉弄，无晨无夕；稍一不慎，即致疾病，竟夜哭啼，终日襁褓，劳苦尤甚。而长大或不能相识，不能知报，无所为而为之，其事尤难。孔子之为子报父母曰："欲报之德，昊天罔极[26]。"盖以子生三年然后免于父母之怀也，故罔极之恩，不在一日之生而在三年之怀。然则保母劬劳，人类赖以育成，其有大公德于公众，岂可言哉！故宜有殊荣异礼以待之。

一、育婴院择地之精，当与人本院同，或与人本院接近，尤易移送。若地狭难容二院，则可少次于人本院者。然不得在山谷狭隘倾压、粗石荦确、水土旱湿之地，又不得近市场、制造厂及污秽之处。

一、育婴院结构，当择与婴儿最相宜之式，大约楼居少而草地多，务令爽垲而通风，日临池水以得清气，多植花木，多蓄鱼鸟，画图雏形之事物，皆用仁爱慈祥之事以养婴儿之仁心。凡争杀、偷盗、奸诈种种恶物，皆当屏除，无使入婴儿心目中，其为歌乐及教婴儿歌乐者亦然。

一、本院凡弄儿之物，无不具备，务令养儿体，乐儿魂，开儿知识为主。

一、管院事者皆以医生充之，由众公举，在选仁质最厚、养生学最明者。

一、本院婴儿，早暮有医生诊视二次，其衣服若何而宜儿体，饮食如何而适儿度，嬉戏安息如何而合儿神，务令得宜以壮儿体，一切皆由医者节度而女保受命奉行。若儿儿岁月无疾则得赏，儿儿有疾则得罚。其女保不慎者罚女保。

一、小儿有病，每日医生诊视三次，分别其轻重。其重者有常医视无数次，且归大医诊视，以康泰复愈，然后如常。

一、婴儿数月以上者，一人专抚之；其两年以上者，或以一人而看护二三人，随时酌议。

一、子能言时教以言，凡百物皆备，制雏形或为图画，俾其知识日增。

一、婴儿能歌，则教仁慈爱物之旨以为歌，使之浸渍心耳中。

一、婴儿入院后，人口官全集各院行定名礼，为婴儿立名。惟婴儿既经公养，人为全地之公物，非父母所得私有之，不过藉父母以生之耳。公家有宝星以赏胎产之劳，足偿之矣，既不必从太古之母性；不须父养，亦不必同后世之父姓也。且凡有姓则所私亲，各私其亲，势必如广东各姓之互争而相战，此在太古人类自立则赖之，大同之时最忌别异，必当去之矣。

一、知识稍开时，将世界有形各物，自国家至农工商务，皆为雏形，教之制作，则习惯若性。及其长也，贫而谋生，贵而监督，皆熟悉工艺，多能鄙事，行之自然矣。

一、婴儿知识日开，感染不可不慎。故设院之地不可近戏院声伎之地，葬坟火化之旁，作厂、市场、车场哗嚣之所，以慎外感之染而保清明纯固之神。

一、婴幼身体稚弱，不能当祁寒盛热，且魂体未定，感非时之气，既足以变人体貌，又足以夺人神魂，观印度、马来、非洲之人可见。故今冷带五十度、热带二十度以外，皆不设院。

一、女保以二年满任，任满时，若公察看其仁慈尽职，婴儿健长，公赠以仁人慈保宝星，此宝星为第一等者。盖婴儿无母，即以女保代为母而育之，非其所生而爱抚如子，其功德大过于生母也。凡有此第一等仁人宝星出身者，足为仁爱之实据，凡有各上职即当推升。其慈幼院之女保，一年为期，则降生母宝星一等，以儿长易抚也。其有愿再任者，任满再赠仁人慈保宝星。凡仁人宝星愈多者，尊荣愈至，他职推选愈速。

小　学　院

凡人自六岁即离育婴院而入于此，至十岁而止。或人智愈开，人脑愈濬，则自五岁至九岁，亦可随时议定。

一、此院司理及教者皆为女子，号曰女傅。所以用女子而不用男子者，以女子静细慈和，爱抚婴儿，而有耐性，有恒心，有弄心，而男子粗强好动，抚婴之性不如女子，又耐性弄性皆不如女子也。故中国古者教子，十年乃出就外傅，出宿于外，则十岁以前必用女傅而不用男傅也，今用其义。

一、女傅当选德性仁慈、威仪端正、学问通达、诲诱不倦者为之。以儿童性情未定，小学乃其知识甫开之时，举动颦笑、言语行为，入耳寓目皆以女傅为转移。熏陶濡染，其气最深，人情先入为主，则终身有不能化者。况人道蒙养之始，以育德之先，令其童幼熏德善良，习于正则正，习于邪则邪，入兰室则香，居鲍肆则臭。故人生终身之德性，皆于童幼数年预为印模，童幼习于善良则终身善良，童幼习于邪恶则终身邪恶。有童幼善良而长大变易者矣，未有童幼习于恶而长大能改者矣。故欲造世界于善良，则选女傅最要矣。

一、女傅非止教诲也，实兼慈母之任。以人方幼童，尤重养身，少年身体强健则长大亦强健，少年脑气舒展则长大益舒展。又童幼之性尤好跳动，易有失误，盖未至自立自由之时，故嫩稚也，当养之。卧起行游，提携保持，衣服饮食，照料节度，其事极琐，其行极繁，非有至慈好弄之耐心，不能令童儿之身安而体强也。以至出入、嬉游、跳舞、戏弄，固不可多束缚以苦其魂，亦不可全纵肆以陷于恶，大概是时专以养体为主，而开智次之；令功课稍少而游嬉较多，以动荡其血气，发扬其身体，而又须时刻监督，勿责非儿[27]。故女傅之任至重，其管理人数亦不能过多也。

一、学地当择山水佳处、爽垲广原之地，以资卫生，以发明悟；不得在林暗谷幽、岩洞崎岖、水泽沮洳[28]之处。盖林谷幽暗，不通风气，则养生不宜；岩谷崎岖，则于童子之跳动恐有损坠之患；水泽沮洳，则湿气过盛，精神不爽也。儿童当知识甫开之时，尤易感染学习，故孟子之圣，而近学宫则陈俎豆，近墓地则效葬埋，近市廛则为买卖，故所邻染不可不慎也。故学舍之地，宜远阛阓[29]。第一当远戏馆、声伎、酒宴之地，第二当远坟墓葬所，第三当远作厂、车场、市场喧哗之地，庶使非礼不祥之事不接于耳目，哗嚣杂乱之物不扰于神思，保其静正之原，乃可广其知识之学。至于学室之式，务便养身，多其容率[30]以得气，慎其光射以宜目，酌其户牖以通风，多植花木以娱游。既人无私家，皆出于公，财力既厚，布置合宜，无有今村落之狭陋尘嚣，无有今城市之秽污恶习，无有家庭之牵累分半，其于蒙以养正之功，进益之大，相去岂啻天壤哉！

一、体操场、游步场无不广大适宜，秋千、跳木、沿竿无不具备，花木、水草无不茂美，足以适生人之体。

一、图画雏形之器，古今事物莫不具备，既使开其知识，而须多为仁爱之事以感动其心，且以编入学课中，使之学习。若夫金工、木工、范器、筑场，既合童性之嬉，即资长大之业，童而熟习，长大忘形，尤于工艺易精也。

一、儿童好歌，当编古今仁智之事，令为歌诗，俾其习与性成。

一、大同世文字语言皆归于一，学之自事简而功倍，自修身、习算、地理、历史外，所有人世普通之学皆当学习，其学类、学级随时议定。

一、学贵以养身健乐为主，盖人生寿命基于童稚也。其时物备课明，一时可抵今人数时矣，故学时可减。其有安息记念、嘉时吉日，可肆其游览跳舞、沿树水嬉，无所不可。惟不许为非礼不正之事，见非礼不祥[31]之人。

一、小学之教，以人数多寡随时增设。然盛热之地，人多发汗，使人筋骨缓弱，神思散越；盛寒之地，使人堕指裂肤，瑟缩战栗，血气不流，功课减少，皆于童幼不宜。故冷带六十度以上，热带一十余度以内，皆不宜设学。若瑞典、挪威之和暖当别论。

康有为：《大同书》，中华书局1935年版。

注　释

1. 馘（xù）：即脸。黄馘，即面黄。
2. 恎（pì）：谬误。
3. 荦（luò）确：山多大石貌。荦，杂色的牛。
4. 原隰（xí）：即指平原与洼地。隰，低下的湿地。
5. 诐（bì）：偏颇，邪僻。
6. 同科：同等刑罚。
7. 齐民：旧指平民。
8. 宝星：清代授予有功之人的勋章。
9. 遘（gòu）疾：染病。遘，遭遇。
10. 愆阳伏阴：意为寒暑天气冷暖失调。据《左传·昭公四年》："冬无愆阳，夏无伏阴。"愆阳，指冬温；伏阴，指夏寒。
11. 藩溷（hùn）：藩，篱笆；溷，厕所。
12. 来复日：《易·复》："七日来复，利有攸往。"后称七日为"一来复"，星期日即为"来复日"。
13. 前警后跸（bì）：警，警戒；跸，清道。《汉书·梁孝王传》："出称警，入言跸。"

14. 高山流水：本谓乐曲高妙。后亦用以比喻知音或知己。语出《列子·汤问》："伯牙善鼓琴，钟子期善听。伯牙鼓琴，志在登高山，钟子期曰：'善哉！峨峨兮若泰山。'志在流水，曰：'善哉！洋洋兮若江河。'伯牙所念，钟子期必得之。"
15. 阎罗、观音：佛教用语。阎罗，亦译为焰摩罗王、阎罗王。原意为地狱统治者或幽冥国之王。观音，本应为观世音，因唐人避"世"字讳，略称观音。玄奘译《心经》时改译为"观自在"。佛教大乘菩萨。佛教说他为广化众生，能示种种形象，名为"普门示观"。相传普陀山是观音显灵说法的道场。
16. 关帝、吕祖：关帝，指关羽。关羽死后，蜀后主追谥为壮缪侯。宋代封为忠志公、武安王。元封英济王。明万历二十二年，道士张通、元秦请进爵为帝，庙曰英烈。四十二年敕封为"三界伏魔大帝神威远镇天尊关圣帝君"。从此有关帝之称。吕祖，指吕洞宾。吕洞宾，俗传八仙之一，名喦（一作岩），号纯阳子，相传为唐代京兆人，曾隐居终南山等地修道。元代封为"纯阳演政警化孚佑帝君"，通称吕祖，道教全真教尊其为北五祖之一。
17. 楚子玉梦河神问取琼弁玉缨：子玉，楚成王时令尹，楚晋城濮之战时战败被杀。《左传·僖公二十八年》记载，楚国名将子玉在带兵同晋国作战之前，梦见河神向他要嵌玉的冠和缨，醒后，他舍不得把美玉送给河神，他的儿子大心和子西请荣黄劝他，荣黄讲："我们为国家的利益准备一死，还在乎美玉吗？美玉犹如粪土，如果有利于战胜敌人，有什么舍不得的？"子玉还是不听，荣黄对他的儿子讲，不是神让子玉失败，而是他自取其败。后来，楚国果然战败。
18. 丧门神：旧时星命家所说的"丛辰"之一。星命家以为一岁十二辰都随着善神和凶煞，叫"丛辰"。而丧门神乃凶煞之一，主死丧哭泣等事。
19. 晋太子遹：即司马遹，西晋开国皇帝晋武帝司马炎的孙子，晋惠帝司马衷的儿子。其母谢玖乃屠户之女。司马遹自幼聪明，但因惠帝皇后贾南风的忌恨，故为避害而放荡不羁，终遭贾氏陷害至死。
20. 履武吞卵而生子：即周始祖姜嫄践巨人迹而生稷，商始祖简狄吞燕卵而生契的故事。
21. 狉（pī）榛：草木丛杂，野兽出没。狉，野兽出没。
22. 隳（huī）：毁坏。
23. 炯（jiǒng）戒：亦作"炯诫"，指彰明昭著的警戒。
24. 字子：字，怀孕。
25. 恺悌：一作"凯弟"，和易近人。恺，和乐。
26. 此引语见《诗经·小雅·蓼莪》，比喻父母的恩情深重。
27. 勿贡非几：勿进于非危之事。
28. 沮洳（jù rù）：由腐烂植物埋在地下而形成的泥沼。此指低湿之地。
29. 阛阓（huán huì）：阛，市区的墙；阓，市区的门。阛阓，通称街市。
30. 容率：指空间，体积。
31. 不祥：不善。

论　幼　学(节录)

《论幼学》为梁启超所著《变法通议》之一篇。

梁启超(1873～1929),字卓如,号任公,别号饮冰室主人。广东新会人。幼承家学,聪慧异常,十岁应童子试,十二岁院试为秀才,十七岁乡试中举人。后从学于康有为,协助康有为发动“公车上书”,参与维新变法运动,组织强学会、上海不缠足会等,光绪二十二年(1896年)赴上海筹办《时务报》。次年应聘为湖南时务学堂中文总教习。戊戌变法失败后逃亡日本,在日本创办《清议报》、《新民丛报》,1913年归国。民国初期,曾出任共和党、进步党要职,并任司法总长,策动蔡锷组织护国军反袁,后又反对张勋复辟。1920年春自欧洲考察归国后,至1929年病逝,一直从事文教事业。平生著述甚丰,著作收有《饮冰室合集》、《饮冰室文集》、《饮冰室全集》等。梁启超的教育著作有《变法通议》、《上南皮张尚书论改书院课程书》、《倡设女学堂启》、《湖南时务学堂学约》、《万木草堂小学学记》、《教育政策私议》、《论教育当定宗旨》、《教育与政治》等,均收录于《饮冰室合集》中。

《论幼学》是《变法通议》中的一篇。在此篇中,梁启超从“人生百年,立于幼学”的观点出发,主张借鉴西方幼教模式,结合中国自身特点,改革旧有童蒙教法,以消弭亡国亡种的隐患。

西人每岁创新法,制新器者,以十万计。著新书,得新理者,以万计,而中国无一焉。西人每百人中识字者自八十人至九十七八人,而中国不逮三十人。顶同圆也,趾同方也,官同五也,肢同四也,而悬绝若此。呜呼!殆天下之降才尔殊哉?顾吾尝闻西人之言矣,震旦[1]之人,学于彼土者,才力智慧,无一事弱于彼,其居学数岁,褎然[2]试举首者,往往不绝,人之度量相越,益不远也,而若是者何也?梁启超曰:春秋万法托于始,几何万象起于点,人生百年,立于幼学。吾向者观吾乡塾,接语其学究,蠢陋野悍,迂谬猥贱,不可向迩[3],退而傀焉[4]忧,愀然思,无惑乎乡人之终身为乡人也。既而游于它乡,而它县,而它道,而它省,观其塾,接语其学究,蠢陋野悍,迂谬猥贱,举无以异于向者之所见,退而瞠然芒然皇然[5]曰:中国四万万人之才、之学、之行、之识见、之志气,其消磨于此蠢陋野悍迂谬猥贱之人之手者,何可胜道,其幸而获免焉者,盖万亿中不得一二也。顾炎武曰:有亡国,有亡天下。梁启超曰:强敌权奸流寇,举无足以亡国,惟吏胥可以亡国;外教左道乡愿[6],举无足以亡天下,惟学究足以亡天下。欲救天下,自学究始。

古之教学者,不可得见矣。顾其为道,散见于七十子后学所记者,若《曲礼》,

若《少仪》，若《保傅》，若《学记》，若《文王世子》，若《弟子职》，何其详也。吾未克游西域，观于其塾与其学究，顾尝求之于其书，闻之于其人，其与今日之中国，何相反也。其为道也，先识字，次辨训，次造句，次成文，不躐等也。识字之始，必从眼前名物指点，不好难也。必教以天文地学浅理，如演戏法，童子所乐知也。必教以古今杂事，如说鼓词，童子所乐闻也。必教以数国语言，童子舌本未强，易于学也。必教以算，百业所必用也，多为歌谣，易于上口也，多为俗语，易于索解也。必习音乐，使无厌苦，且和其血气也。必习体操，强其筋骨，且使人人可为兵也。日授学不过三时，使无太劳，致畏难也。不妄施扑教[7]，使无伤脑气，且养其廉耻也。父母不得溺爱荒学，使无弃材也。学究必由师范学堂，使习于教术，深知其意也。故西童出就外傅，四年之间，其欲为士者，即可以入中学，仞[8] 专门以名其家。其欲为农若工若商若兵者，亦可以略识天地人物之理，中外古今之迹，其学足以为仰事俯畜[9] 之用，稍加阅历，而即可以致富贵。故用力少而畜德多，数岁之功，而毕世受其用也。

中国则不然，未尝识字，而即授之以经。未尝辨训，未尝造句，而即强之为文。开塾未及一月，而“大学之道，在明明德”[10]之语，腾跃于口，洋溢于耳。夫《记》者明揭之曰“大学之道”，今乃骤以施之乳臭小儿，何为也？“明德”二字，汉儒据《尔雅》[11]，宋贤袭佛典，动数千言，未能悬解，今执负床之孙而语之，彼乌知其作何状也？夫大学之道，至于平天下，《中庸》之德，极于无声臭，此岂数龄之学童所克有事也？今之教者，其姑以授之，而希冀其万一能解也，则是大愚也。知其必不能解，而犹然授之，是驱其子弟，使以学为苦而疾其师也。学究之言曰：“童子入学之始必使诵经，俾知圣教，如梁氏言，是蔑经也，非圣也。”吾姑弗与辨，吾但群天下之学究，与党于学究者而誓之，任千人中求一人能以经以教为心者有诸乎？则非吾之所敢云也。其诵经也，试题之所自出耳，科第之所自来耳。假使以佛教士，吾恐如是我闻，一时佛在之语，将充斥于塾舍；假使以耶教取士，吾恐天主造物，七日而成之语，将阗溢于黉序[12]。而四书六经无过问者矣，此非吾深文之言也，彼《仪礼》者，亦六经之一，先圣之所雅言，问今之学子，曾卒业者几何人也。同一《礼记》，而《丧服》诸篇，诵者几绝，岂不以应试之无取乎此哉？夫以先圣制作之精，经纬之详，乃仅供此辈贱儒窃取甲第、武断乡曲之用，夫谁为蔑经而谁为非圣矣？古人之为教也，由浅而深，由粗而精。今则不然，先后倒置，进退逆行。故四书六经者，大道之所在，终身由之而不能尽者也。而麦菽始辨，即以授之；及其长也，而授之以八股试帖，则文士之余耳；又其长也，而授之以大卷、白折，则钞胥之役耳。荀卿曰：“始于为士，终于为圣人。”[13]今则不然，始于为圣人，而终于为钞胥，岂不恫哉？然持此以责贱儒，贱儒必不伏受。吾但如其意，为其科第计，而必授学之始，责其子弟以必不能解之学，而反于其所能解者而拨置之。其操术何其拙也，而取途何其迂也！人之生也，有大脑有小脑（即魂魄也，西人为全体学者魂译言大脑，魄译言小脑），大脑主悟性者也，小脑主记性者也（佛氏言八识，以眼、耳、鼻、舌、身为前五识，意为第六识，意根为第七识，第六识即小脑也，第七识即为大脑也）。小脑一成而难变，大脑屡濬而愈深。故教童子者，导之以悟性甚易，强之以记性甚难，何以故？悟性主往（以锐入为主），其事顺，其道通，通故灵；记性主回（如返照然），其事逆，其道塞，塞故钝。是故生而二性备者，上也。

若不得兼，则与其强记，不如善悟，何以故？人之所异于物者，为其有大脑也。故能悟为人道之极，凡有记也，亦求悟也。为其无所记，则无以为悟也。悟赢而记绌者，其所记恒足以佐其所悟之用（吾之所谓善悟者，指此非尽弃记性也，然其所记者，实多从求悟得来耳，不可误会）；记赢而悟绌者，蓄积虽多，皆为弃材。惟其顺也，通也灵也，故专以悟性导人者，其记性亦必随之而增；惟其逆也，塞也钝也，故专以记性强人者，其悟性亦必随之而减。西国之教人，偏于悟性者也。故睹烹水而悟汽机，睹引芥而悟重力。侯失勒约翰[14]（近译《谈天》一书即其所著），畴人之良也，而自道得力乃在树叶石子之喻（见《谈天》首“侯失勒约翰传”）。中国之教人，尽于记性者也，故古地理、古宫室、古训诂、古名物，纤悉考据，字字有来历。其课学童也，不因势以导，不引譬以喻，惟苦口呆读，必求背诵而后已，所得非不坚定也。虽然，人之资禀英异，而不善记诵者，盖有之矣。吾以为如其善记也，则上口十次，若二十次，未有不能成诵者也，若过此以往而不能，则督之至百回，亦无益也。试变其法，或示之以卷中之事物，或告之以篇中之义理，待其悬解，助其默识，则未有不能记者也。人生五六年，脑显初合（思从囟心从囟象脑初合形），脑筋初动，宜因而导之，无从而窒之，就眼前事物，随手指点，日教数事，数年之间，于寻常天地、人物之理，可以尽识其崖略[15]矣。而其势甚顺，童子之所甚乐。今舍此不为，而必取其所不能解者，而逼之以强记，此正《学记》所谓“苦其难而不知其益也”。由前之说，谓之导脑；由后之说，谓之窒脑。导脑者脑日强，窒脑者脑日伤。此西人之创新法制新器者所以车载斗量，而中国殆几绝也。虽然，近世之专以记诵教人者，亦有故焉，彼其读书固为科第也，诵经固为题目也。自考试扃院搜检之例定，而塾中咿嗄占毕之声繁，惧其一二字之遗忘，而毕生之所愿望者将大受其害也。此亦非吾之深文也。吾观学子得第之后，曾无一人复以记诵为事者，故知其初意专为如是也。曰：然则彼胡不示以事物，告以义理，以助其记也？曰：彼其所诵之书之事物义理，非数龄之童子所解喻也。然则彼胡不易一书而教之？曰：凡书而非考试所有事者，可无读也。故窒脑之祸，自考试始。

……

尝见西人幼学之书,分功课为一百分,而由家中教授者,居七十二分,由同学熏习者居九分,由师长传授者不过十九分耳。儿童幼时,母亲于父,日用饮食、歌唱嬉戏,随机指点,因势利导,何在非学?何事非教?孟母迁室,教子俎豆,其前事矣。故美国婴儿学塾,近年教习,皆改用妇人,以其娴静细密,且能与儿童亲也。中国妇学不讲,为人母者,半不识字,安能教人?始基既坏,实已坐此。今此事既未克骤改,至其就学之后,一切教法,亦宜稍变,无俾尔许人才,皆汩没于学究之手。《记》曰:“八岁入小学。”又曰:“十年出就外傅。”今将八岁以上,十二岁以下,略审中人之资,所能从事者,拟为一功课表。世之爱子弟者,或有取焉(行此功课,数年则能读经史、格致等书,其功课别详他篇)。

每日八下钟上学,师徒合诵赞扬孔教歌一遍,然后肄业。

八下钟受歌诀书,日尽一课(每课二百字),每课以诵二十遍为率。

九下钟受问答书,日尽一课(凡问答书,皆歌诀书之注疏,问答书之第一课,即解歌诀书之第一课,余同,不必成诵),师为解其义。明日按所问而使学童答之,答竟,则授以下课。

十下钟,刚日受算学,柔日受图学[16]。

凡受算学,先习笔算,一年以后,渐及代数。每日由师命二题,令学童布算。

凡受图学,先习简明总图,渐及各国省县分图,以纸摹印写之,日约尽一县。印毕,由师随举所已习者,令学童指其所在之经纬度。

十一下钟,受文法,师以俚语述意,令学童以文言达之,每日五句,渐加至五十句。

十二下钟,散学。

一下钟复集,习体操,略依幼学操身之法,或一月或两月尽一课,由师指授。操毕,听其玩耍不禁。

二下钟,受西文,依西人教儿童之书,日尽一课。

三下钟,受书法,中文西文各半下钟,每日各二十字,渐加至各百字。

四下钟,受说部书(指新编者言),师为解说,不限多少,其学童欲涉猎他种书者,亦听。

五下钟,散学,师徒合诵爱国歌一遍,然后各归。

每十日一休沐[17]。至日,师徒晨集堂中,祀孔子毕,合诵赞扬圣教歌一遍,各散归。凡孔子卒日,及万寿日[18],各休沐五日。

《记》曰:“少成若天性。”谓其耳目未染,习气未入,质地莹洁,受教易易也。故《曲礼》、《少仪》、《弟子职》等篇,谨其洒扫应对,导以忠信笃敬,大抵熏陶其德性之事,十居八九焉。朱子曰[19]:“小学是教做人的样子。”陆子[20]曰:“虽不识一字，亦须还我堂堂正正地做个人。”人而无教，则做人之道，尚不自知，虽谓之非人可矣。今之学童，其生长罗绮丛中者，每听其骄侈淫佚，日与宴朋狎客相逐，而莫之禁；其三家村子，则又听其跳野顽劣，蛮俗褴褛，而莫之教，学舍如溷圊[21]，学童如丐儿。及其稍长也，则授之以高头讲章，翰苑楷格，语之曰："如是则可以攫青紫，如是在可以搂黄白。”学者自幼至壮，舍侥幸苟且诞诈污贱之外，更无所闻，则以为是固宜然矣。善夫！吾友严又陵之言曰："八股之害，锢智慧，坏心术，滋游手。”[22]当其做秀才之日，务使之习为剽窃诡随之事，致令羞恶是非之心，旦暮梏亡，消磨岁月于无用之地，堕坏志节于冥昧之中，长人虚骄，昏人神智。呜呼！几何其不率四万万之人，以尽入于无耻也。吾闻泰西诸国，虽皇子之贵，亦入兵船，充水手，循循率教，事其师如长官，以视吾之骄侈淫佚者何如矣？又闻美国学童，跬步必肃，言笑不苟，询其故，则曰："他日吾将为总统，长国家，恐有失德，声名败裂，为众所摈也。”（美国例，凡经人告讼者不得举总统。）其视吾之哦讲章，摹楷格，以侥幸于富贵，武断于乡曲者，又何如矣？

……故善为教者，必使举国之人，无贵贱无不学。学焉者，自十二岁以下，其教法无不同。入学之始，教以识字，慧者及八岁，钝者及十岁，中西有用之字皆识矣（苏州彭君新三拟创教识字法，为方格书字于其上，字之下注西字，其旁加圈识，字有一义者，识一圈，有数字者数圈，师授其音，解其义，令学童按圈复述之，中文既识，则西文洵简易之法也）。然后按前者所列之功课表，而以授之，慧者及十二岁，钝者及十五岁，则一切学问，大纲节目，略有所闻矣。自此以往，其有欲习专门者，可更入中学、大学，研精数载，以求大成。其欲改就他业者，亦既饫道义、濡文教，大之必不为作奸犯科之事，小之亦能为仰事俯畜之谋。于此而犹有为盗贼、为奸细者乎？无有也；犹有为游手、为饿殍者乎？无有也。衣食足，礼义兴，以此导民，何民不智；以此保国，何国不强。孟子不云乎，“逸居而无教，则近于禽兽”[23]。今夫举一国之子弟，而委诸蠢陋野悍、迂谬猥贱之学究之手，欲不谓之无教焉，不可得也。夫以数千年文明之中国，人民之众甲大地，而不免于禽兽，其谁之耻欤？顾亭林[24]曰："天下兴亡，匹夫之贱，与有责而已耳。”人人以为吾无责也，其心忽焉也；人人以为吾有责，其兴勃然也。今与天下论变法，唇焦舌敝，闻者必曰："此肉食者之事，吾虽有志焉而莫能逮也。”若夫吾有子弟，吾自诲者，肉食曰可，不能助我；肉食曰否，不能阻我。转圜之间，天下改观。夫孰为无责孰为其责矣乎？《康诰》曰："作新民。”[25]国者，民之积也，未有其民不新，而其国能立者。彼法国、日本维新之治，其本原所自，昭昭然矣。《诗》曰："惟彼哲人，告之话言，慎德之行，其惟愚人，覆谓我僭，人各有心。”[26]是则可为痛哭流涕者也。

梁启超：《梁启超全集》（一），北京出版社 1999 年版。

注　释

1. 震旦：古代印度人称中国为 cinisthāna，在佛经中音译为震旦。
2. 褎(yōu)：禾苗渐长貌。引申为出众。
3. 向迩：接近。
4. 傀焉：可轻贱之貌。
5. 芒然皇然：芒，通“茫”，模糊不清，昏暗。皇，通“惶”，心不安貌。
6. 左道乡愿：左道，邪道。乡愿，指乡里中言行不符、伪善欺世之人。
7. 扑教：即体罚。
8. 仞：通“认”。
9. 仰事俯畜：谓对上侍奉父母，对下养活妻子儿女。泛指维持一家生活。
10. 见《礼记·大学》。据郑玄注：“明明德，谓显明其至德。”
11. 《尔雅》：我国最早解释词义的专著。由汉初学者缀辑周汉诸书旧文，递相增益而成。后世经学家常用以解说儒家经义。
12. 黉(hóng)序：黉、序均指古代的学校。
13. 始于为士，终于为圣人：《荀子·劝学》：“其数则始乎诵经，终乎读礼；其义则始乎为士，终乎为圣人。”
14. 侯失勒约翰(John F. W. Herschel，1792～1871)：《谈天》(The Outline of Astronomy，1851年)为其天文学方面的著作，1859年，由李善兰和伟烈亚力翻译，上海墨海书馆出版。
15. 崖略：意为大略、概略。崖，边际；略，粗略。
16. 刚日受算学，柔日受图学：刚日，犹单日，指十日中的一、三、五、七、九。柔日，指双日，指十日中的二、四、六、八、十日。《礼记·曲礼》：“外事以刚日，内事以柔日。”
17. 休沐：休息、沐浴，指古代的例假。
18. 万寿日：皇帝的生日。
19. 朱子：指朱熹。
20. 陆子：指陆九渊。
21. 溷圊(hùn qīng)：古代指厕所。
22. 锢智慧，坏心术，滋游手：严复在《救亡决论》中痛斥八股取士之三害。严又陵，即严复。
23. 逸居而无教，则近于禽兽：见《孟子·滕文公上》。
24. 顾亭林：即顾炎武(1613～1682)，原名绛，字忠清。明亡后改名炎武，字宁人，亦自署蒋山佣。学者尊为亭林先生。江苏昆山人。明末清初著名的思想家、史学家、语言学家。
25. 作新民：语出《尚书·周书·康诰》。
26. “惟彼哲人”句：语出《诗经·大雅·荡之什》。原文为：“其维哲人，告之话言，顺德之行。其维愚人，覆谓我僭，民各有心。”

与月岩四弟书

《与月岩四弟书》作者为近代中国早期资产阶级改良人物郑观应。

郑观应(1842～1922),原名官正,字正翔,号陶斋。广东香山(今中山)人。其父为乡村塾师,早年随父熟读经史。清咸丰八年(1858年)应童子试未中,旋遵父命赴上海习商,后协助李鸿章办理"洋务",同时推行洋务教育。后接受进化论思想,在洋务思想上更进一步,成为早期改良派的代表人物之一。在教育方面,郑观应主张"主以中学,辅以西学",设立新式学校,废除八股取士制度,并主张把设学堂、授西学与废科举紧密联系在一起。光绪十年(1884年)发表《考试》篇,建议仿效西方各国分三级设学,在中国教育史上首次提出三级学制的构想。光绪十八年(1892年)发表《学校》篇,认为德国学制最为完备,主张用作中国办学模式,并提出了文实分科和强迫义务教育,使国人耳目一新。随后又发表《西学》、《女教》等篇。后将此类政论文结集为《盛世危言》出版,风行一时,尤其在维新变法时期影响甚大。此外,还著有《救时揭要》、《易言》等,其著作现辑有《郑观应集》。

《与月岩四弟书》是郑观应写给自己四弟郑官桂的一封书信。郑观应在这封书信中首先指出我国教育的弊端在于"教之不得其法"。然后简要介绍了当时世界各国学校之最善者的德国、日本的教育概况,并反观我国现时教育效法西方却差强人意,徒有其表,粗得皮毛。在此基础上,他阐明自己的教育主张,认为"国家之盛衰,在于人材;人材之盛衰,在乎学校",然而"讲求教育,学有专门,而不自幼童始,尤不可也"。至于幼儿教育的创办,作者力主地方多设幼稚院,更应效法俄、美诸国,奖励私人办学、民间办学,"万不能因噎废食,视为缓图"。这篇书信之于幼教的可贵之处,即在于他提出了首重"幼学"的主张。

昨接五弟来书,云炽侄已赴美国学农业专科,今忻悉坚侄亦赴英国肄业。惟嘱其立志坚定,学成一艺返国,毋负此行。

兄尝云:"有教育而后知道德,知道德而后开国会、立宪法,所谓有治人而后有治法。"溯我国与各国通商,数十年来,微论何业靡不瞠乎其后,即如教育一途,积习相沿,学非所用,且徒尚空言,不求实济,驯至今日西人甚至谓我无教之国。呜呼！岂真无教也哉！盖教之不得其法,实与无教等也。

泰西各国无业不有学,分门别类,各有专门。农有农学,工有工学,商有商学,医有医学,学校如林,遍地皆是。说者谓德之胜法、日之胜俄,皆出于学校。故世界各国学校之最善者莫如德、日。其教训幼童也,则设一幼稚院,凡子女四岁以后者,即送入学习。或以标本、模型、各种玩器使其认字,或以各种游戏使其体操,更将古今名人嘉言懿行编为浅近之学说、歌词使其勤习,故能出入谦恭有礼,且均知爱国家、敬父母。古人所谓童蒙为作圣之基者,此也。稍长则入小学,毕业后，复入大学，各专一门。若有子弟而不命之入学，则罪其父母。职是之故，人才日出。中国自三代而下，何尝无学。汉则重训诂，宋则重理学，有明一代则藉八股帖括以束缚英雄，我朝复沿而用之。今幡然知改，始则变帖括为策论，继则变科举为学堂。教育一途似知效法泰西矣。然既无幼稚院，又无完备之专门学堂，而闹学罢学之风潮复时见于报章。即有一二学堂差强人意，然亦徒有其表，粗得皮毛。

呜呼！国家之盛衰，在于人材；人材之盛衰，在乎学校。我国而欲与列强竞争于二十世纪之舞台，而不亟思讲求教育，不可也。讲求教育，学有专门，而不自幼童始，尤不可也。是故地方负有教育之职者，宜设幼稚院多所。家拥有巨资之绅商，亦宜大破悭囊[1]，联络提倡，富贵者无论也。其有裨于贫寒之幼童者，事岂浅鲜。虽目下举行新法，事事需款，万不能因噎废食，视为缓图。明末时，俄有富人名忒亚者，捐二十万卢布开办学堂，俄皇奖以大藏卿之职。各国效之，悬格以劝，至有捐及数百镑为学堂书楼之费者。美国大学堂甚多，查多由民间捐办。即如旅沪西人设有公学，闻其学费出自房捐，亦有自行捐资创设者。岂我国独无此慷慨好施之士乎？况幼稚院关于幼童之教育，蒙以养正之圣功也，尤宜协力振兴，俾成美举。前游日本幼稚院参观，见四五岁小儿均循循有礼，互相亲爱，而且居处得法，看护有方，各遂其生，各适其性，尤易于抚养。因忆余前所生之儿，两经幼殇[2]，皆由无幼稚院教育而家庭不晓卫生、仆妇不善抚养所致。又视年来子弟不识礼节，不晓公理，动说自由，以致风俗日坏。

兄今年老多病，决意潜修，不欲再闻世事，尚望我家男女遵守《人谱》、《朱子家训》，并选录中外先哲修身、治家、处世名言汇成一册，留示子孙。至于贫寒子弟，为急于谋食而不暇入学堂者，尤宜遍设半日学堂，或半夜学堂。学费则由绅富捐助，或禀请地方官提拨公款。此举亦不得视为缓图而让西人专美也。

夏东元编：《郑观应集》(下)，上海人民出版社 1998 年版。

注　释

1. 悭(qiān)囊：悭，吝啬。囊，口袋，此处指钱袋。
2. 殇(shāng)：未成年而死。《礼记・丧服传》："年十九至十六为长殇，十五至十二为中殇，十一至八岁为下殇，不满八岁以下皆为无服之殇。"

奏定蒙养院章程及家庭教育法章程(节录)

《奏定蒙养院章程及家庭教育法章程》及后文《湖北幼稚园开办章程》，均为张之洞主持订立并颁行。

张之洞(1837～1909),字孝达,号香涛,晚号抱冰,谥文襄。直隶南皮(今属河北)人,出生于贵州。十六岁以乡试第一名中举,清同治二年(1863年)中一甲三名进士(探花)。光绪七年至宣统元年(1881至1909年),历任湖北、四川的学政,山西的巡抚,两广、湖广、两江的总督,军机大臣兼管学部事务。清末洋务派首领之一,洋务教育的倡导者和领导者之一。其"中学为体,西学为用"的教育思想主要体现在《劝学篇》等文章中。1903年,张之洞与张百熙、荣庆奏请递减科举,同年共同制定出中国近代第一个由官方颁布施行的学制系统,即《癸卯学制》(又称《奏定学堂章程》)。其中的《奏定蒙养院章程及家庭教育法章程》是我国第一个幼儿教育法规,它确立了三至七岁幼儿的专门教育机构在学制上的法定地位。

《奏定蒙养院章程及家庭教育法章程》为《奏定学堂章程》之一,于清光绪二十九年十一月二十六日(1904年1月13日)颁行于世。该章程分为四章,共计二十一节,对幼儿教育的办理进行了较为明确的规定。

蒙养家教合一章第一

第一节　蒙养家教合一之宗旨,在于以蒙养院辅助家庭教育,以家庭教育包括女学。

第二节　蒙养院[1]专为保育教导三岁以上至七岁之儿童,每日不得过四点钟。

按各国皆有幼稚园,其义即此章所设之蒙养院,为保育三岁以上至七岁幼儿之所,令女师范生为保姆以教之。中国此时情形,若设女学,其间流弊甚多,断不相宜:既不能多设女学,即不能多设幼稚园,惟有酌采外国幼稚园法式,定为蒙养院章程。

第三节　凡各省、府、厅、州、县以及极大市镇,现在均有育婴堂及敬节堂(即恤嫠堂[2]),兹即于育婴、敬节二堂内附设蒙养院。

第四节　各处育婴堂规模大小不一,现均筹有常年经费;其规模过狭者,应设法扩充屋舍,增加额数:乳媪必宜多设,以期广拯穷婴。每堂乳媪之数,省城至少须在五十人以外,各府、县城至少须在三十人以外,即于堂内划出一院为蒙养院,令其讲习为乳媪及保姆者保育教导幼儿之事。由官将后开保育要旨条目,并将后开之官编女教科书、家庭教育书刊印多本,发给该堂,令其自相传习。乳媪既多,其中必有识字者,即令此识字之乳媪为堂内诸人讲授。此讲授之人,每月格外优给工资,由该堂员董察其是否得力酌办,日久效著者,可随时酌加。若堂内乳媪全无识字者,即专雇一识字之老成妇人入堂,按本讲授。凡本地拟充乳媪、保姆谋生之贫妇，愿入堂随众讲习者听。人数限三十人以内，严禁拥挤杂乱，责成该堂员董稽察（乳媪即须作保姆之事，惟年壮有夫者可兼充乳媪耳，其为保姆则一也）。

第五节　各处敬节堂本是极要善举，亦应设法扩充屋舍，增加额数，以惠穷嫠。每堂养赡节妇之数，省城至少须在五十名以外，各府、县城至少须在三十名以外。即于堂内划出一院为蒙养院，令其讲习为保姆者保育、教导幼儿之事（盖各处贫苦嫠妇，多系为人作活计，当女佣、保姆之属，必其无生计可图者乃肯入敬节堂耳。若教以为保姆之技能，固穷嫠之所愿也）。由官将后开保育要旨条目，并将后开之官编女教科书、家庭教育书刊印多本，发给该堂。其中节妇亦必有识字者，即令其为堂内诸人讲授，每月格外优给赡银，由该堂员董察其是否得力酌办。日久效著者，可随时酌加。若堂内节妇全无识字者，即专雇一识字之节妇入堂为之讲授。其堂内节妇有癃老已甚，或志在清静寂处，不拟自谋生计，不愿来听讲授者亦听其便。凡本地拟受人雇充保姆之贫妇，愿入堂随众讲习者听。人数限三十人以内，严禁拥挤杂乱，责成该堂员董稽察。

第六节　两堂开办一年以后，由各该堂员考察其讲授之乳媪、节妇，讲习认真，保育、教导合法者（此事甚浅近易晓，众目共见，不患其不公），禀明地方官分别给予奖赏，并发给保姆教习凭单。其在育婴、敬节两堂学保姆者，无论院内院外，均发给蒙养院学过保姆凭单，听其自营生业；讲习无成效者，不给凭单。

第七节　外国女师范学堂，例置保姆讲习科以教成之；中国因无女师范生，故于育婴、敬节两堂内附设蒙养院。所学虽然较浅，然其中紧要理法已得大要，已远胜于寻常之女佣。各省贫家妇人，愿为乳媪及抱儿之保姆、女佣资以糊口者甚多，此事学成不过一年，领有凭单，展转传授，雇值必可加丰，实为补益贫民生计之一大端。

第八节　凡两种蒙养院中，本地附近幼儿，其父母愿送入其中受院内之教育者听，以便院中学保姆者练习实地保育之法。其每院人数之多少，由地方官及绅董体察情形酌办，如贵族绅富自愿延请女师在家教授者听。

第九节　保姆学堂既不能骤设，蒙养院所教无多，则蒙养所急者仍赖家庭教育，惟有刊布女教科书之一法，应令各省学堂将《孝经》、“四书”、《列女传》、《女诫》、《女训》及《教女遗规》等书，择其最切要而极明显者，分别依次浅深，明白解说，编成一书，并附以图，至多不得过两卷，每家散给一本。并选取外国家庭教育之书，择其平正简易，与中国妇道妇职不相悖者（若日本下田歌子所著《家政学》之类），广为译书刊布。其书卷帙甚少，亦宜家置一编。此外如初等小学字课本及小学前二年之各种教科书，语甚浅显，地方官宜广为刊布；妇人之识字者即可自看自解，以供自教其子女之用。其不识字不能自行观览者，或由其夫、或请旁人为之讲说；有子者，母自教其子，以为入初等小学之基，有女者，母自教其女，以知将来为人妇、为人母之道；是为人母者皆自行其教育于家庭之中，母不能教者或雇保姆以教之，是家家皆自有一蒙养院矣。

第十节　三代[3]以来女子亦皆有教，备见经典。所谓教者，教以为女、为妇、为母之道也。惟中国男女之辨甚谨，少年女子断不宜令其结队入学，游行街市，且不宜多读西书，误学外国习俗，致开自行择配之渐，长蔑视父母夫婿之风。故女子只可于家庭教之，或受母教，或受保姆之教，令其能识应用之文字，通解家庭应用之书、算、物理，及妇职应尽之道，女工应为之事，足以持家教子而已。其无益文词概不必教，其干预外事、妄发关系重大之议论，更不可教。故女学之无弊者，惟有家庭教育。女学原不但保育幼儿一事，而此一事为尤要；使全国女子无学，则母教必不能善，幼儿身体断不能强，气质习染断不能美。蒙养通乎圣功，实为国民教育之第一基址。

保育教导要旨及条目章第二

第一节　保育教导要旨如下(外国所谓保育，即系教导之义，非仅长养爱护之谓也。兹故并加“教导”二字以明之)：

一、保育教导儿童，专在发育其身体，渐启其心知，使之远于浇薄之恶风，习于善良之轨范。

二、保育教导儿童，当体察幼儿身体气力之所能为，心力知觉之所能及，断不可强授以难记难解之事，或使为疲乏过度之业。

三、保育教导儿童，务留意儿童之性情及行止仪容，使趋端正。

四、儿童性情极好模仿，务专意示以善良之事物，使则效之，“孟母三迁”即此意也。

第二节　蒙养院保育之法，在就儿童最易通晓之事情，最所喜好之事物，渐次启发涵养之，与初等小学之授以学科者迥然有别。其保育教导之条目如下：

一、游戏　游戏分为随意游戏及同人游戏两种：随意游戏者使幼儿各自运动，同人游戏者合众幼儿为诸种之运动，且使合唱歌谣，以节其进退。要在使其心情愉快活泼，身体健适安全，且养成儿童爱众乐群之气习。

二、歌谣　歌谣俟幼儿在五六岁时渐有心喜歌唱之际，可使歌平和浅易之小诗；如古人短歌谣及古人五言绝句皆可，并可使幼儿之耳目喉舌运用舒畅，以助其发育，且使心情和悦为德性涵养之质。

三、谈话　谈话须择幼儿易解及有益处、有兴味之事实，或比喻之寓言，以期养其性情兴致。与小儿对话时，且就常见之天然物及人工物等指点言之，并可启发其见物留心之思路。其所谈之话，儿童已通晓时，保姆当使儿童演述其要领。演说之际务使声音高朗，语无滞塞，尤不许儿童将说话之次序淆乱错误。

四、手技　手技授以盛长短大小各木片之匣，使儿童将此木片作房屋门户等各种形状；又授以小竹签数茎及豆若干，使儿童作各种形状，又使用纸作各种物体之形状，更进则使用粘土作碗壶等形。又使于蒙养院附近之庭院内，播草木花卉之种于地，浸润以水与肥料，使观察其自发生以至开花结实等各形象。诸如此类，要在使引导幼儿手眼，使之习用于有用之处，为心知意兴开发之资。

第三节　保育教导幼儿之时刻，每一日不得过四点钟（合饮食之时刻在内），此外余时，可听其自便，惟伤生之事须随时防范。

屋场图书器具章第三

第一节　蒙养院房舍，以平地建造为宜，断不可建造楼房，致儿童登降有危险之虞。

第二节　蒙养院当备保育室、游戏室及其他必需之诸室。

第三节　保育室面积之大，当合每幼儿五人占地六平方尺。

第四节　庭园面积之大，至小者当合幼儿一人占地六平方尺。

第五节　凡手技用之器物图画、游戏物具乐器、几案椅凳、时辰表、寒暑表、暖房器及其他必需之器具，视其经费酌量置备，但只可简朴，不可全缺。若各器具无，即无从指点引导矣。

第六节　院地内外一切卫生等件，均按照小学堂之例。

管理人事务章第四（略）

舒新城编：《中国近代教育史资料》（中册），人民教育出版社1961年版。

注　释

1. 蒙养院：清末兴学时期，幼儿教育机构或依照欧美称谓叫“幼稚园”，或采用日本称谓叫“蒙养院”。1912年民国政府将幼教机构改称为“蒙养园”，1922年又统一定名为“幼稚园”，现制称为“幼儿园”。
2. 恤嫠（lí）堂：嫠，寡妇。恤嫠堂，即敬节堂，封建时代失去丈夫的女性，坚不改嫁以保贞节，因彼等生计无着，而设敬节堂赡养之。
3. 三代：指夏、商、周三个朝代。

湖北幼稚园开办章程

《湖北幼稚园开办章程》是张之洞主政湖北期间开办的省立湖北幼稚园的规划制度。湖北幼稚园是中国第一所公立幼教机构，筹办于1903年春夏间，1903年9月正式开园。园址位于湖北武昌阅马场，园长由日本人户野美知慧担任。园内设有开诱室、训话室、游戏室、陈列图书玩具室，室外开辟有游戏场。《湖北幼稚园开办章程》的文稿实由户野美知慧主持拟就。《章程》对该幼稚园的教育宗旨、教学内容、教学设施、保育时间、假日、学费等都做出了详细的规定。

第一条　幼稚园因家庭教育之不完全而设，专辅小儿自然智能、开导事理、涵养德性，以备小学堂之基础为宗旨。

第二条　幼稚园重养不重学，儿童未及学龄之年，皆其当期（三岁以上六岁以下）。有此蒙养，将来就学自然高人一等。

第三条　设园旨趣有三：一、保全身体之健旺，体育发达基此；二、培养天赋之美材，智育发达基此；三、习惯善良之言行，德育发达基此。

第四条　本园所设场室凡十有一：曰开诱室、训话室、游戏室、陈列图书玩具室；室外有场，曰游嬉场；场有山，曰游戏山；山有亭，曰游戏亭，凡以资养教育者皆备。其他则保姆助教休息室，看管小儿仆妇室，会计办公室，接应宾客室，亦略具焉。

第五条　本园暂定额八十名，男女均收，限一年卒业后，另有推广办法。

第六条　本园招收小儿，以五岁至六岁为率。

第七条　本园挑选此班小儿，即小学堂之预备科，务须气质聪强、体格一律，方易施功；若身体高下不一、气质闇弱及有疾病者，一概不收。

第八条　本园所定保育课目凡七：大概与日本幼稚园课目有出入，今列于下：行仪、训话、幼稚园语、日语、手技、唱歌、游嬉。

第九条　本园审定保育时间，每日三点钟为度：春分以后早八钟来园，十一钟半归家；秋分以后早八钟半来园，十二钟归家，每星期准十八点钟，归习在外。

第十条　本园年中休业：恭逢万寿并圣诞[1]、本园创立纪念日、清明、中元[2]节，每逢星期，各放假一日；端阳、中秋放节假三日；年假自头年十二月十五日起，至次年正月十六日止，暑假自初伏前五日起末伏后五日止。此外临时休业者至时报告。

第十一条　此班小儿一年卒业，即升入本园初等小学堂，其后另招幼稚则以四岁上下为率，二年卒业。

第十二条 本园一切服装、图书、保育物品均属官备，惟不备餐饭。本省小儿入园免收学费，外省小儿入园每月须纳学费洋四元。

第十三条 外省小儿入园，首月学费限于受业后五日，由其父兄或引证人纳入，其每月学费则以初十为限，一体交纳。

第十四条 小儿愿入园者，须将籍贯、姓名、生年月日及父母引证人姓名、住所，详细开呈，以凭查核。

第十五条 凡经挑选愿入园小儿，于入园之日，务须由其父兄亲填愿书，愿以后令小儿遵守园章，绝不违背。愿书式略。

第十六条 入园小儿不论男女，均须有引证人作保，立保证书。保证书式略。

第十七条 入园小儿，其父母及引证人移居之际，务须来园启告。

第十八条 小儿有病或有事故逾三日不能来园者，则须启告其事由。

第十九条 小儿欲退园者，须由其父兄及保证人申明事故乃可，若罹恶疾，应归医治，则宜速退。

第二十条 本园一切施行细则及管理诸务，均另详专章，俟后刊出。

第二十一条 幼稚园添设保育科，本科生徒赖有实地练习保育之方，请求保育，庶有经验。

第二十二条 保育科为幼稚之先事，初等小学为蒙养之升阶，盖相以为用者，设园为主，二义为辅。

《东方杂志》1904 年第 1 卷第 11 期。

注 释

1. 圣诞：此处圣诞，非指西方的圣诞节，乃指孔圣人孔子的诞生日。

2. 中元：旧俗以阴历七月十五日为“中元节”。

附：张之洞：《札学务处办敬节育婴堂文》

照得奏定学堂章程，各省设立蒙养院。应就育婴、敬节两堂，扩充屋舍，增加额数。即于堂内划出一区为蒙养院，令其讲习为乳媪及保姆者保育教导幼儿之事等。因钦奉谕旨通行各省，钦遵查照在案。兹查湖北省城所设幼稚园，系在《奏定学堂章程》未经颁发以前，以致办法未能划一，且于园内附设女学堂，聚集青年妇女至六七十人之多，与奏定章程尤为不合，若不亟予更正，诚恐习染纷歧，喜新好异，必致中国礼法概行沦弃，流弊滋多。本部堂审慎教法，体察世风，斟酌再三，亟应另定办法。查省城宾阳门内之敬节分堂，地方僻静，应即将该堂扩充屋宇，添建讲堂。即名曰敬节学堂。挑选粗通文理之节妇一百名，作为傅姆科正额；延聘日本女教习，讲习女子师范家庭教育，以备将来绅富之家延充女师之选。又该堂西南有保安火药局基地两所，地段广阔，堪以归并修建改作育婴学堂。附设蒙养院于其中，挑选略能识字之乳媪一百名，作为保育科正额；延聘日本女教习，讲习保育幼儿教导幼儿之事，以备将来绅富之家雇佣乳媪之选。至历年旧有之敬节、育婴两堂，听其循旧办理，不与此两学堂相涉。其原设幼稚园内附设之女学堂，即行裁撤。所有原在该学堂有夫家之妇人，有愿学习女子师范家庭教育及保育教导幼儿之事者，准其分别附入敬节、育婴两学堂内一体教授，每堂不得过三十名；其未出嫁之室女，即勿庸附入此两学堂，以示限制，而昭区别。如有少年处女志切就学者，该女子父兄尽可邀约亲族戚谊公同筹商，于巨绅世族家中开设女义学，妥拟章程，限定额数，禀明官师批准，延聘中外女师，俾戚友处女附学其中，斯为妥善无弊，方与奏定章程相合。……

《东方杂志》1904 年第 1 卷第 7 期。

蒙养镜序

《蒙养镜序》实为严复为《蒙养镜》一书所作之序言。

严复(1854～1921)，又名宗光，字又陵，又字几道，福建侯官(今福州)人。少年时期考入福州船政局附设的船政学堂，清光绪三年(1877 年)被派往英国海军学校留学，光绪五年(1879 年)回国后，长期从事教育工作。初任福州船政学堂教习，光绪六年(1880 年)起，先后任北洋水师学堂总教习、会办、总办，光绪二十二年(1896 年)创办天津俄文馆并兼任总办，同时支持张元济在北京创办通艺学堂。1912 年任北京大学校长，兼文科学长，旋即辞去，不再出任具体职务。严复是近代中国向西方寻求救国真理的代表人物之一，是中国最早系统介绍西方资产阶级社会学说，并以此来反对传统儒家学说，挽救中国危亡的资产阶级启蒙思想家，清末维新运动中出色的理论家和宣传家。他在教育方面的主要著作有：《原强》、《救亡决论》和《论沪上创兴女学堂事》(1898 年)、《道学外传》(1898 年)、《与外交报主人论教育书》(1902 年)、《论教育与国家的关系》(1906 年)、《蒙养镜序》(1909 年)等。其著译编为《侯官严氏丛刊》、《严译名著丛刊》。

《蒙养镜序》是严复为吴燕来所译《蒙养镜》一书写的序言，曾发表在 1909 年《教育杂志》第一年第三期上。“蒙养镜”意为教养儿童的一面镜子。“蒙养”语出《易·蒙》：“蒙以养正，圣功也。”意思是在知识未开的童蒙时期就进行教育，能达

到“至圣之功”。后即指教育儿童为“蒙养”。《蒙养镜》为德国教育家撒尔茨孟(Christian Gotthilf Salzmann)所著，亦译作《对于不合理的儿童教育的启示》，由吴燕来从日译本转译。在“序”中，严复从物竞天择、存种保国的理论出发，仿正文笔法，通过剖析封建社会上层人物在子弟教育问题上的错误认识和做法，阐明家庭教育的重要。

晋人有言：“子弟亦何与人事，正复欲使其佳。”应者曰：“此如玉树琼林，欲其生吾阶除而已。”[1] 此其言似达，然而大误。东晋之所由不振，姬汉疆索[2]，遂为腥膻[3] 驰骤之场，至隋暨唐而后粗定者，未始非燕翼[4] 之情甚轻，有以致之也。夫一国一种之盛衰强弱，民为之也。而民之性质，为优胜，为劣败，少成为之也。国于天地，数千百年，一旦开关，种与种相见，而物竞生焉，每大为其外者之所齮龁[5]。当其存亡危急之秋，环视其群，瞭然见智、仁、勇三者之皆不及，思自奋勉，以为存种救国之功，则对境自诡[6] 曰：吾亦老矣。已而自课其隐，还溯生平，虽名位显达，居养丰饶，详审所为，几无一事可自慰者。又不幸性习既成，即愿勉所优胜，去所劣败，往往不能，则旁睨其子若孙，喟然曰：尚庶几为我之所欲为者乎？将无知尚公、尚实、尚武[7]，于以合群进化，而为吾种之荣光者乎？呜呼！厉之人夜半生子，取火视之，汲汲然惟恐其似己也[8]。深推所念，夫亦可谓大哀也已！则由是蹶起而事教育之事，设学堂，置教科，植师范，讲普及焉。此姑勿论其效未效，乃若其志，又可尚也。虽然未至，请循其本。

昔者九方歅以子綦之子梱也为祥，而子綦索然出涕曰：“吾未尝为牧而牂生于奥，未尝好田而鹑生于宎，若勿怪，何耶[9]？”由此言之，一切法莫大于因果。子弟之德，堂构[10]之美，夫非偶然而至者，灼灼明矣。故谢安之妇，尝怪其夫之不教子。安曰：“吾尝身自教之[11]。”斯宾塞曰：“子孙者，汝身之蜕影也。”伤今之人，自为乾没[12]无已之事，而望其子以光明，日为腆鲜不涓[13]之事，而望其子以高洁。汝以为不汝知也耶？又大误也。且私之甚者，其视所生，亦草芥[14]然，无几微痒痛之相涉，涅伏瞀乱[15]，喜怒变常。夫如是乃默而祝曰：“天地不偏覆载[16]，吾黄人，神明之子孙，宜日进而与一世抗也。”此何异取奔蜂以化藿蠋，用越鸡以伏鹄卵[17]。一或有之，则一切天演之说，皆可焚也。然则家庭教育，顾不重耶！

且国弱种困，则有深望于后之人，此不独吾今日之事然也。彼欧西诸邦，莫不如此。吾尝读英洛克氏、法卢梭氏[18]诸教育书，见其和蔼恺恻，大异平日反对政府之文辞。然皆大声疾呼，谓非是则国种决灭。德之最困，莫若十八、十九两世纪之交[19]，而教育哲家，如佛队、汗德[20]诸公遂出。兹编撒氏[21]之作，亦于其时者也。顾其作意，所与诸家异者，彼以为多言其反，将正者自明。此犹庄周以非指喻指，非马喻马[22]，而齐桓公亦云仲父教我以所善，不若教我以所不善[23]。其为特色，天下父母当自知之。既译于日本，而今者桐城吴君燕来，以通雅之才，躬迻译[24]之事，明白晓畅，殊便家人。《记》曰："教学相长。"[25]使公等知后生之可畏，思来日之大难，各手此书，深稽其说，将不独于子弟有大造，而长者之心德身仪，亦以日即于优胜，其为国福，岂有涯哉！其为国福，岂有涯哉！

王栻：《严复集》(二)，中华书局1986年版。

注 释

1.《晋书·谢玄传》："(玄)与从兄朗俱为叔父安所器重。安尝戒约子侄，因曰：'子弟亦何豫人事，而正欲使其佳？'诸人莫有言者。玄答曰：'譬如芝兰玉树，欲使其生于庭阶耳。'"这里的晋人指谢安。何豫人事：跟人有什么相干。正欲使其佳，即正要使他好；庭阶，指庭院。

2. 姬汉疆索：姬，指周朝。汉，指汉朝。疆索，指疆土。

3. 腥膻(shān)：羊骚气。这里指以牛羊肉为食的北方少数民族。其时正处于所谓"五胡乱中华"的历史时期。

4. 燕翼：为子孙打算。《诗·大雅》："武王岂不仕，诒厥孙谋，以燕翼子。"《毛传》："燕，安；翼，敬也。"指武王以安敬之谋遗其子孙。

5. 齮龁(yǐ hé)：咬，引申为伤害，损伤。

6. 自诡：自责。

7. 尚公、尚武、尚实：清光绪三十二年(1906年)，清学部规定教育宗旨为"忠君、尊孔、尚公、尚武、尚实"，认为"忠君、尊孔"为"中国政教之所固有，而亟宜发明以距异说者"；"尚公、尚武、尚实"为"中国民质之所最缺，而亟宜针砭以图振起者"。

8. 厉之人……也：见《庄子·天地》。厉，通"癞"。厉之人，患癞病的人。汲汲，匆忙急迫的样子。

9. 昔者九方歅……何耶：《庄子·徐无鬼》："子綦有八子，陈诸前，召九方歅曰：'为我相吾子，孰为祥？'九方皋曰：'梱也为祥。'子綦索然出涕曰：'吾子何为以至于是极也！'九方歅曰：'夫与国君同食，泽及三族，而况父母乎！今夫子闻之而泣，是御福也。子则祥矣，父则不祥。'子綦曰：'歅，汝何足以识之，而梱祥邪？尽于酒肉，入于鼻口矣，而何足以知所自来？吾未尝为牧而牂生于奥，未尝好田而鹑生于宎，若勿怪，何邪？'"子綦，楚国司马。梱，子綦之子名。牂(zāng)，指羊。奥，室的西南隅。田，打猎。宎(yāo)，室的东南隅。子綦认为羊须牧养，鹑须田猎。无功受禄，好比不牧养而有羊，不打猎而获鹑，是为不祥。

10. 堂构：旧时比喻父祖遗业。堂，立堂基；构，盖房子。

11. 故谢安……身自教之：《世说新语·德行》："谢公夫人教儿，问太傅：'那得初不见君教儿？'曰：'我常自教儿。'"身自教之，用亲身的行动来教育子弟。

12. 乾(gān)没：吞没财物。

13. 腆(tiǎn)鲜不涓：富厚不廉洁。腆鲜，丰厚鲜美。

14. 草芥：比喻微贱的东西。芥，小草。

15. 涅伏:nerve 的音译,神经;瞀(mào)乱:目眩,昏乱。

16. 天地不偏覆载:意思是说天覆盖一切,地承载一切,不会有所偏私。

17. 取奔蜂以化藿蠋,用越鸡以伏鹄卵:《庄子·庚桑楚》:"奔蜂不能化藿蠋(huò zhǔ),越鸡不能伏鹄卵。"奔蜂,细腰土蜂。藿蠋,豆叶中的大青虫。越鸡,小鸡。

18. 洛克(John Locke,1632~1704):英国哲学家。其《教育漫话》主张通过家庭教育培养具有"文雅态度"和"善于处理事务"的绅士。卢梭(Jean Jacques Rousseau,1712~1778),法国启蒙思想家、哲学家、教育学家、文学家。在教育上提出"回到自然"的口号,主张顺应儿童本性,让儿童身心自由发展。在著名教育小说《爱弥儿》中,他提出培养新社会新人的道路。

19. 德之最困……之交:德国在 18、19 世纪之交,还是许多诸侯国,其中最强的为普鲁士。1806 年,法国拿破仑和普鲁士作战,普鲁士遭到决定性的溃败。

20. 佛队:现译费希特(Johann Gottlieb Fichte,1762~1814),德国古典唯心主义哲学家。汗德,现译康德(Immanuel Kant,1724~1804),德国哲学家,古典唯心主义创始人。教育上主张重视儿童的天性,认为教育目的在于养成儿童自觉遵守纪律的习惯,使之成为自然。

21. 撒氏:即《蒙养镜》作者撒尔茨孟(1744~1811),亦译萨耳士曼,德国泛爱派著名教育家之一。曾于 1784 年仿照巴泽多在德骚(Dessau)的"泛爱学校",在杜林根森林创办了一所泛爱学校。

22. 庄周以非指喻指,非马喻马:《庄子·齐物论》:"以指喻指之非指,不若以非指喻指之非指也;以马喻马之非马,不若以非马喻马之非马也。"即一只具体的指(手指)和一匹具体的马,跟概念的指和马不同,要说明这两者的不同有困难,不如用不是指、不是马的东西来说明它们跟指和马的不同更让人容易明白。意思是说,用反面的事物作例更具有说明对象的效果。

23. 齐桓公……不善:《管子·四称》:"桓公曰:'……仲父已语我其善,而不语我其恶,吾岂知善之为善也。'"仲父,齐桓公对管仲的尊称。

24. 迻译:即翻译。迻,"移"的异体字。

25. 教学相长:《礼记·学记》:"是故学然后知不足,教然后知困。知不足,然后能自反也;知困,然后能自强也。故曰:教学相长。"

第六章　中华民国时期幼教名著选读

这一时期起自1912年中华民国成立，止于1949年中华人民共和国成立，将近40年的历史。这是一个政权多元、政局动荡的时代。1912年1月1日孙中山领导的中华民国南京临时政府正式建立，结束了在中国延绵两千余年的君主专制政体。1915年底，袁世凯复辟帝制，改行“君主立宪”，“护国运动”由是而起。1916年袁世凯被迫撤销“承认帝制案”，恢复共和政体。自此先后有黎元洪、冯国璋、徐世昌、曹锟、段祺瑞等执掌国家权柄，并有张勋的“辫子军复辟”和各省区的“独立”。1921年后，中华民国南北对立的政权格局形成。1926年4月段祺瑞下台，北方政府开始涣散。1925年7月广东国民政府成立。1927年1月广东国民政府迁往武汉。是年，蒋介石发动“四一二”事变后，另组南京国民政府。

1927年第一次国共合作结束后，中国共产党人发动了南昌起义、秋收起义，于1931年11月在江西瑞金建立中华苏维埃共和国。1936年第二次国共合作达成后，于1937年9月成立从属于国民政府的陕甘宁边区政府。

其间日本帝国主义侵略势力还扶持一些中华民族的败类成立过两个伪政权：一是1932年3月溥仪在东北成立的伪满洲国；二是1940年3月汪精卫在南京成立的伪国民政府。

中华民国时期的政治如此纷乱复杂，在激烈的国内政治斗争之外，再加上沉重的民族抗日战争，可以说促进教育改革、推动教育进步的政治环境极端恶劣，经济来源极为拮据。但是，由于中华民族的科学观念、民主意识已经普遍提高，尤其是在发展教育的理念和认识方面取得了前所未有的进步，加之众多有识之士前仆后继的身体力行，使教育事业依旧有了长足的进步，幼儿教育事业也是如此。

综观整个民国时期，在相关政府和民间力量的相互作用下，一系列教育方针政策因时更易、不断替变，从历届政府出台的教育宗旨或教育方针以及相关教育法规的变易沿革，人们不难看出时代变局对整个教育事业变迁发展所产生的实际影响。1912 年 9 月 2 日，教育部颁布“注重道德教育，以实利教育、军国民教育辅之，更以美感教育完成其道德”的四项教育宗旨，基本上反映了民初的共和精神。同年 9 月 3 日，教育部颁行《壬子学制》，1913 年 12 月修订为《癸丑学制》，二者合称《壬子・癸丑学制》。1915 年 2 月，袁世凯出于复辟帝制的需要，发布《教育要旨》，以“爱国、尚武、崇实、法孔孟、重自治、戒贪争、戒躁进”取代民初的“四项教育宗旨”，具有浓重的封建复古色彩。1922 年 11 月，教育部通过由全国教育会联合会提议的学制改革方案，正式颁行《壬戌学制》，要求以“适应社会进化之需要，发挥平民教育精神，谋个性之发展，注意国民经济力，注意生活教育，使教育易于普及，多留各地方伸缩余地”等七项标准为指导精神来办理教育。1925 年以后，广东国民政府开始推行“党化教育”方针，力求实现教育“党有”、“党办”、“党享”。1929 年 4 月，南京国民政府在“党化教育”方针遭到各方面极力反对的情况下，正式颁行三民主义教育宗旨，标榜“中华民国之教育，根据三民主义，以充实人民生活、扶植社会生存、发展国民生计、延续民族生命为目的，务期民族独立、民权普遍、民生发展，以促进世界大同”。抗日战争期间，陕甘宁边区推行的则是“民族的、科学的、大众的”新民主主义教育方针。

以上教育宗旨（或方针）与法规在幼儿教育方面均作出了具体的规定，尤其突出的是《壬子・癸丑学制》和《壬戌学制》。在《壬子・癸丑学制》中，女子取得了一定的受教育权利，除大学预科、本科不设女学，不招女生外，其余学校都可设立女学或招收女生。这项规定对培养蒙养园师资有极大的好处。该学制还将清末的学前教育设施蒙养院更名为蒙养园。遗憾的是，将蒙养园置于学校系统之外，在某种程度上削弱了蒙养园教育的地位。不过，1912 年教育部在颁布的《师范学校令》中强调女子师范学校于附属小学外，必须开设蒙养园，使得蒙养园的范围得以扩充和保证。1922 年的《壬戌学制》也对幼儿教育作出两处修正：一是改蒙养园为幼稚园，使学前教育机构的称谓走向世界化；二是将幼稚园纳入学校系统，加强了幼稚园教育的地位。从此，中国的幼儿教育开始走上现代化的正常发展道路。

在其时的政治背景和文化教育政策的影响下，中华民国的幼儿教育形成了自己鲜明的时代特色。一是民国前期的洋化色彩，一是民国后期的本土化色彩。

民国前期幼儿教育机构的开设有了一定程度的发展，其主要原因是受到西方和日本幼稚教育思想的影响。西方幼稚教育思想在清末时期就开始传入我国，主要表现为福禄培尔、蒙台梭利幼儿教育思想在中国的广泛传播，并且其教育模式和教育理念在国人头脑中形成了一定的影响，这种影响一直持续到民国前期。是时，国内的重要教育刊物，如《教育杂志》、《中华教育界》、《新教育》等都详细介绍了他们的幼儿教育思想主张或理论，并成立研究会对其进行研究，同时，一些热衷蒙台梭利教育法的外国教育人士也来到中国，发表演说，对其教育法进行鼓吹。新文化运动后，欧洲的“新教育运动”与美国的“进步主义教育”思想开始传入中国，其传播的速度和范围在“五四”运动前后达到高峰。尤其是杜威实用主义教育学说在中国的影响更为深入和广泛。

杜威的教育学说以“教育即生活”、“教育即生长”、“学校即社会”为主旨。在儿童观上，杜威认为“儿童是教育中的太阳”，主张教育应该从儿童不变的本能和自发的兴趣与需要出发，以儿童自身的活动为教育过程的中心，在“做中学”。这种儿童中心论，经过杜威本人来华进行旋风式的演讲和从美国哥伦比亚大学留学归国的郭秉文、陶行知、胡适以及陈鹤琴、张伯苓等人的宣传，成为“五四”前后我国幼儿教育的指导思想。

民国后期，有感于我国进行的幼儿教育以及开办的幼教机构的“外国病”、“富贵病”，一批教育家开始进行中国本土化的幼儿教育实验。其代表人物主要有张雪门、陶行知、陈鹤琴、张宗麟等。经过他们较为长期的宣传、实验、研究与探索，中国的幼教事业在朝向洋化发展的道路上有了一定的改向。虽然没有完全实现幼稚园教育的中国化，但总算有了一个良好的开端，使教育界的人士对幼儿教育更加重视，尤其对工农劳动阶级的幼儿教育予以相当程度的关注。与此相应，一般的幼稚园教师对于自身的工作也增加了不少兴趣，各派幼儿教育理论也开始在实践的推进过程中产生和形成。

与此同时，陕甘宁边区的幼儿教育也积极地开展起来。抗日革命根据地创立后，边区政府除了发展干部教育、群众教育和学龄儿童教育外，还关注着婴幼儿教育，建立起兼备托儿所和幼儿园教育功能的陕甘宁边区第一保育院和洛杉矶托儿所等婴幼儿教育机关，在幼儿保育和教养等方面取得了宝贵的经验。同时，在新民主主义理论指导下的幼教理论也开始逐渐形成。考虑到这些幼教理论发展的完整性以及在实践方面的实际指导意义，我们将这些理论的文字结晶划归到下一章——共和国时期加以说明。

新教育与旧教育之歧点

《新教育与旧教育之歧点》与后面所选《贫儿院与贫儿教育的关系》、《美育实施的方法》，均为蔡元培的教育论作。

蔡元培(1868～1940)，字鹤卿、仲申，号孑民。浙江山阴(今绍兴)人。资产阶级民主革命家、教育家。六岁破蒙，“年少通经”，“声闻当代”。十七岁中秀才，

后在家乡设馆授徒，清光绪十五年(1889年)中举人，光绪十八年(1892年)中进士，旋选庶吉士，散馆后授翰林院编修。甲午战争后，开始研习西学，赞同维新。戊戌政变后，归里兴教，受聘为绍兴中西学堂监督。光绪二十七年(1901年)夏赴上海代理澄衷学堂总理，旋受聘为南洋公学特班总教习。次年发起成立中国教育会、爱国学社和爱国女学。光绪三十三年(1907年)自费赴德国留学。民国成立后，主要负责教育行政和大学教育。民国元年(1912年)任第一任教育总长，其间颁发了中国第一个资产阶级性质的教育制度(壬子·癸丑学制)，袁世凯上台后，他辞去教育总长职，不久又前往德国留学。1913年6月1日归国参加"二次革命"，失败后再赴欧洲研究学术，并组织勤工俭学活动。1917年1月归国任北京大学校长，提倡科学与民主，1924年再赴欧洲。南京国民政府成立后任大学院院长、中央研究院院长等职。1940年3月5日病逝于香港。他毕生关心教育，提倡学术，为官清廉，忧国忧民，是近代中国知识界的卓越先导。

在倾其毕生精力关注高等教育的同时，蔡元培也非常关注幼儿教育。他的幼儿教育主张主要体现为"儿童公育"、"尚自然，展个性"及幼儿美育等方面。

《新教育与旧教育之歧点》是蔡元培于1918年5月30日在中华书局"直隶全省小学会议欢迎会"上的演说。在演说词中，蔡元培反对压抑儿童个性和摧残儿童自由发展的封建教育，大力提倡崇尚自然、发展个性的新教育。

今日承京津中华书局代表之招，得与诸先生晤言一堂，不胜荣幸。中华书局，为供给教育资料之机关；诸君子皆有实施教育之职务。今闻所相与讨论者，自然为教育问题。鄙人于小学教育，既未有经验，又于直隶省教育情形，未有所考察，不能为切实之贡献。谨以平日对于教育界之普通感想，质之于诸先生。

夫新教育所以异于旧教育者，有一要点焉，即教育者非以吾人教育儿童，而吾人受教于儿童之谓也。吾国之旧教育以养成科名仕宦之材为目的。科名仕宦，必经考试，考试必有诗文，欲作诗文，必不可不识古字，读古书，记古代琐事。于是先之以《千字文》、《神童诗》、《龙文鞭影》、《幼学须知》等书；进之以"四书"、"五经"；又次则学为八股文，五言八韵诗；其他若自然现象，社会状况，虽为儿童所亟欲了解者，均不得阑入教科，以其于应试无关也。是教者预定一目的，而强受教者以就之；故不问其性质之动静，资禀之锐钝，而教之止有一法，能者奖之，不能者罚之，如吾人之处置无机物然，石之凸者平之，铁之脆者煅之；如花匠编松柏为鹤鹿焉；如技者教狗马以舞蹈焉；如凶汉之割折幼童，而使为奇形怪状焉；追想及之，令人不寒而栗。新教育则否，在深知儿童身心发达之程序，而择种种适当之方法以助之。如农学家之于植物焉，干则灌溉之，弱则支持之，畏寒则置之温室，需食则资以肥料，好光则复以有色之玻璃；其间种类之别，多寡之量，皆几经实验之结果，而后选定之；且随时试验，随时改良，决不敢挟成见以从事焉。故治新教育者，必以实验教育学[1]为根柢。实验教育学者，欧美最新之科学，自实验心理学[2]出，而尤与实验儿童心理学[3]相关。其所试验者，曰感觉之阈[4]，曰感觉之分别界，曰空间与时间之表象，曰反射，曰判断，曰注意力，曰同化作用，曰联想，曰意志之阅历，曰统觉[5]，凡一切心理上之现象皆具焉。其试验之也，或以仪器，或以图画，或以言语，或以文字。其所为比较者，或以年龄，或以男女之别，或以外界一切之关系，或以祖先之遗传性，因而得种种普通之例，亦即因而得种种差别之点。虽今日尚未达完全之域，然研究所得，视昔之纯凭臆测者，已较有把握矣。

因而知教育者，与其守成法，毋宁尚自然，与其求划一，毋宁展个性。请举新教育之合于此主义者数端。一曰托尔斯泰(Tolstoy)之自由学校[6]，其建设也，尚在实验教育学未起以前，乃本卢梭、裴斯泰洛齐、弗罗贝尔[7]等之自然主义而推演之者；其学生无一定之位置，或坐于凳，或登于桌，或伏于窗槛，或踞[8]于地板，惟其所欲；其课程亦无定时，惟学生之愿，常以种种对象间厕而行之；其教授之形式，惟有问答。闻近年比利时亦有此种学校，鄙人欲索其章程，适欧战起，比为德所据，不可得矣。二曰杜威(Dewey)之实用主义[9]，杜威尝著《学校与普通生活》一书，力言学校教科与社会隔绝之害；附设一学校于芝加哥大学，即以人类所需之衣、食、住三者为工事标准，略分三部：一曰手工，如木工、金工之类；二曰烹饪；三曰缝织，而描画模型等皆属之；即由此而授以学理，如因烹饪而授以化学，因裁缝而授以数学，因手工而授以物理学、博物学，因原料所自出而授以地学，因各时代各民族工艺若服食之不同而授以历史学、人类学等，是也。三曰蒙台梭利之儿童室[10]，即特设各种器具以启发儿童之心理作用者，是也；吾国已有译本，想诸君已见之。四曰某氏之以工作为操练说[11]，此说不忆为何人所创，大约以能力说为基础。能力者，西义所谓 Energy 也，近世自然哲学[12]，以世界一切现象，不外乎能力之转移，如然[13]煤生热，热能蒸水成汽，汽能运机，机能制器；即一种能力之由煤，而热，而汽，而机，而器，递相转移也。惟能力之转移，有经济与不经济之别，如水力可以运机发电，而我国海潮瀑布之属皆置而不用，是即不经济之一端也。近世教育，如手工图画等科，一方面为目力手力之操练，而一方面即有成绩品，此能力转移之经济者也。其他各种运动，大率止有操练，并无出品，则为不经济之转移。若合个人生理及社会需要两方面而研究之，设为种种手力足力之工作，以代拍球蹴球[14]之戏；设为种种运输之工作，以利用竞走竞漕之役；则悉于体育之中，养成勤务之习惯，而一切过激之动作，凌人之虚荣心，亦可以免矣。其他类是之新说，为鄙人所未知者，尚不知凡几，亦足以见现代教育界之进步矣。吾国教育界，乃尚牢守几本教科书，以强迫全班之学生，其实与往日之《三字经》、“四书”、“五经”等，不过五十步与百步[15]之相差。欲救其弊，第一，须设实验教育之研究所。第二，教员须有充分之知识，足以应儿童之请益与模范而不匮。第三，则供给教育品者，亦当有种种参考之图画与仪器，以供教员之取资。如此，则始足语于新教育矣。

高平叔编：《蔡元培教育论著选》，人民教育出版社 1991 年版。

注 释

1. 实验教育学：现代西方教育学说之一，19 世纪末受实验心理学之影响而创立，主张用实验方法来研究儿童及其教育问题。其代表人物有德国的拉伊（W. A. Lay，1862～1926）、梅伊曼（E. Meumann，1862～1915）和美国的桑代克（E. Thorndike，1874～1949）。
2. 实验心理学：19 世纪后期形成的德国一个心理学学派，主张心理学应采用实验法。
3. 实验儿童心理学：代表人物为 19 世纪末德国生理学和实验心理学家普来尔（W. T. Preyer，1841～1897），他对自己的独生子自出生至三岁，每天进行系统观察，1882 年出版《儿童心灵》，奠定了这门学科的基础。
4. 感觉之阈（yù）：在心理学中，指引起感觉刺激的最小量。阈，门限，引申为界限。
5. 统觉：心理学上指由当前事物引起心理活动同已有知识经验相联系、相融合，从而更明显地理解事物意义的现象。
6. 自由学校：俄国作家列夫·托尔斯泰（1828～1910）在自己故乡为教育农民于 1859 年创办的亚斯那亚·波良那学校。他渴望建立一个“自由平等”的小农社会，故于 1861～1862 年在该校实践自己的“自由教育”的理论。
7. 卢梭（1712～1778），法国启蒙思想家、哲学家、教育家、文学家；裴斯泰洛齐（1746～1827），瑞士教育家；弗罗贝尔（1782～1852），德国教育家，现译福禄培尔。
8. 踞：坐姿的一种，坐时两脚底和臀部着地，两膝上耸。
9. 杜威（1859～1952），美国教育家，实用主义的主要代表人物。
10. 蒙台梭利（1870～1952），意大利教育家和医生。1907 年在罗马为 3 至 7 岁儿童创办“儿童之家”（儿童室），从事教育实验。
11. 某氏：应指凯兴斯泰纳（1854～1932），德国教育家。他主张把国民学校从读书学校的性质改组为劳作学校。
12. 自然哲学：指 17 世纪到 19 世纪初叶发展起来的一种凌驾于自然科学之上，企图包括并代替自然科学的哲学。
13. 然：同“燃”。
14. 蹴（cù）球：蹴，踢。蹴球，本为中国唐代的一种足球（与现代足球相似），此处当指现代足球。
15. 五十步与百步：即中国成语“五十步笑百步”。《孟子·梁惠王上》：“孟子对曰：‘王好战，请以战喻。填然鼓之，兵刃既接，弃甲曳兵而走。或百步而后止，或五十步而后止。以五十步笑百步，则何如？'曰：'不可，直不百步耳，是亦走也。'"后人以此语比喻缺点或错误虽有不同，但实质却无两样。

贫儿院与贫儿教育的关系

《贫儿院与贫儿教育的关系》，是蔡元培在1919年3月15日的北京青年会演说会上的演说词。在该篇演说中，蔡元培主张自贫儿院起始将儿童公养公育推广到全体儿童中去。

贫儿院的历史同成效，刘景山先生已讲得很详细了。鄙人对于贫儿院，有一种特别感想，并且有一种特别希望。所以看得这一次的募捐，比较别种慈善事业尤为重要。请与诸位男女来宾讲讲。

贫儿是没有受家庭教育的机会，所以到院。这原是他们的不幸。但鄙人对于家庭教育很有点怀疑。第一层：教育是专门的事业，不是人人能担任的。譬如诸位有一块美玉，要琢成佩件，必要请教玉工。又如有几两黄金，要炼成首饰，必要请教金工。断不是人人自作的。现在要把自家子女造成适当的人物，敢道比琢玉炼金容易，人人可以自任的么？第二层：有子女的人，不是人人有实行教育的时间。男子呢，莫不有一定职业，就每日有一定作工的时间。作工完毕了，还有奔走公益的，应酬亲友的，随意消遣的。请问每日中有多少时间可以在家与他的子女相见？妇人呢，或是就职业，或是操家政，也有讲应酬好消遣的，请问每日中有多少时间可以专心对付他的子女？所以有钱的就把子女交给没有受过教育的仆婢，统统引诱坏了。没有钱的就听子女在家里胡闹，或在街上乱跑。父母闲暇了，高兴了，子女就有不好的事，也纵容他；忙不过来了，不高兴了，子女就有好的事，也瞎骂一阵，乱打几拳。这又是大多数父母的通病了。而且现在的家庭对于儿童可以算好的榜样么？正经的父母不知道儿童性情与成人大有不同，立了很严规矩，要儿童仿作，已经很不相宜了。还有大多数的父母夫妇的关系、兄弟妯娌的关系、姑嫂的关系、主仆的关系、亲戚邻居的关系，高兴了就开玩笑，讲别人的丑事；不高兴了，相骂相打。要是男子娶了妾，雇了许多男女仆，那就整日的演妒忌猜疑的事，甚且什么笑话都可以闹出来。这可以做儿童的榜样么？兼且成年的人爱看的书报与图画，爱听的笑话与鼓词，不免有不宜于儿童的，父母看了听了，可以不到儿童的耳目么？有许多儿童都是受了家庭不好的教育，进学校后很不容易改良。所以我对于家庭教育很有点怀疑。

我们古代的大教育家，要算是孔子、孟子。孔子有一个学生叫陈亢，疑孔子教训儿子总比教训学生有特别一点的。有一日问着孔子的儿子伯鱼。照伯鱼对答的：有一次遇见了他的父亲，问他学了诗没有。他说没有学。他的父亲就说了不学诗的短处。又有一次遇见了他的父亲，问他学了礼没有。他也说没有学。他的父亲就说了不学礼的短处。陈亢恍然大悟，知道君子是疏远他的儿子呢。孟子有一个学生，叫公孙丑，有一日问道："君子为什么不亲自教他的儿子？"孟子答道："办不到。教他必用正道。教了不听，必要怒。怒了便伤了父子的感情。万一儿子想着父亲教我的，他自己也还没有作到，这更是彼此互相责备，更坏了。所以古人用交换法把自己的儿子请别人教，反替别人教他的儿子呵。"照此看来，圣如孔子，贤如孟子，尚且不敢用家庭教育，何况平常人呢？

所以我的理想：一个地方必须于蒙养院与中小学校以外，有几个胎教院、几个乳儿院，都由专门的卫生家管理。胎教院的设备，如饮食、器具、花园、运动场、装饰的雕刻与图画、陈列的书报，都是有益于孕妇的身体与精神的。因为孕妇身体上受了损害，或精神上染了淤浊，都要害及胎儿的。乳儿院的设备，必须于乳儿的母亲身体上、精神上都是有益的。要是母亲有了疾病，或发了邪淫、愤怒、悲愁的感情，都是害及乳儿的，有了这种设备，不论那个人家，要是妇人有了孕，便是进胎教院。生了子女，便迁到乳儿院。一年以后，小儿断乳，就送到蒙养院受教育，不用他的母亲照管。他的母亲就可以回家，操她的家政，或营她的职业了。

现在还没有这种组织，运动别人，别人也不肯信。我想先从贫儿院下手。要是贫儿院试办这种事情很有成效，那就可以推广到不贫的儿童了。这是我的第一种希望。

美国大教育家杜威博士，不久要来中国。他创了一种很新的教育主义，是即工即学，是要学校生活与社会生活密接。曾在雪卡哥大学[1]附设一个学校试验过，很有成效。我于民国元年在南京发表过一篇《对于教育方针之意见》，曾于实利主义一节中介绍过。去年在天津青年会演讲《新教育与旧教育之歧点》，又介绍过一回。他的即工即学主义，是学生只须作工，一切学理就在作工的时候指点他，用不着什么教科书。我但用贫儿院已设的烹饪、裁缝、木器与地毡四项工作做个比例，就容易明白了。这四项的原料都是动植物，便可以讲生物学。这四项的工具都是矿物作成的，便可以讲矿物学、地质学。作这四项工作的时候，或用热度，或用手力，或用机械，或用电磁，就可以讲物理学。食物的调和，衣服的漂白与渲染，木器的油漆，都与化学有关，便可以讲化学。食物的分量，衣服的尺寸，木器各方面的比例，地毡与房屋的配合，各种原料与工具的购入，各种成绩品的出售，都要计算、记录，便可以讲数学与簿记法。指明原料出产的或成绩品出售的地方，比较各民族饮食、衣服、器具的异同，便可讲地理学与人类学。比较古今饮食、衣服、器具的异同，便可讲历史学。作工要勤，要谨慎，要有进步，要与同作的学生互相帮助。这四项工作以外，有休息，有共同的运动，又有洗濯食器与衣服、整理被褥、洒扫堂室、应对宾客等杂务，便可以讲卫生与修身。就食物的装置、衣服与器具的形式与色彩，可以讲美学与美术。就贫儿已往的苦痛，现在的安乐，将来的希望，也可以讲点哲学。把一切经过的情形，或教习的言语叫各人写出来，便可以练习国文或外国文。诸位看！照此办法还要用什么教科书么？还要聚了几十个学生在教室里面，各人对了一本书，听教习一句一句的呆讲么？但这种学校生活与社会生活密接的组织，不但我们中国人没有肯办的，就是办了，也怕没有人肯送他的子弟来。因为中国人现在还叫进学校作读书，要是到校以后，止有工作，没有读书，就一定不赞成了。现在贫儿院既有工作，何不把上午的读书省却，匀派在工作的时间，来试试杜威博士的新主义呢。要是试了有成效，就可以劝别的学校也来试试。这是我第二种的希望。

我国人不许男女间有朋友的关系，似乎承认"男女间止有恋爱的关系"，所以很严的防范他。既然有此承认，所以防范不到处，就容易闹笑话了。欧美人承认男女的交际，与单纯男子的或单纯女子的，完全一样。普通的交际与友谊的关系隔得颇远，友谊的关系与恋爱的关系，那就隔得更远了。他们男女间看了自己的人格同对面的人格，都非常尊重。而且为矫正从前轻视女子的恶习，交际上男子尤特别尊重女子，断不敢稍有轻率的举动。即如跳舞会是古代传下来的习惯，也是随时代进化，活泼中仍含着谨严的规则；不是为贫儿院筹款，曾在迎宾馆举行一次，诸君曾经参与的么？近来女权发展，又经了欧洲的大战争[2]，从前男子的职业，一大半部取女子来担任。此后男女间互助的关系，无论在何等方面，必与单纯男子方面或单纯女子方面一样。我们国里还能严守从前男女的界限，逆这世界大潮流么？但是改良男女的关系，必要有一个养成良习惯的地方，我以为最好是学校了。外国的小学与大学，没有不是男女同校的。美国的中学也是大多数男女同校。我们现在除国民小学外，还没有这种组织。若要试办，最好从贫儿院入手。院中男女生都备，但男生专作木工、毡工，女生专作烹饪、裁缝，划清界限，还不是男女同校的真精神。最好破除界限，不论何等工作，只要于生理上心理上相宜的，都可以自由选择，都可以让他们共同操作。要是试验了成绩很好，那就可以推行到别的学校了。

还有一层，中国的戏剧不许男女合演，用男子来假装女子，这是最不自然的。所以扭扭捏捏，不但演剧时不合女子的态度，反把平日间本人的气概都改变了。我不喜观旧剧，对于学生演新剧亦不大欢迎，就是为此。但现在男女尚不能同校，若要合男女学生试演新剧，学生的父母不是要大不答应的么？我以为此事也可由贫儿院先来试办。先就译本的西剧中，选几种悲剧来试演，演得纯熟了，要是开筹款会就可以演给来宾看看，不专靠现在男生的唱歌，女生的跳舞了。要是有几个学生演得很好，就可以作为改良戏剧的起点，不是很有关系么？

以上三端，都想借贫儿院试试男女共同操作的习惯，是我第三种的希望。

我有上述的特别感想与这三种希望，所以看到贫儿院非常重要，尤希望男女来宾竭力替他筹款，不但帮他维持，还要帮他发展呵！

高平叔编：《蔡元培教育论著选》，人民教育出版社1991年版。

注　释

1. 雪卡哥大学：即芝加哥大学。此处指杜威于1896年至1903年间举办的芝加哥大学实验学校。
2. 欧洲的大战争：指第一次世界大战，因这场战争的主战场在欧洲，故蔡氏有此说。

美育实施的方法（节录）

在这篇文章中，蔡元培从家庭教育、学校教育、社会教育三个方面分别论述了美育实施的方法。

我国初办新式教育的时候，止提出体育、智育、德育三条件，称为三育。十年来，渐渐的提到美育；现在教育界已经公认了。李石岑[1] 先生要求我说说“美育实施的方法”，我把我个人的意见写在下面。

照现在教育状况，可分为三个范围：一、家庭教育，二、学校教育，三、社会教育。我们所说的美育，当然也有这三方面。

我们要作彻底的教育，就要着眼最早的一步。虽不能溢出范围，推到优生学；但至少也要从胎教起点。我从不信家庭有完美教育的可能性，照我的理想，要从公立的胎教院与育婴院着手。

公立胎教院是给孕妇住的，要设在风景佳胜的地方，不为都市中混浊的空气、纷扰的习惯所沾染。建筑的形式要匀称，要玲珑，用本地旧派，略参希腊或文艺中兴时代的气味。凡埃及的高压式，峨特[2] 的偏激派，都要避去。四面都是庭园。有广场，可以散步，可以作轻便的运动，可以赏月观星。园中杂莳花木，使四时均有雅丽之花叶，可以悦目。选毛羽秀丽、鸣声谐雅的动物，散布花木中间；须避去用索系猴、用笼装鸟的习惯。引水成泉，勿作激流。汇水成池，蓄美观活泼的鱼。室内糊壁的纸、铺地的毡，都要选恬静的颜色，疏秀的花纹。应用与陈列的器具，要轻便雅致，不取笨重或过于琐巧的。一室中要自成系统，不可混乱。

陈列雕刻图画，都取优美一派；应有健全体格的裸体像与裸体画。凡有粗犷、猥亵、悲惨、怪诞等品，即使描写个性，大有价值，这里都不好加入。过度刺激的色彩，也要避去。备阅览的文字，要乐观的，和平的；凡是描写社会黑暗方面、个人神经异常的，要避去。每日可有音乐，选取的标准与图画一样，激刺太甚的，卑靡的，都不取。总之：各种要孕妇完全在平和活泼的空气里面，才没有不好的影响传到胎儿；这是胎儿的美育。

孕妇产儿以后，就迁到公共育婴院；第一年是母亲自己抚养的；第二、三年，如母亲要去担任她的专业，就可把婴儿交给保姆。育婴院的建筑，与胎教院大略相同，或可联合一处。其中陈列的雕刻图画，可多选裸体的康健儿童，备种种动静的姿势；隔几日，可更换一套。音乐，选简单静细的。院内成人的言语与动作，都要有适当的音调态度，可以作儿童的模范。就是衣饰，也要有一种优美的表示。

在这些公立机关未成立以前，若能在家庭里面，按照上列的条件小心布置，也可承认为家庭美育。儿童满了三岁，要进幼稚园了。幼稚园是家庭教育与学校教育的过渡机关，那时候儿童的美感，不但被动的领受，并且自动的表示了。舞蹈、唱歌、手工，都是美育的专课。就是教他计算、说话，也要从排列上、音调上迎合他们的美感，不可用枯燥的算法与语法。

儿童满了六岁，就进小学校，此后十一二年都是普通教育时期，专属美育的课程，是音乐、图画、运动、文学等。到中学时代，他们自主力渐强，表现个性的冲动渐渐发展；选取的文字美术，可以复杂一点。悲壮、滑稽的著作，都可应用了。

但是美育的范围，并不限于这几个科目，凡是学校所有的课程，都没有与美育无关的。例如数学，仿佛是枯燥不过的了；但是美术上的比例、节奏，全是数的关系，截金术是最显的例。数学的游戏，可以引起滑稽的美感。几何的形式，是图案术所应用的。理化学似乎机械性了，但是声学与音乐，光学与色彩，密切的很。雄强的美，全是力的表示。美学中有"感情移入"论，把美术品形式都用力来说明他。文学、音乐、图画，都有冷热的异感，可以从热学上引起联想。磁电的吸拒，就是人的爱憎。有许多美术工艺，是用电力制成的。化学实验，常见美丽的光焰；元(原)子电子的排列法，可以助图案的变化。图画所用的颜料，有许多是化学品。星月的光辉，在天文学上不过映照距离的关系，在文学、图画上便有绝大的魔力。矿物的结晶、闪光与显色，在科学上不过自然的结果；在装饰品便作重要的材料。植物的花叶，在科学上不过生殖与呼吸机关，或供分类的便利；动物的毛羽与声音，在科学上作为保护生命的作用，或雌雄淘汰的结果；在美术、文学上都为美观的材料。地理学上云霞风雪的变态，山岳河海的名胜，文学家美学家的遗迹；历史上文学美术的进化，文学家美术家的轶事；也都是美育的资料。

由普通教育转到专门教育，从此关乎美育的学科，都成为单纯的进行了。爱音乐的进音乐学校；爱建筑、雕刻、图画的进美术学校；爱演剧的进戏剧学校；爱文学的进大学文科；爱别种科学的人就进了别的专科了。仅是每一个学校的建筑式，陈列品，都要合乎美育的条件。可以时时举行辩论会，音乐会，成绩展览会，各种纪念会等，都可以利用他来行普及的美育。

学生不是常在学校的，又有许多已离学校的人，不能不给他们一种美育的机会；所以又要有社会的美育。

……

高平叔编：《蔡元培教育论著选》，人民教育出版社 1991 年版。

注　释

1. 李石岑(1892～1934)，原名邦藩，湖南醴陵人。民国初年留学日本，并在东京发起组织“学术研究会”。1917 年 6 月编辑出版《民铎》杂志，抨击军阀混战与日本侵略。1920 年归国任《时事新报》副刊《学灯》主笔。1922 年 1 月任《教育杂志》主编。后在上海大夏大学、复旦大学等学校任教。其间于 1928 年夏再度赴法国、德国留学。1934 年 10 月病逝。著作有《李石岑论文集》、《李石岑讲演集》等。
2. 峨特：即哥特式建筑，又称“高直建筑”。

随感录二十五

《随感录二十五》与后面所选《我们现在怎样做父亲》、《上海的儿童》均为鲁迅的教育论作。

鲁迅(1881～1936)，原名周樟寿，后改名树人，字豫才，笔名鲁迅。浙江绍兴人。近代中国著名的文学家、思想家和教育家。早年就读私塾，后于清光绪二十四年(1898 年)入江南水师学堂，次年改入江南陆师学堂附设矿务铁路学堂学习，青年时代受进化论、尼采哲学和托尔斯泰博爱思想的影响。光绪二十八年(1902 年)去日本留学，原在仙台医学院学医，后弃医从文，希望用以改变国民精神。光绪三十四年(1908 年)师从章太炎研习文字音韵之学。次年，与其弟周作人一起合译《域外小说集》，介绍外国文学。同年回国，先后在杭州、绍兴一些学校任教。辛亥革命后，曾任南京临时政府和北京国民政府教育部部员、佥事等职，兼在北京大学、北京女子师范大学等校授课。1918 年 5 月，首次用“鲁迅”的笔名，发表中国现代文学史上第一篇白话小说《狂人日记》，奠定了新文学运动的基石。“五四”运动前后，参加《新青年》杂志工作，成为“五四”新文化运动的主

将。“三一八”惨案发生后，以文字愤怒控诉和讨骂反动政府，遭当局疾恨，转而南下，先后在厦门、广州、上海等地任教。1936年10月19日病逝于上海。平生著述收入《鲁迅全集》。

《随感录二十五》，最初发表于1918年9月15日北京《新青年》第五卷第三号，以唐俟署名；后收入论文集《热风》。在本篇中，鲁迅主要批判了中国传统封建社会“只会生，不会教”的不合理的家庭教育。

我一直从前曾见严又陵[1]在一本什么书上发过议论，书名和原文都忘记了。大意是：“在北京道上，看见许多孩子，辗转于车轮马足之间，很怕把他们碰死了，又想起他们将来怎样得了，很是害怕。”其实别的地方，也都如此，不过车马多少不同罢了。现在到了北京，这情形还未改变，我也时时发起这样的忧虑；一面又佩服严又陵究竟是“做”过赫胥黎《天演论》[2]的，的确与众不同：是一个十九世纪末年中国感觉锐敏的人。

穷人的孩子蓬头垢面的在街上转，阔人的孩子妖形妖势娇声娇气的在家里转。转得大了，都昏天黑地的在社会上转，同他们的父亲一样，或者还不如。

所以看十来岁的孩子，便可以逆料二十年后中国的情形；看二十多岁的青年，——他们大抵有了孩子，尊为爹爹了，——便可以推测他儿子孙子，晓得五十年后七十年后中国的情形。

中国的孩子，只要生，不管他好不好，只要多，不管他才不才。生他的人，不负教他的责任。虽然“人口众多”这一句话，很可以闭了眼睛自负，然而这许多人口，便只在尘土中辗转，小的时候，不把他当人，大了以后，也做不了人。

中国娶妻早是福气，儿子多也是福气。所有小孩，只是他父母福气的材料，并非将来的“人”的萌芽，所以随便辗转，没人管他，因为无论如何，数目和材料的资格，总还存在。即使偶尔送进学堂，然而社会和家庭的习惯，尊长和伴侣的脾气，却多与教育反背，仍然使他与新时代不合。大了以后，幸而生存，也不过“仍旧贯如之何”[3]，照例是制造孩子的家伙，不是“人”的父亲，他生了孩子，便仍然不是“人”的萌芽。

最看不起女人的奥国人华宁该尔[4]（Otto Weininger）曾把女人分成两大类：一是“母妇”，一是“娼妇”。照这分法，男人便也可以分作“父男”和“嫖男”两类了。但这父男一类，却又可以分成两种：其一是孩子之父，其一是“人”之父。第一种只会生，不会教，还带点嫖男的气息。第二种是生了孩子，还要想怎样教育，才能使这生下来的孩子，将来成一个完全的人。

前清末年，某省初开师范学堂的时候，有一位老先生听了，很为诧异，便发愤说，“师何以还须受教，如此看来，还该有父范学堂了！”这位老先生，便以为父的资格，只要能生。能生这件事，自然便会，何须受教呢。却不知中国现在，正须父范学堂；这位先生便须编入初等第一年级。

因为我们中国所多的是孩子之父，所以以后是只要“人”之父！

鲁迅：《鲁迅全集》（第二卷），人民文学出版社 2005 年版。

注　释

1. 严又陵（1853～1921），即严复，又陵是其字，又字几道。鲁迅这里提到的一段话，见于严氏所译孟德斯鸠《法意》第十八卷第二十五章的译者按语，原文是：“吾每行都会街巷中，见数十百小儿，踌跚蹀躞于车轮马足间，辄为芒背，非虑其倾跌也，念三十年后，国民为如何众耳。呜呼，支那真不易为之国也！”
2. 《天演论》：系严复于 1895 年翻译的赫胥黎《进化论与伦理学及其他论文》前两篇的题名，1898 年由湖北沔阳卢氏木刻印行。这里所说“做”《天演论》，是说严复翻译《天演论》，不是完全忠实地依照原文的意思。当时严复自己也把他的工作叫做“达恉”，而不称为翻译。他在该书的《译例言》中说：“词句之间，时有所傎（diān，同“颠”）倒附益，不斤斤于字比句次，而意义则不倍本文。题曰达恉（zhǐ，同“旨”），不云笔译。”
3. 仍旧贯如之何：语见《论语・先进》：“鲁人为长府，闵子骞曰：‘仍旧贯，如之何？何必改作！’”旧贯，老办法，旧套路。
4. 华宁该尔（1880～1903），奥地利人，仇视女性主义者。他在 1903 年出版的《性与性格》一书中攻击女性，力图证明妇女的地位应该低于男子。

我们现在怎样做父亲

《我们现在怎样做父亲》，最初发表于 1919 年 11 月《新青年》月刊第六卷第六号，以唐俟署名。本文从生命进化的角度指出父母的责任不仅在于保存生命、延续生命，更应发展这生命，指明父子之间正常的相处之道，只是一个“爱”字，从而有力地批判了中国传统思想中错误的伦常观念、长幼意识，批判了封建伦理道德中的父权思想，进而提出要改革家庭、解放儿童。

我作这一篇文的本意，其实是想研究怎样改革家庭；又因为中国亲权重，父权更重，所以尤想对于从来认为神圣不可侵犯的父子问题，发表一点意见。总而言之：只是革命要革到老子身上罢了。但何以大模大样，用了这九个字的题目呢？这有两个理由：

第一，中国的“圣人之徒”[1]，最恨人动摇他的两样东西。一样不必说，也与我辈决不相干；一样便是他的伦常，我辈却不免偶然发几句议论，所以株连牵扯，很得了许多“铲伦常”[2]“禽兽行”之类的恶名。他们以为父对于子,有绝对的权力和威严;若是老子说话,当然无所不可,儿子有话,却在未说之前早已错了。但祖父子孙,本来各各都只是生命的桥梁的一级,决不是固定不易的。现在的子,便是将来的父,也便是将来的祖。我知道我辈和读者,若不是现任之父,也一定是候补之父,而且也都有做祖宗的希望,所差只在一个时间。为想省却许多麻烦起见,我们便该无须客气,尽可先行占住了上风,摆出父亲的尊严,谈谈我们和我们子女的事;不但将来着手实行,可以减少困难,在中国也顺理成章,免得“圣人之徒”听了害怕,总算是一举两得之至的事了。所以说,“我们怎样做父亲。”

第二,对于家庭问题,我在《新青年》的《随感录》[3](二五,四十,四九)中,曾经略略说及,总括大意,便只是从我们起,解放了后来的人。论到解放子女,本是极平常的事,当然不必有什么讨论。但中国的老年,中了旧习惯旧思想的毒太深了,决定悟不过来。譬如早晨听到乌鸦叫,少年毫不介意,迷信的老人,却总须颓唐半天。虽然很可怜,然而也无法可救。没有法,便只能先从觉醒的人开手,各自解放了自己的孩子。自己背着因袭的重担,肩住了黑暗的闸门,放他们到宽阔光明的地方去;此后幸福的度日,合理的做人。

还有,我曾经说,自己并非创作者,便在上海报纸的《新教训》里,挨了一顿骂[4]。但我辈评论事情,总须先评论了自己,不要冒充,才能像一篇说话,对得起自己和别人。我自己知道,不特并非创作者,并且也不是真理的发见者。凡有所说所写,只是就平日见闻的事理里面,取了一点心以为然的道理;至于终极究竟的事,却不能知。便是对于数年以后的学说的进步和变迁,也说不出会到如何地步,单相信比现在总该还有进步还有变迁罢了。所以说,“我们现在怎样做父亲。”

我现在心以为然的道理,极其简单。便是依据生物界的现象,一,要保存生命;二,要延续这生命;三,要发展这生命(就是进化)。生物都这样做,父亲也就是这样做。

生命的价值和生命价值的高下,现在可以不论。单照常识判断,便知道既是生物,第一要紧的自然是生命。因为生物之所以为生物,全在有这生命,否则失了生物的意义。生物为保存生命起见,具有种种本能,最显著的是食欲。因有食欲才摄取食物,因有食物才发生温热,保存了生命。但生物的个体,总免不了老衰和死亡,为继续生命起见,又有一种本能,便是性欲。因性欲才有性交,因有性交才发生苗裔,继续了生命。所以食欲是保存自己,保存现在生命的事;性欲是保存后裔[5],保存永久生命的事。饮食并非罪恶,并非不净;性交也就并非罪恶,并非不净。饮食的结果,养活了自己,对于自己没有恩;性交的结果,生出子女,对于子女当然也算不了恩。——前前后后，都向生命的长途走去，仅有先后的不同，分不出谁受谁的恩典。

可惜的是中国的旧见解，竟与这道理完全相反。夫妇是"人伦之中"，却说是"人伦之始"[6]；性交是常事，却以为不净；生育也是常事，却以为天大的大功。人人对于婚姻，大抵先夹带着不净的思想。亲戚朋友有许多戏谑，自己也有许多羞涩，直到生了孩子，还是躲躲闪闪，怕敢声明；独有对于孩子，却威严十足，这种行径，简直可以说是和偷了钱发迹的财主，不相上下了。我并不是说，——如他们攻击者所意想的，——人类的性交也应如别种动物，随便举行；或如无耻流氓，专做些下流举动，自鸣得意。是说，此后觉醒的人，应该先洗净了东方固有的不净思想，再纯洁明白一些，了解夫妇是伴侣，是共同劳动者，又是新生命创造者的意义。所生的子女，固然是受领新生命的人，但他也不永久占领，将来还要交付子女，像他们的父母一般。只是前前后后，都做一切过付的经手人罢了。

生命何以必需继续呢？就是因为要发展，要进化。个体既然免不了死亡，进化又毫无止境，所以只能延续着，在这进化的路上走。走这路须有一种内的努力，有如单细胞动物有内的努力，积久才会繁复，无脊椎动物有内的努力，积久才会发生脊椎。所以后起的生命，总比以前的更有意义，更近完全，因此也更有价值，更可宝贵；前者的生命，应该牺牲于他。

但可惜的是中国的旧见解，又恰恰与这道理完全相反。本位应在幼者，却反在长者；置重应在将来，却反在过去。前者做了更前者的牺牲，自己无力生存，却苛责后者又来专做他的牺牲，毁灭了一切发展本身的能力。我也不是说，——如他们攻击者所意想的，——孙子理应终日痛打他的祖父，女儿必须时时咒骂他的亲娘。是说，此后觉醒的人，应该先洗净了东方古传的谬误思想，对于子女，义务思想须加多，而权力思想却大可切实核减，以准备改作幼者本位的道德。况且幼者受了权力，也并非永久占有，将来还要对于他们的幼者，仍尽义务，只是前前后后，都做一切过付的经手人罢了。

"父子间没有什么恩"这一个断语，实是招致"圣人之徒"面红耳赤的一大原因。他们的误点，便在长者本位与利己思想，权力思想很重，义务思想和责任心却很轻。以为父子关系，只须"父兮生我"[7]一件事，幼者的全部，便应为长者所有。尤其堕落的，是因此责望报偿，以为幼者的全部，理该做长者的牺牲。殊不知自然界的安排，却件件与这要求反对，我们从古以来，逆天行事，于是人的能力，十分萎缩，社会的进步，也就跟着停顿。我们虽不能说停顿便要灭亡，但较之进步，总是停顿与灭亡的路相近。

自然界的安排，虽不免也有缺点，但结合长幼的方法，却并无错误。他并不用“恩”，却给予生物以一种天性，我们称他为“爱”。动物界中除了生子数目太多——爱不周到的如鱼类之外，总是挚爱他的幼子，不但绝无利益心情，甚或至于牺牲了自己，让他的将来的生命，去上那发展的长途。

人类也不外此，欧美家庭，大抵以幼者弱者为本位，便是最合于这生物学的真理的办法。便在中国，只要心思纯白，未曾经过“圣人之徒”作践的人，也都自然而然的能发现这一种天性。例如一个村妇哺乳婴儿的时候，决不想到自己正在施恩；一个农夫娶妻的时候，也决不以为将要放债。只是有了子女，即天然相爱，愿他生存；更进一步的，便还要愿他比自己更好，就是进化。这离绝了交换关系利害关系的爱，便是人伦的索子，便是所谓“纲”。倘如旧说，抹杀了“爱”，一味说“恩”，又因此责望报偿，那便不但败坏了父子间的道德，而且也大反于做父母的实际的真情，播下乖剌[8]的种子。有人做了乐府，说是“劝孝”[9]，大意是什么“儿子上学堂，母亲在家磨杏仁，预备回来给他喝，你还不孝么”之类，自以为“拼命卫道”。殊不知富翁的杏酪和穷人的豆浆，在爱情上价值同等，而其价值却正在父母当时并无求报的心思；否则变成买卖行为，虽然喝了杏酪，也不异“人乳喂猪”[10]，无非要猪肉肥美，在人伦道德上，丝毫没有价值了。

所以我现在心以为然的，便只是“爱”。

无论何国何人，大都承认“爱己”是一件应当的事。这便是保存生命的要义，也就是继续生命的根基。因为将来的运命，早在现在决定，故父母的缺点，便是子孙灭亡的伏线，生命的危机。易卜生[11]做的《群鬼》(有潘家洵君译本，载在《新朝》一卷五号)虽然重在男女问题，但我们也可以看出遗传的可怕。欧士华本是要生活，能创作的人，因为父亲的不检，先天得了病毒，中途不能做人了。他又很爱母亲，不忍劳他服侍，便藏着吗啡，想待发作时候，由使女瑞琴帮他吃下，毒杀了自己；可是瑞琴走了。他于是只好托他母亲了。

欧　“母亲，现在应该你帮我的忙了。”

阿夫人　“我吗?”

欧　“谁能及得上你。”

阿夫人　“我！你的母亲！”

欧　“正为那个。”

阿夫人　“我，生你的人！”

欧　“我不曾教你生我。并且给我的是一种什么日子？我不要他！你拿回去罢！”

这一段描写，实在是我们做父亲的人应该震惊戒惧佩服的；决不能昧了良心，说儿子理应受罪。这种事情，中国也很多，只要在医院做事，便能时时看见先天梅毒性病儿的惨状；而且傲然的送来的，又大抵是他的父母。但可怕的遗传，并不只是梅毒，另外许多精神上体质上的缺点，也可以传之子孙，而且久而久之，连社会都蒙着影响。我们且不高谈人群，单为子女说，便可以说凡是不爱己的人，实在欠缺做父亲的资格。就令硬做了父亲，也不过如古代的草寇称王一般，万万算不了正统。将来学问发达，社会改造时，他们侥幸留下的苗裔，恐怕总不免要受善种学[12](Eugenics)者的处置。

倘若现在父母并没有将什么精神上体质上的缺点交给子女，又不遇意外的事，子女便当然健康，总算已经达到了继续生命的目的。但父母的责任还没有完，因为生命虽然继续了，却是停顿不得，所以还须教这新生命去发展。凡动物较高等的，对于幼雏，除了养育保护以外，往往还教他们生存上必需的本领。例如飞禽便教飞翔，鸷兽便教搏击。人类更高几等，便也有愿意子孙更进一层的天性。这也是爱。上文所说的是对于现在，这是对于将来。只要思想未遭锢蔽的人，谁也喜欢子女比自己更强，更健康，更聪明高尚，更幸福；就是超越了自己，超越了过去。超越便须改变，所以子孙对于祖先的事，应该改变，"三年无改于父之道可谓孝矣"[13]，当然是曲说，是退婴的病根。假使古代的单细胞动物，也遵着这教训，那便永远不敢分裂繁复，世界上再也不会有人类了。

幸而这一类教训，虽然害过许多人，却还未能完全扫尽了一切人的天性。没有读过"圣贤书"的人，还能将这天性在名教的斧钺底下，时时流露，时时萌蘖；这便是中国人虽然凋落萎缩，却未灭绝的原因。

所以觉醒的人，此后应将这天性的爱，更加扩张，更加醇化；用无我的爱，自己牺牲于后起新人。开宗第一，便是理解。往昔的欧人对于孩子的误解，是以为成人的预备；中国人的误解是以为缩小的成人。直到近来，经过许多学者的研究，才知道孩子的世界，与成人截然不同；倘不先行理解，一味蛮做，便大碍于孩子的发达。所以一切设施，都应该以孩子为本位，日本近来，觉悟的也很不少；对于儿童的设施，研究儿童的事业，都非常兴盛了。第二，便是指导。时势既有改变，生活也必须进化；所以后起的人物，一定尤异于前，决不能用同一模型，无理嵌定。长者须是指导者协商者，却不该是命令者。不但不该责幼者供奉自己；而且还须用全副精神，专为他们自己，养成他们有耐劳作的体力，纯洁高尚的道德，广博自由能容纳新潮流的精神，也就是能在世界新潮流中游泳，不被淹没的力量。第三，便是解放。子女是即我非我的人，但既已分立，也便是人类中的人，因为即我，所以更应该尽教育的义务，交给他们自立的能力；因为非我，所以也应同时解放，全部为他们自己所有，成一个独立的人。

这样，便是父母对于子女，应该健全的产生，尽力的教育，完全的解放。

但有人会怕，仿佛父母从此以后，一无所有，无聊之极了。这种空虚的恐怖和无聊的感想，也即从谬误的旧思想发生；倘明白了生物学的真理，自然便会消灭。但要做解放子女的父母，也应预备一种能力。便是自己虽然已经带着过去的色彩，却不失独立的本领和精神，有广博的趣味，高尚的娱乐。要幸福么？连你的将来的生命都幸福了。要"返老还童"，要"老复丁"[14]么？子女便是"复丁"，都已独立而且更好了。这才是完了长者的任务，得了人生的慰安。倘若思想本领，样样照旧，专以"勃谿"[15]为业，行辈自豪，那便自然免不了空虚无聊的苦痛。

或者又怕，解放之后，父子间要疏隔了。欧美的家庭，专制不及中国，早已大家知道；往者虽有人比之禽兽，现在却连"卫道"的圣徒，也曾替他们辩护，说并无"逆子叛弟"[16]了。因此可知：惟其解放，所以相亲；惟其没有"拘挛"子弟的父兄，所以也没有反抗"拘挛"的"逆子叛弟"。若威逼利诱，便无论如何，决不能有"万年有道之长"[17]。例便如我中国，汉有举孝，唐有孝悌力田科，清末也还有孝廉方正[18]，都能换到官做。父恩谕之于先，皇恩施之于后，然而割股[19]的人物，究属寥寥。足可证明中国的旧学说旧手段，实在从古以来，并无良效，无非使坏人增长些虚伪，好人无端的多受些人我都无利益的苦痛罢了。

独有"爱"是真的。路粹引孔融说，"父之于子，当有何亲？论其本意，实为情欲发耳。子之于母，亦复奚为，譬如寄物瓶中，出则离矣。"[20]（汉末的孔府上，很出过几个有特色的奇人，不像现在这般冷落，这话也许确是北海先生所说；只是攻击他的偏是路粹和曹操，教人发笑罢了。）虽然也是一种对于旧说的打击，但实于事理不合。因为父母生了子女，同时又有天性的爱，这爱又很深广很长久，不会即离。现在世界没有大同，相爱还有差等[21]，子女对于父母，也便最爱，最关切，不会即离。所以疏隔一层，不劳多虑。至于一种例外的人，或者非爱所能钩连。但若爱力尚且不能钩连，那便任凭什么"恩威，名分，天经，地义"之类，更是钩连不住。

或者又怕，解放之后，长者要吃苦了。这事可分两层：第一，中国的社会，虽说"道德好"，实际却太缺乏相爱相助的心思。便是"孝""烈"这类道德，也都是旁人毫不负责，一味收拾幼者弱者的方法。在这样社会中，不独老者难于生活，即解放的幼者，也难于生活。第二，中国的男女，大抵未老先衰，甚至不到二十岁，早已老态可掬，待到真实衰老，便更须别人扶持。所以我说，解放子女的父母，应该先有一番预备；而对于如此社会，尤应该改造，使他能适于合理的生活。许多人预备着，改造着，久而久之，自然可望实现了。单就别国的往时而言，斯宾塞[22]未曾结婚，不闻他侘傺[23]无聊；瓦特[24]早没有了子女，也居然"寿终正寝"，何况在将来，更何况有儿女的人呢？

或者又怕，解放之后，子女要吃苦了。这事也有两层，全如上文所说，不过一是因为老而无能，一是因为少不更事罢了。因此觉醒的人，愈觉有改造社会的任务。中国相传的成法，谬误很多：一种是锢闭，以为可以与社会隔离，不受影响，一种是教给他恶本领，以为如此才能在社会中生活。用这类方法的长者，虽然也含有继续生命的好意，但比照事理，却决定谬误。此外还有一种，是传授些周旋方法，教他们顺应社会。这与数年前讲“实用主义”[25]的人，因为市上有假洋钱，便要在学校里遍教学生看洋钱的法子之类，同一错误。社会虽然不能不偶然顺应，但决不是正当办法。因为社会不良，恶现象便很多，势不能一一顺应；倘都顺应了，又违反了合理的生活，倒走了进化的路。所以根本方法，只有改良社会。

就实际上说，中国旧理想的家族关系父子关系之类，其实早已崩溃。这也非“于今为烈”，正是“在昔已然”。历来都竭力表彰“五世同堂”，便足见实际上同居的为难；拼命的劝孝，也足见事实上孝子的缺少。而其原因，便全在一意提倡虚伪道德，蔑视了真的人情。我们试一翻大族的家谱，便知道始迁祖宗，大抵是单身迁居，成家立业；一到聚族而居，家谱出版，却已在零落的中途了。况在将来，迷信破了，便没有哭竹，卧冰；医学发达了，也不必尝秽[26]，割股。又因为经济关系，结婚不得不迟，生育因此也迟，或者子女才能自存，父母已经衰老，不及依赖他们供养，事实上也就是父母反尽了义务。世界潮流逼拶[27]着，这样做的可以生存，不然的便都衰落；无非觉醒者多，加些人力，便危机可望较少就是了。

但既如上言，中国家庭，实际久已崩溃，并不如“圣人之徒”纸上的空谈，则何以至今依然如故，一无进步呢？这事很容易解答。第一，崩溃者自崩溃，纠缠者自纠缠，设立者又自设立；毫无戒心，也不想到改革，所以如故。第二，以前的家庭中间，本来常有勃谿，到了新名词流行之后，便都改称“革命”，然而其实也仍是嫖钱至于相骂，要赌本至于相打之类，与觉醒者的改革，截然两途。这一类自称“革命”的勃谿子弟，纯属旧式，待到自己有了子女，也决不解放；或者毫不管理，或者反要寻出《孝经》，勒令诵读，想他们“学于古训”[28]，都做牺牲。这只能全归旧道德旧习惯旧方法负责，生物学的真理决不能妄任其咎。

既如上言，生物为要进化，应该继续生命，那便“不孝有三无后为大”[29]，三妻四妾，也极合理了。这事也很容易解答。人类因为无后，绝了将来的生命，虽然不幸，但若用不正当的方法手段，苟延生命而害及人群，便该比一人无后，尤其“不孝”。因为现在的社会，一夫一妻制最为合理，而多妻主义，实能使人群堕落。堕落近于退化，与继续生命的目的，恰恰完全相反。无后只是灭绝了自己，退化状态的有后，便会毁到他人。人类总有些为他人牺牲自己的精神，而况生物自发生以来，交互关联，一人的血统，大抵总与他人有多少关系，不会完全灭绝。所以生物学的真理，决非多妻主义的护符。

总而言之，觉醒的父母，完全应该是义务的，利他的，牺牲的，很不易做；而在中国尤不易做。中国觉醒的人，为想随顺长者解放幼者，便须一面清结旧账，一面开辟新路。就是开首所说的"自己背着因袭的重担，肩住了黑暗的闸门，放他们到宽阔光明的地方去；此后幸福的度日，合理的做人"。这是一件极伟大的要紧的事，也是一件极困苦艰难的事。

但世间又有一类长者，不但不肯解放子女，并且不准子女解放他们自己的子女；就是并要孙子曾孙都做无谓的牺牲。这也是一个问题；而我是愿意平和的人，所以对于这问题，现在不能解答。

鲁迅：《鲁迅全集》（第一卷），人民文学出版社 2005 年版。

注 释

1. 圣人之徒：这里指当时竭力维护旧道德和旧文学的林琴南等人。林琴南在 1919 年 3 月给北京大学校长蔡元培的信中，曾以"必覆孔孟、铲伦常为快"、"拾李卓吾之余唾"、"卓吾有禽兽行"等语，攻击新文化运动的参加者。李卓吾（1527～1602），即明代具有启蒙意识的思想家李贽。他反对当时的伪道学家们，主张男女婚姻自主，曾被人诬蔑有"狎妓女白昼同浴，勾引士人妻女"等"禽兽行"。
2. 伦常：封建社会的伦理道德。旧时以君臣、父子、夫妇、兄弟、朋友为五伦，认为制约他们各自之间关系的道德准则是不可改变的常道，因此称为伦常。
3.《随感录》：《新青年》从 1918 年 4 月第四卷第四号起发表的关于社会和文化短评的总题。
4. 挨了一顿骂：指《时事新报》对作者的谩骂。鲁迅曾在《新青年》第六卷第一、二、三号（1919 年 1 月、2 月、3 月），发表《随感录》四十三、四十六、五十三，批判了上海《时事新报》副刊《泼克》所载讽刺画的恶劣形象和错误倾向，并阐明了自己对新的美术创作的意见，在《随感录》四十六中有"我辈即使才能不及，不能创作，也该当学习"的话。1919 年 4 月 27 日《时事新报》就发表了署名"记者"的《新教训》一文，骂鲁迅"轻佻"、"狂妄"、"头脑未免不清楚，可怜！"等等。
5. 后裔：后代子孙。
6. 人伦之始：语见《南史·阮孝绪传》。人伦：封建时代指人与人之间的关系和应当遵守的行为准则。
7. 父兮生我：语见《诗经·小雅·蓼莪》。
8. 乖剌：义同乖戾，意即不顺，不合，不和。
9. 劝孝：这里说的"劝孝"的乐府，指 1919 年 3 月 24 日《公言报》所载林琴南作《劝世白话新乐府》的《母送儿》篇，其中说："母送儿，儿往学堂母心悲。……娘亲方自磨杏仁，儿来儿来来尝新。娇儿含泪将娘近，儿近退学娘休嗔。……儿言往就教，那想教师不教孝。……再读《孝经》一卷终，不去学堂倒罢了。"
10. 人乳喂猪：《世说新语·汰侈》载："武帝（司马炎）尝降王武子（济）家，武子供馔，……蒸豚肥美，异于常味。帝怪而问之，答曰：'以人乳饮豚。'"

11. 易卜生（Henrik Johan Ibsen，1828～1906）：挪威剧作家。生于破产商人家庭，当过药店学徒，青年时受欧洲资产阶级民主革命的影响，参加过挪威民族独立运动。1848 年开始写作，共著剧 26 部。1864 年起侨居国外二十余年，其间发表诗剧《布朗德》等。1877 年后陆续发表社会问题剧《社会支柱》、《玩偶之家》等，《群鬼》是其一。
12. 善种学：即优生学，是英国高尔顿在 1883 年提出的"改良人种"的学说。它认为人或人种在生理和智力上的差别由遗传所决定，只有发展所谓"优等人"，淘汰"劣等人"，社会问题才能解决。鲁迅对这种把生物学照搬到社会生活上来的学说采取了否定态度（参看《二心集·"硬译"与"文学的阶级性"》）。
13. 三年无改于父之道，可谓孝矣：语见《论语·学而》。
14. 老复丁：从老年回复壮年。语出汉代史游《急就篇》："长乐无极老复丁。"
15. 勃豀：指婆媳争吵。语出《庄子·外物》："室无空虚，则妇姑勃豀。"
16. 逆子叛弟：欧美家庭并无"逆子叛弟"之说，见于林琴南所译小说《孝友镜》（比利时恩海贡斯翁士著）的《译余小识》："此书为西人辨诬也。中国人之习西学者恒曰：'男子二十而外必自立，父母之力不能莞约而拘挛之；兄弟各立门户，不相恤也。是名社会主义，国因以强。'然近年所见，家庭革命，逆子叛弟，接踵而起，国胡不强？是果真奉西人之圭臬？抑凶顽之气中于腑焦，用以自便其所为，与西俗胡涉？此书……父以友传，女以孝传，足为人伦之鉴矣。命曰《孝友镜》，亦以醒吾中国人勿诬人而打妄语也。"
17. 万年有道之长：久远的意思。这是封建臣子颂扬朝廷的一句成语。
18. 举孝：汉代选拔官吏的办法之一，由各地推荐"善事父母"的孝子到朝中去做官。孝悌力田：汉唐科举名目之一，由地方官向朝廷推荐所谓有"孝悌"德行和努力耕作的人，中选者分别任用或给予赏赐。孝廉方正：清代特设的科举名目，由地方官荐举所谓孝廉方正的人，经礼部考试，授以知县等官。
19. 割股：即"割股疗亲"，割取自己的股肉煎药，以医治父母的重病。《宋史·选举志一》："上以孝取人，则勇者割股，怯者庐墓。"
20. 父之于子……出则离矣：路粹引孔融的话，见《后汉书·孔融传》。孔融（153～208），字文举，鲁国（今山东曲阜）人，汉献帝时曾为北海相，因而有"北海先生"之称。路粹，字文蔚，陈留（今河南开封东南）人，曹操的军谋祭酒。他承曹操的意旨控告孔融，说孔融对祢衡讲过这几句话，曹操便用"不孝"的罪名杀掉孔融。但曹操在《求贤令》中又说只要有才能，"不仁不孝"的人也可任用，在所谓"孝"的问题上自相矛盾，因此鲁迅说"教人发笑"。
21. 差（ci）等：相爱还有差等，实系儒家思想。儒、墨两家均讲爱满天下，但儒家认为爱有差等，即人与人之间施爱不同，而墨家认为"爱无差等"方为真爱。差，分别等级。
22. 斯宾塞：此处指赫伯特·斯宾塞（Herbert Spencer，1820～1903），英国社会学家、哲学家、不可知论者。宣传知识是相对的，人只能认识事物的现象，而不能认识其本质。他从庸俗进化论出发，虚构了一个他认为可以解释一切自然和社会现象的综合哲学公式。在个人生活上，他是一位终身不娶的学者。主要著作有《综合哲学体系》（10 卷）等，所著《社会学原理》，曾为严复所译，名为《群学肄言》。
23. 侘傺(chà chì)：失意的样子。
24. 瓦特：指英国发明家詹姆斯·瓦特(James Watt,1736～1819)。
25. 实用主义：即实验主义，产生于19世纪末20世纪初，主要代表有美国的皮尔斯、杜威等。其基本观点是否认真理的客观性，主张有用即真理。
26. 哭竹：三国时吴国孟宗的故事。唐代白居易所编《白氏六帖》说："孟宗后母好笋，令宗冬月求之，宗入竹林恸哭，笋为之出。"卧冰：晋代王祥的故事。《晋书·王祥传》说，他的后母"常欲生鱼，时天寒冰冻，祥解衣将剖冰求之，冰忽自解，双鲤跃出，持之而归"。尝秽：南朝梁庾黔娄的故事。《梁书·庾黔娄传》说，他的父亲庾易"疾始二日，医云：'欲知差剧，但尝粪甜苦。'易泄痢，黔娄辄取尝之"。这三个故事都收在《二十四孝》中。
27. 逼拶(zā)：逼，迫挤。拶，压紧。
28. 学于古训：语见《尚书·说命》。
29. 不孝有三无后为大：语见《孟子·离娄》。据汉代赵岐注："于礼有不孝者三事，谓阿意曲从，陷亲不义，一不孝也；家穷亲老，不为禄仕，二不孝也；不娶无子，绝先祖祀，三不孝也。三者之中，无后为大。"

上海的儿童

《上海的儿童》，最初发表于1933年9月15日《申报月刊》第2卷第9号，署名洛文。在这篇短文中，鲁迅揭露了中国旧社会传统的家庭教育过"禁"和过"任"的危害性，指出这是做父母的人对于子女的不负责任，实际上只能"培养"出"顽劣"的儿童，并批评当时的出版物因其内容粗劣死板，对儿童的"教育"也只能起到不良的影响。

上海越界筑路[1]的北四川路一带，因为打仗，去年冷落了大半年，今年依然热闹了，店铺从法租界[2]搬回，电影院早经开始，公园左近也常见携手同行的爱侣，这是去年夏天所没有的。

倘若走进住家的弄堂里去，就看见便溺器，吃食担，苍蝇成群的在飞，孩子成队的在闹，有剧烈的捣乱，有发达的骂詈，真是一个乱哄哄的小世界。但一到大路上，映进眼帘来的却只是轩昂活泼地玩着走着的外国孩子，中国的儿童几乎看不见了。但也并非没有，只因为衣裤郎当，精神萎靡，被别人压得像影子一样，不能醒目了。

中国中流的家庭，教孩子大抵只有两种法。其一，是任其跋扈，一点也不管，骂人固可，打人亦无不可，在门内或门前是暴主，是霸王，但到外面，便如失了网的蜘蛛一般，立刻毫无能力。其二，是终日给以冷遇或呵斥，甚而至于打扑，使他畏葸[3]退缩，仿佛一个奴才，一个傀儡，然而父母却美其名曰“听话”，自以为是教育的成功，待到放他到外面来，则如暂出樊笼的小禽，他决不会飞鸣，也不会跳跃。

现在总算中国也有印给儿童看的画本了，其中的主角自然是儿童，然而画中人物，大抵倘不是带着横暴冥顽的气味，甚而至于流氓模样的，过度的恶作剧的顽童，就是钩头耸背，低眉顺眼，一副死板板的脸相的所谓“好孩子”。这虽然由于画家本领的欠缺，但也是取儿童为范本的，而从此又以作供给儿童仿效的范本。我们试一看别国的儿童画罢，英国沉着，德国粗豪，俄国雄厚，法国漂亮，日本聪明，都没有一点中国似的衰惫的气象。观民风是不但可以由诗文，也可以由图画，而且可以由不为人们所重的儿童画的。

顽劣，钝滞，都足以使人没落，灭亡。童年的情形，便是将来的命运。我们的新人物，讲恋爱，讲小家庭，讲自立，讲享乐了，但很少有人为儿女提出家庭教育的问题。学校教育的问题，社会改革的问题，先前的人，只知道“为儿孙作马牛”，固然是错误的，但只顾现在，不想将来，“任儿孙作马牛”，却不能不说是一个更大的错误。

鲁迅:《鲁迅全集》(第四卷)，人民文学出版社 2005 年版。

注 释

1. 越界筑路：指当时上海租界当局越出租界范围以外修建马路的区域。
2. 租界：帝国主义国家强迫半殖民地国家在其口岸或城市划出的作为外侨“居留和经商”的一定区域。它是列强对半殖民地国家进行各种侵略和罪恶活动的据点。中国自英国侵略者于 1842 年强迫签订《南京条约》、开放五口通商后，在各大通商口岸就出现了这种“租界”区。
3. 畏葸(xǐ)：害怕，恐惧。葸，害怕，胆怯。

儿童公育在教育上的价值(节录)

《儿童公育在教育上的价值》系恽代英所撰写的幼教论文。

恽代英(1895～1931)，又名蘧轩，字子毅。祖籍江苏武进，生于湖北武昌。无产阶级革命家。1913 年考入武昌中华大学预科，1915 年升入本科攻读，1918 年毕业，任中华大学附中教员兼教务主任。“五四”运动时期，创建武汉学生联合会，创办《学生周报》，同年 10 月参加“少年中国学会”，后与林育南组织利群书社。1921 年加入中国共产党，自后历任中等师范学校教导主任、校长，大学教

授,黄埔军校政治总教官,中共中央宣传部秘书长等职,并任共青团中央宣传部部长兼《中国青年》主编。1931年4月29日被杀害于南京中央监狱。恽代英在"五四"前后,积极反对帝国主义和封建主义教育,曾发表过《教育改造与社会改造》、《打倒教会教育》等教育论文。在学前教育方面,他深刻地揭示了私有制是家庭教育和幼稚教育弊病的万恶之源,明确提出"打破私产"、"儿童公育"等主张。他的幼教思想主要体现在《自然之母教》(1916年)、《家庭教育论》(1916年、1917年)、《儿童读书年龄之研究》(1918年)、《儿童公育在教育上的价值》(1920年)、《驳杨效春君非儿童公育》(1920年)、《理想之儿童俱乐部》等文中,现大多收入《恽代英文集》。

《儿童公育在教育上的价值》,是恽代英于1920年发表在《中华教育界》第十卷第六期上的一篇文章。在文中,他从唯物史观出发,对传统家庭教育的弊端进行揭露,指出教育是一种专门的事业,须由接受过专门训练的人来承担,仅靠父母和家庭不行。为此,他提出"儿童公育"的主张,并从"教育要普及于一生"、"教育要普及于全民"、"教育场所要合宜"、"教育者要称职"四个方面进行了论证。

唯物的历史,告诉我们人类的生活,一天天向越是分工越需要互助的方面走,这种不可抵御的趋势他不问人类是不是愿意遵循,已经成了一个先天预定的轨道。马格斯派经济学说,私有工具已经成为以往的事;个人本位的经济组织已经从根本上崩坏;私产,家庭,国事,都失了他时代的价值。在这个时间,只有打破私产,自由恋爱,儿童公育。

……其实我们要谈儿童公育在教育上的价值,仍然从生物学、社会学谈起。因为不注意生物学的人,他不知道人是什么,不注意社会学的人,他不知道社会是什么。这样,他不能知道人类真正的价值,社会真正的效用。不能知道个人与社会有什么关系。亦不能知道他自己真正的本分。像这样的人,他对于社会问题,不会有十分真挚的热心。与他谈儿童公育的价值,亦许令他觉得不起一点兴味。我常想,要改正社会,不可不改正教育。要改正教育,不可不改正教育者的人生观。但是要改正人生观,说起来便会成就一大部书,不是这个地方所能用三言两语道尽。不过我亦想便承认现在一般盲目向上的教育者不能有异议的几桩原理,做我这一篇文的根据,亦尽够证明儿童公育的价值。

第一　教育要普及于一生

教育要普及于一生,便是说从婴儿到老年,都要多少受教育的陶冶的意思。这样的话,看来似乎是不能有的事。普通有所谓学龄,如各国所规定的强迫教育开始的年龄。在这年龄以下,在法律上原没有受教育的必要。有些人说,在理论上,亦没有受教育的必要。

强迫教育有一种法律的规定,不能不说是教育界的一个大进步。但考察历史,可以知道强迫教育,并不是由于民治的觉悟而产生,乃是由于军国主义的要求而产生。这样,所以强迫教育,只是国家的利益,还不配说是人类的利益。人类不仅是要捍卫国家,完成一个公民资格。是要求他的身心各方面发展,可以有利于他自身及他同时以及后代人类的生活。这样,所以强迫教育所规定,必须五岁、六岁才可以受教育,于人类极不利益。

若必限定所谓教育只在认字、读书、作文,这自然非六七岁以上的儿童不能领受益处。但是教育是人生的训练。读书、作文总是一种方法,不是一种目的。这大概是稍有思想的人不能疑惑反对的事。果真这样,那便我们只须所达到的是真正教育正当的目的,所用方法宜取那最有效益的,不能拘泥于任何一种上面。就近代许多教育家的试验,都知道实物的教授,实地的训练,比书本教育强过无量数倍。而且亦知道教育的努力,是要多方面的;仅靠书本传授,亦断不能有完满功效。既然如此,那便六七岁以下的儿童,纵然不宜读书,没有不可施以相当教育之理。

而且宇宙的安排,对于生命物的生活,每每令我们不能不感其神秘奇妙。人类的生活,虽然比其他生物都十分的更复杂不可窥测。但是就理论说,就事实看,都可信人类各种的本能,只须得着调和适当的发达,个人乃至社会,必然可以得一个理想的完成。怎样能使各种本能得着调和适当的发达呢?这很容易知道在人类本能萌芽的幼年期,须十分审慎的使他得着合当的指导。约翰·菲斯克说,"动物知识越进步,幼年期越长,以便他多有受训练的时间"。这样,便所谓幼年期,原是各种动物受他不可少的教育之用。幼年期既然是生物的事实,无关于法律的规定,我们可以知道人类的教育,有在他结胎堕地即有必要,不能从法律上所谓学龄开始。

人类的本能,多在幼稚的时候逐渐发达,在这个时候,若无适当的指导,易因彼此效仿,发达于错误的方面。(这是取沃尔特史密斯的说法。)这样,那便幼稚时候的教育,乃关于人的完满发达最要的事。儿童在他初出娘胎的时候,无所谓性善性恶,能善导他的本能,使他本能发达于个人及社会有益的方面,那便成为善。不善导他的本能,以致他本能发达于个人及社会有害的方面,那便是恶。若承认这种的话不错,不便每个儿童,若能于他本能初萌芽的时候能予以适当的引导,不难信他们都可成为善人。所以谈改良人类、改良社会,没有什么比幼稚教育更要紧。

而且幼稚教育不仅在德育方面是如此的重要。人类的知识既不定然要靠书籍文字才可传习，而人类求知的欲望又在学龄以前早已发达，普通的人，每每把儿童这个正好求学的时机，任意虚掷了，这中间实在减少了很大人类的造就。若是能有训练的教师，利用儿童游戏、猎寻、搜集、模仿诸种本能，随处引他得着些正确的认识，乃至正确的技能，纵然不能有太大的成就，亦要成为以后学校教育的好根基。关于体育美育的几方面，亦只是与上面所说的一样。强健与优美，原是人类共同的蕲求[1]，都因幼稚时代训育不得其宜，因以养成荏弱冗阘[2] 的习气。但是良好的环境、有知识有能力的指导人，这种弊病自然不致发生，人类自然不是今天的样子。

这以上所说的主要之点，在于指示出幼稚教育的重要。人类的教育不应当以法律上的学龄为起点。今天世界人类对于教育的努力，不能不说已用了多大的功夫。小学、中学教师，对于素非所习的各个学生，能耐烦的考察他的个性，以为利导本能转移气质的标准，这总算人类自己向上的荣耀。但是与其让许多儿童经了许多不自然的发展，再矫揉修饰以求他的改造，改造不敢期许太高，而仍不敢必其有效，则何如在他本能最初萌芽时候，予以相当的引导，用力少而成功大呢？

有人说，你这话不错。所以我们应得提倡兴办幼稚园。有幼稚园来补足小学教育，自然要比今天情形好。但是幼稚园有两种地方，不能与儿童公育相比，一则如德国、荷兰、瑞士等国，虽有了许多幼稚园或幼童学校，但这并不入正式学校系统，不受强迫教育法规的制裁，所以不能普及，再则如英国的幼儿学校，固然列入正式学校系统。法国的母育学校，固然受国家监视保护。但是英国的儿童，是须年龄在三岁以上，法国的儿童，是须年龄在二岁以上，才能受这种教育。这以前的教育，仍是公众所不注意的事。我们承认儿童一堕地便得受合宜的教育，那便我们是要使在襁褓之中的儿童，便受公众的教育，不是仅仅把儿童受教育的年龄从六七岁提前到二三岁，便算满意。

有人说，你这话不错，所以我们应得提倡家庭教育。有家庭教育来补足学校教育，自然不怕儿童幼稚时期得不着正当的发展。我对于这种见解，没有可以诘难。但是我敢断言，这不是为普遍人类所说的话。只须曾经研究教育的人，不难知道人类的教育，要根据生物学、社会学、生理学、心理学各种理论，才能寻得出一个正确的方案。智育既不仅是教书，体育亦不仅是如俗所说保养。我们虽然看得一切生物，都先天的会抚育第二代。但是人类在一切与生物不同的当中，他身心的构造，社会的关系，亦显然比别的生物更复杂，更难明白，所以漫然推定人类亦能靠先天的本能，去抚育第二代，是不合事实的。何况人类自从第一次感到物质缺乏的时候，已经用他所浅见私心，创造了许多不自然的社会组织。我们要想能适应这种不自然的环境，甚至于还想相机去改正他，这更不是仅顺着先天自然抚养第二代的本能，所能够求完满的效果。若是这样我们怎能盼望家庭教育，人人能给他子女必须的教育呢？

而且就现在经济制度下面说话，要想许多人受一点做父母的教育，亦是很不容易的事。要想人人的家庭，能有个合度的教育设备更发在大多数人是不可能的事。而且进一步说，现在劳动阶级的人，妻子亦做工，幼童亦做工，那里还配说有家庭？又谈什么家庭教育？

我们真信幼稚教育的可能，真信幼稚教育的重要，只有促进儿童公育，使每个儿童在他下地以后，便在合宜的场所中，合宜的指导人下面，受教育的训练，才是最根本的教育，亦是最经济的教育。

第二　教育要普及于全民

教育要普及于全民，便是说没有阶级、种族的分别，每个人都受到同等的教育。人类只是平等的，一切不自然的分别，都只是不合理应该受矫正的。这是今天稍知一点人的道理的人，不能疑惑的事。那便我们从这一点，更可看见幼稚园的教育或家庭教育，断然当不起儿童公育的价值。真要求教育的普遍，非以社会的自觉，使每个儿童得一样的教育不可。

不能说有钱的人的子女，便当受良善些的教育；没有钱的，便当受不良善的教育。便令我们抹煞显明的事实，硬指着没有钱的人是由于他自己的愚昧懒惰，咎有应得，那亦只能说这个成人的没有钱，是应该的，断不能说这个人的子女受不着良好教育，亦是应该的。先王之道，亦说了罪人不孥[3]。但是在这种高谈民治的世界，却偏有无量的儿童，因他父母的没有钱便硬剥夺了受合当教育的权利，这岂说得过去？

不能说有知识的人的子女，便当受良善的教育；没有知识的，便当受不良善些的教育。就社会学说，儿童不是他父母的儿子，乃是社会的一个新份子。若是姓张的或姓王的生了一个儿子，只算他张家或王家添人进口，自然与我风马牛不相及。我岂但不肯谈什么儿童公育，亦想着一大堆家庭教育幼稚园教育小学教育的书报，都是多事。惟其姓张的或姓王的，这新来的小小一个人，他从来的那一天，便与我成了宇宙的一个同居者。他亦许是我的善邻，亦许是我的祸根，所以我不能不关心他的身心发展，看得与自己的事一样。这样那便即令这些儿童是怎样没有知识者的子女，他父母可以不愿给他什么合宜的教育，但社会不能从容他。他父母可以不配给他什么合宜的教育，但社会不能不帮助他。个人对于家庭的关系，是皮相[4]的；个人对于社会的关系，是真实的。我们为社会的幸福，不能不望用儿童公育的方法，去求教育的真正普及。

幼稚园既不归作强迫教育系统之内，他的教师不定受国家检定，他的经费不定受国家供给，那便若不是有许多人没有合当的金钱去送他子女入幼稚园，便是有许多人没有那些钱送他到合当的幼稚园去。而且幼稚园若只成为一种慈善团体，不认为正式社会的教育机关，那便社会上的人，必自不愿，亦且不能十分用力去监督促进他。这样，必然有许多儿童没有幼稚园进去，亦必有许多儿童没有合当的幼稚园进去。创办幼稚园的人，可以没有什么教育知识，亦许有些幼稚园因为没有钱的缘故，设备不完善，教师不优良，这样，便令许多儿童早期都受不着他应当受的教育。

男女的有性交，有生殖，这是生物自然的事。无论什么理想的社会，不能禁人在教育儿童的知识完成以前，不发生性交生殖的事。我们可以禁止三十岁以前的人结婚，不能禁止三十岁以前的人不产私生子。因为性交实在是一种动物的情欲。苟非意志强固，加以制裁的人，他总要找个满足他的法子。既然如此，那便我们盼望人人有充分教育的能力，然后去生子女，断然是个笑话，何况人类经济的生活，已经从分工的一条路发展到这步田地。我们不能勉强人人做教育家，犹如不能勉强人人做工人、商人一样。我们不能勉强人人做家庭教育家，犹如不能勉强人人做家事学者烹饪学者一样。或者有些人想要国家规定个法律，青年非研究养儿学卒业的，不准结婚，如我前数年提议中学设结婚科一样。（现在想得这真是大胆可笑的提议。）但是我想现在女学生学家事烹饪，出了学校与完全未学一样的多的很。假令养儿学亦许有人学不到手，或学的成绩不良，能禁止他不结婚吗？并且能禁止他没有别种性交的事发生吗？前者似乎非法律所许，后者更非事实上办得到的。然则仅靠家庭教育，怎能盼望这些不合资格的父母，能给他子女合当的教育呢？何况世界上还不少没有钱办儿童教育用具，并没有时间去教育儿童的家庭呢？

第三　教育场所的合宜

家庭原只是过去历史上因经济原因而结合的一种组织，夫妇原只是自然的人类因恋爱而结合的一种关系。所以家庭原不是儿童合宜的教育场所，夫妇原不是儿童合宜的教育者。现在姑且谈第一层。

就现在经济制度之下说话，许多人的家庭，只是卑湫狭隘[5]。城市之中，并家庭以外，亦只是繁稠拥挤。这样，便只有成人生活竞争的战场，更没有儿童自由发展的余地。比尤拉·肯纳德叙匹兹堡（美国城市）地方情形说，工厂稠密，房租昂贵，使工人为到工厂的便利，不能不居近工厂；为图房租的减轻，不能不许多家聚居于两三间房中间。在这种小而不通气的一隅中，有无数的床铺。日工与夜工的人，交换睡眠。儿童若在厨房或做工的地方游戏呢，则不便利，亦不舒服。

若在卧室游戏呢，又做不到。唯一游戏的地方，便只有街道旁边。试想他这所说只代表得一个地方的情形，但是城市生活岂非多少都是这个样子？这样的光景，还谈什么家庭教育呢？

我们应该记得儿童的需要，与成人的需要不同。成人有他不得不适应的不自然经济生活，所以他只好在城市中求个居处。虽然他身心上亦为这急遽烦剧的生活受些影响，但他生长比较成熟，适应能力较大，危害亦还有限。至于儿童，他本身原没有经济的问题，却跟着大人亦受不着生物自然的发展。穷人的子女，固然是居于愚昧昏浊的家庭中，便富人的子女，亦只生长于板壁柱头之间，失落了他许多有益的本性。我们若信儿童要多接触自然，使他得合度的发展，请问现在谈家庭教育的，我们便把那些穷鬼的家庭除外，便说中产之家乃至富人，有几个有足够的林园，供训育子女之用呢？

若是儿童的教育，只用得着几个课本，一块黑板，几只粉笔，我亦信令现在的家庭，用几个钱办到像今天改良的私塾一样，倒不是难事。但是这种改良的私塾，亦配得上在教育上有什么价值，便已是个疑问。何况我这所说并注意到两岁、一岁，乃至五月、三月的婴儿，对于他们，课本、黑板、粉笔几乎没多大用处。他们所需要的是靠刺激以召起合当的反应，不是敬爱灌注以养成储积的知识，他们要养成发表力的教育，比养成容受量的教育更重要。福禄培尔于这个理想，创办了幼稚园，制造了很多恩物[6]。这种恩物，在不及幼稚园年龄的婴儿，一样需要。但是我们怎能责备每个家庭，都能像幼稚园预备的一样齐全呢？

若真要讲家庭教育，须使每个家庭的一切设备都完全，以儿童为中心。那便是说，家庭中的布置，要处处以合于教育性质，合于引起儿童良好的刺激，良好的发表动力为主，再说明一些，便是家庭的事，不能以经济的关系为处置的标准，亦不能以成人便利的关系为处置的标准，须得每个家庭，成为理想完备的教育机关。这样，果然是做得到的事么？

有人说，我这些话有些无理取闹。若说每个教育机关，都要怎样理想完备，那便在今天的世界，一切学校，谁配得上说这样的话？他们的设备，不是受显然的经济的限制，便利的支配么？果然这样说，家庭教育是不可能，那便一切教育都是不可能。今天便建设儿童公育机关，不一样是有这样的困难么？这样的话，诚然是不错的。本来在今天经济制度之下，谈什么儿童公育，不能说无价值。因为社会果然用他建设医院学校市政局的一样努力，总有许多儿童，由完全受不着教育，可以进到受些教育；由只能受较不良的教育，可以进到受些较良的教育。但是这一点相对的价值，虽不能不承认，我究信总还不是人类彻底的改造办法。我常想人类有个大愚蠢：便是宁可把许多财富，任凭资本家官僚吞剥一大半，留剩的一点，却说什么拿来为人类全体谋利益。现在的人，把地球上化作什么国什么国。一国之中，所收租税，一大半用去养兵，所剩余的，又几乎一大半用去养官。这样，怎怪没有钱办教育？我宁信人类真有理性，还须根本的改造。为什么要这些做杀人生活的兵，为什么要这些办纸片公事的官，不肯把这些靡费，全节省了，用到教育上面？我信人类的精力，若值得消耗，所做必须为于人类有利的事，那便是世界上面没有一件事比儿童教育还要紧。合理的社会，要对儿童公育比任何事更注意。要把现在供应官僚武人的精力，统移到这上面去，从那里怕儿童公育还有这等困难？

有人说，果然是这样说，那便人类可有力量办完美的儿童公育机关，亦可以有力量办完满的家庭教育设备。家庭教育，一样足够解决儿童早年教育问题。何必谈什么公育？这样的话，究竟是把教育看得太容易。若每个人都要使他家庭有完备的教育场所与设备。人类已经要用许多不必要的力，劳许多不必要的神。真正到了社会主义的世界，人类一方固然要建设许多理想的事业，一方亦要减少许多不经济的消耗。那便社会上若能有个公共育儿所，必不肯为每个家庭去讲厨房食堂卫生一样。再进一步说，经济制度若经改造，便这个家庭，且将成为赘疣，我们只看文明的进步，家庭任务，都逐渐成为社会上的专业了，便可知道今天已经到了家庭的末日命运。还梦想将来有什么家庭教育可说呢？

而且儿童公育有显然比家庭教育优长之点，便是靠这儿童教育才能求真正的社会化。有些人说，家庭是社会的雏形。但是这句话，并不很正确。因为若照现在人人所盼望实现的小家庭说，将来中间只包含儿童的父母兄弟姐妹，多不过七八人，少或只三四人。天下那有这单纯的社会关系？若就现存的宗法大家庭，固然有些像个小社会。但是实际人人知道这是个不能继续存在的东西，我们亦无取于在这里多讨论。

只有儿童公育能集合许多夫妇所产育的儿童在一起，从很小时候让人习于相处之道。这些儿童，从生下地便是在社会中生长的，不是在家庭中生长，像一个盆景花卉，长成了才移植于社会里面来的一样。这便我们自易知道公育的儿童，必远相适于社会生活。其实我们想，人类原无不可从小便在社会中生活，偏要先把他关在一个地方，然后移到一个地方，用这去维持那已经失了时效的夫妇关系，家庭关系，是何等无意义？

再则家庭便令不能打破，便令可以做一种教育机关，然而家庭总不是纯然为了教育儿童而存在，这大概是没有疑难的事。果真教育儿童，不是一件易事；那便把专为教育儿童而操作的儿童公育机关，与这种家庭相比，又应是那一桩比较好些？这岂有什么疑难。

第四　教育者的称职

有些人说，儿童的父母，虽然不能人人有很高深教育学的研究，但常常最合宜于为儿童早期的教育者。因为第一，爱护第二代是一切生物的本能，本不待多所学习。第二，爱情与勤劬，每每教师不能赶上父母。父母因有这些特点，所以虽无教育学知识，心诚求之，亦能不中不远，这些都比徒然受教育训育，以长成的较好。因为教师与儿童，只有理性的关系，没有感情的关系；只有职分的关系，没有本能的关系。所以他的教育功效，每还不如父母。而且儿童若不是在浓挚的爱里长成，而只在冷酷的理智里长成的，亦不能说是一种正态的生物。

对于这个疑难，我先要问几句话：若父母生物的本能，便足够爱护第二代，为什么每个人为他子女，要有许多事要仰给于社会呢？为什么子女有病，要找医生，不自己诊治呢？为什么子女长成，要上学校，不自己教育呢？禽鸟生而能营巢，他的食物都是母鸟采集，他的羽翼可以随节气以调和温度。兽类生而能营窟，他的食物都是母兽哺乳，他的皮毛亦一样有调节寒暑的作用。所以他们用不着另外有农人、工人、商人，用不着另外有泥水匠、成衣匠，更用不着另外有教师、学校。但是人是怎样与他们不同呢？人类与他们一样有几种生物的通性，但是不能生而知造房屋，生而知缝衣裳。人类的生活，必须明白共存互助的道理。而人有许多学了几十年亦还不能懂得。这我们已经看见人类与别的生物，有许多不同的地方了，有什么根据，定然相信对于婴儿教育，一定顺生活本能，便可以够人类的用呢？

我们只须稍想一下，便可知道，就外面说，人类社会复杂的组织，是很不易真正懂得的事。怎样能使婴儿生理上得合度圆满的发达，心理上得合度圆满的开展，以适应于现代复杂的生活，且有能力改造世界到合理的理想地步？这岂是一般春情发动期的男女，所尽能办到的事。无论何人，总不信专靠父母的爱情与勤劬，便于教育儿童一切够用。因为他亦不能不承认我们今天看见许多把子女爱死了的人，所以他亦说做父母的人，究竟与别的生物不同，要受一点教育子女的教育。那便他又拿什么天平权衡了，决定做父母的人，受比这少一点教育便为不够，受比这多一点教育便为不须呢？

我很赞成把人类看得与生物一样。但是生物彼此亦不全是一样。猪是猪的生活，狗是狗的生活，不能说猪与狗同是生物，便断定猪凡事应与狗一样。亦以这一样理由，不能因人与猪狗同是生物，便断定人凡事应是与猪狗一样。说一样的是从同的方面看，说不一样的是从异的方面看。许多人因为看到异的方面，把人的价值，恭维到天上去了。许多人因为看了同的方面，又把人所需要的一些特殊的努力，一笔抹煞过去。我想这都是错了。

至于说到教师是冷酷的理智的，不适宜于婴儿的发育。就眼前的教育说，这话确实是有些不错。但是这是教育界应该改革的一件事。若不改革，不但不合宜于婴儿教育，亦且不合宜于小学教育，固然就本能说，父母比较易于对儿童发生浓挚的感情，但是父母若不能人人求他有教育者的修养知识技能，那便只好求设个办法使那些有教育者的修养、知识、技能的人，发生那需要的浓挚感情。怎样能使人发生那需要的浓挚感情呢？生物的法则，个体与全类是打成一片的。那个化成万物的无形的力量，他不重在父母爱护子女，他主要的目的，还在使第一代爱护第二代，所以赤子将葡萄入井，路人看了亦自然生恻隐之心。而幼儿逐渐长成，他父母对他天性之爱，反渐见减退。我因这曾设个假定，以为(果为适应于人类分工的生活，那奇妙的母亲之爱，在教师或保姆方面，自然会消灭下去，因为生物的演化，原随他生活的需要而进退。)果真这样，教师不必是冷酷的理智的。他们只须有彻底的觉悟，合度的修养，必定十分合宜于儿童的教育者。

总之说教育者必须具备教育能力，与对受教育者的爱感，这话完全是可信的。不过这两个资格，宁是教师比父母易于修养得到，因为父母是几乎人人要做的，要人人学一样的教育能力，是必然不可成功的事。教育者是只一部分人做的，在这一部分人中间给以圆满的教育者的修养，而迎机以启沃他爱后代的情感，是不难能的。由这所以我相信要求教育的胜任愉快，亦以儿童公育比家庭教育为可靠。

有人说，儿童从小便到社会上生活，将得不着个性发展的机会，结果个性不得充分发展，人类进步亦要受些不良的影响。这种疑虑，我信不是没有理由。但是我信这只是公育机关教师所应注意防免的弊端，教师果受了充分教育的研究，自然可以于他所施的教育中给各个儿童个性完全发展的进步，不得让他只愿向社会化方面走，况且我亦想我们会为公育制度行后担心儿童的社会化，为什么不担心在家庭教育下，儿童个性的弱点，得不着后天的调和，成为畸形的性格呢？

从上面所举的四桩理由，我想总足够证明儿童公育在教育学上委实有研究的价值了。我亦知道我说的话有些人要好笑，因为我自己总相信儿童公育是应该，又总相信世界非彻底改造。谈不上什么理想的儿童公育，那便我这所谈眼前都是不能行的空话，为什么这样不嫌辞费呢？但是读我这篇文的，若果是热心教育的人，我十分愿意问你们，你们亦觉得办教育是办理差事么？是敷衍故事呢？你若真说教育是要求个体圆满的发展，眼看着这种种妨碍个性发展的障碍，你以为这是不必打破他的么？你若真说教育是要求社会合当的进步，眼看着种种妨碍社会进化的事情，你以为这是不必扫清他的么？我的意思，宁信教育是彻底改造的工具，但是只知为人类头痛治头，脚痛治脚，我真以为无取。所以虽然有些教育家或者不愿听见这样稍有进步的议论，我仍觉假若这是真理的光，还须老老实实的提出来讨论，让大家没有个躲避的地方。你若从各方面承认儿童公育是人类的福利，是比小学幼稚园都好些的教育组织，请问你偏说是高远做不到，这岂配得上称为为人类做事么？

要传播人的教育，去改正人的社会，先不可不努力求一部分儿童公育的成功。我信我们从共同生活的小团体，去求儿童公育的实现，是绝对可能的事。一部分的儿童公育，果然试验得一个理想的成功，那便他的成绩是一种广告，他的出品将是人类中最优秀最健全的分子，即令今天我们还不配谈具有理想的教育能力，亦可信这里面长成的人，将比我们几辈的有能力。人类的事，必须有比我们几辈有能力的人，才能求圆满的解决。我们竭尽绵薄[7]，去为人类造这样的人。这便是儿童公育的主旨。这便是真向上的教育者，应该担负的事。

《中华教育界》第十卷(1920年)第六期。

注 释

1. 蕲求：即祈求。
2. 荏弱冗阘(tā)：软弱卑怯之意。阘，卑下。
3. 罪人不孥(nú)：意指惩罚其人不应该连带其子女。孥，儿女。
4. 皮相：从表面上看；只看外表。
5. 卑湫(jiǎo)狭隘：低下狭小。湫，低洼。
6. 恩物：德国教育家福禄培尔对他于1837年创制的幼儿园玩具的称谓，意为它们是神的“恩赐”之物。
7. 绵薄：为自谦之词，犹言微力、微劳。

游戏教育(节录)

《游戏教育》的作者为余家菊。

余家菊(1898～1976)，字景陶、子渊。湖北黄陂(今武汉市黄陂区)人。中国近现代教育家、社会活动家。出身于书香世家，早年曾就读于武昌文华书院和武昌中华大学。1920年考入北京高师教育研究科，为我国高校首次招收的研究生之一。自1924年从英国留学归国后任教于武昌高师(今武汉大学前身)，先后在南京第四中山大学(后定名为东南大学)、冯庸大学、北平大学、北平师范大学、中国大学等校任教，长期担任上述各高校的教育学、心理学的教学工作。为近代“乡村教育”的首倡者和“国家主义教育”的理论构建者，在第一次国内革命战争时期，是收回教育权运动的主要推进者之一。参加发起成立“国家教育协会”，参与编辑出版《中国教育辞典》，撰有《中国教育史要》、《师范教育》等研究教育的学

术著作。此外,余家菊也是“少年中国学会”、“中国青年党”、“国民政府参政会”等机构或组织的要人。1949年去台湾,寓居台北。晚年病目,深居简出,皈依天主教。1976年5月12日病逝于台北。平生著述现已结集为《余家菊(景陶)先生教育论文集》(上、下)等。

《游戏教育》原载于1919年《中华教育界》第十卷第九期,后收入《余家菊(景陶)先生教育论文集》。在该文中,余家菊论述了游戏对于身体、精神、德育、社会生活、美育等多方面的价值,并进一步指出游戏所具有的活泼、自发、快乐等特质。

从来我们对于儿童底[1]游戏每每将他看作万恶之源。儿童成群结队地玩要起来,时不时骂娘打架,再不然就吩呶[2]喧扰,自然是很讨人厌的。老学究们教训童蒙,要他“朝如斯,夕如斯”,恨不得教出一群幼童秀才;儿童耽好游戏,照他们看来,自然就分了心,读书的进步必定减少,读书时间的空耗更不必说。所以人们喜欢禁止儿童底游戏,强迫他去一举一动都要循循然有规矩。即不然也必将儿童看作冥顽不灵的东西,以为他既好玩,又不能使他不玩,只有听他去玩罢了。

其实游戏场就是儿童底学校,游戏而没有正当的教育存乎其中,就等于学校之施行放任教育,结果必定害了儿童。新教育是利用儿童底本能去施行教育的,儿童既有天然的游戏本能,教育者就应该知道怎样利用这种本能去实施教育。老学究们喜欢禁止游戏,必使活泼泼的儿童们见他老人家来了就动也不敢动,这种现象固然是不对;就是以新人物自命的人,拿著[3]书本上讲堂,上完了堂就算尽毕了义务,对于儿童底游戏,就是“你为你,我为我”,一睬也不睬,这种事情,又何尝合于道理呢?我们要是不知道从游戏中去施教育,就是不知道利用儿童底本能,就是不知道以儿童为本位,就是不知道注意儿童底现时生活,就是失掉了最好的教育机会;这样的人还配谈什么教育,办什么学校?这是我之所以要同诸位谈游戏教育的原因。有的学者将绘画、游戏、说话,当作儿童底三种范畴活动,我们对于游戏加以相当的注意,总算是应该的呵!

一、游戏是最好的教育机会

教育不是按时教些“人手足刀尺”就算了事的,亦不是按时讲些“在家中,孝父母;在学校,敬先生”就算了事的,教育是要随时随地去利用机会的。在讲堂上教认字是教国文,在街上教学生认招牌,又何尝不是教国文?在讲堂教学生友爱是教修身,在游戏场教学生莫骂人,又何尝不是教修身?再且在游戏场中教修身,在街上教认字,是实际的,是动的,比在讲堂内的教育恐怕要有效得多呢?知道这个道理，就知道教育是要利用机会的；在没有机会时，还要创造机会，板滞的讲堂教育，毕竟是死教育呵！

要利用机会去实施教育，游戏就是最好的机会，何以见得呢？

（一）在游戏时，所运用的，都是发达最早而且使用得最多的能力，所以儿童在游戏中的反动，最为迅速，反动的迅速，于能力的发达和习惯的养成，都极经济。

（二）游戏是容易的，快乐的，少疲劳的，所以在游戏中，活动底分量可以高些，活动底时间可以长些，这亦是于增进教育效率有很大关系的。

（三）在游戏中，注意是专一的，自发的，有兴味的，所以反应底力量强。教育就是要利用刺激去引起反应的，能引起最强反应的教育，就是最不枉费气力的教育。

（四）儿童底游戏是发于本能的，自然的；最当旺的本能一改变，游戏底种类和方法亦随著变了，所以游戏是最适于儿童底本来需要的，因此，游戏是最好的刺激，使得儿童有自然的、及时的生长和发育。

（五）在游戏中的反动，最富于变化的可能性，而且游戏亦是最适于运用多种的、反动的，所以游戏能使身心底各方面都可以得著若干的合宜的锻炼，不至于使身心底发达不能谐和。

我们明白这种种原因，就可以赞成柏拉图[4]底话了。柏拉图说，教育底开始，应该是对于儿童底运动加以正当的指导。

二、游戏底价值

关于游戏底价值，即用连篇累牍的文字，也说不完备。看此文上面的一节，就可以知道游戏底一般价值，现在更从身体方面，精神方面，德育方面，社会生活方面，美育方面，概括地略谈一二。

（一）对于身体的价值

游戏能流通血脉，促进消化，裨益呼吸，大概是人人所知道的常识。有这种作用，游戏对于卫生的价值，已经不小，其实还不止于此。儿童有忧郁不乐的事情，如从事游戏就自然忘却了，免得妨害身心的发育。终日从事固定的活动，生活流于机械，生气容易凋残，游戏使人活泼自如，可以免掉这种危险。从事积赘的、单调的生活的人，如果有一种习惯在正当的游戏中去求休息，即可以免于传染病之侵入。凡此都是游戏对于身体有价值的明证。

（二）对于精神的价值

游戏中的种种情况，忽起忽灭，变化无穷，游戏者必须“眼观四面，耳听八方”，极其灵敏活泼，所以游戏很有益于感官训练。假或是争巧比胜，又必须估度敌人底情形，用敏慧的智虑去想象敌人底注意或计划，更从而临机应变下迅速而确定的决断。于游戏又很有益于儿童精神之发育。可知要训练儿童底精神，怎么可以不利用游戏？

(三)对于德育的价值

儿童有些很强的本能，到了一定的时期，必然发生。这些本能，是自然要发泄的，不能遏止；但是听他去自生自灭，又会遗害不浅，即如儿童每每好争斗、吵闹，是由于原有纷扰本能[5](Pungacibous Instinct)。若能教他去竞球，习拳术，或者角力，而又加以相当的监护，那末，他内部所贮存的精力，既有了正当的发泄，就不至于酿出罪恶了。据体育家底报告，嗜好运动的人底行为，比较地要少些不道德的行为。教育者能使儿童底精力耗费无余，这种教育者就算很智慧了，因为儿童有余剩的精力就会恶作剧的；若是能有相当的计划去引导他所余剩的势(精)力到一种积极的目的上去，那就更好了。

近来小学教师，很有人知道多给儿童以功课，可以使儿童免于犯规，其实这种功用，游戏亦有，而且游戏还可以培养种种积极的品性。譬如游戏要遵守游戏底规则，就是守法习惯底根基。守法习惯是共同生活不可少的品性。我们知道生活中所需要的品性，只能在生活中去培养，难道不知道游戏即是生活吗？

国内讲德育的人，素来偏于静的教训，而不知道儿童底自然活动上去加以陶冶，素来偏重存心养性，而不知道行为与心习的关系。须知静的道德是主知的道德，知识只能做我们底参谋而不能做我们底统帅。须知专重存心的道德，每每行与愿违，每每明知故犯。读者若稍稍留意于游戏中之德育，或者于训练问题，不无裨益。

(四)对于社会生活的价值

平民教育的提倡，一年多了。平民教育的实施，必须使学生底生活成为社会的。团体游戏，就是最好的社会生活。从游戏中，可以了解别人底动机与理想，欲望与兴趣。在游戏中，要求自己一组的胜利，同组的人就须和衷共济，协力互助。在游戏中，有胜有负，胜了的人要能尊重负了的人，负了的人要能赞扬胜了的人。凡是社会生活中所必须的精神态度和常识，都可在游戏中培植一点初基。我们看，从单村独户出来的儿童，对人的举止动静，每每极欠熟练，极不自然，就是因为他缺乏同伴的儿童，所以没有机会养成接待人们的态度。

(五)对于美育的价值

美本有动的和静的之分别。譬如绘画是静的美，舞蹈是动的美。动的美，和游戏本来很易联络，而且已经有了许多联络，舞蹈游戏，表情游戏等，都是的。这种游戏，可以陶冶儿童底美情。游戏要能加以充分的美术化，洗尽粗犷的习惯，去掉利害的冲突，那末，游戏教育的价值，就更高了。

三、游戏底特质

我们既知道游戏底价值，以后将注意于游戏教育了！但是什么是游戏？假使不弄个明白，又会胡行乱闹。“什么是游戏”这个问题，看起来，像很容易，其实亦很难辨别。同一样的事，有人是做著好玩，有人是如做苦工。同一个人对于同一件事，有时做著简直算是游戏，有时做著又恍惚是罚苦役。儿童性好绘画，当他高兴时，随笔乱涂，为所欲为，这是游戏。若是教师命出题目，定出方案，要他照著法度去制作，这就成了作业；若是他完全不愿意做，或者力不能做，只是因为先生底命令不得不勉强做去，那就是苦工了。所谓的苦工，是过度的，机械的，强迫的操作，奴隶们底劳动并非意愿，只是屈于威权的，就是一个实例。苦工所求的结果，在活动（或事业）以外，他底目的不在这种活动底成功，不过是把活动当作一个手段。例如艺术家作一篇小说，并不是为创作艺术品，乃是为赚钱糊口。作业是自主的、志愿的努力，虽说要有牺牲，有恒心，有忍耐，然而自己知道自己所操作的事务底价值，稍微可以有一点慰藉。在作业中所求的结果，就是活动底完成；例如我今晚读书要读到晚上十二点钟，这本是很苦，然而不是因为要赶文官考试，乃是因为我要读完这本书，所以是作业，不是苦工。游戏是活泼的，自发的，快乐的，于活动以外没有目的。然而游戏不是玩时丧日的，亦不是无目的的；他底目的，是活动底完成，正如作业一样，不过因为游戏底进行要自由些，不因为所求的结果而固定进行的路径。唱歌自娱的人，随著自己底意兴去抑扬高下，比较练习歌唱、想于乐歌有所造就的人，拘拘于尺度声调，苦乐自然大不相同。

总之，游戏和作业与苦工的不同，并不在所作的事务的不同，乃在作业的态度和意趣的差异。以后教育者底努力，必须使苦工成为作业，作业成为游戏，免得学生在校如坐监狱，上课如罚苦工；那就是说，要使学生操作一切业务，正如他们自己游戏一样。同时还要申明一句：游戏并不是让学生好玩，必须根据儿童所爱做的事务中之有用的，勉励他努力去做，以养成他底忍耐力和注意力。布里顿（Briton）说得好，且引来作结。他说：“作业内所含有的游戏的分量，就是那种作业底价值底分量，游戏内所含有的作业的分量，就是那种游戏底价值底分量。”

四、游戏教育底实施

游戏底价值和特质既已明白了，当然要进而讲求实际的设施。讲到实际设施，必须斟酌各地底情形，各校底经济状况，教师底职务繁简等等，才能有精确的方案。现在所能谈的，不过是几个概括的条件，至若具体的事项，当然还要读者自己去计划。

（一）游戏场和游戏器具的设置

学校必须有游戏场，正如必须有教室一样，必须有游戏器具，正如必须有图画和仪器、标本一样。讲游戏教育而没有游戏场和游戏器具，那就无从讲起，亦就无所谓游戏教育，至多不过是让儿童去自玩自耍罢了。游戏场以广大开朗，能引起活泼气象和容纳校内外的全数儿童为必要条件。游戏器具以各种各色都略备一点，能够适合嗜好各异的儿童们底需要为宜。一般学校往往愿意将逼窄的校址多设校舍而不愿意多留若干隙地，往往愿意将全部经费用作添收班次之用而不愿意移一部分去作游戏器具设备费，这都是由于错认了什么是教育。在西方各国，盛行所谓"游戏场运动"，就是将游戏场底设置看作急要的事情，而从事于鼓吹公众去担负开辟的责任。看了这，就可以知道人家怎样重视游戏了。

（二）教师底指导

游戏必须有指导者，正如学课一样，纯然放任，势必弊病百出，指导者必须知道各种游戏底价值，必须知道什么结果是产生于什么游戏；此外，更必须有相当的儿童学知识，才能因应自如而胜任愉快。教师指导，最忌直接的干涉。所谓指导，并不是遇事干涉，干涉最足以妨害儿童底自动，减少儿童底兴趣和活气。指导只是于不知不觉中给予儿童以适宜暗示去救济当时的情形，或者补助儿童底缺欠。这种指导，的确不是无充分能力的人所能胜任的。所以小学校择聘教师，不但要他能否教书，还要他能否"教玩"。

（三）游戏和正课的联络

游戏能活泼儿童心灵，鼓励儿童底生气，据有观察力的教师底报告，在游戏场中，兴高采烈的儿童，就是在课室中顶能用功的学生——只要教员能用相当的刺激去促起注意。这样看来，老先生们以为游戏容易使小孩子们"玩野了心"，实在是不合事实。倘若学校底正课，如国语、地理、历史等科都能和游戏联络起来，使得正课即是游戏，游戏即是正课，那就是最完善的教育了。在欧美教国语的，每每教学生去扮演课本上所讲的事项，如同演剧一般；我希望我国底小学教师也将这种精神引入课业中！

（四）校内游戏与校外游戏的联络

校外游戏不良，必定隐隐地在儿童身上种下许多毒菌，学校底教育，因之不能收圆满的结果。儿童在校外没有适当的游戏，势必要干出种种不好的行为。据欧美底统计，开辟了游戏场的城市，儿童犯罪的案件，比较未有游戏场之先要减少许多。可见儿童在校外亦要有正当的游戏，教师对于儿童的责任，自然不可以校内为限了。若是校内所从事的游戏，有若干种是儿童在校外所可从事的，儿童散学归家后就不至于做出不正当的勾当。这就是校内游戏必须与校外游戏联络的理由。再且教育应该利用儿童底经验，校内游戏采取校外游戏中之无害而有趣的——有益的，自然不应抛却，更不待言——儿童对之，将更饶兴趣、更为热心从事，于教育底效果亦必费力小而成功大。如果有人肯就我国儿童社会去观察儿童游戏，并且一一搜集起来以作研究之资料；那末，不但对于游戏教育底实施上有很大的方便，而且对于儿童学的研究，亦必有极大的贡献。因为游戏底种类和方式，是随民族而有差异的。中国儿童底游戏和外国儿童必有大相径庭的地方。

（五）游戏要适于儿童底本能

游戏中的活动本来是出自本能的；各本能底发生有先后不同，儿童所嗜好的游戏亦随年龄而异。游戏底繁简难易乃至于种类，都要按著儿童底年龄去支配，不可本著成人底意思去定夺。成人所视为有价值的游戏，在儿童看来，也许是了无意义。我有一位朋友，在小学生运动会中，教一个学生披戴纸竹制成的蚌形物，一个学生披戴纸竹制成的鹬形物，双方伏在地上，作鹬蚌相持状，更教一个学生来装作渔人。他这一出鹬蚌相持剧底用意，是要象征南北相争，日本人乘机占去山东。这种过于象征的教训，恐怕不是一般儿童所能了解的，游戏中似乎以不有这种色彩为宜。

儿童所从事的游戏，随年龄底大小，本能底发育，而大不相同，上面已经谈过，现在更分析地略加申述。大概在三岁以前的小儿，最显著的游戏只是一些感觉底尝试和运动底试验。从他自己底身体以至于各种物品，只要能引起视听触嗅等感觉的，都是他底玩具。跳跑，玩水，弄舌等活动，都使他觉著愉快。在这个期间的游戏是无形式的，是流动而易于改换的，是纯粹个人的，以自己为本位的。从四岁到七岁，儿童底想象力和模仿力异常增进，扮演的游戏格外加多；所谓扮演的游戏，就是用想象的行动去模仿成人底行为，例如儿童盛灰作饭以款待同游的小客。此时儿童创设的能力较为增进，游戏亦较有确定的目的，不过缺少耐久的能力，不能完成困难的目的。他需要友谊之心发生，在游戏中很能使他底言语能力发达，很能除去他底自私心，为他的社会生活定个基础。从八岁到十二岁，是个转变时代，身心底变化很大，渐次即于成熟。儿童以在这个期间最为活泼，他所游戏的，多半是比赛的。在游戏中所用的重要势力，还是身体底动作，用智慧的还少，智慧的势力只是逐渐增大。从此，他底势力渐渐发泄在有意义的方案中，在要用技能的活动中。技能熟练，竞争心旺盛，儿童底自私之性就完全暴露于比赛中。比赛底需要既然增多，就宜于利用这个时会去训练他遵守法律，重视友谊，因为守法和友谊是比赛中所必备的。此时的比赛，尚欠密切的组织，个人底比赛多过团体的比赛，真正的协力互助，还是将来的事情。从十三岁到十六岁时，入于青年期，发生了许多成熟的新兴味。党徒和队伍的精神在游戏中占了首要的位置。组织力和协力精神都很易于养成，做领袖的能力和服从领袖的志愿都增进了，在比赛中，不复完全著重在体力的一方面，智慧底要素逐渐入于重要的地位。如果利用得法，于教育上的利益不可计量。

总之，游戏中是儿童发挥天性的最好机会，要施行儿童本位的教育，要施行个性教育，最好是从儿童底游戏去了解儿童。再且，也只有了解了儿童天性发育底程序的人，配教儿童游戏。

《余家菊(景陶)先生教育论文集》(下)，(台湾)财团法人台北市慧炬出版社1997年版。

注 释

1. 底：同“的”。
2. 吩呶(náo)：形容非常吵闹令人讨厌的样子。呶，叫嚷。
3. 著：同“着”。
4. 柏拉图(Platon，前427～前347)：古希腊哲学家，苏格拉底的学生，亚里士多德的老师。他出身于贵族奴隶主家庭，曾往西西里岛一带活动，企图影响叙拉古城邦的统治者，实现其理想的奴隶主贵族政治，失败后回到雅典创办学园。在《理想国》、《法律篇》等著作中，他阐述了自己的道德、政治和教育理论。
5. 本能：人类和动物不学就会的性能。

儿童的心理

《儿童的心理》及后《我们的主张》、《活教育的教学原则》，均为陈鹤琴的幼教论作。

陈鹤琴(1892～1982)，浙江上虞人，我国现代著名教育家、儿童心理学家和儿童教育专家，被誉为“中国的福禄培尔”和“中国幼教之父”。陈鹤琴自幼勤奋好学，早年就读教会学校杭州蕙兰中学、上海圣约翰大学，1911年秋考入北京清华学堂高等科，1914年考取奖学金赴美留学。在留美五年中，他专心研究教育学和心理学，师从克伯屈、孟禄、桑代克、罗格等著名教授，先后获得了霍普金斯大学文学学士学位和哥伦比亚大学师范学院教育学硕士学位。1919年回国后，受聘于南京高等师范学校(后改为东南大学)，教授教育学和心理学。1920年长子陈一鸣出生后，从第一声啼哭起，至其会说话、撒尿止，陈鹤琴坚持了长达808天的记录，其成果于1925年写成了中国幼儿心理学的奠基之作《儿童心理之研究》，同时出版有《家庭教育》。1923年他在南京创办了鼓楼幼稚园，重点进行有关幼儿园课程问题的实验研究。1927年与陶行知等人发起组织“中华幼稚教育

研究会"，创办《幼稚教育》月刊。1929年发起组织"中华儿童教育社"，并当选为主席。1934年7月，他出席"国际幼儿教育会议"，并顺道赴欧洲十一国考察教育和巡回讲学。1940年4月在江西泰和筹创江西省立实验幼稚师范学校，倡导"活教育"，并创办《活教育》月刊。1943年该校升格为"国立幼师"。1982年12月30日病逝于南京。其主要著作编为《陈鹤琴教育文集》(上、下卷)、《陈鹤琴幼儿教育论文集》等。

在幼儿教育方面，陈鹤琴既反对旧中国传统的儿童教育观，也反对对西方幼儿教育理论的一味抄袭，努力探索适合中国国情的、符合儿童身心发展规律的教育道路，提出了"活教育"的创造性理论。此外，他还积极致力于我国幼儿园课程的改革，创办了我国最早的幼稚教育研究刊物，协助教育部制定了我国历史上第一个《幼稚园课程标准》。

《儿童的心理》是陈鹤琴关于幼儿心理学的著作《家庭教育》的第一章，是作者多年的幼儿家庭教育的理论和实践的总结。文章总述和论析了儿童所具有的好游戏、好奇、好群、好模仿、喜欢野外生活、喜欢成功、喜欢别人赞许的心理特点。

普通的小孩子生来虽有种种不同之点，然大抵是相仿佛的。饿则哭，喜则笑；见好吃好看的东西就伸手拿来，见好玩好弄的东西就伸手去玩。

然何以到后来有的会怕狗怕猫，有的敢骑牛骑马；有的身体强健，有的身体孱弱；有的意志坚决，有的意志柔弱；有的知识丰富，有的知识缺乏；有的专顾自己，有的体恤别人；有的多愁病，有的多喜乐；有的成为优秀公民，有的变为社会败类？推其原因，不外先天禀赋之优劣与后天环境及教育之好坏而已。

若从小受了良好的家庭教育，虽生来怕狗猫，到大来也敢骑个马的；虽生来不甚强壮，到大来也会健康的。若家庭教育不好，小孩子本来不怕动物，大来会怕的；本来身体强健的，大来会瘦弱的。

至于知识之丰富与否，思想之发展与否，良好习惯之养成与否，家庭教育实应负完全的责任。

然家庭教育必须根据儿童的心理始能行之得当。若不明儿童的心理而妄施以教育。那教育必定没有成效可言的。所以我略略地把儿童心理述之如下，以资施行家庭教育者之参考。

一、小孩子好游戏的

小孩子可以说是生来好动的。二三个月大的婴儿就能在床上不停的敲手踢脚，独自玩弄。到了五六个月的时候，看见东西就要来抓，抓住了，就要放进嘴里去。到了再大一点，他就要这里推推，那里拉拉，不停的运动了。一等到会爬会走，那他的动作更加复杂了。忽而立，忽而坐；忽而这样，忽而那样；忽而爬到那里，忽而走到这里。假使我们成人像他动了两个钟头，那一定疲乏不堪了。到了三四岁的时候，他的游戏动作比以前还要繁多，而他的游戏方法也与从前不同了。从前他只能把椅子推来排去，现在他要把椅子抬来抬去，当花轿了；从前他只能把棒头敲敲作声以取乐，现在他要背着棒当枪放了。到了八九岁的时候，他的身体比从前更加强健得多了，精神也非常充足了，知识也渐渐丰富了，因此他的游戏动作也就与前不同了。此时他喜欢玩各种竞争游戏了；什么放风筝，踢毽子；什么斗蟋蟀，拍皮球；什么打棒头，捉迷藏，他都能够玩了。

总起来说，小孩子是生来好动的，以游戏为生命的。要知多运动，多强健；多游戏，多快乐；多经验，多学识，多思想。所以做父母的不得不注意小孩子的动作和游戏。第一，做父母的应有良好的设备使小孩子得着充分的运动；第二，做父母的应有适宜的伴侣使小孩子得着优美的影响。有此二者，小孩子的身体就容易强健，心境就常常快乐，知识就容易增进，思想就容易启发。

二、小孩子好模仿的

小孩子未到一岁大的时候，就能模仿简单的声音和动作了。他一听见鸡鸣羊叫，也要啼啼看叫叫看；一看见别人洗面刷牙，也要洗洗看刷刷看；到了两岁光景的时候，他能模仿复杂的动作了。倘若他看见他母亲扫地洗衣，他也扫扫洗洗看；倘若他看见他父亲吐痰吃烟，他也要吐吐吃吃看。

到了三四岁的时候，他的模仿能力发展得更大了。什么娶亲，什么出殡，他都要模仿了。

总而言之，小孩子好模仿的，家中人之举动言语他大概要模仿的。若家中人之举动文雅，他的举动大概也会文雅的；若家中人之言语粗陋，他的言语大概也是粗陋的。所以做父母的不得不事事谨慎，务使己身堪有作则之价值。

三、小孩子好奇的

小孩子生来好动的，生来好模仿的，也是生来好奇的。五六个月大的婴儿一听见声音就要转头去寻，一看见东西就便伸手来拿。到了四五岁，他的好奇动作格外多了。看见路上的汽车马车来了，他总要停住脚看看；听见外面的锣声鼓声响了，他总要跑出去看看。有一个四岁的小孩子，一日同他的母亲去探望他的小朋友，看见他小朋友的家里有许多蜜蜂，他拿了一根棒头把蜂巢敲敲看，不料一敲蜜蜂出来刺他了。

又有一个五岁的小孩子，天天把园里所种的红萝卜掘起来，看它怎样生长的。又有一个小孩子把一只钟拆得粉粉碎，要看看这个钟究竟为什么会敲的。

小孩子不但有这样的动作，也发种种问句。他常要问你："这是什么东西，那是什么东西；这个东西从哪里来的，那个东西怎样做的；这个东西为什么是这样的。"他看见不懂的东西，就要来问你。这些问句也是一种好奇的表现。

现在我们要问这种好奇的动作究竟有什么用处呢？柏拉图说："好奇者，知识之门。"这句话是很对的。若小孩子不好奇，那就不去与事物相接触了；不与事物相接触，那他不能明了事物的性质和状况了。倘使他看见了冰，不好奇，不去玩弄，那他恐不会知道冰是冷的。倘使他听见了外面路上的汽车，不跑出去看看，那他恐不会晓得汽车是什么东西。所以好奇动作是小孩子得着知识一个最紧要的门径。

四、小孩子喜欢成功的

小孩子固然喜欢动作，但更是喜欢动作有成就的。比如一个二岁光景的小孩子在沙箱里玩沙。他尽管把沙一把一把地捞进罐头里去，捞满了把沙倒出来，又再一把一把地捞进去，捞满了又倒出来；这种动作从表面上看没有什么成就；仔细考察起来，一把一把的捞进罐里去固是一种动作，但罐头装满了，就是动作的成功。小孩子虽喜欢捞沙的动作，也喜欢捞沙成功呢。

一鸣有一天将大小木块，搬到天井里去，用了许多力气，费了许多时间，方才搭成小小一座房子的样子。他搭好之后，很高兴的跑过来对我说："爸爸你来看我搭的一座房子。"我见了这座似是而非的房子，也非常欢喜，就极力的称赞他，而且叫他再去造。他玩了木块以后，又跑到书房里去，用粉笔在黑板上画了一只动物。他画了以后，又对我说："象，这是尾巴，头，耳朵，眼睛，嘴巴，鼻头。"我回头一看，果然不错，就连说"好，好"。从以上两个例子看来，小孩子很喜欢做事情的，而且很喜欢其成功的。因为事情成功，一方面固然自己很有趣的，但是还有一方面可以得父母或教师的赞许。这种心理是很好的，我们做父母或教师的应当利用这种心理去鼓励他去做各种事情。

不过叫小孩子做的事情不要太难；若太难，就不能有所成就；若没有成就，小孩子或者要灰心而下次不肯再做了。反而言之，若所做的不甚难，小孩子能够胜任而有成就的；一有成就，就很高兴，就有自信力；所成就者愈多，自信力也愈大；自信力愈大，事情就愈容易成功。自信力与成功因此互相为用的了。

做父母的对于这一点也应特别注意的。

五、小孩了喜欢野外生活的

大多数小孩子都喜欢野外生活的。到门外去就欢喜，终日在家里就不十分高兴，有许多小孩子在家里哭的原因虽则不一，但是不能得到外边去看看玩玩，也是一种大原因。做父母的不揣摩他的原因，只一味的去说他去骂他，那真正冤枉极了。一鸣有一天，坐在摇篮哭个不了，他母亲给东西他吃，他不要吃；给东西他玩，他也不要玩。后来我就抱他到门外去玩玩，他一到门外就不哭了。他仰起来看看天的颜色，低下头去看看草木的样子，看看飞禽走兽的形状，歇了一歇，他就笑逐颜开了。又有一天，天已晚了，街上已经没行人了，他还不肯回家。不但一鸣是如此喜欢到外边去的，普通儿童大概都是如此的。在我家里办了一个幼稚园。凡天气晴和的时候，我们就带幼稚生到外边去游玩。他们在旷野里跑来跑去，看见野花就采采，看见池塘就抛石子入水以取乐。这种郊游于小孩的身体，知识，行为都有很好影响的。

不过小孩子的野外生活须以小孩子的年龄为断。如年龄较小的儿童，我们叫他采采花呀，种种树呀，举行短距离的远足会呀。年龄较大的儿童，我们叫他们采集标本，举行旅行等等游戏以增长他们的知识，以强健他们的身体，以愉快他们的精神，使他们无形中得着许多好处。但是由于有许多做父母的总不放心他们的小孩子到外面去，一则恐怕身体疲乏，二则恐怕衣服弄脏，三则恐怕感冒风寒，所以一天到晚，将他们关在屋里，好像囚犯一样。所以这种儿童长大起来，往往身体孱弱，知识缺乏，当年做父母的爱护子女，到了今天适足见其贻害子女了。做教师的不愿多事且以带领学生到野外游玩为麻烦，所以学生就失去与天然界相接触的一种良好机会。要知学问，不仅仅在书本中求的，也应在天然界得的，什么"动物学"，什么"植物学"，什么"地理"，什么"常识"，大概可以从天然界中学得的。我们从书本中看死的标本，死的山水，应当到野外去看活的动物，采活的草木，玩真的沙石。

总说一句，小孩子不论年纪大的小的，不论男的女的，大概喜欢野外生活的，我们做父母或做教师的，虽不能十分注意到此，多少总须领小孩子到野外去玩玩才好。

六、小孩子喜欢合群的

凡人都喜欢群居的。幼小婴儿，离群独居，就要哭喊，两岁时就要与同伴游玩，到了五六岁，这个乐群心更加强了。假设此时没有伴侣游玩，他一定要觉得孤苦不堪了。有时候还要发生想象的伴侣。他同这个想象的伴侣一同游玩，一同起居，一同饮食，那就不致孤苦。但是他的伴侣到底是想象的，他一定要觉得寂寞不堪的。到了十余岁，儿童就欢喜结队成群的游玩了。倘使儿童在这个时候，在家中得不到伴侣，他一定要往外求了。我现在举个例以证乐群心的发轫与重要。

(一)我的小孩子一鸣在四十七天的时候就发生乐群的心理了。在这一天，我抚抚他的下颔，他就对我说："*a*——ke"。这"*a*——ke"究作何解，我虽不得而知，但是我们推想他的意思，总是一种快乐的表示，也是一种对于我抚他下颔的反应，也是一种承认他人存在的符号。

（二）到了三个月的时候，一鸣喜欢别人同他玩讲。若你接近他，他就笑逐颜开牙牙学语了。

（三）邻人的小孩子，到了五六个月的时候，一定要别人站在他的旁边，倘使别人离开，他就哭；一看见有人来就不哭了。

（四）我的友人有一个五岁的女儿，因为孤独的原故，就常常有一个想象的伴侣同她游玩。后来进了幼稚园之后，这个想象的伴侣就慢慢的消没了。

小孩子好群的已如上述。做父母的正可以利用这种好群的心理以教育小孩了。第一，我们要使他得着良好的小朋友；第二，我们应给他驯良的动物如猫狗兔子等作他的伴侣；第三，我们再给他小娃娃之类以聊解他的寂寞。

七、小孩子喜欢称赞的

二三岁的小孩子就喜欢"听好话"的，喜欢旁人称赞他的。比如今天他穿一件新衣服，就要给他父亲看；着了一双新鞋子，就要给他同伴看。到了四五岁的时候，这种喜欢嘉许的心理还要来得浓厚。假使他不愿意刷牙齿，你可指着一个牙齿洁白而肯刷牙齿的小孩子说："他的牙齿多好看，多清洁，你若天天刷牙齿，你的牙齿也会像他这样整齐好看呢！"小孩子听了你的话，恐怕就要去刷了。若刷了之后，你可就称赞他说："呀！你的牙齿是白一点了，好看得多了。"他听了必然觉得非常的高兴，下次洗脸时就喜欢刷牙了。

一鸣画图，若画得好，我就称赞他几句，鼓励他几句并且替他在图画上写"很好"的字样，他就显出很快乐的样子；所以以后他常常喜欢画图画的，画了之后，常把图画纸拿了来给我看，并且叫我在纸上写"很好"两个字。

这种赞许心，我们做父母的教育小孩子时应当利用的，然而不可用得太滥，一滥就失掉它的效用，反不若不用为妙。

总结：总起来说，小孩子(1)好游戏的。(2)好奇的。(3)好群的。(4)好模仿的。(5)喜欢野外生活的。(6)喜欢成功的。(7)喜欢别人赞许他的。这几点儿童的心理，不过是荦荦大者而已；至于不甚紧要的，略而不述了。即从上面所说的几点看来，我们教小孩子必须先要了解小孩子的心理。若能依据小孩子的心理而施行教育，那教育必有良好效果的。

北京市教育科学研究所编：《陈鹤琴教育文集》(上)，北京出版社1985年版。

我们的主张(节录)

在《我们的主张》一文中，陈鹤琴针对当时中国幼稚教育的实际情形，提出了关于幼稚园教育的十五条主张，希望以此作为医治幼稚教育的良方。

幼稚园这种教育机关，在中国本来是没有的。现在我们既然来创办这件事，就应当先自己问一问，用种什么目标，怎样的办法。倘是一些主张都没有，仍旧像中国初办教育时候，今日抄袭日本，明日抄袭美国，抄来抄去，到底弄不出什么好的教育来。我以为，无论对于任何事体，要想去办，总得先计划一下，规定哪几种步骤去做；否则只是盲目的效法，哪里会有好的结果呢！至于主张对不对，适用不适用，这个当然不能一时断定。我们现在办这个幼稚园，是先有了研究，再根据着儿童的心理、教育的原理和社会的现状，确定下面几种主张做去：

一、幼稚园是要适应国情的

现在中国所有的幼稚园，差不多都是美国式的。幼稚生听的故事是美国的故事，看的图画是美国的图画，唱的歌曲是美国的歌曲，玩的玩具，用的教材，也有许多是从美国来的。就连教法，也不能逃出美国化的范围。这并不是说美国化的东西是不应当用的，而是因为两下国情上的不同。有的是不应当完全模仿的，尽管在他们美国是很好的教材和教法，但是在我国果用起来到底有许多不妥当的地方。要晓得我们的小孩子不是美国的小孩子，我们的历史、我们的环境与美国不同，我们的国情与美国的国情又不是一律；所以他们视为好的东西，在我们用起来未必都是优良的。比如那个三只熊的故事，因为熊在美国是一种很平常的动物，各处动物园里都有，小孩子玩的熊，图画上面的熊，都是非常的普遍，因此熊竟成为小孩子很熟悉的动物。所以他们的儿童听起熊的故事来，是很有兴趣的。若拿来讲给我们中国的小孩子听，就不免有些隔膜了。因为熊是我们小孩子从来没有看见过的，玩的熊也从来没有的，就是关于熊的故事，也从来未曾听过。以这样未见过、未听过、未玩过的动物做了故事对他讲，当然是不能引起他的兴趣，不能使他领会了。若是我们将这种好的故事稍为改变一下，将熊变为虎，那小孩子听起来就容易懂得多了。……总之幼稚园的设施，总应当处处以适应本国国情为主体，至于那些具世界性的教材和教法，也可取来用，总以不违反国情为唯一的条件。如此则幼稚园的教育，可收事半功倍之效，可充分适应社会的需要了。

二、儿童教育是幼稚园与家庭共同的责任

幼稚教育是一件很复杂的事情，不是家庭一方面可以单独胜任的；也不是幼稚园一方面可以单独胜任的，必定要两方面共同合作方能得到充分的功效。现在试看中国的幼稚园，有几个是与家庭合作的？有的父母把小孩子送到幼稚园里去，并不是为小孩子要受教育，乃是为自己的方便。因为小孩子在家里吵得很，没有功夫去对付他，所以把他送到幼稚园里去，使他收收心，其他并没有什么目的；所以把教育小孩子一切的任务都置之不闻不问。有的父母则不然，他们对于儿童的教育非常注意；但是因为对于幼稚园的情形不十分明了，不晓得小孩子在幼稚园里究竟作些什么事情，所以在家里所教的与幼稚园里所学的，常不能相融合，甚至两方面发生冲突。像这样的父母本来是可以帮助幼稚园的，无奈幼稚园不去同他们合作，竟以为儿童的教育是幼稚园可以单独担任，不必同家庭去商议的。并有以为小孩子在幼稚园是教师的责任，在家里方是父母的责任；所以只要问自己教得好不好，而不必问儿童在家里的情形怎么样，这种态度真是大错而特错。不知道儿童教育是整个的，继续的，为教师的应当知道儿童在家里一切的情形，吃的是什么，做的是什么，玩的是什么，学的是什么。做父母的也应当知道小孩子在幼稚园里做些什么，学些什么，如此则两方所施的教育，就不致发生冲突，而所得的效果也必定很大。但是有什么方法可以使这两方面了解，使这两方面合作呢？我想合作的方法很多，现写出几条来：

（一）恳亲会：幼稚园每学期至少要开一次或二次的恳亲会，一方面展览儿童的成绩和表演的能力，使其做有目的的活动；一方面教师可以借此与儿童的父母相认识。

（二）讨论会：幼稚园的教师可以每月集合各家的父母一次，讨论儿童身心发育之种种问题，并可以报告儿童最近的缺点，请他的父母到家里注意纠正。儿童的父母，也可将儿童在家里的不良习惯，随时报告教师，请教师设法诱导。如此双方交换意见，庶可容易了解，容易合作。

（三）报告家庭：我们不但应用讨论会探索小孩子的种种心身问题，也应将小孩子在幼稚园里所做的工作和一切关于品性上、习惯上的种种举动，都详细报告家庭。如此可以使父母知道在家里怎样教导他们的孩子了。

（四）探访家庭：幼稚园教师应当时常去探访儿童的家庭，由此可以知道儿童在家里的生活状况，而且借此可以增进两方面的感情，遇到困难的问题，两方面就容易融洽了。若能实行以上所说之方法，那幼稚教育的进展殊未可限量呢！

三、凡儿童能够学的而又应当学的，我们都应当教他

什么东西是幼稚园应当教的，什么东西是幼稚园不应当教的，这种问题是我们办幼稚园的人首先要注意的。对于这个问题有人主张幼稚园不过是小孩子玩玩的地方，只要有点可以玩的东西使小孩子快乐快乐就是了，不必教什么东西。有的主张幼稚园应当用一种有系统的教材去教小孩子，什么读法、写字、理化常识，都在必修之列。我们现在要问究竟实际上小孩子应当学些什么东西，有什么标准，我觉得下面三个标准有讨论的价值。

第一个标准是，凡儿童能够学的东西就有可能作为幼稚园的教材。比方一个小孩子能够识字了，不论他是两岁，还是三岁，我们就应当设法去教他识字。但是“能学”的这个标准还不够，假使这个小孩子虽能识几个字，然而学习的时间要非常之长，教师所费的精力又要非常之多；在这种情形之下倒反不如用这些时间精力去学别样东西来得妥当而有效力。所以在“能学”的标准之下，也要有点限制才好。例如，有些东西小孩子虽然学是能学，不过学了或足以妨碍他身心的发育，那就更加不必勉强他学了。

第二个标准是，凡教材须以儿童的经验为根据。我们从前私塾里读书的时候，天天念《三字经》、《千字文》和“四书”、“五经”等书，虽然能够背诵得很熟，但是觉得毫无意义；因为书上所讲的与儿童的经验隔离得太远了，所以我们应当以儿童的经验为选择教材的根据才好。

第三个标准是，凡能使儿童适应社会的，就可取为教材：我们选择教材的时候，不但要问这种教材小孩子能学不能学，与他们的经验有没有衔接，我们还要问这种教材同他现在的和将来的生活上发生什么样子的影响。如果这种教材对他现在或将来的生活上有不良影响的，那么就是小孩子能够学的又与他经验衔接的，也不能教他的。比如偷桃子这件事，偷是小孩子能学的，吃桃子是小孩子的经验里有的，教他去偷桃子来吃，他是很高兴的，但是这种行为对他生活上是有妨碍的，而且为社会上所不许的，所以我们总不能拿它来做教材教他们的。

我们若根据以上的三个标准去选教材，那所选的教材就不至于大错了。

四、幼稚园的课程可以用自然、社会为中心的

小孩子能够学的与应当学的东西，本来是很多的，但是我们不能既这样漫无限制的毫无系统的去教他。总必定要有一种组织，在相当范围内，使其成为一个系统并使各科目中间互相连接起来发生关系。因为儿童的生活是整个的，所以教材也必定要整个的，互相连接的，不能四分五裂的。我们不能把幼稚园里的课程像大学的课程那样独立，什么音乐是音乐、故事是故事的，不互相发生影响的。我们应当把幼稚园的课程打成一片，成为有系统的组织。但是这种有系统的东西，应当以什么为中心呢？这当然要根据儿童的环境。儿童的环境不外乎两种：一种是自然的环境；一种是社会的环境。自然的环境就是各种动植物的现象。

社会的环境就是个人、家庭、集社、市廛等类的交往。这两种环境都是与儿童天天要接触的，所以我们应当利用这两种环境作幼稚园课程的中心。

五、幼稚园的课程须预先拟定，但临时得以变更的

普通幼稚园的教法有两种：一种是固定的，一种是自由的。固定的教法，就是教师把一日间所做的种种工作，按照一定的时间去支配。什么时间做什么工作，都是刻板不变的，不管小孩子所做的这件工作有没有做好，时间一到立时就要停止。这种注入式的教法有好处也有坏处。好处呢，是容易见效，学得不久即学会了。坏处呢，是小孩子不能独自创造，不能独自发表意思，以致好的或有天才的小孩子，不能积极的向上进取。这种教法在我们中国的幼稚园里还是很通行的。还有一种教法是"自由教法"，就是让小孩子各人自由去工作，小孩子喜欢做什么就做什么。不过在这种自由工作之中，也有点相当的限制，不然随意妄动就要妨碍别人的动作了。而且这种教法非常之难，一方面幼稚园的设备要充分，一方面教师的知能要丰富。设备不充分，则小孩子终日只做一二种工作，玩一二种的玩具，甚至缺乏兴趣，不是生厌偷懒，就是妄动胡闹，对于真正的工作，并没有学到。若是设备充分而教师没有相当的学识去指导儿童的动作，那末儿童也学不出什么东西来。但是这种自由的方法，能够运用得当，儿童所得的益处实在是不可限量哩！由此儿童的能力可以加强，儿童的思想可以发展得很充分；天资特别的儿童不致为全体所牵制而不能上进；其他儿童也得以各人尽量的发展。这两种方法在运用上都是各有利弊。我们无论采取那一种或者两种都采取，我们总应当把每日所做的功课预先拟定出来。谁去拟定呢？教师呢，还是儿童？那也不必拘泥。有了这种拟定的功课，教师就可以有相当的准备。不然临时仓惶，就不容易应付。倘使临时发生一种很有兴趣的事情，那不妨就改变那拟定的功课，以做适时的工作满足儿童的需要。

六、我们主张幼稚园第一要注意的是儿童的健康

我们中国人素来是不注重卫生的，所以身体羸弱，精神萎靡；故外人称我为"病夫"。要知道强国，必先强种，强种先强身，要强身先要注意幼年的儿童。儿童的身体不强健，到了成年，也不会强健的。所以，幼稚园首先应当注重的，就是儿童的健康。不但为要强身、强种、强国，我们应注意儿童的身体，就是儿童目前的问题，也非得有强健的身体不可。因为他的智力，他的行为，都是跟着他的健康走的。身体不强，就不容易学，常见多病的小孩子，对于他的学业，发生许多的妨碍。就在病后也常常不愿意动作，不肯听话，又容易发脾气。身体强健的儿童则不然。他的举动活泼，脑筋敏捷，作事容易，乐于听从，比较有病的小孩子真是大相径庭呢！所以幼稚园为儿童的将来与现在，都应极力注意儿童的健康。还有一层，办幼稚园的人应当特别注意的，就是小孩子常有患传染病的。如百日咳、沙眼、癣疥等类，都是很容易传染给别人的毛病。倘使幼稚园对于这些疾病，平时不加注意，那么一传二，二传三，不久就要一起传遍了；一个好好幼稚园，将成为一个传染疾病的机关了。这不是很危险的么？所以幼稚园一方面要常常注意儿童的健康，检查儿童的疾病，以免传染；一方面要有充分的设备，使儿童每日有相当的活动，以强健他们的身体。

七、我们主张幼稚园是要使儿童养成良好习惯的

人类的动作十分之八九是习惯，而这种习惯又大部分是在幼年养成的；所以幼年时代，应当特别注重习惯的养成。但是习惯不是一律的，有好有坏；习惯养得好，终身受其福，习惯养得不好，则终身受其累。比如某孩子少时非常放纵，娇养惯的，他的父母也没有什么知识，不去严加约束反而时常叫他去拿人家的东西来玩；到大来，偷窃的习惯已经养成了，一看见人家的东西就要起盗心。又如某幼稚生在某幼稚园上学，开始执笔即用四个指头执的，他的教师没有留心，不去矫正他，过了一载，这种执笔的姿势差不多变成一个牢不可破的习惯了；后来，他换了一个幼稚园，那园里的教师发觉了他的坏姿势，费了四个月的工夫，才把他矫正过来。倘使这个教师也是如前的教师一样忽略过去，没有替他矫正，那恐怕到后来还要难改呢？所以我们应当特别注意儿童所养成的种种习惯，以期建筑健全人格之巩固基础。

八、我们主张幼稚园应当特别注意音乐

音乐是儿童生来喜欢的。三四个月的小孩子，就能开始咿咿呀呀地唱了；到了八九个月，他就能发出唱歌的声调了；快乐的时候，格外要唱得起劲；等到一岁的时候，就差不多一天到晚不歇地唱；再大一点，只要一听见别人唱歌的声音就要跟着唱起来，虽然所唱的，并不是一样，但是总像一种曲调的样子；到了三四岁的时候，小孩子好唱的能力格外发展得强大，而喜欢音乐的兴趣亦格外来得浓厚。所以幼稚园为满足儿童的欲望起见，就应当特别注重音乐，以发展他们的欣赏的能力，养成他们歌唱的技能。若是儿童生来虽然喜欢音乐，但是环境没有什么音乐的表现以适应他们的欲望，这怎样可以有音乐的才能呢？试看中国虽有种种的乐器，但是会玩的很少；各处虽有戏剧的流行，但是除了几个戏剧家以外，会唱的又是很少；一般普通的人差不多全然没有唱歌的能力。要找一个大家能唱的歌曲也找不出来，甚至于连一个国歌也不能普遍的会唱。在这种情形之下，个人的情感，团体的精神如何可以充分的表现出来呢？所以为满足儿童个人的欲望需要计，为唤起团体爱国的精神计，我们不得不特别注重音乐的一科。

九、我们主张幼稚园应当有充分而适当的设备

经验是发展儿童个性的工具，经验也就是学问。无论在家里或在幼稚园里，我们应当给小孩子一种充分的经验。经验的来源有二：(一)与实物相接触。(二)与人相接触。这两种接触的机会，都要靠着充分的设备为转移的。假使小孩子在幼稚园里没有什么可玩的东西，可做的事体；那么就是有许多小孩子团聚在一起，也不能做出什么有用的事体来。若是有了可玩的东西，可做的事体，那所学的就多了。但是现在我们中国的幼稚园呢？设备都非常的简陋，大概有几盒恩物、几块积木、几把剪刀、几张纸头、几盒蜡笔、几个皮球、几张桌椅以及其他少数物件而已。试问在这种情形之下，怎样可以丰富儿童的经验，发展儿童的个性呢？幼稚园要求发展扩张儿童的经验，非有充分的设备不可，有了充分的设备，小孩子就可以随意玩弄，不但不致生厌而且由此可以得到许多知识。比如此刻画图画或做衣服，等一刻又去作游戏、骑车、跳绳种种动作；因此，要发展儿童各方面个性，就应当有充分的设备。不过在设备的充分之下，也要有一个条件，就是设备不但要充分，而且要适宜。假若设备虽是充分而并不适宜，那么它的效力，也就有限，并没有多大的用处了。比如像球形的恩物太少，便不能达到发展儿童肌肉与思想的条件；秋千太高太大，小孩子不易玩弄；滑梯每每的太陡矗直，使小孩子易遭危险，这些都是设备上所亟应注意到的。所以我们筹备幼稚园的种种设备，都应当顾到它们的数量问题和适用问题才好。

十、我们主张幼稚园应当采用游戏式的教学法去教导儿童

游戏也是儿童生来喜欢的。儿童的生活可以说就是游戏。儿童既然有这种强烈的本性，我们就可以利用这个动机去教导他。比方教他识数，我们不能够呆板的教他这个是一，那个是二；我们可以叫他做各种识数的游戏去识数，这就比用呆板的方法容易学得多。又比如识字，我们也不应当用呆板的方法去教他认字；我们也可以用种种游戏的方法(如用识字牌、缀法盘等)去教他，因为儿童总是喜欢游戏的，而且他游戏的时候，会忘记了自己，用全副的精种，去作他的游戏。名义上虽说是游戏，但所学的确是很好的学问，很好的东西。不但如此，还有许多别的游戏，如玩小宝宝请客等，都可以学到许多的东西。游戏的直接用处，虽只是寻求快乐，然而间接的用处则甚大，因为它可以发展儿童的身心，敏捷儿童的感觉，于儿童的生活有莫大之助益，所以幼稚园应当采用游戏式的教导法去教导儿童。

十一、我们主张幼稚生的户外生活要多

“幼稚园”这个名词的意思本是一个花园，让小孩子在里面自由活动，随意游玩，吸收新鲜的空气，享受天然的美景，不是像大学生拘在一间教室里面的。但是中国的幼稚园并不是一座花园，简直是几间房子，小孩子从早到晚差不多都是在那里生活。有的幼稚园只有一间房子，没有什么空地可以自由娱乐。这种幼稚园简直是一个监狱，把活泼的小孩子，关在里面，过一种机械式的生活；像这种幼稚园，真是还不如不办来得好。还有一种幼稚园，园内有许多的空地，或在邻近也有很好玩的地方，但是教师不知道儿童的需要，不晓得利用这些空旷的地方，只一味地把小孩子关在室内，不出去活动，不肯变更他们的教学方法，不晓得小孩子是顶喜欢野外生活的，什么飞鸟走兽、野草闲花种种东西，都足以引起他们的注意。至于新鲜的空气，明亮的日光，都是小孩子强身的要素，到了这种野外的地方，做教师的就可以随地施教，看见什么，就可以教什么；小孩子看见了这些野外的景象就得到了一种深刻的印象。若是教师在这种适宜的地方，教小孩子唱歌、作游戏、画图画、讲故事等功课，这样小孩子学了许多天然的实物，又可以学到普通所教的功课，并且可以增加儿童的快乐，活泼儿童的精神，强健儿童的身体。像这种户外的教学，比起室内的生活来，不知道要强多少倍。还有一层意思要说的，就是我们因为有他种原因不能带小孩子天天到野外去生活，也应当让小孩子多得些庭院的生活，不应把他们天天关在房子里面的；因为教室的功用有限，只有在天气寒冷的时候或下雨下雪的时候，应当在室内工作，在好的天气，总应当让小孩子常常出去玩耍。

十二、我们主张幼稚园多采用小团体的教学法

幼稚生的年龄是不齐的，智力又各人不同，兴趣又不能一致，所以幼稚园不能够把他们归在一起，叫他们做一种同样的工作。常看见幼稚园讲故事的时候，一起的小孩子团团坐着听教师讲，其实真真能听教师讲的，只有几个，其余的都不留心听，不是玩弄这样，就是玩弄那样；即使教师讲得很动听，还是不能引起全体人的注意。这不是很不经济的事么？最好把故事分开来讲，大的为一班，小的为一班；小的可以多用图画来帮助教学，使他容易领会。教音乐的时候，小孩子也应当像这样分开来教，如此程度高的不至于受程度低的牵累，可以直往上进；程度低的，也不至于赶不上。这种情形不但对于故事、音乐是应当如此，就是其它的功课也应当照样的分；如此，教学的效力可以增加，儿童的兴趣可以格外浓厚。

十三、我们主张幼稚园的教师应当是儿童的朋友

幼稚园的教师不是私塾的先生，私塾的先生是很尊严的，儿童对于先生是很害怕的；因此儿童大半不愿意进馆去受这种拘束，由此师生之间就有许多的隔膜，以致先生教起来不容易教，学生学起来也不容易学。反过来说，若是教师如同学生的朋友一样，与学生非常的接近，同玩同学。那么，教师就容易明了各个学生的性情能力，教起来就容易引导，学起来也容易听从了。所以我们主张幼稚园的教师应当作儿童的朋友，同游同乐的去玩去教的。

十四、我们主张幼稚园的教师应当有充分的训练

小孩子是不容易教的，幼稚园的教师是不容易做的，因为幼稚园的教师要善于唱歌，善于弹琴，善于绘画，善于讲话及其他种种技能。并且要熟悉自然界的现象与社会的状况，要有很丰富的常识，要明了儿童的心理，想要满足以上这许多的标准，非要有充分的训练不可。为什么幼稚园教师要有这样的训练呢？这里面的原因很多：

（一）*因为儿童是很难教的*　各个儿童的年龄看起来相差很少，但是他们的智力却相差很远。三岁的儿童比两岁的儿童晓得的多，五岁的儿童又比四岁的儿童晓得的多。幼稚园的儿童，有的三岁，有的五岁；有的智力很弱，有的智力很强；做教师的不能用一律呆板的方法去教导他们，必定要有充分的学识，高深的技能，方能因材施教，满足各个儿童的需要，且儿童的注意力很薄弱，教导不易，非有特别训练的教师，实在不能胜其任。

（二）*儿童开始学的时候，应当学得好*　我们都晓得无论学什么东西，第一次学坏，第二次就更容易学坏，所以我们要谨慎学习的初步。有许多小孩子因为初学的时候，学得不好学得不对，后来改起来就非常困难。比如小孩子写字，十居七八没有适当的姿势，或是笔拿的不好，或是坐的不正，或是头歪在一边，种种坏的习惯都是由于开始学写字的时候，他们的教师没有留意去指导他们的缘故，以致后来一误再误，成为第二天性；所以要教小孩子教得好，必定要在第一次的时候教得好。这样子说来，教师非得有充分的训练不可。

十五、我们主张幼稚园应当有种种标准可以随时考查儿童的成绩

幼稚园究竟应当教些什么东西？小孩子究竟应当做些什么东西，做到什么地步？幼稚园毕业的程度究竟是怎样的？要解答这种种问题，非得有种种标准不可。幼稚生应当在幼稚园里养成什么样的德行、什么样的习惯、什么样的技能？得到什么样的知识？我们都要研究的。所以我们考查品行，应当有品行的标准；甄别习惯，应当有习惯标准；检验技能，应当有技能标准；测验知识，应当有知识标准，知道幼稚生的成绩，就可以施相当的教育：成绩好的，可以格外鼓励他上进；成绩坏的，设法补救。这样一来，好的坏的都有相当的教育，这样说来标准是实行优良教育的根据。不过标准虽然这样重要，做起来也很不容易，一个标准常有费一二年功夫始得做成的。不但编制的功夫长，而且编的手续也是很繁的，但是我们不能以为编制之麻烦就不去进行呢！

总起来说，我们在上面所主张的十五条信条当然不是金科玉律尽善尽美的，但从现在中国幼稚教育的情形看来，这十五条信条也许是治病的良方呢！

北京市教育科学研究所编：《陈鹤琴教育文集》(下)，北京出版社 1985 年版。

活教育的教学原则(节录)

《活教育的教学原则》共有十七条，曾分别发表在《活教育》月刊相关各卷上，1948 年汇集出版。这十七条原则，都是陈鹤琴根据其时国内外儿童心理的学说和他个人的教学经验写成的。这里仅选择其中六条。

原则一　凡是儿童自己能够做的，应当让他自己做

没有一个儿童不好动的，也没有一个儿童不喜欢自己做的。六个月的小孩子，看见桌上有红的桔子，一定要伸着手来拿拿看。

一岁的小孩子，刚刚学走的时候，他一定要沿着椅子桌子自己走。你若抱了他，不让他走，他会同你挣扎，一定要下去。

一岁半的小孩子，他要自己吃饭，他要拿着汤匙，装着饭菜，放进嘴里。假如你要喂他，把他的汤匙拿去，他一定会同你挣扎。你若勉强的把饭放在他嘴里，他会把饭吐出来，张着嘴巴，嚎啕大哭呢！

这是什么缘故呢？他若自己动手，自己吃饭，可以得着肌肉运动的快感，嘴里也得着相当的滋味，即使汤匙拿得不稳，饭菜装得不牢掉在桌上身上，但这是一种练习的好机会。他已经会做了，我们应当让他自己做，虽然做得不顶好，但是于整个学习看起来，是没有多大的关系。况且初次的失败，是必经的步骤，我们应当让他自已去学习去试验，不做不试验，他就学不会了。

我曾经在北京看见一个十岁的独生子，衣服要别人给他穿的；饭要别人喂给他吃的；走进走出，还要人跟着他。你看这个小孩子，因为没有得着练习的机会，已经失掉了活动的能力。

在学校里的一切活动，凡是儿童自己能够做的，应当让他自己做，做了就与事物发生直接的接触，就得着直接的经验，就知道做事的困难，就认识事物的性质。

要知道做事的兴趣，愈做愈浓，做事的能力，愈做愈强的。

……“做”这个原则，是教学的基本原则，一切的学习，不论是肌肉的，不论是感觉的，不论是神经的，都要靠“做”的。不看花卉，不能欣赏花卉的美丽，不听音乐，不能欣赏音乐的感染力，不尝甜酸苦辣，哪会知道甜酸苦辣的味儿呢？不是胼手胝足[1]，哪会知道“粒粒皆辛苦”呢！

所以凡是毕生能够自己做的,你应该让他自己做。

原则二　凡是儿童自己能够想的,应当让他自己想

一切教学,不仅仅在做上打基础,也应当在思想上做工夫。我这里要声明的,就是思想照行为心理学说来,原是一种动作。不过为一般人的了解起见,我们不妨把思想和动作分开来说。

最危险的,就是儿童没有思想的机会。我们人一天到晚所做的事情,所有的活动,十之八九都是习惯。早上起来,穿衣服是习惯,吃饭是习惯,走路是习惯,写字是习惯,运动是习惯,睡眠是习惯,一切的一切,都受习惯的支配,思想的时间却是很少。

在学校里读书,教师在教室里对学生讲,学生望着教师竖着耳朵听。好一点的,教师在黑板上写写,学生在抄本上记记,要用思想的是老师,儿童不过听听,看看,写写罢了。

这种注入式的教学,用不着儿童思想的。但要知道思想是行动之母,思想没有受过锻炼,行动就等于盲动,流于妄动。

有一天,有一个九岁的小孩子问我:“竹管里有空气吗?如果有的,怎样会进去的?”这个问题是多么好。我们应当怎样鼓励他去想出种种的方法,来解决这个有定义的问题。那时我也答不出来,想了几天,我就同他共同来研究这个问题。

我们预备了一根两端有节的竹管和一桶水、一个钻子。我先把竹管放在水里问他:“假使竹管里没有空气,我把竹管钻一个洞,你留心看水会怎么样?假使竹管里有空气,你想有什么东西会从竹管里出来?”问了以后,我就在节上钻了一个洞,一个一个的小泡从小洞中钻出来了,他看见了小泡,就喊起来说:“空气!空气!”

这个小小的试验,证明竹子里是有空气,小孩子自己亲眼看见的。这个试验,假使小孩子大一点的话,应当自己去想出来,不过因为他年龄太小,一时想不出,所以我同他一起做。等到小泡泡一出来,他就想到这是空气。这一点我们可以不必告诉他,泡泡就是空气。假使连这一点我们都要告诉他,那这种试验,就没有多大意义了。

过了一年后,他在学校里,也做这个试验,老师问他说:“空气怎样进去的?”他就能够回答说:“竹管里有空气,从小就有的。有什么证据呢?我看见竹子里面有水,有水就有空气,因为水里是有空气的。还有,水能够进去,空气也能进去的。”这个十岁的小孩子一年的工夫,能够有这种思想,这种理解,那将来当未可限量。这个小孩子在九岁以前,已经能够自动的思想。做父母的做教师的,也能够鼓励他思想，所以到今天，他的思想比十五六岁的小孩子，还要来得深刻呢！

这不过是一个例子而已。举凡在学校里面各种的活动，各种的教学，你都不应该直接去告诉他种种的结果，应当让儿童自己去试验，去思想，去求结果。

他的方法不一定对，他的思想不一定正确，他所获得的结果不一定满意；我们教师的责任，是在从旁指导儿童，怎样研究，怎样思想。越俎代庖，是教学中的大错。直接经验，自己思想，是学习中的唯一门径。

原则三　你要儿童怎样做，就应当教儿童怎样学

在陆地上学游泳，是没有多大用处的。儿童尽管在陆地上日夜练习游泳，一到水里，还是要溺死的。你要儿童游水，你一定要在水里教他学，而且要他自己也实地到水里去，否则，光是你游泳给他看是没有用处的。

学生不论男女，应当会烧饭，单单在教室里讲饭怎样煮，菜怎样烧，鱼怎样煎，肉怎样煨，虽然讲得津津有味，学生听得垂涎三尺，但是到了厨房里，学生还是不会烧饭的。饭还是要烧焦，菜还是烧不出味来。你要学生烧饭，你一定要给他一个适当的设备，相当的机会，让他自己动手学习的。

你要儿童说话说得很得体，做人做得很好，你要他处世接物，都很得当；你一定要使他在适当的环境之内，得到相当的学习。

原则四　鼓励儿童去发现他自己的世界

学校里所学的实在是很少，即使老师拼命地注入填塞，而儿童所学的东西，还是不够应用的；况且所填塞的东西，都不容易消化，不容易理解。吃了进去，也是如同吞枣，而和学问的修养，仍是没有多大关系的。

在学校里，老师教一样，你学一样，老师教两样，你就学两样，老师不教，你就不学。一学期薄薄的几本教科书，就可作为教师唯一的教书法宝，就可作为儿童唯一的知识宝库。

把一本教科书摊开来，遮住了儿童的两只眼睛，儿童所看见的世界，不过是一本六寸高八寸阔的书本世界而已。一天到晚要儿童在这个渺小的书本世界里面去求知识，去求学问，去学做人，岂不是等于梦想吗？

儿童的世界多么大，有伟大的自然，急待他去发现；有广博的大社会，急待他去探讨。什么四季鲜艳夺目的花草树木，什么光怪陆离的虫鱼禽兽，什么变化莫测的风霜雨雪，什么奇妙伟大的日月星辰，都是儿童知识的宝库。

大社会也是儿童的世界，家庭怎样组织的，乡镇怎样自治的，社会上的风俗习惯怎样成功的，国家怎样富强的，世界怎样进化的，这一切社会的实际问题，都是儿童的活教材。

南京鼓楼幼稚园的小朋友，对于自然就发生很大的兴趣。看见田野的花草，就会去采来问老师，看见花木间的蝴蝶昆虫，就会去捉来研究。地上的石子、矿物，也会去收集陈列。

有一次，有一个小学里的小孩子，在家里开了一个博物展览会，请了许多小孩子来参观。有什么东西展览呢？说来很有趣，在一个房间的角上，展览了什么铜币、贝壳、矿物、鸟蛋、邮票、石子、碎玻璃片，小孩看得很高兴。这是小小的博物世界，是儿童自己发现的，是儿童自己创造的。

不要说大自然大社会应当鼓励儿童自己去发现，就是图画也应当要儿童自己去发现，去培养的。

教师只在教室里教儿童画图。画什么一瓶死花，三只死鸟，几样水果，那引不起儿童画画的兴趣。你一定要带他到大自然里去实地写生，到大社会里去写真，那末儿童画画的兴趣就会增加，画画的技术就会提高。

我知道有一个小孩子得着父亲的鼓励，出去总是带着一本画册的。看见一个挑馄饨担的，他就给他画一张。看见抬轿的，他也画一张。看见乡下人挑着小孩子进城的，他也画一张。社会上一切的对象，都是他画画的好材料。日积月累，他的兴趣一天一天的浓厚，他的作品一天一天的多起来，他的画画技术，也一天一天的精起来了。

儿童的世界，是儿童自己去探询，去发现的。他自己所求来的知识，才是真知识，他自己所发现的世界，才是他的真世界。

原则五　积极的鼓励胜于消极的制裁

没有一个人不喜欢听好话的，也没有一个人喜欢人家骂他的。这种心理，个个人都有的。我们可以利用这种心理，来鼓励儿童怎样做人，怎样求学。

我们小时在私塾里读书的时候，就喜欢吃“红鸭蛋”，假使吃了几根“红心甘蔗”[2]，那放学回家，心中就要怏怏不乐呢！

假使今天吃两个“红鸭蛋”，明天写字的时候，就希望吃三个“红鸭蛋”。明天吃三个“红鸭蛋”，就希望后天吃四个“红鸭蛋”。这种小小的鼓励，可以增加儿童学习的兴趣，促进儿童求知的欲望。总之，鼓励，不论是物质的或精神的，都是非常重要的。

在学校里鼓励的机会格外多，你若看见小朋友在地上拾起纸屑，你就应该对他说：“啊！小朋友，你真做得好！”小朋友听到这类鼓励的话，下次看见纸屑，他一定要拾起来。假使今天你看见一位小朋友的文章，做得比上次好，你也应当鼓励他，对他说：“这次你的作文，比上次进步了。”这个小朋友，对于作文的兴趣，一定格外浓厚了。

假使你看见一个小朋友演说得好，你称赞他几句，这个小朋友对于演说，一定会格外努力。随便什么事，你要小孩子怎样做，做什么样的人，学什么样的事，求什么样的知识，研究什么样的问题，你要有一个法宝，什么法宝呢？就是“鼓励”。

反过来说。消极的制裁不仅没有好处，反而有害。

有一个新生，他是口吃，说起话来，总是说不出来。他的老师不明了口吃的心理，骂他说：“你这样大的年纪，说话都说不清楚，你好好的说！”这样一骂，他反而一句话都说不出来了。这是什么心理呢？你骂他使他自己觉得是口吃，一有这种感觉，他就格外说不出来了。

你若看见了口吃的人，应当怎样教他呢？你绝对不要说他，你一听到他有一句话说得不口吃，就称赞他说：“啊！你这句话说得好。”这样一来，他的胆子就大了，他的胆子一大，口吃的毛病就会减少，慢慢地口吃就会无形中消灭了。

从前，旧式的学校管理儿童，总是用消极的方法制裁的。什么不准随地吐痰，纸屑不准随地乱抛，不得高声说话，不得无故缺席，不得在墙上乱涂。设施都是消极的。

活教育不是消极的，是积极的。你不要禁止小孩子不做这样，不做那样，你要教小孩子做这样，做那样。你不要禁止乱抛纸屑，你要鼓励小孩子把地上的纸屑拾起来，丢在字纸篓里。你不要禁止小孩子在墙上乱涂，你要鼓励小孩子把肮脏的墙壁怎样刷白。你不要禁止小孩子高声说话，你要鼓励小孩子在公共场所怎样轻轻的讲话。

一切的一切，你要用鼓励的方法来控制儿童的行为，来督促儿童的求学。消极的制裁不会发生多大的效果的，有时候反而容易引起他的反感呢！

原则六　大自然大社会是我们的活教材

有一天，我在上海去参观一个小学。还没有走进教室，就听见小朋友齐声朗诵，什么“嗡嗡嗡、嗡嗡嗡，飞到西，飞到东，一天到晚忙做工”。

我就进去，问小朋友说：“哪个看见过蜜蜂，举手！”四十来个小朋友之中，只有两个举起手来。这种知识，有什么用呢？这种书本的教学，真是害人！小孩对于蜜蜂，完全没有经验，读了一课蜜蜂，不知道蜜蜂是什么东西。

蜜蜂怎样工作？怎样生活？对于人有什么关系？这种种重要的事实，小孩子茫然不知。小孩子所知道的，只是会飞会叫的飞虫而已。我们为什么不教小孩子去研究真的蜜蜂呢？我们为什么不向大自然领教呢？

有一天，我去参观一个小学。这小学在一个小菜场的后面，参观了之后，我就问教自然的老师：“你教自然有什么困难呢？”

他说：“自然真不容易教，没有标本，没有仪器，怎样教得好呢？”

我就转过身来指着前面的小菜场对他说："这不是你的标本，你的仪器吗？一年四季，季季有各种菜蔬，天天都有新鲜的鱼虾。在这个时候，你可以买几个红萝卜来，把它切成两段，把生叶子的这一段，用绳子做一个网儿挂起来，再在剖开的一端挖个洞，洞里放一点泥，种点豆儿葱蒜，天天浇浇水。过了几天，叶子生出来了，葱豆都发出芽来了。再过几天，葱豆都发荣滋长，葱茏可爱，挂在教室里，好像一嵌红灯笼，鲜艳夺目，非常美丽。在这个活动里，小朋友可以知道种子怎样发芽，植物怎样生长，也可以把教室布置得新颖悦目。这种教材多么有生气！多么有意义！"

我又对他说："鱼虾是很好的教材，菜场里蚌、蛤、鱼、鳝、虾、蟹，种种不同的生物，都可以做儿童的好教材。你可以买几条鱼来，同儿童研究一下，鱼怎样会游水的，怎样会游上游下，转弯抹角，怎样呼吸，怎样食物，这种种问题，都可以试验研究。

"你滴一点墨水在水里，就可以看出鱼会把墨水从嘴里吸进去，再从腮里吐出来。

"你也可以把鱼剖开来，看鱼鳔是怎样的？鱼鳔有什么用处？假定你再要研究高深一点，你要知道鱼在水里呼吸什么东西，除了吃小虫之外，它是不是需要空气的，你也可以把它试验一下：它不吃小虫，还能活的，若吸不着空气，就会死的，怎样试验呢？这也简单得很！

"你把它放在普通的水里，看它怎样？你再把它放在冷开水里，看它怎样？

"这个小菜场，是你的标本，是你的仪器，是你的宝库，所谓'取之不尽，用之不竭'。这是活教材，这是活知识，这是活教育。小孩子看了一定很高兴，做起来一定很快乐，所得到的知识很丰富，所得到的观念很正确。"

亲爱的教师，大自然是我们最好的教师。大自然充满了活教材，大自然是我们的教科书，我们要张开眼睛去仔细看看，要伸出两手去缜密的研究。

现在，我的房子四周，不知有多少鲜艳的花草，奇异的昆虫，美丽的飞鸟。……这种有价值的活教材，在大自然中多得很。种地是最好的活动，什么菜蔬，什么山薯，什么玉蜀黍，什么萝卜，无数的东西都可以做种植的好材料。

饲养家畜，也是很有价值的好活动，什么养鸡养鸭，养猪养羊，养蜜蜂，养鸽子，都富有生产意义的。

所以亲爱的教师，书本上的知识，是间接的知识，你要获得直接的知识，确实而经济，你应当从大自然中去追求，去探讨。

大自然固然是我们知识的宝库，是我们的活教材，活教师，我们应当向它领教，向它探讨。大社会何尝不是我们生活的宝库，何尝不是我们的活教材、我们的活教师呢？

……

北京市教育科学研究所编：《陈鹤琴教育文集》（下），北京出版社1985年版。

注　释

1. 胼手胝足：手掌、脚底因长期摩擦引起局部皮肤的保护性角层增厚。胼胝 pián zhī，俗称“老茧”。
2. “红鸭蛋”、“红心甘蔗”：过去读私塾的孩子，每天要练写毛笔字（或练习作文），字写得好的，先生即在字上用红笔圈一圆圈（即“红鸭蛋”），写得差的，即在字上画一红直杠（即“红心干蔗”）；对于习作的文句，也是作这样的评判和处理。

我国现时最需要的是何种幼稚园教育

《我国现时最需要的是何种幼稚园教育》及后文《增订幼稚园行为课程》均为张雪门的幼教论作。

张雪门（1891～1973），原名显烈，字承哉，曾用名尘芥、潜光、伏骥。浙江鄞县（今属宁波市）人。我国著名的幼儿教育专家，与著名幼儿教育家陈鹤琴有“南陈北张”之称。幼读私塾，后毕业于浙江省立第四中学（现宁波一中），1912年就任鄞县私立星荫小学校长，青年时即立志投身幼教事业。1918～1920年，先后与人合办星荫幼稚园、宁波幼稚师范。1920年秋，受聘为北京孔德学校小学部主任。1924年前往北平大学任职，同时在教育系学习，潜心研究福禄培尔和蒙台梭利的幼稚教育思想。1928年北大毕业后，回孔德学校任职，主持增设幼稚师范专业。1930年秋，应香山慈幼院院长熊希龄之聘，编辑幼稚师范丛书，并开办北平幼稚师范学校。1932年，应北平民国大学、北平师范大学、天津女子师范学院等校之邀，讲授幼稚教育课程。1937年7月上旬，将香山慈幼院分院即北平幼师，先后迁往湖南、广西、重庆。1946年7月中旬应邀前往台湾办理儿童保育院，1952年因眼疾加剧而离职修养，1973年4月18日病逝于台北。张雪门一生潜心研究幼儿教育，其著作主要有：《幼稚园行政》、《儿童保育》、《幼稚园的研究》、《课程组织法》、《幼稚园教育概论》、《幼稚园教材研究》、《幼稚教育新论》、《中国幼稚园课程研究》、《实习三年》、《幼稚教育研究集》、《幼稚教育五十年》等。

张雪门的幼儿教育思想主要体现在对幼稚课程的研究上，尤其体现在他的“行为课程”的理论与思想上。根据“骑马者应从马背上学”的生活经验和“从做中学”的教育原理，他的幼稚园行为课程理论的基本思想为“生活即教育”、“行为即课程”，强调通过儿童的实际行为，使儿童获得直接经验；同时要求根据儿童的

能力、兴趣和需要组织教学,主张采取单元设计的方法,打破各种学科的界限。

《我国现时最需要的是何种幼稚园教育》选自张雪门的《幼稚园研究集》。该集是由其于1930年在河北教育厅的讲稿汇编而成。《我国现时最需要的是何种幼稚园教育》在对我国现时幼稚园的状况及其原因的分析的基础上,并结合福禄培尔、蒙台梭利教育理念的有价值成分,进而指出我国现时幼稚园教育应该注意的问题。

诸君,今天有机会和大家讲幼稚教育,不胜荣幸!幼稚教育,并非幼稚园教育;幼稚教育,本指儿童自堕地以至小学中间一段时间而言。在此时间中有一定设备课程及有专业之教师者,则为蒙养学校及幼稚园。惜我国蒙养学校(Nursery School)初正萌芽,现可供吾人研究者,仅幼稚园而已。鄙人对于幼稚园教育,觉得有三点应向诸君报告:

一、我国现时幼稚园教育之概况及其原因

在中国现在情况之下,吾人参观幼稚园教育,其情形不外两种:(一)幼稚园教师,服饰直朴,态度庄严,幼稚生见之,油然而生危惧之心。其教法若何?为何需用此种教材?教者均茫无所知,所凭者即主观之见解及传统之注入式耳。室之一隅,聚桌成凹字形,教师在其中,三面均为学生,当其授"积木"课时,教师将小匣盖开开,学生亦仿之开开,然后言曰:"今日讲火车。"遂将各方块小木作成火车一辆,令学生一一按其方法成之。吾人偶询之学生,此物为何,学生多瞠目而不能答(或不敢答)。旋则毁之,令学生自为,为而不成,仍须教师授之,至数日后,学生始能自成教师所做同样之火车。此一种情形也。(二)教师态度活泼,颜色温和,幼稚生见之而不致生畏惧之心。当其做游戏也,学生圆环而立,中有一生居圆之中心,张臂作态,又有五生蹲踞于其下。教师抚琴,学生唱歌,彼五生中之一人因起而作鸟飞状,渐飞渐远,其余四生,一一仿彼为之。如吾人询其所为,学生必曰:"吾等作小鸟,彼中立者大树也。"若据以询教师,则知此"五只小鸟"之游戏,盖期其能发达儿童筋肉之健全及模仿之本能也。然该时之儿童究有若干本能?而是种本能已否全包括于幼稚园现有之实施?而本能之自身是否皆宜发展?例如小孩玩弄新购之橡皮人,固合于儿童好奇之本能,玩耍不久,即用口咬破,亦未始不足好奇之本能。如以发展为是,则陷儿童于破坏之习,如加以限制,则究以何者为去从之标准。此则为幼稚园教育首应解决之问题,惜现时之教师多无以知之,此又一种情形也。中国现今之幼稚园教育,大概不外乎此二种情况。前者教师固不明幼稚园之教育,即后者亦多不知首应解决之标准。推其原因,至为复杂。

中国之幼稚园教育,许是造端于前清光绪二十八年之蒙学堂,迄二十九年张之洞改订学堂章程,始规定保育教导要旨及条目。当时所定者,为游戏、歌谣、谈话、手技四种。此四者乃抄袭日本明治三十二年幼稚园规程而得。外国办理此种教育,专由于女师范生,而在中国则为"若设女学,其间流弊甚多,断不相宜"之时代,只得求之通都大邑育婴堂乳娘,以其人数较多,其中必有识字者。即令此识字之乳娘为堂内诸人讲授官编女教科书,若《孝经》、"四书"、《列女传》、《女诫》、《女训》及《教女遗规》等。盖当时中国外表上欲彻底维新,而思想上仍欲保持传统之习见。此为中国官厅方面所办者。光绪二十九年秋,湖北聘日本保姆三人,首立幼稚园于武昌。三十三年,吴朱哲女士由日本保姆养成所学习年半回国,设保姆传习所于上海公立幼稚舍,从学者三十六人,得证书挟所学以供献于社会者二十一人。北平则甘石桥第一蒙养园设保姆班。同此数年间,广州、无锡等亦有蒙养院及保姆传习所之设。于是一般乳娘及未受保姆教育之保姆或从而效之。此为民众方面所努力者。吾人于此间得一结论,即当时幼稚园教师所学者,至多不过谈话游戏等日本式之技术,无怪乎其知行之不相符——由之而不知也。中国第二种幼稚园之发达,吾人不能不感谢教会设立之幼稚园。教会事业,一面用消极方法设立医院,利用人生疾痛,而输以宗教之精神;一面用积极方法,创办学校,以灌溉其宗教之真理,其目的乃在造成一般真正之信教徒。由教会所办之幼稚师范及幼稚园:平有燕京,杭有弘道,苏有景海,此外设立者尚多。至于教会所创办者,直接间接多取法于西洋;待后则内地教师,起而效之。吾人欲于是种幼稚园中求其为中国应先解决之标准,自难得其真相,即据其"效法"一点言之,亦颇感缺陷:(一)效法西洋,直接者较少,大多出于留华西教士之指示(我国近年来虽不乏外洋求学之士,但为数过少,其影响不在此),兼以时间过短,故仅模仿其皮毛,而未窥其原则。(二)且各种制度俱有时间空间之限制;教育亦制度也,故不能离环境而独立。模仿抄袭,自难合于国情。(三)模仿之弊易流于机械,驯致屏弃本国有用之材而惟一外人之马首自瞻。催眠之歌,拍掌之戏,中国未始缺乏!而偏重累赘之译文,悲哉!总之:我国现时幼稚园教育,非吾人理想中之教育也。然则屏除一切,完全采取福禄培尔和蒙台梭利之原则与实施,以为现在进行之标准则如何?请分述于下。

二、福禄培尔与蒙台梭利之教育在我国现时之价值

福禄培尔(Froebel),为幼稚园创始者。伊以为:"教育是忍耐,不是干涉……只有在自然状态之下,可以发展其和谐与完美。"而他方又有"吾人必极严格地循哲学思想与观念之要求而行"之言,即一切课程须合于其神秘之哲学也。福氏为宗教家,其思想受宗教之影响极大。吾人试一观其"闻馨"之游戏:用各种之花使儿童领略花之香味;更使之闭目,从香味认出各种之花。是种游戏之作用有三:(一)认出各物生活的式样;(二)感官的联络;(三)服从感官之暗示而行,不得有意与过分。用感官以认识外物,固也。联络多种感官,则所得之印象较深,未始不合于科学;至因此而象征不同金属所做成交互联络之链,已近乎玄矣。若谓生理上的闻馨可以移到道德之领域,感官上的感觉可以启发内在的心灵,借"多取丁香花"以隐射"有意的好名",颇如我国理学家"格物"与"诚意"的一段功夫。可惜前清士子一生的精力都用在八股文章上;而福氏偏欲假游戏作工具,非惟不得,且破损游戏本身之价值,甚无谓也。则又一问题也。

蒙台梭利(Montessori)系医生系社会主义者,其所办儿童之宅为平民之幼稚园。其教育法之根本原理在不戕贼儿童之本性,使得自由发展其本能,其训练之基础,以自由为主,而训练之价值,尤在儿童之自动,使儿童皆向一定之目的而活动,顺其天性,毋或阻遏。其最完整之设施,感官训练之教具也。略举数种于下:

(一)色彩之练习:有木匣二具,每具中置八种颜色之丝卷板,每一种颜色中,又各有丝卷板八个,浓淡各异。先配对子。次依主色分类,若系同种之色,则应依其浓淡之程度,以八个丝卷,依次列之。然后再及于实物之色。

(二)触觉之练习:于长方形之木板面上,以平滑纸与粗松砂纸,交互贴之,闭目用手触板上之纸,以别粗细平滑。或用粗细麻布以及绸缎,使之识别粗滑。其余如各种方形、三角形、六角形等嵌板,均可借以练习触觉。

(三)三台木柱之练习:置台木三座,其上凿以圆孔十个,渐次或由大及小或由高及低或高低大小皆不一致。每座另备适可嵌入该孔之木制圆柱十个,将木制圆柱一一嵌入台木上圆孔中。可练习儿童之视觉与触觉。

以上三者,仅举其例而已。(其详可参见世界书局出版《蒙台梭利与其教育》。)蒙氏对于是种教育之作用,并不仅在于儿童之能完成其工作。其最大之目标,则是使之从教具配合上自己发现其错误因而引起解决之方法,再依其方法逐渐更正其错误而至于完成也。总之,蒙氏教育之目的,在注重于思考;而思考训练多偏于感官之教育,有时且不从实事上做起(如扣纽扣)。此则心理学上心能学派形式训练之误,恐未必诚能贯彻其实际生活也。且思考不过生活上一种行为,藉能得之,亦偏而不全。然而幼稚园教育,我国现时,究应如何办理?此则今日讲演之本题也。

三、我国现时幼稚园所需要的是何种教育

我国现在的幼稚园教育,有应注意之三点:(一)须认清现在中国之地位,如何顺应时代潮流,求合于此时代之新生活;(二)须注意于幼稚园时期中儿童心身两方面发展的情形;(三)幼稚园儿童与中国新民族,其中发展之程序应如何?宜如何使其联络?若仅注意第一种,是压抑儿童个性,妨碍其心身,实毁残其现时之生活也。若仅注意第二种,则终至于人群隔离,形成愤时嫉世而无补于时世,且仍难免于时世之侵袭与压迫。根据现时儿童之能力,求适合于此时代中之新生活,教育之途径不外乎是。

现在中国之国民,言之诚令人心痛,就生理方面的体格而言,能担任新国民者有几何哉?其背多曲,肩畸而不正,足不能登高行远,各种感官,多不相联络,此体格之不如人也。欲姿势正直、筋肉发达、感官联络,八团锦[1]、柔软体操、球戏等尚矣;然此种枯燥无味之锻炼可施之于成人,而不合于幼稚生之需要也。幼稚生所需要者,游戏耳,模仿耳。于是伐木开矿之模仿操、蜂蝶鸟兽之表情,以及第一种恩物(六球)之游戏(如我拿小球在手中为练习视筋二感觉者),因之而代其用焉。今仅以第一种恩物——传球之一种游戏言之:儿童作环形,依次用手相传授第一法也;依次左手接球,右手授球,第二法也;按球于地上,自由发球,自由接球,第三法也;发球于指定之人,被指定者接之,第四法也。由第一法而至第四法,难易不同,即教育发展之过程也。吾人于此,得一结论:体格健全。是求适合此时代之新生活,亦即是注意之第一点;模仿与游戏,是该时儿童之需要,亦即是注意之第二点;模仿操与表情动作乃教育上联络之实施,传球乃联络进行上程序之一例耳。

至心理方面,国民缺乏者更多,变化更复杂,教育上之补救与培养,较之生理教育为尤难。兹举其大者言之:(一)自治力之缺乏也。国体变更凡二十年,而民间仍望真龙天子之出现。故欲造成新中国,则先须培养儿童之自治能力,如捉迷藏、皮鞋游戏时之闭目,教师或用巾或用手固,不如儿童之自掩其目也。检查清洁,红纸(代表清洁)黑纸(代表不洁)亦当由儿童自取,教师仅处监察之地位可耳。其余若因新设备而发生争执,按铃集众,令儿童自决办法以为遵守;此种机会,宜随时练习,不宜以其无知忽之。(二)自动力之缺乏也。懒惰成性,一切均欲依恃他人。故吾人对于幼稚生教育,宜如何培养其自动能力。如上述作火车,专用教师之方法做成者,此被动之教育也。犹如剪纸,随各生自动剪贴而成者(此时演讲者出自由剪纸成绩七种相示),其方法多,其样式亦多,较之被动者,其成绩迥异矣。试细按之,此七种剪纸,实由于三人。甲之所作,多成小方孔之花纹;乙则斜方孔;丙则特殊剪出而无孔,且于此可见其作风焉。(三)中国国民性中缺乏合作能力。吾人于其自由工作及组织游戏中,尤宜使之多练习。(四)中国国民性中缺乏责任心。吾人于幼稚园中一切教具自不得不有一定地方,儿童取携收藏时便不能混乱;其余若养鸡、饲鸽、分茶点等,凡儿童能力所及者,俱当轮流担任之。(五)此外,国民性中最大之缺点,无适应新生活之能力是也。时代变迁,而适应此时代之生活不变。旗族[2]不以清室之亡而改变其生活,驯致现时之贫乏,此特国民中之一例耳。自科学发明,交通频繁,时代变化之速日益加甚,欲于此万变之潮流中谋生活之适应,必须先有随时应变之健全行为。顾是种行为,可别为五。属于理智者三,即"建设"、"思考"与"练习"是也。属于情感者二,即"发表"与"享受"是也。每种行为,亦各有其过程。兹仅举"建设"一种言之,当可分为"动机"、"目的"、"实行"与"批评"。譬如现时香山养蜂,有获利者数百元者。其亲友多羡之。羡慕即其"动机"也。但仅有"动机",不过当时有临渊羡鱼之情而已。有因之定"目的"及"计划",而遇他事耽误者;有因"实行"上发生困难者遂尔中止者;有将种种困难问题指明,而设法打破之者。吾人于此,虽不敢必最后的一人能成其功,但总较上四者有成功之可能。此无他,益行为之健全耳。至幼稚生,则"自由工作"尚矣。当星期一儿童之进幼稚园也,见壁上新挂一大钟,群集谈论钟表之事,此其"动机"之所由起也。上课时,或用积木堆钟,或用蜡笔作图,吾人于其"实行"中得知其有"目的"与"计划"也。"计划"固不仅限于材料(如积木蜡笔及纸等),而或凭想象或用写生则又其"计划"中之方法也。待其完成以后,或彼此传观,或对师说明,未始非其末段之"批评"也。但幼稚生年龄太小,成绩粗劣,然不谓之"建设"的健全行为不可也。吾人宜如何利用此种心理过程,使之时常学习,以养成新国民随时应变健全之行为,此则现时幼稚园教师及研究者之责任也。

今日之中国,内乱频繁,外忧日迫。吾以为改造中国,其革命不在枪炮而在教育,而幼稚园应居其始。若能将此种教育自幼稚园起,始终贯彻,推而至于小学而中学而大学,其中经过二十二年之陶冶,彼等将来必成为新中国之新国民。至新国民实现,新中国之革命于是乎成功。

戴自俺主编:《张雪门幼儿教育文集》(上),北京少年儿童出版社 1994 年版。

注　释

1. 八团锦:应为八段锦,中国具有悠久历史的一种健身方法。
2. 旗族:即满洲八旗。因在清王朝为特权阶层,清亡后,其子弟仍过着不劳而食的优裕生活,人称"八旗子弟",惜乎已无政治依靠和经济来源,故不少人沦为贫乞。

增订幼稚园行为课程(节录)

《增订幼稚园行为课程》系张雪门根据他的原著《幼稚园行为课程》增补与修订而成,成书于 1965 年。张雪门自 1931 年就开始幼稚园行为课程的研究,直至

晚年。在该篇中，他从幼稚园行为课程的意义与目的、实施的重要原则、组织方式方法、实施前的准备、实施中的指导、实施后的进展等多个方面，系统地论述了个人关于行为课程的思想。

一、行为课程之意义与目的

生活就是教育。五六岁的孩子们在幼稚园生活的实践，就是行为课程。究竟这份课程和现在一般幼稚园所用的课程有没有差别？我说有同有不同。这差别在哪里？我说这份课程包括了工作、游戏、音乐、故事等材料，也和一般的课程一样，然而这份课程，完全根据于生活：它从生活而来，从生活而开展，也从生活而结束。不像一般的完全限于教材的活动。在今日以教材为中心的气氛中，我们特别来提倡行为课程，自有不得已的苦衷，现在分别说明于下：

（一）人生坠地，除了个体以外，对于生活环境的自然现象和人事种种，本来是一无所知，更一无所能，他所以能日进月长，渐渐从无知无能变成有知有能，完全由于个体和环境的接触。从接触而生的经验叫做直接经验，也可以说是人生的基本经验。有了这一步经验，才能产生记忆、想象和思想种种的心理作用，如果基本经验不正确，那么一切的心理作用也自然不能正确。要正确这一步经验，所以必须加紧个体和环境接触的关系，然后才能扩充儿童生活学习基础，增进他们生活的改造，养成他们对环境支配选择的能力。可惜我国历来对于幼童的指导，抛弃可第一步接触环境的行为，却以代表观念的文字——如《三字经》、《千字文》，再由观念来支配思想的实现，不但思想永远是观念的尾巴，老是跳不出旧观念的圈子，谈不到创造，更哪里谈得到制驭环境？甚至连那些观念的意义都弄不明白。现在，幼稚园虽改进了一步，采用看图识字或常识课本等带有绘图的本子，然而碰到了幼童未曾接触过的对象，总以为实物就和本子中所画的东西一样。其余故事、游戏、唱歌等教材，如果没有直接经验做根据，也很不容易使他们彻底明白。所以我们提倡的幼稚园课程，首先应注意的是实际行为，凡扫地、抹桌、熬糖、炒米花以及养鸡、养蚕、种玉蜀黍和各种小花，能够实在行动的，都应让他们实际去行动。从行动中所得的认识，才是真实的知识；从行动中所发生的困难，才是真实的问题；从行动中所获得的胜利，才是真实的制驭环境的能力。游戏、故事、唱歌等教材虽然也可以表演，然而代表不了实际行为。我郑重的再说一句，幼童一定先有了直接经验，然后才可以补充想象。

（二）再从幼稚园课程以教材为中心来说。凡所称做教材的，也有的将小学原有教材删去几节的，更有把粗制滥造的译文拿来凑数的；因为教材不合幼童生活的需要，当然不会有良好的成绩。然而教师对于结果上，总以为是学生淘气不肯听话，断不会反省到教材的本身。其实，教材无论是现成的，是创造的，其唯一目的，为充实幼儿的生活，决非灌注他们的熟料。因教材的目的在充实幼儿的生活，所以对他们仅是活动而非知能，虽为活动，里面未始不可有若干知能，但绝不是特殊地抽出来的死知能。若以为幼童是一种空的东西，必须待容纳这些教材才能显出生活的功能；这一种生活即使是实现，也不过机械的反应罢了！在人生上，没有什么价值。况且生活本身是流动的，所以教材的本体更应该切合现在，而不应该抄袭。教师为幼童采取教材；教师是熟悉教材的，而幼童是方去学习。但事实上，教师忽略了这一客观标准，过分歪视自己的成见。教师是成人的代表，成人的知识是专长的，是孤绝的，而且是抽象的。但幼童进幼稚园的时候，心中没有学科的观念。他们看宇宙间的一切的一切，全是整个儿具体的活动。所以教师对于幼童，不要仅凭抽象的言语或线条的图画来介绍类别的教材，只要常常运用自然和社会的环境，以唤起其生活的需要，扩充其生活的经验，培养其生活的力量。若教师真能够做到这样，这便是行为课程了。

历来教育家，对于教育都下过定义，但到了现在，不仅预备说忽视个体固有的能力已经给自然科学进步而推翻，就是生长说的注重现在即所以进展将来，也会遭社会科学进步所否定。那么，我们今日所提倡的行为课程，在生活的意义上能起什么作用？在我未提答案以前，曾听过不少的生活引申意义：有的说是环境决定生活，也有的说是生活的实践改进了生活。如果前者是客观的看法，那么后者许是主观的看法吧。我不愿意说是客观的，也不愿意说是主观的，却愿意把两者在行为课程中统一起来。如果幼稚园教师真能把两种生活加紧联系，幼童的生活才能充实，课程的目的也就可以贯彻了。

二、实施行为课程之重要原则

幼稚园行为课程之重要，在统一两种生活，因之，在实施上，必须随时注意到下列原则：

（一）课程固由于自然的行为，却须经过人工的精选。幼童的行为绝不是孤绝的，无论由于内部的需要，无论由于环境的刺激，都足以唤起其行为的反应；但反应的结果，又改变了其原有的经验。所以从各种环境实践的行为，都足以获得经验，且因经验的不断实践，又可以不断地改变其环境和自己。我们今日提出的行为课程，便是根据这一种的自然行为，当做了幼稚园的学习课程，若和从前一般教师所组织的课程来比，显然可以分别出来：

1. 前人是教法和教材并重，运用的人在乎教师。现在是材料和方法在行为中是一件事的两面——没有材料便没有了方法，离开了方法便不会有材料，而运用的人却是在于儿童。

2.前人的教材多半是现成的熟料;现在所取的多半属于原料。

3.前人的教法是成人论理的程序;现在的方法是出于儿童行动的思考。

然而这种自然的行为,其本身也有其缺点,必须经过人工精选,始能达到课程的效果。这效果的评估,应分为三方面:

(1)在价值上讲——幼童在某一种活动里将得到些什么?身体上的、知识上的、技能上的、习惯上的以及兴趣、态度等,都应该有一种客观的预计价值,活动定了标准,进行中自然能随时留心,结束后又可以两相对核。

(2)在转移上讲——幼童在某一种的活动有利于何种的学习?也应该估量到。譬如幼童有了跳跑的能力,渐可以引到参加韵律的动作,有了替娃娃做衣服、洗被、糊窗纸的经验,渐可以引到服务家庭的实践,报告所见,可充担任主席的准备,搜集昆虫,将来学生物学自然格外有味。

(3)在结果上讲——幼童在某一种活动有否先成的可能?这一种如果估量正确,不但能提高他们以后做事的勇气,且能促进他们独立合作的精神。况幼稚园经验的时间有限,各种的经验必须让幼童一一亲自经历,在事实上本不可能,而且也不太经济,这里就当由我们来选有代表性的精品。例如养蚕可以代表许多昆虫的蜕化。恳亲会的游艺,募慰劳品的表演,其课程都是一样,在教育效果上,除练习作用外,有时实在不必把这些类似的活动一再重复。

(二)课程固由于劳动行为,却需在劳动上劳心,任何行为都离不开劳动,但劳动并不一定都有价值。孟子曰:“或劳心,或劳力;劳心者治人,劳力者治于人。”[1] 这在过去,原有这样的一种社会。但到了现在,如果一个人脱离了现实,瞑目静坐,只从观念里转念头,不但不足以治人,且连自身的生活也恐怕维持不了。至于单劳力而不劳心的人,不但妄作盲动应被淘汰,就是一切动作囿于故常的,既不能应变,更不能发明,也无什么价值。我们试再回过头来观察人生的初期,对环境上的一切新刺激未必能适好的反应。但错误行为的结果,必唤起其心理的思想;从思想所引出的动作,如果仍旧失败,一定再思想再行动,一直到完全解决了为止。这一种行为,不是单独的劳力,也不是单独的劳心,却是在劳动上劳心。行为的本质原有许多种,但能克服困难,制驭环境,能创造发明的,只有这一种。蒙台梭利即具有这一种的观点,可惜当时她把课程的范围缩得太狭小,仅应用到一部分的教具。今日的我们,就得把劳动上劳心这一原则,切切实实应用到行为课程上。凡事合于幼儿的需要和兴趣而尚未有办法的时候,都应该使他们大家来讨论;这讨论不仅须用个人的思想,尤在促进团体的劳动上劳心。

(三)课程固由于儿童生活中取材,但需有远大的客观标准,课程内容要想适合幼儿的行为,自然应在他们生活中取材。但幼童生活的范围有限,而且对环境又无选择能力；所以一般极普通经验为生活所必需的，因受环境的束缚，仅能表现极狭小的反应。此外人生生活中某一些的现象和动作，各因环境关系，有的接触机会特别多，有的特别少；而在另一些的现象和动作中又正相反。因为刺激反应的不同，幼童行为便各有差异。中国今日虽努力图强，和各种恶势力相奋斗，然而这些恶势力并未经完全解脱，谁能担保不沾染幼童的行为，更有谁能担保不沾染到现在幼稚园教师的思想！如果没有远大的客观标准，那末，神权和科学，崇拜英雄和团结民众都将由同一的教师传给了幼童，教育的价值必先后抵消，甚或形成意识的矛盾。我们当知道目前的幼童，便是下一代的民族。凡现时代中华民族应负的使命，幼童虽小，也不例外。课程的作用，就在如何把握这一标准，做成具体实施方案，以谋幼童行为的反应。

三、如何组织幼稚园行为课程

所谓两种生活，换一句话来说，也可以叫做现在社会的需求和儿童个体的发展。这两者反应在行为中，本来可以分为三类：第一类是完全相合的；第二类是完全相违的；第三类虽不合但不相违。如果要在每一类里举一个实例来看，那模仿军操自然是属于第一类，喜欢呆子发财属第二类，放风筝便是属于第三类。我们估量幼稚园行为课程，除上述三类的行为外，更有儿童根本没有动机，却为顾到远大目标，不能不设法引起的，常属第四类。这四类行为，在课程中得使之有实践机会的，仅有第一、第三、第四三大类。至于第二类行为，在现代社会中已丧失了价值，不能因幼童的爱好而使之受不良影响，更应运用“注意转移”法则改变其心理倾向。

这三大类可诉之于行为动机，不论出于自发内动的或由于设法引起的，在未决定目的之前，必须经过环境的考量。在环境中应考量的，第一是教师自身的知识技能和兴趣；第二是幼童的人数、能力、空间和经费的可能性。如果环境的缺点虽有，但可以设法挽救的，这动机便得引出，在行为上实践；假使环境上缺点过多，事实上又无法克服，便草率当上了目的，等到行为开展，没有不失败的。

目的决定以后，课程才有了中心，更得估量行为的内容，在一般就叫做教案。我们为通俗起见，也无妨说是教案。教案中应编列的，也就是行为中应估量到的：

第一是动机：动机的发生，可能是由于两方面。一方面是从前一种活动所发生的需要，比如春季旅行引起了移种野花，由移种野花而引起开地，再由开地而引起了研究昆虫……这好像一长串的链子，一环跟着一环不断地套下去；而受环境偶然的刺激所引起的动作观念，例如因望见梁上归燕，想要研究燕子；因碰见夏天的大雨想要研究雨和水，也都归到这一方面——内发自动的动机。另一方面不是幼童自发的需要，是由于教师预先设法引起来的，这又可以分做三种方式：(一)利用环境——如院中玫瑰花开时利用做鲜花饼的动机；(二)利用设备——在吃茶点时，利用糖果引起做粽子糖的动机；(三)利用言语——借故事或图画，用言语引起幼童的动机。

第二是目的：在这里所说的目的，是教师企图幼童在这一行为中所获得的功效，并不是幼童行为自己的目的。从目的的内容来说：应估量到知识技能兴趣种种。如以养动物为例，可使幼童研究动物的形态生活和饲养方法，更可以使他们明白和我们人类的关系。教师有了这些目的，然后指导幼童在课程中的实践行为，方才有了一定的标准。

第三是活动：人数地点和时间的分配；整个活动纵横面估量，应分多少部？若从纵面估量，更应该有多少段？这些部或段，有时可以叫做动作要点；动作有了要点，组织才不致松散。以春日下种为例：可分为选种、开地、下种、分畦种种，而分畦之中又可把儿童分作若干组，每组各管一畦，并推何人担任一畦的领袖？若以剧场设计为例：前后台各应有若干人？前台可分售票、看座、贩卖部，后台更有导演、帮唱、表演、化妆和乐队等别。而分工的精粗，视儿童能力和场面的大小为断，幼稚园组织课程时，对于活动和人数的分配，仅需要一种简单轮廓的估量，但在行为实践中，尤须逐天计划，才能切合实际需求，而更有自我发表和自由创作的机会。至于整个活动需用的时间和地点，以及每一小段的程序，在进行上，尤不能不有相当的估量。

第四是活动过程。活动如何开始？如何展开？如何结束？在组织课程时，是一种极重要的估量。上面虽提到了纵面上的段，然而这只可以说是行动的要点，而尚缺乏具体的内容，一定须把无形或有形的动作，完全编织在课程中，然后教师指导才有依有据。有人怀疑各科的设计课程，便以为就是行为的课程。其实各科设计过程仅是行为课程进行中的各阶段，并不能代表整个的行为课程。行为课程可以包括各科设计过程，各科设计过程决不能包括了行为的整个课程。若把各科的设计过程当作了行为课程看待，那简直腰斩了行为，在这里，应该特别辨明的！

第五是应用的工具及材料：这一项的估量，虽然仍旧根据于固有的各种科目拟具应用的工具及材料，但其用意仅作示例，决非如教材中心论理组织的牢不可变，因为行为既不是机械，“刻木求剑”，徒然自添烦恼罢了！然而行为的展开，也未始无线索的可寻，而在线索范围以内，力求切合动作上的需求，当然是准备上的必要了！

四、课程实施前的准备

课程组织以后，实施以前，教师还须有充分的准备，幼童的行为始能完全达到其预定的目的。这准备最低限度应分为五种：

第一种是知识上的准备。教师的学问经验虽比幼童长了十几年，但是他们对于知识的要求，往往会超出预定的范围。所以课程的内容教师固须彻底了解，就是有关方面的知识，也需要有充分的研究。如以种植为例，关于种植的种类、形态、生长及种种的方法，以及和人类的关系都应该充分的准备，就是土壤、气候、肥料等亦未始不须连带的参考，然后实施时才能有处处逢源之乐。人的知识本来是没有止境的，往往从某一种课程活动中研究内容，同时会连带的研究到方法，更连带的研究到教育以及教育所据的基本科学，如社会学、生物学、哲学或伦理学等。这些知识，原为着行为而研究，并不是空空洞洞的知识。研究以后，仍旧要在行为上去求验证。谁能准备得越充实，当然，控制幼童的行为也愈方便，而收效也就愈加宏大了。

第二种是技术上的准备。一种课程的活动，本来是好多种的小活动合成的，而每种小活动更含有多少的技术。教师对于那些技术，必须先有审评的考查；看哪些是太深了，应改变浅近一点，以适合幼童的程度；或则太枯燥了时，应变化一点，以提起他们的兴趣。准备技术，除注意儿童方面以外，就是教师的本身，也不得不事先作种种的准备。如以故事为例，看整篇的主意是什么？应分作多少段？哪些是最高点？哪些是最重要的地方？如何运用？如何表情？都不能不预先一一练习的，就是最简单的滚球游戏，假使事先未经练习，万一失败，请想给幼童是一种怎样的不好影响！

第三种是作业程序分析的准备。在上一章第四节里，我曾经提过活动的过程，现在又讲作业的程序，因为课程的范围有大有小，以大范围为例，不是一天功夫所能完成的，就是像上一章所讲的活动过程，但是在每天的活动中，也应该排定先后的顺序，即使以一种手工为例，也应有一种分析的准备。做糖是幼童最喜欢的工作，然而做糖的手续也并不简单。把白糖放在锅子里是第一步；再把锅子放在炉子上烧开，直到用筷子挑起糖时可以为丝为止，这是第二步；再把锅子里的糖，倒在另一个涂了油的盘子上面，这是第三步；把糖拿在手里扯起来，直到糖变成了白色为止，这是第四步；把白色糖放在板上，搓成棒形，是第五步；用剪刀把糖棒绞断，是第六步。这六步手续，实际上说，尚未分析清楚，倘再仔细的分，还可以分作八步九步，如锅里的糖放注于盘上，盘里面、手上都须预先擦上油等。教师有了次序，再指导幼童在活动进行上才不致紊乱。这不仅做糖如此，无论哪一种活动，都可以从客观上分析出先后的次序来。这先后的次序，帮助幼童学习的进步，有很大的裨益。

第四种是工具、材料的准备。幼童习惯于行为课程,按理论说,万一发生了困难,一定会想到困难的所在,也就会找到他们所需要的材料和工具。但是幼童的注意力很少,持久的力量也很薄弱,而对于较高的文化——如文学音乐等更无法自行搜求。所以一种课程活动的需要,教师固然不必样样先意承志,把工具材料都安排妥当了,以提供幼童。但有些日用必需品如剪刀、纸张、浆糊、布块、针线、木板、钉子等,都须预先购置,就是活动上故事、唱歌、游戏等教材,也应有相当的准备。若等幼童需要,才觉得措手不及,岂不使他们活动进行受严重的打击吗?即使再急来抱佛脚,也是一种不必要的纷乱。至于教师企图幼童兴趣的唤起和了解的提高,有时对于教便物,实在也应预先顾到。如当讲到鸡生蛋的故事,幼童往鸡笼里窥望,发现了白色的圆形物,那时候,从教师怀里掏出真的鸡蛋来,当然是格外的生动。

第五种是集中心力的准备。上四种的准备,都在课程实施之前,固是必需,但临实施前的一刹那,集中心力的准备尤为重要。我们也可以这样地说:上四种的准备,是关于"知"的,这一种集中心力才是关于"情"的。无情的知,对自己已属机械,更何能引起别人的作用,所以教师对于课程实施前的一刹那,所憧憬的只能有实施这一件事,除此以外,更没有别的念头,而且也不愿意别的念头来扰乱心曲。集中心力真能达到这一地步,那么幼童的行为自会活泼的展开,而有效的收获。否则,任凭课程组织得怎么周密,各种活动任凭准备得怎么充分,只要缺少这一点,其影响于幼童行为方面自会变成冷冰冰毫无生气了!

五、课程实施中的指导

课程的准备既已完成,现在当研究到实施了。在实施的时候,教师应负六种指导的责任。所谓指导,是完全抛弃了成人主观的成见,切切实实注意幼童需要而给以满足,并时时注意他们的困难,加以解决和帮助。现在分别说明于下:

第一种是计划上的指导:凡事情合于幼童兴趣而尚无具体的计划时,教师应给他们种种发问和讨论的机会。这些讨论的内容,不外乎工作的支配,人数的支配,工作的次序以及应用的工具和材料,但教师必须先有全盘的计划。这计划并非用来支配幼童的一切行动,如果这样做,在表面上虽很有秩序很有条理,然而因为没有他们丝毫自己的思考,结果变成了没有主意的盲从。所以,教师必须广求于幼童自己的意见,碰到不对的当指导其错误,愚弱的鼓励其发言,必须有十分的耐性和十二分的机警。计划一段做一段;做一段再计划一段。

第二种是知识上的指导:各种活动都含有多少不同的知识,这并不是由于教师的准备须指导幼童,却是幼童行为的需要而有待于指导。如以总理[2]诞辰为例,总理生在什么地方?死在什么地方?我国国旗的颜色及形状如何?外国有没有国旗？做寿桃的原料是什么？原料是从哪儿来的？诞辰直发多少份请帖，多少份点心？多少幅国旗？请帖应该多大？做寿桃用了多少面粉？屋子里哪一块地方做游艺场？哪一块地方放椅子？及会场上、对联上、座次上、请帖上、胸章上以及游艺项目等等文字，都是必不可少的知识。这些知识，教师不应该作有系统的介绍，而是在幼童行动中，随时随地的提供和补充。

第三种是技术上的指导：各种活动，也必须存相当的技术。有了这些技术，行为才能得到圆满的结果，否则便会感到困难。剪贴对于幼童并不是过于困难的工作，仅仅是浆糊一项，过少固然粘不牢，太多也会浮起来合不紧，这不多不少适好的分量，就是技术。教师指导的方法，与其示范教学，不如自己在参加幼童活动中加以暗示，或唤起他们彼此作参观的比较。

第四种是兴趣上的指导：幼童的兴趣和他的注意力有极密切的关系，可是这一时期的注意力，多数是散漫不集中的，而且难以持久。往往对一种活动，开始未始不兴高采烈，曾不多时，就转移到别的地方去了。例如幼童做旗子，做了一会，不愿做了，只要教师说："你的旗子快完成了，把一张旗章贴上去，就可以和大家一起去玩旗子了。"联想到完成后的快乐，幼童的兴趣常可以被鼓励起来，况且幼童有时做不下去，并不是真没有兴趣，因为中间发生了困难或阻碍，好比剪刀拿不到，浆糊没有了，教师只要找到其困难或阻碍所在，加以解决就不成了问题。

此外，如幼童们盖房子的时候，教师能应用劳动歌曲，随口哼着，随手做着，不但可以提高他们劳作的兴趣，增加他们工作的效率，而且还可以保留他们工作完了后的耐味。

第五种是习惯上的指导：习惯和知识等一样，都包含在每一幼童的行动中。每一种的行动，都自有其正当的行为，无论何时行为出了轨道，即当加以纠正。这纠正的方法，与其消极的禁止，不如积极的指导，与其说不要这样做，不如说应该那样做。然而这种的指导，仅限于习惯没有成功的时候，若已成为习惯，优良的当然不必加以干涉，不良的更须推溯其原因，设法加以改变，一次不成两次，两次不成三次四次，甚至于无数次，直等到改变过来为止。

第六种是态度上的指导：幼童的态度，在这一时期必须首先养成的有两项：第一项是客观的态度：对人方面，须养成其自己能看出自己的错误，同时并能看出别人的长处。对物方面须养成其能视察困难所在和因果的作用。第二项是公开的态度：须养成其自己有主张，同时也能容纳别人的主张。

这两项态度的养成，全在于幼童各种行动中随时随地的指导。

六、课程实施后的进展

行为课程，从动机发生开始，经过了目的决定——计划讨论，而终至于实行

完成,更尚有一步进展的工作。这步进展可分作四方面:

第一是对幼童行为应有检讨。行动终了,接着便须检讨,不论做得好做得坏,都应像审判一样的来考查:好的在哪一点?坏的在哪一点?为什么好?更为什么坏?幼童如果明白了好或坏的所在和好或坏的原因,然后才能将成功失败的原因组织在自己经验中,更可以加强下次活动趋避的倾向。所以教师在整个活动结束的时候,应该对全体有一个总批评,简单明白,使大家有一个清楚的印象。尤其要紧的,对于幼童个别的批评,随时随地像说话一样的,容易合于那一时期他们的需要,最好能鼓励他们能作自己的批评。有时言语的检讨,不如实物对照的具体,更可以引导他们看别人的长处来纠正自己的欠缺。可惜现在一般的教师,对于幼童任何种活动完了以后,总以为完了就算,不肯再进展到检讨阶段。一种活动有没有价值,当看下一次是不是比上一次有进步,若做了就算,对经验既没有变化,自然谈不到进步了。更有的照着计划做了,表面上也举行了一次评判,但永不设法再有一次多次的切实的验证机会,要想把成功失败等经验永远组织在旧有的经验里,发生作用,也是不会有的事情。甚至有的教师在幼童活动有错误的时候,就很生气的说:“好了!好了!你不要作了!你笨死了!”像这样好坏都不管的批评,徒然丧失了弱者做事的勇气,引起强项者反抗的心理,都是没有价值的。

第二是对幼童行为应有继续的注意。人生原像一长串的链子,一环套着一环,永远继续的不断。幼童行为虽不能如成人的持久,但其过程实差不多。只要教师能随时留心观察,不难发现前一行动便是后一行动的动机,更从而捉住了动机,决定行为的目的,实比任何言语或设备所引起的简便而自然。可惜一般教师在一个大单元将完的时候,急急忙忙准备引起下一单元的动机,但对于原有单元的行动,毫不注意,却让许多极生动而又极迫切的动机忽略过去了。举例言之,幼童替娃娃预备服装,因而产生布置屋子,从布置而请客,从请客而铁路交通,像这样的一个活动引起别一个活动,继续不断的进行,原是极平常的行为。有时更从一个小活动扩大而为别一个的大活动,如听故事而表演,从表演而开戏院,也是常有的行为。总之,行为是永远不停的,动机时时在行动中产生,重要的却全在于教师能否切实的注意。

第三是对幼童行为应有记录。每天幼童们在同一目的底下的行动,教师应该按着次序,把他们重要的动作都详细的记下来;这不但可以供将来的考查,而且可以发现教师自己失败及成功的地方。这种的记载,以客观为宜,不必分类,亦不必加评语,所记者只有日记一样具体的事实,每天记录最好应有一定的时间,若积压过久,甚至想把好几天的动作忽然间要整理下来,不但没有这充分的时间，而且也未必有这样强的记忆，即使时间和记忆都不成问题，但对幼童行动的热情怎能再追回来呢？至于为研究某一种教材、教具或习惯的记录，应该分开，不要都记在一起。记教材教具固然没有一定的格式，但习惯的记录，总不如用个案记录的格式，比较正确而有条理。

第四是对幼童行为经验应有估计。在幼童每一种大单元活动结束以后，教师更当作经验的估计。这经验产生于大单元的活动中，根据事实，细心分析，然后再一一选出其价值，再把这些价值综合起来，和行为预定的目标作一个对照，看有没有达到？更有达到哪一些程度？这才是从行动中所获得的真实成绩。一般教师每一学期终了，虽交有成绩报告，但仅仅把已教过的故事、手工、游戏以及唱歌做一个统计，或者仅列各科的分数，却将行动所获的知能及建设、思考、欣赏、练习等心理活动，以及独立合作，坚持到底，自己立法自己遵守等等美德抛开了一边，这对于估量国民教育前一阶段的程度而固然困难，对于下一代民族已具有了何种条件当然更属茫然了！

戴自俺主编：《张雪门幼儿教育文集》(下)，北京少年儿童出版社 1994 年版。

注　释

1.“孟子曰”句，语出《孟子·滕文公上》。

2.总理：指孙中山先生，因其于 1905 年组建同盟会时被推为“总理”，故有此称。

创设乡村幼稚园宣言书

《创设乡村幼稚园宣言书》及后《幼稚园之新大陆》、《如何使幼稚教育普及》、《敲碎儿童的监狱，创造儿童的乐园》和《创造的儿童教育》等五篇文章，均为陶行知的幼教论作。

陶行知(1891～1946)，原名文浚，曾用名知行。安徽歙县人。伟大的人民教育家。早年就读于教会学校，1914 年毕业于金陵大学。赴美留学期间，先后攻读于伊利诺州立大学和哥伦比亚大学师范院。1917 年归国后，历任南京高等师范学校教务主任、教育系主任、中华教育改进社总干事等职。他反对传统教育和洋化教育，积极推动中国的教育改革。1927 年以后，先后创办了晓庄乡村师范、山海工学团、育才学校及社会大学等，参与发动了平民教育运动、乡村教育运动、普及教育运动、战时教育运动、民主教育运动，创造性地构建了“生活教育”理论，并积极开展儿童教育和师范教育实践活动。一生著作颇丰，主要有《中国教育改造》、《知行书信》、《斋夫自由谈》、《古庙敲钟录》、《行知诗歌集》、《幼儿教育论文集》、《教学做合一讨论集》、《老少通千字课》、《普及教育》、《普及教育续编》、《普

及教育三编》等,现已编辑出版《陶行知全集》;其主编的刊物主要有《新教育评论》、《平民教育》、《生活教育》等。

陶行知的幼教主张是以他的"生活教育"理论为基石的,注重以整个世界、整个社会作为一个大学校,以教学做合一为主要方式对儿童进行生活之教育。这种教育理论,尊重儿童的自主意识与创造精神,反对脱离生活实际、脱离中国实际的幼稚教育主张和实践。依据自己的教育理论,他亲自开展了幼稚教育实践活动,先后在南京创办了燕子矶幼稚园、晓庄幼稚园、和平门幼稚园、迈皋桥幼稚园以及新安幼稚园等多所乡村幼稚园,还创办试验了劳工幼儿园、幼儿工学团等幼稚教育机构。

《创设乡村幼稚园宣言书》原载于1926年10月29日《新教育评论》第2卷第22期。在该文中,陶行知指出当时中国幼稚园大都害有"外国病"、"化钱病"、"富贵病"三种大病,并有针对性地主张建设"中国的"、"省钱的"、"平民的"乡村幼稚园。

从福禄伯[1]发明幼稚园以来,世人渐渐的觉得幼儿教育之重要;从蒙梯梭利[2]毕生研究幼儿教育以来,世人渐渐的觉得幼稚园之效力;从小学校注意比较家庭送来与幼稚园升来的学生性质,世人乃渐渐的觉得幼儿教育实为人生之基础,不可不乘早给他建立得稳。儿童学者告诉我们,凡人生所需之重要习惯、倾向、态度,多半可以在六岁以前培养成功。换句话说,六岁以前是人格陶冶最重要的时期。这个时期培养得好,以后只须顺着他继长增高的培养上去,自然成为社会优良的分子;倘使培养得不好,那么,习惯成了不易改,倾向定了不易移,态度决了不易变。这些儿童升到学校里来,教师需费尽九牛二虎之力去纠正他们已成的坏习惯、坏倾向、坏态度。真可算为事倍功半。至于不负责的教师,那里顾得到这些。他们只一味的放任,偶然亲自看见了也不过给儿童一个消极的处分。于是坏习惯、坏倾向、坏态度蓬蓬勃勃的长,不到自害害人不止。这是必然的趋势。

有志儿童幸福的人和有志改良社会的人看此情形,就大呼特呼的提倡广设幼稚园。但提倡的力竭声嘶,而响应的寥若晨星。都市之中尚有几个点缀门面,乡村当中简直找不到他们的踪迹。这也难怪,照现在的情形看来,幼稚园倘不经根本的改革,不但是乡村里推不进去,就是都市里面也容不了多少。

依我看来,现在国内的幼稚园害了三种大病:一是外国病。试参观今日所谓之幼稚园,耳目所接,那样不是外国货?他们弹的是外国钢琴,唱的是外国歌,讲的是外国故事,玩的是外国玩具,甚至于吃的是外国点心。中国的幼稚园几乎成了外国货的贩卖场，先生做了外国货的贩子，可怜的儿童居然做了外国货的主顾。二是化钱病。国内幼稚园化钱太多，有时超过小学好几倍。这固然难怪，外国货那有便宜的。既然样样仰给于外国，自然费钱很多；费钱既多，自然不易推广。三是富贵病。幼稚园既是多化钱，就得多弄钱。学费于是不得不高，学费高，只有富贵子弟可以享受他的幸福。所以幼稚园只是富贵人家的专用品，平民是没有份的。

我们现在所要创办的乡村幼稚园，就要改革这三种弊病。我们下了决心，要把外国的幼稚园化成中国的幼稚园；把费钱的幼稚园化成省钱的幼稚园；把富贵的幼稚园化成平民的幼稚园。

一、建设中国的幼稚园　我们在这里要力谋幼儿教育之适合国情，不采取狭义的国家主义。我们要充分运用眼面前的音乐、诗歌、故事、玩具及自然界陶冶儿童，外国材料之具有普遍性、永久性的亦当选粹使用，但必以家园所出的为中心。

二、建设省钱的幼稚园　打破外国偶像是省钱的第一个办法。我们第二个办法就是训练本乡师资教导本乡儿童。一村之中必有一二天资聪敏，同情富厚之妇女。我们就希望他们经过相当训练之后，出来担任乡村幼稚园的教师。他们既可得一新职业之出路，又可使幼稚园之薪金不致超过寻常小学额数。岂不是一举两得？这些妇女中最可有贡献而应最先训练的，无过于乡村校长教员之夫人、姊妹及年长的女学生。他们受过训练之后，只要有人加以提倡，幼稚园就可一举而成。第三个办法就是运用本村小学手工科及本村工匠仿制玩具，如此办来，一个钱可以抵数钱之用。三个办法同时并进，可以实现省钱的幼稚园。

三、建设平民的幼稚园　幼稚园化钱既省，取费自廉，平民的儿童当能享受机会均等。教师取之乡间，与村儿生活气味相投，自易亲近。这两件事都可以叫幼稚园向平民方面行走。但一个制度是否真能平民化，要看他是否应济平民的需要。就我们所观察，乡村幼稚园确是农民普遍的永久的需求。试一看乡村生活，当农忙之时，主妇更是要忙得天昏地黑。他要多烧茶水，多弄饭菜，多洗衣服，有时还要他在田园里工作，那里还有空去管小孩子。那做哥哥，做姊妹(姊)的也是送饭，挑水，看牛，打草鞋，忙个不了，谁也没有工夫陪小弟弟、小妹妹玩。所以农忙之时，村中幼儿不是跟前跟后，就是没人照应，真好像是个大累，倘使乡村幼稚园办的得当，他们就可以送来照料。一方面父母又可以免去拖累，一方面儿童又能快快乐乐的玩耍，岂不是“得其所哉”！小学儿童，年龄较大，可以做事，农忙时颇能助父母一臂之力，要他上学，不啻减少农民谋生能力，所以有如登天之难。幼稚园则不然。它所招收的儿童，正是农民要解脱的负担，要他们进来，正是给农民一种便利。倘使办理得当，乡村幼稚园，可以先小学而普及。幼稚园既是应济平民的需要，自有彻底平民化之可能。我们只须扫除挡路的障碍，使他早日实现就是了。

建设一个中国的、省钱的、平民的乡村幼稚园不是一说就可以成功的。我们必须用科学方法去试验，必须用科学方法去建设。我们对于幼稚园之种种理论设施都要问他一个究竟，问他一个彻底。我们要幼稚园里样样活动都要站得住。我们要这种种活动都用科学的方法来建设一个省钱的、平民的、适合国情的乡村幼稚园。将来全国同志起而提倡，使个个乡村都有这样一个幼稚园，使个个幼儿都能享受幼稚园的幸福，那更是我们所朝夕祷祝的了。

华中师范学院教育科学研究所编：《陶行知全集》第一卷，湖南教育出版社1984年版。

注　释

1. 福禄伯：通译为福禄培尔。
2. 蒙梯梭利：通译为蒙台梭利。

幼稚园之新大陆

——工厂与农村

《幼稚园之新大陆》原载于1926年11月12日《新教育评论》第2卷第24期。在本文中，陶行知指出工厂与乡村是幼稚园的新大陆，号召进行幼稚园教育的下乡运动和进厂运动。

最需要幼稚园的地方是什么？最欢迎幼稚园的地方是什么？幼稚园应当到而没有到的是什么地方？幼稚园还有什么新大陆可以发现？

（一）女工区域是需要幼稚园的。妇女上工厂做工，小孩子留在家里，无人照应，最感痛苦。若带在身边，那么工厂里的特殊紧张之环境，便要阻碍儿童的发育。倘使工厂附近有相当之幼稚园，必能增进儿童之幸福而减少为母者精神上之痛苦。同时女工既不必心挂两头，手边又无拖累，则做工效率，自然也要增加好多。所以为儿童教育计，为女工精神计，为工业出产效率计，这种工厂附近必须开办幼稚园。这是幼稚园的第一个新大陆，我希望幼稚园同志快来探获。

（二）农村也是需要幼稚园的。农忙的时候，田家妇女们忙个不了，小孩子跟前跟后，真是麻烦。哥哥姊姊也要帮忙操作，无暇陪伴弟妹玩耍，所以农忙一到，乡村小孩子就要缺乏照料。倘使农村里有了幼稚园，就能给这些小孩子一种相当的教育，并能给农民一种最切要的帮助。幼稚园的同志们！诸君可曾想到这个新大陆？我深信如果诸君愿意下乡，采桑娘子[1]必定是诚心诚意的欢迎诸君的。

幼稚园的下乡运动和进厂运动必须开始，实无疑义。但现在的幼稚园必须经过一番根本变化方能到乡村和工厂里去。它第一要打破外国的面具，第二要把贵族的架子放开，第三要省钱，不当用的不必用。这里要整天整年的幼稚园。半天的幼稚园只能解决一半的困难。幼稚园放假也只能跟着女工农妇空闲的时候为转移。现在幼稚园还有一件事没有注意到，这事就是儿童的康健。儿童的康健比什么事还要紧。幼稚园教师倘没有受过严谨的卫生训练，则幼稚园恐怕要变成传染疾病的中心。我有一个朋友全家害过猩红热，又一个朋友的小孩儿都染着百日咳，还有好几家朋友的小孩子染着沙眼病和天花，都是因为幼稚园里不注意卫生所致。我希望大家把儿童康健当做幼稚园里面第一重要的事情。幼稚园教师应当做康健之神。工厂和农村是幼稚园可以发现的新大陆。它们只欢迎爱护康健的幼稚园，不欢迎传染疾病之幼稚园。

华中师范学院教育科学研究所编：《陶行知全集》第一卷，湖南教育出版社1984年版。

注　释

1. 采桑娘子：指农妇们。

如何使幼稚教育普及

《如何使幼稚教育普及》是陶行知1928年4月在上海亚东图书馆出版的《中国教育改造》中的一篇文章。在文中，陶行知从改变幼稚园的态度、办法及师资三个方面探讨了幼稚教育普及的三个步骤。

教人要从小教起。幼儿比如幼苗，必须培养得宜，方能发荣滋长，否则幼年受了损伤，即不夭折，也难成材。所以小学教育是建国之根本，幼稚教育尤为根本之根本。小学教育应当普及，幼稚教育也应当普及。如何使幼稚教育普及，是我们最关心的一个问题。依我看来，进行幼稚教育之普及要有三个步骤。

（一）改变我们的态度　一般人的态度总以小孩子的教育不关重要，早学一两年，或迟学一两年，没有多大关系。我们很漠视小孩子的需要、能力、兴味、情感。因此，便不知不觉的漠视了他们的教育，把他们付托给老妈子，付托给街上的伙伴。在这种心理之下，幼稚园是不会发达的。我们要想提倡幼稚园，必须根本化除这种漠视小孩子的态度。我们必须唤醒国人明白幼年的生活是最重要的生活，幼年的教育是最重要的教育。

关心幼儿的父母，明白幼稚教育之重要，并且愿意送子女进幼稚园。但是他们有一种牢不可破的成见也是要不得的。这成见就是不愿他们的子女与贫苦人家的子女为伍。他们以为自己的子女是好的，贫苦人家的子女是不好的。他们以为贫苦人家的子女进了幼稚园便要把他们的子女带坏了。因此，幼稚园便成了富贵人家和伪智识阶级的专利品。我们应当知道民国只有人中人，没有人上人，也就没有人下人。人中人是要从孩中孩造就出来的。教育者的使命是要运用好孩子化坏孩子，不应当把好孩子和坏孩子分开，更不应当以为富贵人家的孩子是好孩子，贫苦人家的孩子是坏孩子；尤其不可迁就富贵人家的意见排斥贫苦人家的儿女。富贵人家及伪智识阶级的父母倘不愿把亲生子女做新中国被打倒之候补者，就应当把自己的子女和不幸的人家的子女放在一个幼稚园里去受陶冶。办理幼稚园的先生倘若不愿把幼稚园当作富贵太太们打麻将时用之临时托儿所，便应当把整个的幼稚园献给全社会的儿童。可是这样一来，幼稚园教师便须明白他们的使命：不是随随便便的放任，乃是要运用好孩子化坏孩子，运用坏孩子的好处化好孩子的坏处。

承认幼年生活教育之重要，是普及幼稚园之出发点；承认幼稚园为全社会幼儿的教育场所，是普及正当幼稚园的出发点。我们必须得到这两种态度，幼稚园才有普及的希望。

（二）改变幼稚园的办法　幼稚园的办法是费钱的，不想法节省，必不容易普及。最需要幼稚园的地方是乡村与女工区。女工区的幼稚园，还可由工厂担负经费，纵使用费太多，尚易筹措。乡间是民穷财尽，费钱较少之小学尚且不易普及，何况费钱加倍的幼稚园呢？所以在乡间推行幼稚园好比是牵只骆驼穿针眼。我们必须向着省钱的方针去谋根本改造，幼稚园才有下乡的希望，才有普及的希望。

（三）改变训练教师的制度　普及教育的最大难关是教师的训练。我们要想普及幼稚教育至少需要教师一百五十万人。这是一个最难的问题，因为不但是经费浩大，并且训练不得其法，受了办理幼稚园的训练，不一定去办幼稚园，或者是去办出一个不合国情的幼稚园，那就糟了。幼稚师范是要办的，但幼稚师范必须根本改造，才能培养新幼稚园之师资。纵然如此，我们也不能专靠正式幼稚师范去培养全部的师资。我们现在探得一条新途径，很能使我们乐观。试验乡村师范学校[1]的幼稚师范院在燕子矶设了一所乡村幼稚园，叫做第二中心幼稚园。开办之初便收了三位徒弟，跟着幼稚教师徐先生[2]学办幼稚园，张宗麟先生任指导。前天他和我谈起，幼稚园的徒弟制似可推行到小学里去，并且可以解除乡村小学教员的一个大问题——生活寂寞。我说："这是的的确确的。徒弟制不但能解除生活寂寞，并且能促进普及教育之进行。"普及小学教育及幼稚教育非行徒弟制不可。倘以优良幼稚园为中心，每所每年训练两三位徒弟，那么，多办一所幼稚园，即是多加一所训练师资的地方，这是再好没有的办法。我看三百六十行，行行有徒弟，行行都普及。木匠到处都有，他是怎样办到这个地步的？徒弟制。裁缝匠、泥水匠、石匠、铁匠和三万万四千万种田匠，那一行不是这样普及的呢？老实说，教学做合一主义便是沥清过的徒弟制。徒弟制的流弊是：劳力而不劳心，师傅不肯完全传授，对于徒弟之虐待。假使我们能采徒弟制之精华而除去他的流弊，必定是很有成效的。若把这种办法应用到幼稚园里来，我是深信他能帮助幼稚教育普及的。我和陈鹤琴先生近来有一次很畅快的谈话。他主张拿鼓楼幼稚园来试一试。鼓楼幼稚园是最富研究性的，现在发了宏愿，要招收徒弟来做推广幼稚师资之试验，是再好没有的了。

以上所说的普及幼稚教育的三个步骤，不过是我个人所见到的，一定有许多遗漏的地方。关心幼儿幸福的同志，倘以别的好方法见教，那就感激不尽了。

华中师范学院教育科学研究所编：《陶行知全集》第二卷，湖南教育出版社 1985 年版。

注　释

1. 试验乡村师范学校：即陶行知以中华教育改进社的名义于 1927 年在南京郊区开办的晓庄乡村师范学校。
2. 徐先生：指晓庄师范学校幼稚教育指导员徐世璧。

敲碎儿童的地狱，创造儿童的乐园

《敲碎儿童的地狱，创造儿童的乐园》原载于 1944 年 12 月 16 日《时事新报》。陶行知针对当时中国儿童的惨状，号召"敲碎儿童的地狱，创造儿童的乐园"，并提出十条中肯的建议以供时人参考，以期共同创造儿童的乐园。

儿童是应该快乐的，而现在中国的儿童是非常痛苦。固然有许多人才是从痛苦中长大起来，但是成人的责任是应该把社会改造得好一点，使未成熟的儿童少吃点苦，多享点福。我们应该负起责任来，敲碎儿童的地狱，建立儿童的乐园。不够，我们应该引导儿童把地狱敲碎，让他们自己创造出乐园来。

要怎么样除苦造福

第一，我们应该承认儿童的人权。儿童的人权从怀胎的时候开始。打胎虽有法律禁止，但是社会上还是流行着。为着恐怕私生子为人轻视，便从源头上取消了他的生存权。也有因为贫穷而不能教养而出此残忍手段，使已得生命之胎儿不能见天日。我们只须读一读孔子、耶稣的故事，便知道剥削儿童生存权是何等的罪恶。每逢饥荒便听得见“易子而食”，这虽然说是被迫无法才出此下策，但也是把小孩的生命当作次一等所致。我们要解除儿童痛苦增进儿童福利，首先要尊重儿童的人权。

第二，我们应该了解儿童的能力需要。儿童有许多痛苦是由于父兄师长之不了解。不了解则有力无处用，有苦无处说。我们要知道儿童的能力需要，必须走进小孩的队伍里去体验而后才能为小孩除苦造福。我们必须重生为小孩，不失其赤子之心，才能为儿童谋福利。

第三，承认了儿童的人权并了解了儿童的能力需要，才有可能谈儿童福利，否则难免隔靴搔痒，劳而无功。我们在尊重儿童人权及了解儿童能力和需要两条原则下，来提出几件具体的建议。

提出十点具体建议

(一)解除儿童的恐怖　中国的儿童在心理上是处在一个恐怖的世界里。老婆婆、老妈子一到夜晚没有事便讲鬼说怪，小孩们连在梦里都要惊醒。我们应该使小孩与这些鬼怪故事隔绝，以保持精神之安宁。

(二)打破重男轻女之风尚　这重男轻女的风尚连在文化界还是难免。男的受过分栽培，女的受偏枯的待遇；表面虽然似乎是一乐一苦，但在长大的过程中两者都难免受伤。

(三)提倡儿童卫生　儿童卫生是民族健康之基础，这基础必须用水泥钢骨打得稳固。但是平常做父母的多不注意。儿童卫生有一百件具体的事要做，我只举一件，把食物嚼碎给小孩吃，是害了许多儿童，使家庭的肺病一代代的传下去。革除这一坏习惯，是使许多儿童得到终身的幸福，至于营养要充足，环境要卫生，那是不消说了。

(四)拯救文化饥荒　成千成万的孩子对于学校是不得其门而入，那些已经进学校的是在吃干腌菜的课文。我们一方面要求教育之普及，一方面还要改造学校教育，使教育与生活密切的联系起来，使每一个人都能享受文化的精华。并且要革除体罚，改良赶考，注意启发，使小孩接受教育的时候，有求学之乐趣，而无不必要之恐怖与烦恼。

（五）培养人才幼苗　人才的幼苗当从小培养，如果家庭里、学校里、铺子里的孩子，在小的时候，已被发现有特殊的才干，那么，立刻就应该给他以适当之肥料、水分、阳光，使他欣欣向荣。十二岁的爱迪生[1]因为醉心于科学把戏，三个月便被冬烘[2]先生开除了，那对于爱迪生的小心灵是多么大的打击。爱迪生的母亲却了解他，给他在地下室做实验，那对于爱迪生又是多么大的幸福啊。

（六）提倡儿童娱乐　现在流行的戏剧电影，有好些是给了儿童不好的影响。许多父母因为影响不好便因噎废食，绝对不许子女看书看电影。假使我们有好的儿童剧、儿童电影，可以寓教于娱乐，那儿童又是多么的高兴啊！

（七）开展托儿所运动　女工、农妇及职业妇女要顾到工作便顾不得小孩，顾到小孩便顾不到工作！其实她们是必得双方兼顾，不顾工作便没有饭吃，小孩是自己的亲血肉，那能不顾。于是他们为着两样都舍不下的工作和小孩，是一面牺牲了自己，又一面使小孩吃了许多苦。唯一的办法是多设工厂托儿所、农村托儿所和一般的托儿所。

（八）建立儿童工学团[3]　流浪儿、低能儿、聋盲儿、社会问题儿童等特殊儿童，一概用工学团方式培养，不冠以流浪儿教养院或低能儿训练所一类违反心理之名称。每种使小孩就其性之所近，依“工以养生，学以明生，团以保生”之原则，把他们培养成自助长进有用之人。

（九）培养合理之教师父母　儿童痛苦之完全消灭及儿童福利之完全实现，是有待于天下为公。在这过渡时代与儿童幸福痛苦息息相关的，是父母与教师（包括艺徒之师傅）。我们要培养新父母和新教师，以培养更有福的后一代。旧父母和旧教师，凭主观以责儿童之服从；新父母和新教师，客观的根据他们的需要、能力以宣导他们的欲望而启发他们的自觉的活动。新父母与新教师，要跟儿童学，教儿童启示自己如何把儿童教得更合理。这种对儿童有了解有办法的新父母、新教师不是从天上落下来，我们需要新的普通学校、新的师范学校和新的父母学校来培养后一代之新教师与新父母，这是过渡时代儿童福利之泉源。

（十）抢救战区儿童　抢救难童，在武汉失守前后达到了最高峰。许多英勇青年投身抢救工作及保育事业，当我回国之初，到处所见的，几乎尽是救苦救难的观音大士[4]。以后，随着团结之松懈，民主之退隐，战区难童就好像没有人管了。自湘桂战[5]起，全国儿童福利工作人员开代表大会于陪都[6]，提出紧急动议，组织急救战区儿童联合委员会，加紧抢救工作，这是值得庆幸的好消息。当千千万万难童伸出手来等待援助的时候，在陪都是举行着中国儿童福利协会之成立大会。我希望以后协会的任务是抢救抢教双管齐下，才对得起后一代之期望与整个民族之付托。我曾经听过两种被救的难童的经验谈:一种是官僚化的抢救,领队者刚愎自用,剥削难童,先难童之乐而乐,后难童之忧而优,弄成乌合之众,害得许多小孩死于饿,死于冻,死于病,死于非命!一种是民主式的抢救,领队者虚心听取民意,与难童共休戚,共甘苦,有组织,有计划,有纪律,分工合作,一路学习玩耍奋斗而来,使得大家有远征之乐,没有逃难之苦。为难童服务的人们,是应当革除官僚的习气而采取民主的精神。

两种心理有害儿童

我们对于儿童有两种极端的心理,都于儿童有害。一是忽视;二是期望太切。忽视则任其像茅草样自生自灭,期望太切不免揠苗助长,反而促其夭折。所以合理的教导是解除儿童痛苦增进儿童幸福之正确路线。我们必须沿这路线进行,才能使儿童脱离苦海进入乐园。

华中师范学院教育科学研究所编:《陶行知全集》第三卷,湖南教育出版社1985年版。

注 释

1. 爱迪生:(Thomas Alva Edison,1847~1931),美国发明家、企业家。
2. 冬烘:形容懵懂浅陋。
3. 工学团:陶行知依据生活教育理论创造的一种教育组织,其办学原则为“工以养生,学以明生,团以保生”。
4. 观音大士:即民间所说的观世音菩萨。
5. 湘桂战(争):1944年,日本侵略者为打通中国东北直到越南边境的大陆交通线,发起了豫湘桂战争。这场战争日寇先从豫东中牟渡过黄河后,继而占郑州、长沙、衡阳,沿湘桂线南下攻占桂林、柳州和南宁,给中国人民的生命和财产造成了巨大的摧残和毁坏。
6. 陪都:抗日战争时期国民政府迁都于重庆,名之为“陪都”。

创造的儿童教育(节录)

《创造的儿童教育》原载于1944年12月16日《大公报》(重庆)。陶行知在文中提出以“五大解放”,即解放小孩子的头脑、解放小孩子的双手、解放小孩子的嘴、解放小孩子的空间、解放小孩子的时间(后来还提出解放小孩子的眼睛,合为“六大解放”),来解放小孩子的创造力。

创造的儿童教育,不是说教育可以创造儿童。儿童的创造力是千千万万祖先,至少经过五十万年与环境适应斗争所获得而传下来之才能之精华。发挥或阻碍，加强或削弱，培养或摧残这创造力的是环境。教育是要在儿童自身的基础上，过滤并运用环境的影响，以培养加强发挥这创造力，使他长得更有力量，以贡献于民族与人类。教育不能创造什么，但他能启发解放儿童创造力以从事于创造之工作。

我们晓得特别是中国小孩，是在苦海中成长。我们应该把儿童苦海创造成一个儿童乐园。这个乐园不是由成人创造出来交给小孩子，也不是要小孩子自己单身匹马去创造。我们造一个乐园交给小孩子，也许不久就会变为苦海；单由小孩子自己去创造，也许就创造出一个苦海。所以应该成人加入小孩子的队伍里去，陪着小孩子一起创造。

一、把我们摆在儿童队伍里，成为孩子当中的一员　我们加入到儿童队伍里去成为一员，不是敷衍的，不是假冒的，而是要真诚的，在情感方面和小孩子站在一条战线上。我曾经写过一首小诗，描写过我们在小孩队中应有和不应有的态度。

儿童园内无老翁，
老翁个个变儿童，
变儿童，
莫学孙悟空！
他在狮驮洞，
也曾变过小钻风，
小钻风，
脸儿模样般般像，
拖着一条尾巴两股红。

我们要加入儿童队伍里，第一步要做到不失其赤子之心，做成小孩子队伍里的一分子。

二、认识小孩子有力量　我们加入儿童生活中，便发现小孩子有力量；不但有力量，而且有创造力。我们要钻进小孩子队伍里才能有这个新认识与新发现。

从前当晓庄学校停办的时候，晓庄的教师和师范生不能回晓庄小学任职，私塾先生又被小孩拒绝，农人不好勉强聘请，不得已，小孩自己组织起来，推举同学做校长当教员，自己教，自己学，自己办，并自称自动学校。这是中国破天荒的创造。我听见了这个消息以后，就写了一首诗去恭贺他们：

有个学校真奇怪：
大孩自动教小孩。
七十二行皆先生，
先生不在学如在。

写好之后，交给几位小学生，请他们指教，他们说尽善尽美，于是用快信寄去。

第三天，他们回一封信，向我道谢之外，说这首诗有一个字要改，大孩教小孩，难道小孩不能教小孩吗？大孩能够自动，难道小孩不能自动吗？而且大孩教小孩有什么奇怪呀？这一串炸弹把个“大”字炸得粉碎，我马上把他改为“小孩自动教小孩”，这样一来，是更好了。黄泥腿的农村小孩改留学生的诗，又是破天荒的证明，证明小孩有创造力。

又有一次我到南通州去推广“小先生”，写了一篇一分钟演讲词，内中有一段：“读了书，不教人，甚么人？不是人。”我讲过后有一个小孩子马上来说，陶先生，你的演讲最好把“不是人”改为“木头人”，“木头人”比“不是人”更好了。因为“不是人”三个字不具体，桌子不是人，椅子也不是人，而“木头人”是给了我们一个具体的印象。这也证明小孩子有创造力。我们要真正承认小孩子有创造力，才可以不被成见所蒙蔽。小孩子多少都有其创造的能力。

三、解放儿童的创造力 我们发现了儿童有创造力，认识了儿童有创造力，就须进一步把儿童的创造力解放出来。

(一)解放小孩子的头脑 儿童的创造力被固有的迷信、成见、曲解、幻想层层裹头布包缠了起来。我们要发展儿童的创造力，先要把儿童的头脑从迷信、成见、曲解、幻想中解放出来。迷信要不得，成见要不得，曲解要不得，幻想更要不得，幻想是反对现实的。这种种要不得的包头布，要把他一块一块撕下来，如同中国女子勇敢地撕下了裹脚布一样。

自从有了裹脚布，从前中国妇女是被人今天裹、明天裹、今年裹、明年裹，骨髓裹断，肉裹烂，裹成一双三寸金莲。

自从有了裹头布，中国的儿童，青年成人，也是被人今天裹、明天裹、今年裹、明年裹，似乎非把个个人都裹成一个三寸金头不可。如果中华民族不想以三寸金头出现于国际舞台，唱三花脸，就要把裹头布一齐解开，使中华民族的创造力可以突围而出。三民主义开宗明义就说：大凡人类对于一件事，研究其中的道理，首先发生思想，思想贯通，以后才生信仰，有了信仰，才生力量。思想贯通，便等于头脑解放。唯独从头脑里解放出来的创造力，才能打退日本鬼，建立新中国。

(二)解放小孩子的双手 人类自从腰骨竖起，前脚变成一双可以自由活动的手，进步便一天千里，超越一切动物。自从这个划时代的解放以后，人类乃能创造工具武器文字，并用以从事于更高之创造。假使人类把双手束缚起来，就不能执行头脑的命令。我们要在头脑指挥之下用手使用机器制造，使用武器打仗，使用仪器从事发明。中国对于小孩子一直是不许动手,动手要打手心,往往因此摧残了儿童的创造力。一个朋友的太太,因为小孩子把她的一个新买来的金表拆坏了,在大怒之下,把小孩子结结实实打了一顿。后来她到我家里来说:"今天我做了一件极痛快的事,我的小孩子把金表拆坏了,我给了他一顿打。"我对她说恐怕中国的爱迪生被你枪毙掉了。我和她仔细一谈,她方恍然大悟,她的小孩子这种行动原是有出息的可能,就向我们请教补救的办法。我说:"你可以把孩子和金表一块送到钟表铺,请钟表师傅修理,他要多少钱,你就给多少钱,但附带的条件是要你的小孩子在旁边看他如何修理。这样修表铺成了课堂,修表匠成了先生,令郎成了速成学生,修理费成了学费,你的孩子好奇心就可得到满足,或者他还可以学会修理咧。"小孩子的双手是要这样解放出来。中国在这方面最为落后,直到现在才开始讨论解放双手。在爱迪生时代,美国学校的先生也是非常的顽固,因为爱迪生喜欢玩化学药品,不到三个月就把他开除!幸而他有一位贤明的母亲,了解他,把家里的地下室让给他做实验。爱迪生得到了母亲的了解,才一步步的把自己造成发明之王。那时美国小学的先生不免也阻碍学生的创造力的发展。我们希望保育员或先生跟爱迪生的母亲学,让小孩子有动手的机会。

(三)解放小孩子的嘴 小孩子有问题要准许他们问。从问题的解答里,可以增进他们的知识。孔子入太庙,每事问。我从前写过一首诗,是发挥这个道理:"发明千千万,起点是一问。禽兽不如人,过在不会问。智者问得巧,愚者问得笨。人力胜天工,只在每事问。"但中国一般习惯是不许多说话,小孩子得到言论自由,特别是问的自由,才能充分发挥他的创造力。

(四)解放小孩子的空间 从前的学校完全是一只鸟笼,改良的学校是放大的鸟笼。要把小孩子从鸟笼中解放出来,放大的鸟笼比鸟笼大些,有一棵树,有假山,有猴子陪着玩,但仍然是个放大的模范鸟笼,不是鸟的家乡,不是鸟的世界。鸟的世界是森林,是海阔天空。现在鸟笼式的学校,培养小孩用的是干腌菜的教科书。我们小孩子的精神营养非常贫乏,这还不如填鸭,填鸭用的还是滋养料让鸭儿长得肥胖的。我们要解放小孩子的空间,让他们去接触大自然的花草、树木、青山、绿水、日月、星辰以及大社会中之士、农、工、商、三教九流,自由的对宇宙发问,与万物为友,并且向中外古今三百六十行学习。创造需要广博的基础。解放了空间,才能搜集丰富的资料,扩大认识的眼界,以发挥其内在之创造力。

(五)解放儿童的时间 现在一般学校把儿童的时间排得太紧。一个茶杯要有空位方可盛水。现在中学校有月考、学期考、毕业考、会考、升学考,一连考几个学校。有的只好在鬼门关去看榜。连小学的儿童都要受着双重夹攻。日间由先生督课，晚上由家长督课，为的都是准备赶考，拚命赶考，还有多少时间去接受大自然和大社会的宝贵知识呢？赶考和赶路一样。赶路的人把路旁风景赶掉了，把一路应该做的有意义的事赶掉了。除非请医生，救人，路是不宜赶的。考试没有这样的重要，更不宜赶。赶考首先赶走了脸上的血色，赶走了健康，赶走了对父母之关怀，赶走了对民族人类的责任，甚至于连抗战之本身责任都赶走了。最要不得的，还是赶考把时间赶跑了。我个人反对过分的考试制度的存在。一般学校把儿童全部时间占据，使儿童失去学习人生的机会，养成无意创造的倾向，到成人时，即有时间，也不知道怎样下手去发挥他的创造力了。创造的儿童教育，首先要为儿童争取时间之解放。

四、培养创造力 把小孩子的头脑、双手、嘴、空间、时间都解放出来，我们就要对小孩子的创造力予以适当之培养。

（一）需要充分的营养 小孩的体力与心理都需要适当的营养。有了适当的营养，才能发生高度的创造力，否则创造力就会被削弱，甚而至于夭折。

（二）需要建立下层的良好习惯，以解放上层的性能，俾能从事于高级的思虑追求 否则必定要困于日用破碎，而不能够向上飞跃。

（三）需要因材施教 松树和牡丹花所需要的肥料不同，你用松树的肥料培养牡丹，牡丹会瘦死，反之，你用牡丹的肥料培养松树，松树受不了，会被烧死。培养儿童的创造力要同园丁一样，首先要认识他们，发现他们的特点，而予以适宜之肥料、水分、太阳光，并须除害虫，这样，他们才能欣欣向荣，否则不能免于枯萎。……

华中师范学院教育科学研究所编：《陶行知全集》第三卷，湖南教育出版社1985年版。

调查江浙幼稚教育后的感想（节录）

《调查江浙幼稚教育后的感想》及后文《解放儿童》、《二十五年来的体会》乃张宗麟的幼教论作。

张宗麟（1899～1976），乳名德保。祖籍浙江绍兴，生于江苏宿迁。中国近代著名的幼儿教育专家，我国幼儿教育史上第一位男性幼儿教师。1915年小学毕业后，先后在浙江五师（绍兴）、四师（宁波）就读，1920年考入南京高师教育系，师从陶行知、陈鹤琴学习教育。1925年毕业后留校任教，并协助陈鹤琴办理鼓楼幼稚园，开展幼教实验。1927年又协助陶行知办理燕子矶幼稚园，兼任晓庄师范指导员。后历任集美幼师、桂林师专、重庆教院、湖北教院、山东邹平简易师

范教职。1936年任光华大学教授。1942年前往新四军淮南根据地,后历任江淮大学秘书长、延安大学教育系副主任、北方大学文教学院院长、华北大学教育研究室主任等职。中华人民共和国成立后,历任教育部高等教育司副司长、高等教育部计划财务司副司长、司长等职。在长期的幼儿教育实践过程中,形成了自己的幼教理论,其中尤以对幼儿园课程的研究最为深入。他不仅对幼儿园课程本质进行了探讨,同时还致力于幼儿园课程内容、编制方法等方面的探索与实验。张宗麟也是中国乡村幼儿教育理论的开创者之一。一生写下了大量的关于幼儿教育方面的著作,主要有《幼稚园的社会》、《幼稚教育》、《幼稚园的演变史》等,后人将其著述编辑为《张宗麟幼儿教育论集》、《张宗麟乡村教育论集》。

《调查江浙幼稚教育后的感想》写于1926年6月,当时张宗麟刚刚走上研究中国幼稚教育的道路,遂决定从调查研究幼稚园入手。他选定的是当时较发达的江浙两省,该文即调查后的记录与感想。在文中,张宗麟指出了中国幼稚教育的直接问题和间接问题,尤其是直接问题,从办幼稚园的方针、幼稚园的课程、幼稚园的校舍及设备、幼稚园的教师等四个方面揭示了当时幼稚教育的直接问题,并分别提出相关的解决办法以供参考。

此次调查计划,本为沿沪宁、沪杭甬两线,逐县详细调查。后以时日等关系,只得择地摘要而行。总计五处——南京、苏州、杭州、绍兴、宁波;共幼稚园十六所……余于各处虽各有详细记录,然一本内容少有变化之流水账,若向大众报告,非但读者将感嚼蜡之味,即于幼稚教育之改进,亦难有裨益。左右思维,不如将此次个人之感想,及所得之事实两相参照,并附以幼稚教育之新趋势,看此数处幼稚教育之优点何在?宜如何改良?宜如何添设新事业?虽所言只属苏杭数处,然而江浙两省,或者尽属如是。推而至于全国,同有斯病者,亦可以取鉴也。

(一)办幼稚园之方针

吾国新式教育——学校教育——皆仿自外国,此尽人所公认者也。幼稚教育之来华,尤为近十数年间事,故一切设备教法抄袭西洋成法,亦势所难免。于是所有幼稚教师,非宗法福禄培尔(Froebel)必传述蒙得梭利(Montessori)。两派虽时有入主出奴之争,然而其不切中华民族性,不合中国国情,而不能使中国儿童适应则一也。昔年在陈鹤琴教授儿童心理班上,曾闻此等言论,犹疑陈师言之过甚。自此次参观后,始信吾国有民族精神之幼稚教育,方在萌芽,而有效处且完全为外国化,倘易其语言,则难别其为中国儿童教育也。今举数例如下:

一、玩具与恩物　儿童在六岁以下者,其日间最主要之生活活动为游戏,此儿童学家公认之定律也。故幼稚园中最重要之工作为教导儿童如何游戏;然而其时儿童于团体游戏，尚不发生若何兴趣，惟个人的游戏最为发达。夫个人游戏非徒手可以行(虽有数种如翻筋斗、独脚跑等，然亦含有比赛性)，必须有相当玩具。故福禄培尔之研究幼稚教育，首重恩物(gifts)。恩物者，即玩具之一类也。若以儿童公理为立足点以言之，则玩具之范围甚广，虽图画手工之用具皆玩具也。吾国对于儿童玩具，自来无人研究，一切旧式的玩具，皆乞儿丐人制造之售于街头，其价值之廉，百倍于西洋玩具。然而一经研究，其不合儿童心理，缺乏教育上价值者，几件件皆可指摘。近来国内虽有改良玩具之工具，然而目前数届儿童玩具展览会观之，其成绩仍不甚优良。吾国玩具既如是不良，于是稍知儿童心理者，必多方采取外国玩具，或行仿造，或直接购自外国。故此次所见幼稚园，凡经费充足，设备丰富者，一入其门，耳之所闻，目之所见多为外国玩具。脚踏车、电车、口琴、橡皮计数圈、棒球小孩(为练习向目标掷物之用)、摇铃(中为薄皮鼓，边缘缀响铃，擎手而玩)、乒乓、地铃、洋囡囡、各种积木、皮球……等，无一非外国的玩具。其中外国气最甚者虽一纸一笔亦非外国式样、外国材料者不用。问以何不用中国式样，用儿童时时见到之花样者，岂不更好？则必答曰："外国货好。中国的不能用。"噫！是何言欤！

夫吾国儿童玩具之少，本不足讳言。然而成人用具倘能稍稍改其形式，无一不足以成为儿童玩具。如僧道所用之铙钹乐器，街上所见之黄包车，小车，农人之耒锄，工人之简单的工具，以及木剑，竹刀……等，倘能缩小而改造之，无一非儿童玩具之最优良者。或曰："儿童好新奇，用外国玩具则更有兴趣。"此言亦似是而实非。儿童好新奇，固也；独不闻儿童好模仿乎？为教育上便利计，为养成未来本国国民计，不如多利用模仿本国成人之动作。彼西人之玩具亦多由成人之用具改造而成者也。强令中国甫能行走之儿童，而仿行外国成人之动作，岂非偵[1]欤？

二、音乐　幼稚生之活动，次于游戏者为音乐。此次所见者皆为外国音乐。叮咚钢琴之声，抉舌[2]英文之歌，凡遇上课，随在闻之。有数处儿童在室内之一举一动，皆以琴声为转移。养成儿童听官有审美之能力，行动有节奏者，彼音乐之效可谓大矣。然而所唱之歌，多为外国译歌，或为吾国古诗，或为《圣经》上赞美诗，或为英文歌。学语儿童，教以华语，即说华语；教以西洋诗歌，即唱西洋诗歌，在教授上两无困难，然而关系于儿童终身者，大有差以毫厘，谬以千里之概也。余曾问某处教师"学生能唱国歌乎？"答曰："国歌之歌辞与曲谱，儿童皆难以学唱，故未教授。"此言若为经验之谈，吾无问言。虽然，余以为能唱英文诗歌，或毫不顺口之赞美诗之儿童，一曲《卿云》[3]短调，倘能用心教授，决非难事(余于音乐一科虽无研究，然以个人学唱歌之经验而论，外国辞句之歌曲，及赞美诗，实较

《卿云》歌为难，敢问读者之经验亦如是乎）。友人凌音目睹南京人士，闻奏国歌而不起立，闻奏日本胜中国之凯旋歌而拍手，不胜慨叹。夫南京人士，或者未曾受音乐训练，故一概拍手以贺。然而以教育自任之幼稚园，在如此重要之音乐课程中，如此缺乏国家精神，专务外国化者，其危险岂可胜道哉？今节录凌君所拟“今后中国音乐教育的目标”之纲目于下，愿全国幼稚教师听诸：(原文载《中华教育界》十五卷一期)

(1)能代表中华民族性的。

(2)发扬民族的美德。

(3)适合民族的程度。

三、放假日　学校之于假期，为教学极大的机会。在小学校中每逢节气，即以之为课程之中心，演为设计，此中用意，欲儿童明了此节日之意义者，占一极重要位置。故欧美学校之于耶稣圣诞节[4]，日本之于天长节[5]，莫不尽力筹备，送赠礼物，烹调食物，邀请来宾，甚或开庆祝大会，作种种表演。而事前之预备，手工之制作，音乐之歌词，以及图画、文学、语言等科，无一不倾全力于此假日。此种举动，全国皆然，若有不如此行者，群引以为奇耻，而不以同侪[6]齿之。此等精神何等可钦可佩。余此次参观，适遇二盛节——中秋与国庆——若以东西洋之习俗推测之，则各处之盛会，与节礼课程，必将满纸记录矣。及今复视之，惟有某处于国庆日放假，不能参观，某处于中秋日假不得参观，某处因社会风俗关系，秋节假非正秋，乃中秋后一天。故各幼稚园又给假，又不能参观其教法，只得与其教师谈话；某处于国庆前一日做小国旗……等。搜遍全本记录，不得预备节日之记载。此或为机会不巧，余赴甲处，适甲处于节日不重视，而乙处适有种种举动，不得见也。果尔，则不重视者，只有数处，而重视者正多，是吾国幼稚教育之幸也。吾恐重视者少而不重视之者多也。

“……与之谈课程，偶及点心问题……旁坐幼稚园主任插言曰：‘去年圣诞节，我们做了很好的汤圆子，煮熟了吃，小朋友吃他自己做的东西，格外来得快活……’余乃询以圣诞节有何种举动，主任答有庆祝的表演，有提灯会，有礼物……余更询以此次国庆拟若何举动，主任答小朋友年纪太小了，也做不来什么。大概庆祝会是要请他们参加的。余乃默然。”

此为余参观记录中之一段。读者读此幼稚园主任之谈话，可以想见该园之办法，外国化欤？抑中国化欤？吾国国魂所系之国庆纪念日，可以因小朋友之无能力而毫无举动；而吾国漠不相关之耶稣诞日，乃使无能力之小朋友，作种种举动。如此教育，是替基督教养成基督教徒，非为中国教育国民；如此教育，贻害吾国者大，急宜设法干涉者也。

(此处本拟举其名以示世,然而滔滔者天下皆是也。凡教会设立之教育机关几乎无一不如此。岂可令彼区区之幼稚园独任其咎哉?)

四、其他关于设备、布置、教法等,外国气亦均甚重　例如墙上所贴之图画,贴中国图画与儿童者甚少甚少,多半皆张挂外国之儿童画,或商务(印)书馆之坐立姿势。前者不能使儿童了解,后者则难以应用于幼稚园,均不甚适当。吾国儿童画之缺乏,较玩具尤甚。市上所售百子图等,毫无儿童气。面具既非儿童,动作之神情亦非儿童。书坊出版之儿童画报等,其中佳者固不少,如动物故事等;而只知抄袭不知变化者亦甚多,如儿童面具,倘细细观察之,多非中国儿童之貌相,颇似日本儿童相。总之,吾国美术界上无儿童的地位,各幼稚园又不得不借助于外国,此等责任,似乎美术家应任其咎。

此外如早上相见,竟可说:"某某早"。而有数处必曰:"Good Morning。"其他如:"请,谢谢,对不起,原谅……"等,亦有用"Please,Thank you,Excuse me……"者。最可笑者,某处有一部分儿童,教师以中国命令其做事,儿童不从,若以英语,则儿童闻命即行,此某处教师亲为我言之。又行至某处,适为国庆纪念后二日,黑板上挂有小国旗,其旁即写有"上帝爱护我们……"一条。谈话时,教师虽先说国旗,然三言两语略过去,惟上帝一语则反复解释,使儿童大家说,又继之以唱赞美诗。如此教法,尽忠于基督教,可为至矣尽矣,无以加矣,其如中国何!

吾国幼稚教育是否尽如江浙,吾不得妄加推测。然而江浙幼稚教育偏重外国,偏重基督教,忽视祖国之习气甚深,此余欲大胆言之也。然则何以有此结果耶?盖尝考之,此风之养成,与幼稚师范有密切关系。今之幼稚教师,多半为昔日幼稚师范之学生。其次则普通师范生或中等学校学生也。其中师范生等因在校时对于幼稚教育,均不甚注重。一旦出校服务于幼稚园,种种技术,几乎件件皆新学。取近而效法人情也。所效者必为幼稚师范附设,或幼稚师范生所办之幼稚园。故幼稚师范于幼稚园之影响甚大。吾国幼稚师范何校最早成立,尚无调查报告可查。然而以江浙两省而以各女子师范之设幼稚师范科,实效法各教会学校之成法。如浙之弘道,苏之景海是也。教会附设之幼稚师范,其主要教师,必为西人。于是为教学上便利计,又因其从前所受教育之故,一切教材教法,莫不取资于西洋。幼稚师范生所学如是,则出校服务亦必如是。于是江浙之幼稚教育皆外国化矣。苟有不如是者,将受其讥矣。此后吾人不欲改良幼稚教育则已,如欲改良者非从改良幼稚师范教育不可。近闻中华教育改进社[6]将与东南大学教育科合办幼稚师范专修科,以提创中国化的幼稚教育为目标,此事于吾国幼稚教育界裨益必不浅,甚愿当局诸公,从速举行,以救此嗷嗷待哺之幼稚教育饥荒儿童也。

(二)课程

幼稚园无课程表,各处教师皆深知之,不强迫弱小儿童行呆板生活,是为此次参观成绩中之最优点。各处教师且完全明了课程表虽无有,而教师间自己的课程表确实天天预拟,遇有儿童无特别问题发生时,即依照预拟者而行。如有特别事情,则即更改程序,决不使此机会错过。此等言论,十六所教师皆如是言之。可惜余以时日关系,只能一度参观,不能证明教师所言者,为谈学理,抑为事实之报告也。

所经过之五城,南京、苏州之幼稚园大都为上午的。宁波、绍兴、杭州上下午皆有。此因社会家庭习惯关系,倘无下午班,则学生将减至极少极少。杭州一女师至二时即散学,绍兴、宁波非至三时以后不能散学,苏州除景海以外,皆不设下午班。余因上午参观景海,预计下午可以参观二女师及其他诸校。孰知午餐后,以电话询之,各处皆无课。景海幼稚园之下午班与上午班为两批学生。上午班乃贫民子弟,免费入学,下午为收费生。上午之学生至下午虽来园中玩耍,不能进课室。其教法亦有分别。上午学生无识字课,学生来园最初一件功课为洗手脸。教师于指导时较下午班为严厉。据云:非如此严厉学生即不听命。然则儿童初入园时之习惯,即如是乎?抑教师以为贫民子弟有恶习惯必须严厉,必须叱咤,然后渐渐养成非严厉不足以施教欤?此中大有研究之价值。南京鼓楼幼稚园之下午班,与上午班性质亦不同。下午班专为年岁稍长者而设,其课程中虽亦有图画游戏等,然而以识字读法为中心目标,教师遇有相当机会,必教儿童识字、写字。故该班学生中有能认单字数百,能读儿童文学读本,商务、中华出版之国语读本第一册及儿童画报之简单说明者。杭州、绍兴、宁波诸处之下午班与上午班完全相同。幼稚园之所以只设半天课程者,盖不欲使六岁以下儿童终日离慈母之膝下而专过学校生活也。此意究竟正当与否,至今各家讨论尚无结果。然而以儿童身体而论,则中膳后,至少须休息半小时以上。各处设下午班者,倘能注意到此点,则下午班之设,至少于身体上无害。至于下午之课程,似乎须与上午有别。如南京鼓楼之以识字为中心目标亦是一法。然而不必雷同。盖四岁以下之儿童若强之以识字,于身体上既有害,于识字上亦未见有若何效力。

读法识字,在幼稚园中,究竟是否有教授之必需?以社会之要求而论,则必须有此科;以余个人之经验所得,在四岁以上儿童,尽可教识字识数。然则此二课究宜如何教授,若执教科书,或一本看图识字或幼稚识字而教之,则难有效果。著者曾搜罗种种幼稚园读法教授法,当写成专篇与园中同志讨论之……

（三）校舍及设备（略）

（四）教师

本节之一部分，已于第一节中略述之——幼稚师范。今所欲言者，为更小之问题，或可曰讨论未来幼稚师范之办法。

一、性别的问题　此次所见除南京鼓楼有男教师外，其他数十位幼稚教师，尽为女子。幼稚园之创始人福禄培尔男子也。而蒙得梭利为女史。言乎成绩，皆足称道。故历史上的称雄不必重提，乃言其事实。初寓慈母怀抱之幼儿，心灵之嫩，正如娇艳之蔷薇，处处须极小心以爱护之，此幼稚教师性情须温柔和爱之大原因，亦即女子占优胜之主要理由。次之，则寻常男子，虽心爱儿童，而不惯帮助儿童作事（此非天性，乃后天之习惯与社会之影响），而幼稚生之待助于成人，较小学生为多。故小学教师男子尚可胜任，幼稚园即难以插足。其三则为女子与幼稚儿童较为相似。例如声音之相尚似，又能似其母亲，跳舞、游戏时活泼轻快之相似……等。此外尚有教育界之习惯，以为男子研究幼稚教育，将为同侪所不齿，同时女教育家亦必讥笑。习尚如此，于是幼稚教育界中之男子绝无而仅有矣。

以上数点，除第三点中有几部分——如唱歌等——有充分的理由外，其他皆得以人力改变之。例如性情之温柔与否，男子之性情未必人人粗暴，而女子亦未必人人温柔和善。余曾见某女教师对于幼稚生，大分青白眼。对待富室子弟，和颜悦色，循循善诱；对待贫苦学生，则怒目厉声，举动粗鲁。可见性情温柔，尚有对人的问题之研究。况此中性情粗暴之人，倘对于甘心而为之事，亦必细心，若对喜与周旋之人，亦必温柔，读者如能恕吾之俗理者，可以男女恋爱作例。世间无论如何鲁莽之男子，对待爱人，必体贴入微，驯于槛中之虎。况男子本有生而温柔者乎？谁曰不得研究幼稚教育者耶？至于男子无帮助幼儿之能力与忧惧社会舆论，则不成问题。前者可以学而成。初胎养子之母亲，岂曾学养子乎？男子抚养襁褓儿童之事，世亦常见，即如陈鹤琴教授之抚养其长公子一鸣即其一例。襁褓亦可抚养，岂有不能帮助能跑能说的儿童之理乎？社会舆论问题，竟可置之不理。倘有无知之徒，有意奚落者，即可以福禄培尔自命，轻视彼蚩蚩者流可也。

以上言男子有研究幼稚教育之可能性，今更述幼稚园中非有男教师不可之理由。温柔固为教师人格条件之一，而刚毅勇敢亦为人师者所不可缺。若儿童长养于温柔女子之手者，则异日成人亦将偏于柔而缺乏刚毅勇敢。故为调剂儿童模范起见，幼稚园中亦须有男教师，其理由一则。女子因体力之薄弱，及其他种种关系，在能力上未免较逊于男子，如旅行时之照顾，教导上较用力之事项，更有自然教导之一部分，如扑捉昆虫鱼蟹，攀山涉水采植物标本诸事，在今日之幼稚园女教师，能力尚嫌不足，而大多数之男师范生能之。倘幼稚园中有男教师者，则女教师不能为之事，可以代劳，教导上即不感困难矣，其理由二也。今之幼稚教师，往往为暂时职业，研究心较为缺乏，此中原因甚为复杂，或因能力之不足，或因中途之辍教，故吾国十数年来毫无国化之幼稚教育，依然惟他人之旧法是赖者，此必为极重要之理由也。男子之研究幼稚教育者，今日尚未萌芽（若以江浙二省而推及全国，则男子任教幼稚园者真如凤毛麟角）。究竟是否能胜于女子，尚未敢预言，然而以小学教育之成绩而言，似乎男子而能加入幼稚教育，将来最小限度之成绩，必胜于今日，或者竟能与小学教育并驾齐驱亦未可知。所以幼稚园中应聘男教师，而有志于教育之男子，不当鄙弃幼稚教育。此其理由三也。

虽然，幼稚教育之于女子职业问题，尤有莫大关系。盖从事他种职业之女子，出嫁育儿以后，其影响于职业甚大，即使从事小学教师，亦将感困难。故美国小学校之女教师，鲜有妇人，此中盖有不得已之苦衷也。惟有从事幼稚教育者，竟可毫无困难。幼稚园之设立，轻而易举，在家中择定较广敞之房屋一间，略事布置，即可成为谈话室，招邻居幼儿数人，加以自己之子侄叔弟，即可施教。此等事无论为新妇，或已为母亲者，随在可行，于家庭上无多大困难。余之所以重言此节者，深为今之女幼稚教师始终维持其素志，随地实行其所学也。

二、每个教师同时能指导几多学生　幼稚生之上课，与各种学校不同。个性之宜注意，较任何学校为尤甚。余见寻常幼稚园，团坐三四十儿童于一处，教师口讲故事，或谈话，虽有问句，然问答之学生，似乎为固定的某某数人；其他诸人，或互相谈笑，以扰乱大众，或自己木坐，或手足乱动，发出种种扰乱之声。教师虽常常用暗示或命令禁止，其效力亦甚微。此类现象，几乎无一处无之。又如上文所说，儿童图画、手工等成绩，各校大都不记年月，除记名外，不写任何字，以至失去极佳之识字机会，此实为教导上一大缺点。惟平心而考其原因，实亦难怪。以一二人有限之时间与精神，欲作此数十人数次之记录，亦势所难能。更有儿童清洁问题，个人之研究，游戏之管理（团体游戏一二教师可以同时管数十人，而个人游戏则不易），家属之访问（教师访问家属为学校与家庭合作之重要工作，故新式之幼稚园教师每星期至少须至各家访一次，报告其子女在校状况及询问在家庭状况，共谋教导改善之方），家属之招待，校景之布置……等，皆与幼稚生之幸福直接的或间接的有关，若须件件皆顾得周到，则一二女子何能办到。究竟每位教师能担任几多幼稚生，此事尚无试验报告，然而以此次参观之直觉感触，一二教师教导三四十幼稚生，未免太多。

（五）余论

以上皆为幼稚教育的直接问题，今将略言幼稚教育的间接问题，亦可曰幼稚教育中的分枝问题：

一、育婴堂　育婴堂为吾国慈善事业之一，其用意至善，此种运动，美国方在萌发，全国不满十处，而吾国则各县皆有。若以数目示外人，吾国人之注意贫民儿童，颇足以睥傲世界，然而一察其内容，则其办法之恶劣，办事人之中饱私囊者，是犹捉刀杀无辜之婴孩，惨无人道，莫此为甚。余以为余所见者不过二所，或不足以作准，偶与陈鹤琴教授谈及此事，孰知全国皆然。呜乎！襁褓无知，施此极刑（人之死以饿死为最难受，然而饿死犹有日期，过此即死，为期尚短，倘于将死之时，饲以少许极粗劣之食物，则又可苟延残喘，可以缓死，然而死者之难受，实痛苦于任何死法），桀纣之暴，犹赦孩提。今乃假慈善之名，行暗杀之实。

其残酷为何如耶？其中黑幕，颇难调查，甚至欲见婴孩一面，亦非有极熟悉之人作介绍不可。即见也，亦只得见其最少一部分，其大多数婴孩，必曰寄养民家，东西散居，不能毕见。所见到之婴孩，面皮黄瘦无人色，甚有已满周岁，尚不能作一面笑容者。索其章程或云无有，即使有之亦不过官样文章，上欺官厅而已（社会上从来无人预闻婴儿问题，所以竟可不必欺骗）。调查之难，决非普通人住一二日所能为功，故此次之参观，只知其不良，只知其惨无人道，实不知其如何杀婴儿也，心中殊为不快。然私志甚愿救此无数婴孩，必当有机会以调查其详情，公告天下也。

尝问婴儿之来源，据云大多数为私生子。在中国社会情形及法律之下，私生子无保障。彼办婴儿院者，谅必洞悉此情者也。虽然，私生子之智力，多胜越寻常儿童，倘能抚养成人，养成天才，效力于国家人类者，又何可限量。今中途夭亡，即不夭折，因调护之乖方，养料之不足，疾病之时侵，而智力与体力皆不健全，虽生为天才，亦将因生理之变化成为白痴，成为低能儿也。其可惜也孰甚！倘能改良婴儿院，不啻为国储才，愿我教育同志，共起而图之。

二、妇女班　妇女班为失学年长女子补习而设。余于绍兴见得二班——成章及晤道。其中所用课本，亦为补习性质，非全为小学用书。其课程亦与寻常学校不同，而最有意味者则为教室中闻婴儿声也。盖妇人之有襁褓子女者常随身怀抱至课室听讲。为学生者，配看书，记字义，耳听教师之讲。手中膝上坐有亲爱之子女，虽忙碌异常，亦别有乐趣。余因此想到妇女班倘能与幼稚园联络，则幼稚园之推行与教导上，必更为便利。成章、晤道且尚未见有若何成效，苟能更加改良，维持至久（二校皆初级幼稚园），其成绩必优于一般单设幼稚园者也。

篇末吾更有一言向社会告者：幼稚园乃谋儿童身体上、智力上及道德习惯上之幸福之所，非若普通初级小学，其最大目的乃增加儿童知识，更非寻常私塾以增加识字之数目为目标。若家属抱有此态度，幼稚教师当示以其他成绩，使家属信服幼稚园除识字以外，尚有其他重要工作。若教师以为社会之意违，则不妨委曲求全。同时切不可忘去幼稚教育之真正目的。

张沪编：《张宗麟幼儿教育论集》，湖南教育出版社 1985 年版。

注　释

1. 傎(diān)：颠倒错乱之意。
2. 诀舌：当为鴂(jué)舌。比喻语言难懂，如鴂鸟的叫声一样。
3. 卿云：就是庆云，古谓祥瑞之气，此处指《卿云歌》，古歌名。相传舜将禅位于禹，和臣僚在一起所歌。其辞曰："卿云烂兮，糺漫漫兮，日月光华，旦复旦兮！"民国时期，曾以此歌辞谱曲，作为国歌。
4. 圣诞节：基督教纪念传说中的耶稣诞生的节日。本来《圣经》中未提及耶稣的出生日期，但多数教会规定以 12 月 25 日(公历)为圣诞节。
5. 天长节：此处指日本人所庆祝的日本天皇的生日。
6. 同侪(chái)：即同辈、同类。侪，辈，类。
7. 中华教育改进社：民国时期教育团体之一。1921 年由实际教育调查社、新教育共进社、新教育编辑社合并组成，总社在北京。蔡元培、范源濂、郭秉文等为其董事，美国人孟禄、杜威亦为其名誉董事。至 1925 年时共计开会四次。北伐战争开始后活动渐少，至 1930 年时已处于解散之势。

解放儿童

《解放儿童》系张宗麟于 1930 年 2 月(民国十九年元旦)写于晓庄吉祥学园，正值他在晓庄乡村师范学校协助陶行知进行乡村教育活动之际。该文主张通过解开束缚儿童的四条绳索——小孩子口上的十字封条、脚镣和手铐、成人们钦定的法规、斫伐幼芽的快刀，来解放儿童。

世界上最受压迫的人，除了工人农夫之外乃是女人与小孩子。女人的三从四德，小孩子的没有任何地位，我们闭起眼来一想，张开眼来一看，社会真残酷呀！但是女人毕竟是有能力的人类，所以渐渐能够自己奋斗，力求自身解放。小孩子呢，一来能力薄弱，二来孩子们过了十年八年都长成了，可以在社会上另有一个地位。因此小孩子永远不得解脱永远受着万重压迫，吃了苦也无从说起。成人方面也就得寸进尺的施行吃孩子的政策。

法国的卢梭[1] 可算是替小孩子吐了一大口冤枉气，痛骂了一场万恶的成人社会，可惜他是一个理想家，把自己的儿子送进孤儿院去受罪。裴斯泰洛齐确是一个爱孩子的救星，发明了许多救孩子的方法，可惜他是"理想和方法都好，组织能力太差"。所以弄得后人都借他的招牌，站在孩子们的头上骗饭吃。福禄培尔真是重视小孩子的人，也配称白发的小孩子，开了一条小孩子向乐园之路（幼稚园）。可惜他是神秘主义的哲学家，误解了小孩子，弄得效法者一蟹不如一蟹。蒙得梭利很能体谅到穷苦孩子的心，还出一个小孩子来。但是误于成见，以为儿童与白痴的成人相仿。变本加厉的教师们因此看小孩子是小萝卜了。

追溯往古，还看今世，可怜的小孩子依然是一个任人播弄、任人宰割的东西！我们倘若是个小孩，思想起来，真是好不痛心！家庭的设备有哪些是为着小孩子的？社会的设施有哪些是为着小孩子的？法律的保护，有几条是为着小孩子的？甚至学校里的生活，教师的工作，教育家的行为有几分之几是为着小孩子的？家庭以孩子为娱乐品或讨厌的东西。社会和法律原来是有权有势阶级的专利品，因此认做吃小孩子是正当动作。教师与教育家应该顾到小孩子的，但是社会不要你重视孩子，又只好逢迎社会来站在孩子的头上，高唱别调，虚张门面，把学校变为大人先生们的宴会场所和别墅。他们何尝是办教育呢？不过像和尚住寺院，以小孩子做金装的菩萨罢了。但是小孩子是活的，比不得金装菩萨是泥做的！

好了！好了！吃孩子的事实太多了，改日有机会，再来写一篇“吃小孩子的十字坡”。现在先来喊一声解放孩子的四条绳子：

第一条绳子是小孩子口上的十字封条。小孩子是到处没有说话的地位的。过旧历年，父母们用红纸包着铜子，送给孩子，叫他不要在大年初一说话，名叫“买口！”小孩子的口都值得买，真是好笑！在家庭里，小孩子只应该静悄悄地不应该开口说话。在学校里，教师为着遮掩自己的短处，禁止学生发问。多问的孩子总不得教师的欢心，甚至会得到一顿臭骂。因此好说的孩子，往往眼睛先望望教师的脸，然后才敢发言。教师眼睛一翻，儿童就噤若寒蝉。这是一张牢固的封条，我们应该要揭去的。

怎样揭去封条呢？只有多给儿童“发问”的一个方法。儿童应该可以抽丝剥笋地发问，教师应该切磋琢磨地和他研究。所以学校里有一句“不是课内的不得发问”的教师护身符应该完全撕破！至于怎样处置发问，因篇幅关系，改日再谈。

第二条绳子是脚镣和手铐。父母爱子女，把他养成少爷和小姐。教师以迎合社会恶习惯，把学生养成双料少爷和双料小姐。他们都以为爱小孩子，只要小孩子毫不费力地读书，以为书读得多，就是小孩子的本职。一年两年过去了，孩子的背也驼了，手也没有力了，脚也不能跑了，眼也近视了。因此弄得孩子们手不能提，肩不能挑，简直是一个废人。这副终身的手铐脚镣比最新式的洋铁还要厉害。唉！孩子何罪，紧紧的缚他起来。

要想解去这副镣铐，这是件极容易的事。只要做教师的脱去长衫，穿上草鞋。件件事是教师亲手干的，是带着学生干的，扫地、抹桌、烧饭、挑水、挑粪等粗工，都可以干。书本上的东西是干的工具。做一天人，过一天生活，也就是干一天事。老实说，朝代改了，状元没有了，洋翰林也是过时货了，只有万能的双手才能活命，才是万年不变的好方法！

【注】：长衫和草鞋不只是有形的长衫和草鞋。干也是广义的干不只是动手的干，阅者注意。倘要彻底了解，请研究"教学做"的理论与实施方法。

第三条绳子是成人们钦定的法规。活泼泼的孩子，为什么变成一个小大人？幼稚园里为什么要定朝会圈？小学里为什么要学不相干的笔算？要逼着读"大狗叫，小狗跳"？为什么不放儿童到快乐的自然界里去？为什么要恐吓儿童什么是可怕的？为什么要儿童学走八字步？为什么不推儿童去探寻新东西？为什么不让儿童做心爱的事情？为什么强迫儿童学莫名其妙的音乐？……这种种都是残暴的成人的钦定法规。孩子们既无反抗的能力，又要仰仗着成人的衣食，只好屈服！这时候，要谋解放，只好先从学校做起。把小学的课程、教材、方法都重新来问个彻底，求个究竟。所谓"儿童本位"教育究竟是什么？为着儿童牺牲青年时代宝贵光阴的小学教师们，千万莫受一般站在孩子头上的假教育家的欺骗！千万勿可妄从他人，为小孩子做一件事，千万要问个究竟！倘若真正为着孩子的小学教师，宁可触犯成人的法规而失业，决不吃着小孩子来奉仰残暴的成人。

第四条绳子是斫伐幼芽的快刀。谈到儿童卫生，极其赧颜[2]！其实成人的卫生也不完善，所以难怪。不道有几件轻而易举的事，应该可以做得到的。小学的桌椅，在新做的时候，应该可以量一量孩子的身体。共用的器具，如茶杯、手巾等应该可以改为私有品。给儿童吃糖果的钱，应该可以省下来的，给该子吃些青菜、豆腐、萝卜，似乎比吃许多腌货、辣椒要省事得多而且合乎卫生些。但是小学教师是做不到的，家里父母更是做不到。这样幼小的嫩芽，哪里经得起快刀天天的斫伐呢？

陈志潜先生常常说："要想乡村卫生有办法，最要紧的是转移乡人的风俗习惯。"我因此联想到要去掉这把斫伐小孩子的快刀，只要转移父母们和教师们的成见就得啦。

从前秦始皇怕天下人反抗，搜罗天下兵器，铸成金人。那知陈涉、吴广揭竿而起，楚王、汉高攻破咸阳。小孩子手无寸铁，虽不能起来革命，但是手里的竹马木枪也有相当的能力，至于我们方才脱离儿童时代监狱，当然是要响应的。"秀才造反，三年不成"。"孩子革命，百年可定"。我因此用两句常常爱说的话来结束本篇："成功虽未必在我；努力倒非我不行！"

张沪编：《张宗麟幼儿教育论集》，湖南教育出版社1985年版。

注　释

1. 卢梭：此处指让・雅克・卢梭（Jean Jacques Rousseau，1712～1778）。法国启蒙思想家、哲

学家、文学家、教育学家。出生于瑞士一钟表匠家庭，其思想极大地影响了法国资产阶级大革命。在教育上，他提出“回归自然”的口号，主张顺应儿童的本性，让他们的身心自由发展。
2. 赧(nǎn)颜：因羞愧而脸红。

二十五年的体会(节录)

《二十五年的体会》是张宗麟和夫人王荆璞于1951年合写的关于他们从事二十五年的幼儿教育工作的总结之头两章，全文因故未写完，也未发表。

一、孩子们教育了我们

“孩子们教育了我们”这句话乍听起来，好像有些刺耳。的确，在一二十年以前，我们不但体会不到这句话的精神，而且即使有人对我们讲这句话，也不会相信。现在回忆我们过去二十几年的工作，不得不使我们相信：“孩子们确是教育了我们，甚至比我们教育孩子的还多一些。”

……

以下说几件孩子教育我们的事例，我们相信每个教师如能回忆一下，举出来的事例一定更多。

在过去的二十五年中，我(荆璞)，最初做乡镇的儿童教师，接着做大城市的儿童教师，后来做过长期的乡村儿童教师以及工厂里的儿童教师。每次初到一个陌生的幼稚园里去，尤其是从大城市到乡村，从乡村到工厂，都感到十分陌生，都有一段时期要从头学起，我固然可以潜心地看着同事们施教，但毕竟是隔了一层。今天回想起来，与其说跟同事们学习得多，还不如说跟孩子们学习得多。在我过去的二十几年中，有很多同事们是客客气气的，决不像现在的教师们能互相讨论，互相批评；即使偶而有一两位同事肯真心诚意地教我，但告诉我的只是她的经验，是她在具体事实上运用一般原则与方法的经验。我只能学到些运用的法则，有时也学到些技术，但是我要教育我的班上的孩子，尤其是教育陌生的孩子，就有些伤脑筋了。一种法则或一种技术不可能到处都能引用。我起初以为是个人的本领使我能应付陌生的环境，仔细回忆，恰恰相反，这是向孩子学来的。如果必须称为是本领，那末只有一点算是本领，即肯向孩子们学习，能够向孩子们学习。

孩子们的语言与成人的语言不同，语汇的繁简不同，文法的完缺不同，发音的准确与否不同，语气的轻重不同。这些我们都得先向孩子们学习。有人说，矫正儿童的发音，教导儿童的发言，是教师的责任，这话是对的。但是在矫正与教导孩子们语言以前,必须先懂得孩子们的语言,否则,孩子们是不会接受的,教师也就无从教起。这一点在幼稚园里,尤其显著。有一次刚满三足岁的小月帮着我们搬木块。我问他:“小月,累不累?”他说:“不累。”过了一会,我又问他:“小月,走不走得动?”他说:“走不动!”我说:“我们息息吧!”他说:“不累,不累,不息,不息。”原来他说的“走不动”是“走得动”的意思,与“不累”、“不息”是同样的。这类语言,我们成人听得懂吗?倘若因此责备孩子作假说谎,那便会犯很大的错误。学习孩子的语言,是做教师者开宗明义的第一章,这个学习材料,在儿童心理学上是没有的,《儿童语言学》的专著也找不到。尤其是六岁以下的儿童语言,与成人的语言大不相同。谁能教育教师懂得孩子的语言呢?当然最好是请教孩子的母亲,但事实上是极不容易做到的,所以只能向孩子学习。这个学习一开始是有些苦恼的,需要相当的耐心。我们的青年教师,自己没有孩子,同时接触的又都是成人,一切语汇与孩子大不相同,这是一。不但孩子们的话与成人不同,即使同是孩子的语言,城市孩子与农村孩子的语言,也不相同。同一地区的孩子中,各阶层孩子的语言也不尽相同。这是二。不但语汇不同,伴着语言而做的表情与手势也不同,语气轻重,语法等也不同。这是三。换了一个新学校,尤其换了一个新地区,例如从城市到乡村,从贵族幼稚园到工厂区幼稚园,都得花很多时间向孩子们学习语言。据我的经验,学会了听孩子的话,以及学会了向孩子们说话,以后进行一切教育都比较容易,比较顺利。

幼稚生之间的纠纷在一般成人们的眼中看来是毫不足道的,但在幼稚园教师看来是一件很头痛的事。常常因为抢一个皮球,几个孩子扭成团。一个顽皮的孩子常常会去“侵扰”别的孩子,使他们不能安心玩耍或工作。也有的孩子看到别人有好玩的东西,便拿去玩,甚至藏起来。这些事例,教师们凑在一起可以举出许多,而且大家都认为是很棘手的问题。但是有经验的教师常能应付自如,不仅能处理得很恰当,而且能防患于未然。这是什么道理呢?我们有时与她们谈起来,都认为有很多方法是从孩子们那里学来的。例如有一次,一个倔强的男孩一鸣,硬要看一个文静的女孩爱莲的抽屉。这两个孩子本来是要好的朋友,一鸣画了图画,常给爱莲看。爱莲也常常叫一鸣同看图画册。但是这次不知为什么,爱莲偏不给一鸣看抽屉里的东西,两个人闹别扭了。爱莲向我诉苦,说一鸣欺侮她。一鸣也说爱莲小气。我正设法解决,这时来了一个小朋友德琴,她说:“爱莲,你今天带来一张图画,给我们看看。”这句话启发了我,我就问一鸣:“你是不是要看她的图画?”一鸣撅着嘴不回答。我又对爱莲说:“你的图画能给我和德琴看吗?”爱莲立刻把图画拿出来,一鸣也笑了。从这件事上可以看出要解决儿童之间的纠纷,不从儿童队伍里去调查研究就没法解决,无论怎么了解儿童的教师,遇到突然的纠纷都有些茫然。最好的办法是立即向儿童调查研究掌握了情况,才可以设法解决。

说到对儿童的调查研究,我们问过有一般调查研究经验的人,又参照科学的儿童调查方法,以及我们个人的经验得出这样的结论:教师倘若要进行真能解决问题的儿童调查研究,第一步是要先下决心向儿童学习,要耐心地向儿童学习。要学习到能够懂得儿童,能够在千头万绪中找出儿童的思想主根。这样调查才是真能解决问题的调查。

"爱儿童"是教师应该遵守的通则,也是每个教师都懂得的道理。但是爱儿童有多种爱法,溺爱是不行的。只是一个"爱"字,也是抽象的。我们体会到能够向儿童学习,可以增加爱儿童的力量。一个教师当他发现确实值得向儿童学习,必须向儿童学习的时候,也就觉得儿童的可爱了。否则,老以为儿童是"童骙无知"。即使是爱了他,也不过是一种怜悯、恩施,以及掺杂其他不正确的思想(如奉承有势的儿童父母,爱长得漂亮的儿童等等)。这样爱儿童是很危险的,甚至会灌输某种毒素给儿童。教师倘若能够发现可以向儿童学习,那就完全不同了,是真诚的爱儿童了。

"向儿童学习"是否会降低教育的效率呢?我们认为不但不会减低而是只会提高教育效率。因为教师向儿童学习是为了教育儿童,不是为了别的,难道我们打算重新回到儿童时代去吗?教师向儿童学习是熟悉儿童,也是使儿童熟悉教师的一个必要的教育过程,这是教育儿童全过程的一段。所以倘若停留在"学习儿童"的阶段,那末不但要降低教育效率,而且会犯了"儿童中心"的错误。教育是教师对一定的教育对象,施以有系统的方法,改进与助长教育对象的一切(包括生活与思想的全部或指定的一部分)。所以倘若为着向儿童学习而学习儿童,那不仅是儿童中心论而且是教育自流论,也是教育取消论,是大错的。"向儿童学习"与儿童中心论、教育自流论丝毫无关。

一般真理与具体情况相结合,才能解决问题。教育有效与否,不但要懂得一般教育原则方法,而且还要彻底了解具体情况,这就得调查研究,就得先与教育对象建立一定的关系,懂得教育对象,因此就得先向教育对象学习。这是我们从经验中体会出来的一个原则。其次,我们所指的向儿童学习,也不是与教育儿童可以截然分成两段,不是先一段是学习,后一段教育儿童。我们的经验是边学边教,边教边学,也就是在向儿童学习的过程中,对儿童施行教育,在教育儿童的过程中不断向儿童学习。当然初做教师或初到一个新地区的教师,向儿童学习的时间是需要多些,但并不是只有学习而不施行教育。这点,可能与一般的社会调查有些微的不同。幼稚园教师切莫看不起六岁以下的儿童,他们值得我们学习的东西甚多。事实上他们教给了我们很多东西。我们必须先向他们学习，下决心耐心地接受他们的教育，这是我们做幼稚园教师的基本观点。

二、孩子是需要教育的

“因为孩子需要教育，所以才把孩子送进幼稚园。”这是一般父母的想法。但是幼稚园的教师对孩子们并不都是这样想的。首先是认为六岁以下的孩子，最主要的是养育，只要把孩子养得胖胖的，就已经是完成了任务。这种主张在托儿所里更为流行，这是取消或不重视孩子需要教育的一种主张。其次，主张环境论的也不主张积极教育孩子，以为只要把孩子放在好的环境里，耳濡目染，自然会变成好孩子。其三，是主张楷模(或称示范)教育的，也不主张积极的教幼稚生。此外，最严重的是儿童中心论者，基本上否定了教育的基本意义，当然更不主张幼稚园里需要积极的施行教育。这许多错误思想，我们二人都犯过的。

六岁以下的孩子教育，可以简称为学前教育。“学前”二字是否恰当，是另一问题。但即使喊出学前教育的“学者”，也并没有否定六岁以下的孩子需要一定的教育。至于它的内容应该与六岁以上的儿童以及与青年成人的教育有所区别，那也是一定的，但不能说只要像喂猪那样喂得胖胖的就算了事。“教儿婴孩”是一句俗语，也是教育学上含有真理的常识。严格地说，孩子从出生的一天起，就要给以一定的教育。有经验的母亲大都知道，初生的孩子如何学会吃奶，听母亲的声音，以及哭、睡等，只要母亲善于处理，孩子立即养成极好的习惯，否则就长期改不过来，这是最小的孩子需要教育的证明。对小孩子主要是养得茁壮的，而不仅是养得胖胖的。如何养得茁壮呢？决不能像北京喂填鸭的方式那样，而是需要养成孩子有良好的生活习惯。乱吃东西的孩子不但养不茁壮，而且是多病或夭死，这是人人都知道的。如何不使孩子乱吃东西，这就需要教育。我们都教过富贵家庭送来的幼稚生，这些富贵孩子，初来时多半是疲弱的，主要的病是由于常常吃零食得的肠胃病。幼稚园的饮食有定时，有定量，平常不给吃零食，这样经过半年或一年，孩子就健康多了。在农村或工厂区的幼稚生，一般没有吃零食的坏习惯(少数孩子也有此坏习惯)，但是有别的坏习惯需要教导或纠正。例如剪指甲、洗手脸，特别是在吃东西前洗手，不把自己吃剩的东西给别人吃，或吃别人吃剩的东西等等，都要费一番工夫去教。这些只是有关饮食的一方面。再次，孩子需要一定的休息，即定时的睡觉或静息。这个习惯的养成颇不容易，也就需要花工夫教。至于教孩子活动，倒是幼稚教师都懂得需要教的，幼稚生本身也爱活动。但是有的幼稚教师强调“纪律化”，“秩序”，又怕幼稚生弄脏衣服鞋袜，又怕他们白天活动多了，晚上睡不好等等，于是常常限制幼稚生活动。很多托儿所、幼稚园的孩子，虽然长得胖胖的，但呆呆地站着或坐着，只是胖而不是壮。这虽然比黄瘦的孩子强,但也不是合乎教育要求的。

因上种种,我们得出第一个结论:"六岁以下的孩子主要是要养得茁壮,但并不是只需养而不需教。我们倘若希望把孩子养得茁壮,必须用各种方法教孩子,特别是有关卫生方面的习惯必须用心教,那末虽然不是天天给孩子吃牛奶鸡蛋,而只吃豆浆蔬菜也可以养得很茁壮。"

环境论在中国教育界里非常流行,尤其在学前教育方面更占一定优势。我们也有相当时期相信它。教孩子需要布置一定环境,至少要给孩子一个不讨厌的印象,要利用环境中所有的东西教孩子,要引导孩子注意环境并启发孩子发现问题,解答与解决问题等等,都是正确的。我们到现在为止,也丝毫没有否定这些主张。但是有两点已经明确认识到:第一、孩子对环境的一切,要经过教师指导,才能注意,倘若教师不断地指导孩子注意环境,孩子也就逐渐提问题,要求解答与解决问题。1926 年,我(宗麟)因一位教师偶然问起:"我们挂的画片,孩子们看不看?"我就做了一次试验,果然不出所料,几乎百分之九十是不注意的。后来经过不止一次的指导,孩子们对挂的画片不但注意,而且有时能用画中的人物风景编故事了。我们常常带孩子们出外作短距离的旅行,对路上的花草虫鸟等,常讲给孩子听,孩子也就能对所见到的一切提出许多问题来。甚至曾经引起个别家长的不快;"我的孩子自从进了幼稚园,老是问东问西,问得讨厌来!"这是我们教孩子注意环境的成功,二十几年来,我们教出来的孩子,大都肯注意环境,肯提问题。这一点,我们不相信我们所办的幼稚园布置了特别环境,倘若只以幼稚园内来说,我们在乡村、工厂区所办的幼稚园简陋得很,但是大自然、小菜场都是最好的环境;旧画报,甚至工厂的图画壁报,都是我们可以利用的环境。因此,第二,我们相信在幼稚园里不一定需要布置得花花绿绿,只要洁净与合用。如果满屋满墙都是红绿杂陈,这样反而会使孩子神经过分紧张(例如室内用红色的墙是极不妥当的)。只要能够有一定的小凳子、小工作台,疏疏朗朗地张贴几张合乎这间屋子的画片也就够用了。至于室外在城市里有一块草地,种些花草,加设几具室外游戏用具及玩具,也就勉强够用,在乡村里,草地、河流、小山到处都是,幼稚园也就不必再设"绿化地"了。这当然是最低标准。倘若经费富裕,当然可以多设备些,但也要注意,置备的东西是为着教孩子,而不是为着装饰,特别是需要能够引起孩子自动研究的科学设备(包括动植物、小工程及日常生活用品)。

因上所述,我们得出第二个结论:六岁以下的孩子已经能够注意环境,也能提出各种问题,但教师必需要教,教孩子注意环境,教孩子发问,教孩子利用小工具(也是环境之一)做各种东西。至于置备一定的设备也是需要的,但不是唯一的或是主要的条件。最最主要的是利用环境、创造环境教育孩子,同时也就教孩子利用环境与创造环境。

模楷论（或称示范主义）在中国教育界里并不流行，尤其在幼稚园里不通行，偶而在杂志上可以见到一两篇论文。根据我们的经验，我们并不反对示范教学。例如唱歌、游戏、画画、玩大积木、饲养动物、浇花草以及日常讲话与行动，教师都在有意无意地起了示范作用或带头作用；或者教师在孩子中逐渐培养出能起示范作用及带头作用的孩子。不论示范也好，带头也好，在我们的经验中都认为它是积极地教孩子的一种方法，而且是最具体最生动的一种教法。但这仅仅是全教程中的一段，而且大都是开头的一段，必须及时地适当地配合其他教法，如矫正，如启发自动学习，如鼓励，如多次复习等等。这样才会使示范发生积极作用，否则只能给孩子一瞬的印象。另一种示范是教师不问孩子是否在注意，只是自己在做着做着，以为孩子耳濡目染地自然会养成跟着教师学习的习惯，而且自然会学习成功。这种方法，我们没有试过，也没有亲眼见过，只在杂志上看到过几篇报告，我们始终怀疑这样的方法可以收到很大效果。或者因为我们不是某种专技（如图画）的专家，所以不敢试验；或者我国没有发现中国幼稚教师有此天才，所以没人敢试。二十几年来我们自己人不敢，也不希望别人冒失地试行这种示范主义。

我们对于幼稚园教育里的儿童中心论是上过很大的当的。儿童中心论者主张一切教育以儿童的生长、发育、兴趣为主，而且所指的儿童是一个一个的儿童，不重视儿童群，甚至不承认儿童是生活在现社会的儿童。这种论点具体表现为美国式的个人主义教育。

……

我们不否定儿童有不同于成人的特质，也不否定每个儿童有个性，但是我们应该承认儿童是现社会的儿童，他们不是超然的，也不能与成人社会隔绝，这是一。其次，我们不否定儿童的爱好与成人不同，他的学习能力与成人不同，但是我们更应该承认儿童是必须教育的，必须顺着他的能力与需要，有计划地教育他们成为现社会的儿童，成为不久的将来的社会成员，所以绝对不应放弃教育，而应该加强教育。其三，我们不否定六岁以下的孩子，对于感性知识的接受能力强，对于理性知识的接受能力极弱等等。所以要注意感官教育，可以加强对自然的教育。但是儿童对他的社会是注意的，社会对他们也希望他们能够注意。当然，我们幼稚园里不应该教生硬的政治口号，但是对革命故事、革命领袖等等是应该教的，而且是可以教的。至于如何编故事，如何教，那是另一问题。

以上是我们二十五年来的体会。

张沪编：《张宗麟幼儿教育论集》，湖南教育出版社 1985 年版。

第七章　共和国时期幼教名著选读

1949年10月1日，中华人民共和国正式成立，在推翻了几千年的封建统治的同时，中国教育事业也随之进入了一个全新的发展阶段。在共和国成立以来的半个多世纪中，由于受到政治、经济等方面的影响，中国教育的发展经历了社会主义改造、社会主义建设、“文化大革命”以及改革开放四个变化发展的历史阶段。在不同的时期，因教育方针和政策所确定的重心不同，教育事业的发展和实施也表现出不同的时代特征。幼儿教育事业的发展亦然。

1949～1956年是社会主义改造时期，其时代主题是完成新民主主义向社会主义的转型，在政治上要求政权的统一和巩固，在经济上要求转变为生产资料的公有制，在教育上要求为工农服务和实现全民化教育。1949年12月第一次全国教育工作会议确立的教育改造方针为：以老解放区新教育经验为基础，吸收旧教育有用经验，借助苏联经验，建设新民主主义教育。其核心精神是借助苏联的教育模式，用以取代此前的欧美化教育。在此方针的指引下，在全国范围内掀起了学习苏联的热潮。在幼儿教育领域也随之转向“以俄为师”。其具体表现有三：一是介绍并翻译苏联幼儿教育相关书籍，如《幼儿园教养工作指南》、《我的儿童教育经验》、《学前教育学》、《幼儿心理学》、《幼儿园音乐教学法》、《幼儿园绘画教学法》等。二是聘请苏联幼教专家来华讲学和任教。如在1950年，苏联学前教育专家戈林娜就受聘来北京师大任教，同时兼任教育部幼儿教育顾问。三是开办了一批学习苏联的实验性幼儿园，指定北京六一幼儿园、北海幼儿园、分司厅幼儿园、北京师大二附小幼儿园等为实验点，研究并推广苏联幼儿教育理论与经验。

社会主义建设时期大体是指1956～1966年。是时社会主义制度在中国已经基本确立起来，因此该时期的主要任务是发展社会生产力，逐步满足人民群众日益增长的物质和文化需求，在教育上则提出“教育为无产阶级政治服务，教育与生产劳动相结合”的方针。这种提法显然将教育烙上了“政治”色彩和“经济”色彩，使得此期的教育失去了自己的相对独立性和自主性，出现“政治挂帅”和

“多工少读”的极“左”冒进倾向。与高等教育及中等教育受到的严重影响不同，此期的幼教事业，虽然也经历了“大跃进”和“教育革命”的摧残，但由于及时调整而未成为致命之伤，反而出现一派繁荣景象。首先表现为大批民办幼儿园的创办与发展，其次是教育部门和其他部门对幼儿教育事业的认真关注，再次是广大幼教工作者所表现出的极大热情和高度的敬业精神。遗憾的是，在此阶段的后期，幼教领域在对苏联经验进行清算的同时，又陷入到了极度批判资产阶级思想的运动。最为显著的就是对“母爱教育”的批判，认为“母爱教育”是资产阶级人性论的表现，是抹煞教育阶级性的反动思想。这场批判，既否定了中国传统家庭幼教中的“慈爱原则”，又排斥了西方福禄培尔、爱伦·凯、蒙台梭利等人的幼教理论的合理因素，最终造成幼儿教育理论的贫乏，并且这种不良影响相当深远。

第三个时期为“文化大革命”时期，即1966～1976年。“文化大革命”自1966年《五一六通知》发布后，在全国范围内拉开了序幕，其切入点即是在教育思想领域进行“教育革命”。从“破四旧”到接踵而来的“大串联”、“文攻武卫”、“斗批改”、“上山下乡”、“批林批孔”、“评法批儒”、“反回潮”、“反击右倾翻案风”等运动，使得整个中国社会处于动荡不安的状态之中，各级各类教育饱受摧残。幼教事业同样难以幸免，主要表现有二：一是对幼儿教师阶级性的怀疑。在批判资产阶级思想的运动中，幼儿教师的阶级属性成为一个敏感的话题，因为在一些厂矿企业的托儿所、幼儿园中，其保育员和幼儿教师大多本是工人，而他们又属于教师的队伍。在“教师臭、工人香”的职业取向上和社会舆论中，战战兢兢的他们是难以安心本职工作的。二是对幼儿心灵的扭曲。自“文化大革命”发动之日起，大多数知名的幼儿园都组织了宣传队，让儿童们上演政治色彩浓烈的文艺节目，把原本天真无邪的儿童拿去做政治宣传的工具，不利于幼儿心智的健全发展。在幼教内容上，更是高度政治化，幼儿园的课程基本上是政治口号和宣言，更有甚者，要求幼儿在学习了这些口号和宣言后回去影响他们的家长，严重损害了儿童的身心健康。在这一时期，作为最基础的文化教育，是在广大农村为解决10岁以下学龄儿童的识字读书问题，一段时间内也曾以“红小兵”的组织形式开展过流动性儿童扫盲教学活动。

第四个时期为改革开放时期。1976年10月，“四人帮”集团被粉碎，长达十年的“文化大革命”终于结束，中国进入了一个新的历史时期。教育思想领域首先得以解冻，随着高考制度的恢复，重点中学的确立，以及学校管理制度的重建，学校教育迅速步入正轨。自此之后，中国的教育事业，随着国民经济的稳步增长和各项制度、法规的不断完备，出现了前所未有的继续稳步发展的局面。幼教事业也有了长足的进步。改革开放后，教育部门除了继续加强幼教管理工作与幼教管理体制的改革以外,还积极致力于农村“学前班”的办理以及幼教科研与实验的开展。学前班形式,是探寻具有中国特色的幼教发展之路的一种尝试。中国作为一个农业大国,其农村的幼儿教育是一个不容忽视的环节。学前班自20世纪80年代以来,在广大农村开始了较为广泛的办理,成为农村幼儿教育的主要形式。幼教科研与实验的开展则是改革开放时期幼教事业上的最大突破。自1978年中央教育科学研究所下设幼儿教育研究室以来,各省市自治区以及相关高等院校也先后设立了幼教研究室或学前教育系(所),形成了一批专职的幼教理论科研队伍。他们在对当前国内幼教理论与实验进行深入研究的同时,继承中国优秀的幼教遗产,并积极进行国际间的幼教经验与理论交流,拓展了这一时期幼教研究的领域和空间。

考虑到在幼教理论的形成及其指导下的幼教实践活动,社会主义时期对新民主主义时期的承接发展,尤其相关人物的幼教理论及其幼教实践活动的历史连续性,我们将一些教育家在共和国成立之前的理论或思想主张,于章节位置上作出了适当的调整,安排在本章加以介绍和解释,以利人们更好地了解到共和国成立以来幼教思想理论历史演变的大致情形。同时有必要说明的是,长期以来强调思想领域的统一性,尤其在极“左”思潮的影响下,这一时期有关幼儿教育方面的经验总结和理论阐释,几乎难以寻觅到有关幼儿家庭教育方面的文字结晶,这也是结集中国幼儿教育思想文化遗产时的一大缺憾。

儿童的发展与教养(节录)

《儿童的发展与教养》系程今吾教育著作《新教育体系》之一部分。

程今吾(1908~1970),又名宁越,安徽嘉山人。我国著名的教育工作者。1928年考入南京晓庄师范,受教于陶行知先生,深受“生活教育”思想的影响。1933年参与复办广东大埔百侯中学,倡导生活教育,推广陶行知的“小先生制”。抗日战争期间,曾任重庆育才学校研究部主任、延安八路军抗属子弟学校校长。抗战胜利后,调入中共中央城工部工作,曾创办过“青年职工学校”。共和国成立后,历任教育部视导司副司长,中宣部教育处处长、高教处处长,北京师范大学党委第二书记兼副校长、第一书记兼副校长,对我国新民主主义教育体系的建立与发展作出了很大的贡献。“文化大革命”中受到批判,1970年5月14日含冤去世。其主要著作有《新教育体系》、《延安一学校》、《青年修养》、《工农读写教学的实际经验》等,现辑有《程今吾教育文集》。

《儿童的发展与教养》是《新教育体系》的第四章,成稿于1944年。在该文

中,程今吾指出了儿童期教育的重要意义,并讨论了遗传、环境、本能、个性、智力、情感等要素对儿童教育所产生的影响。

教育对象原不限于儿童,一个人从初生到老死的整个历史中,都可以受教育,作为教育的对象,所谓"做到老,学到老"这句话是很有道理的。教育本没有理由把成人放置教育圈外,成人也不应该以老卖老,自甘暴弃,不愿学习,不愿受教育。同时却也不可以忽视人们从初生到长成这一个迅速向上发展的阶段,在教育上的特殊意义。在儿童少年青年期间,有更大的教育可能,更多的教育要求,也是千真万确的。

(一) 这一时期,是一个新生的机体,蓬勃的充满了活力,迅速向上发展时期,倘若顺乎这种生长的自然趋势,用教育力量,有意识的,因势利导加以教养引申,在这两方面势力相互助长,相互发展之下,便可以分外有效的发展为合乎教育理想,社会要求的成员。

(二) 儿童初生对于广大的客观世界全然无知无能。一切事物在他都新鲜都需要学习,因而所要学习的东西也特别多,要用教育力量加以长期的培养,才能有效的获得做人做事必须的知识、技能和理想,成为一个能自立的人。所以儿童期间对于教育的要求也特别多。

(三) 儿童虽然不识不知,一方面是缺少好的知识,习惯,感情;另一方面,不良的知识,习惯,感情却也没有先入为主的占着位置,一切行为大体上是可左可右的尚未定型,这时候如果有计划的用教育力量加以引导,助长其有益于自身,有益于人群的良好的知识,习惯,感情的养成,便比较容易收效。

(四) 儿童当幼稚年代,尚不能自谋生活,在成人养育下过着有闲岁月,既不直接参加生产劳动,又不负担社会改造的责任,中上人家的子女,廿岁左右还是闲散着,即使穷苦人家的子女较早参加劳动,也总有十年左右的青年生活,就时间这一点来讲,儿童便有优裕的闲暇去受可能受到的教育。至于有些儿童因为受社会条件限制,即使有时间也受不到教育,则应当作为另外一个问题去研究。

根据以上四点,人类的儿童时期在教育上是显然占着重要地位,这一时期,应当多受教育,可能多受教育,教育对于儿童也分外能发挥其效能。因此,儿童生长发展之研究,在教育上也便占着重要的一页。

人类是从下等生物进化而来的一种高等动物,和一般生物并非绝对不同。人乃是能够生产劳动,营谋社会生活的动物,人类的生理构造,在基本上还是一种高级的生物性的有机体,倘若把人类看做与一般生物毫无共通之点,很容易把人类神化起来。这当然也不是要我们把人类和一般生物混为一谈,只承认其程度上的差异，而忽视人与一般生物在本质上显著的界限。

研究人的本质，把人类分做自然人和社会人，还是不妥当的，自然的人是没有意义的，劳动改变了人类的环境，也创造了自己，劳动把人的一般生物性质加工制作成为能劳动会思想的高级的有机体，于是全身器官组织也都起了很大的变化——手脚分工了，手的动作灵活了，身体直立了，大脑和神经系统进步了，消化循环排泄等器官通统起了重大的变化，从此人不再是自然的生物，而成为劳动的人类——会做工，会思想，具有高级特殊生理构造的有机体，纯粹生物的性质已经不复能独立存在了。

下等生物根本就没有幼儿期，一生下来，靠着单纯的本能活动，去自谋生活，动物中比较高等的鸟类兽类有短短一段幼儿期，要靠老动物的保卫和供给食物，很快的长成一个健壮而能自谋生活的动物。人类的幼儿期就特别长，人类光靠本能活动，便不能营谋社会生活，所以人类在长期的童年，不但要父母保卫和供给食物，还需要供给做人所必须的精神食粮才能长成会劳动，能思想的人类。同时人类对于幼儿不仅让他自然生长，而且有意识用教育力量帮助他，引导他长成一个合乎社会理想的人物，所以儿童的发展过程，和一般幼小动物有着显著的不同，一般动物是个单纯的自然生长过程，而儿童则是在社会影响下助以教育引导的发展过程。

……

教育对于儿童发展的帮助，不外身体养育与精神陶冶，知、情、意的教育属于精神陶冶，这一方面，目的为使儿童养成丰富的知识，高尚的情感，坚强的意志，这种精神的生长与发展，原是成为一个健全公民不可少的条件。而身体的养育也同样不容忽视，健康教育在每一个国家，每一个学校里都放在重要的地位。

儿童的身心发展是一个过程的两个方面，我们不可能离开身体的养育去请求精神的陶冶，也不可能忽视精神陶冶，只注意身体的养育。首先，必须承认身体是精神的基础，只有身体健康生机旺盛，才能有充足的活力，活泼的精神。生理学日益进步，人们的许多精神现象，都可以从生理学上找到解释，即使人类最高级的思想活动，也只是人类所特有的高级大脑和神经组织所具有的一种性能。所谓健康的精神寓于健康的体魄，这话是正确的，但是这并不是说精神不能反过来影响身体。知识可以指导生活，保卫健康，感情的变化更足以影响生理状况，当一个人心情不愉快，或忿怒的时候，消化机能便大大的减弱，便是最明显的例子。人生之意志，也同样的可以影响到健康，整天悲观消极，慨叹人生无趣对于人生感觉到厌倦的人，便不会健康活泼很好的活下去，反过来有些生之意志非常强烈的人，即使身体受到损害，也能振奋自己的生命力量出人意料的恢复健康，继续生活下去，“健康生快乐，快乐生健康”，很可以说明身体健康与精神状况的相互影响。只是要不把二者平列起来同等看待，成为身心二元论就是了，身体是第一的，而精神则是派生的。

身体健康虽然重要，却不能把健康当做最后目的，像野牛似的把身体吃得非常健壮就算了。我们所以培养儿童的知识感情，能够很有效的为国家民族以及人类多做一些事业，却不是为健康而健康。有些人，终日斤斤于个人的健康的保卫，把学习工作完全放松了，也是不正确的，在事实需要的时候，牺牲生命都得去做，何况是健康。有钱不肯用，便是守财奴。有健康的身体不肯用，和守财奴并没有什么不同。

身体养育可分为增进体力，防卫侵害两个方面。增进体力，第一要有适当的营养，使儿童获得生长的必要的器材，有足够的食物、空气、日光、水分，使生理上不至于因缺乏物质的要素而生长迟滞。第二要给儿童以充分活动的机会，去舒展他们的体力，加强他们的体力。在适当的环境里加以发挥和锻炼。就是说有了丰富的原料以后，还得经过锻炼，才能成坚韧的钢铁。因此，游戏、运动、劳作在儿童体力增进上有着积极的意义。防卫侵害包括对抗风、霜、雨、雪、冷、热、燥、温等自然气候的压力；虫、蛇、鸟、兽等物的侵害；跌、碰、压、烫等外力损伤，疫、疠、疾病等微生物的袭击。因此必须为儿童设置房屋衣服以对抗自然气候的压力，驱除有害的动物，防止外力的损伤，预防疾病治疗疾病，所以儿童必须在成人监护下生长，并逐渐培养其自卫能力。

身体的养育在未入学以前是在家里父母监护下进行，这一时期的教育虽然也是精神陶冶与身体养育并进，可是身体的养育则处于主要地位，精神陶冶随伴着合理的养育生活而进行，寓于养育的行为之中，在健康生活中养成愉快的精神和良好的生活习惯。身体的养育在这一时期打下健康基础，对于以后的发育有着很大的作用，这也是不可否认的，许多人对于学龄前教育很是看重，可是在良好的托儿所幼稚园没能普遍设立以前，儿童学龄前期都是在家庭生活，于是便提出家庭教育问题，要求父母注意子女的养育和教导，就实际情形看来，今天的家庭教育成效还是少得很。富有人家的父母，忙着治理产业和生活享受，很少去注意到子女教养，往往交给乳母照料，有时过于娇养，也便养不出发展正常的健壮孩子。穷苦人家，父母忙于操作，衣食不敷，营养，防卫等都不充分顾到，因而婴儿死亡率也就显得惊人，连保持幼小生命的时间精力都不充裕，那里还能谈得上什么家庭教育呢？所以家庭教育这一名词和穷苦工农子女根本就联结不起来。只有少数中产以上的知识分子关心子女教育的父母，可能在家庭教育上给儿童发展以有益的帮助。不过,我们对于无裨益的家庭教育仍须加以倡导,如果要求得彻底解决,在教育圈子里是找不到办法的。

儿童入学以后,关于健康方面则有卫生体育等科目负责健康教育,不过目前一般学校,健康教育的实施还存在着许多严重缺陷:

第一,健康教育与儿童实际生活脱节,卫生课,仍以读书为主,书本上的东西与实际生活缺少密切的关联,讲课本,读课本,考课本往往是卫生课的全部内容,体育课则以形式的体操,每周几小时体育课去锻炼体格,日常生活尽管违背健康原则也不过问。这种健康教育,只是徒具形式而收不到实效。

第二,目前健康教育仍旧是盲目的抄袭欧美的老调,在内容和形式和我们生活的具体情况,多不符合,自然很难和我们的生活打成一片,而成为洋八股的体育和卫生。

第三,卫生与体育缺少联络,卫生则注重知识的教学而缺少行动的基础,体育则注重体操运动,偏向竞技方面发展,这样卫生便成为不顾体格锻炼的凭空说教,体育则又成为不顾卫生原则的竞技。

身体养育的重要是尽人皆知的,教育工作者应当正确的了解,儿童身心发展的规律,建立理论与实践统一的健康教育,去养育儿童,在实际生活中给儿童以健康的知识,习惯理想,并启发儿童自觉去保卫健康,加强健康。

教育工作的对象主要的是儿童,教育工作全是根据社会需要,运用环境条件作用于儿童,以期变化儿童行为,从不知到知,从不能到能,从不信仰到信仰。但是儿童并不是静止的东西,他自己能运动,有自己发展的规律,具有生长的机能,对于儿童的教养,必须把握儿童发展的规律,发挥儿童生长的机能,蛮横的全凭主观去进行教育,忽视或压抑了儿童生长的机能,是最愚蠢的教育。要教育儿童必先了解儿童,这话是不错。可是要理解儿童如果和工程师或农业家理解劳动对象似的发现物理的化学的运动规律,或生物的生长发展规律以后,便主动的去处理劳动对象,还是不成功。我不能说教育对象与一般劳动对象全然不同,但是却有显著的差异,教育对象却是和教育工作者同样是能思想社会劳动的人类,他在教育活动中不完全是处在被动地位,却是能依照自己意思去活动的,教育工作也正是要发展儿童的意识活动,学习本是儿童自己的事,教育的执行者,只能教儿童去学习,却不能以教代学,去代替儿童学习,教育工作就是运用设备与环境以影响儿童便利儿童学习,同时要启迪儿童自觉自动的要求学习懂得学习的重要,自己有意识的行动起来,教师再加以指导,以达到教育的目标。所以儿童在教学活动中,自觉自动不仅是可能,而且是必要。在教学活动中应当充分发挥儿童的主观能动性,有创造性的进行学习。所以,教育儿童不仅仅要理解儿童,而且要使儿童理解学习，自觉的要求学习，在教育活动中，保持其相对主动地位，自动的把自己的力量发挥出来，组织在整个教学活动里，成为不可少的一份力量。

程今吾：《程今吾教育文集》，北京师范大学出版社 1982 年版。

儿童保育与人性改造（节录）

《儿童保育与人性改造》与后文《了解少年儿童是教育工作的先决条件》均系林砺儒的教育论作。

林砺儒(1889～1977)，原名绳直。广东信宜人。我国著名的教育家。幼年破蒙于私塾，1905～1911 年就读于广东高州高郡中学堂。中学毕业后留学日本东京高等师范学校。1918 年留学归国后，于次年至国立北京高等师范大学(后改名为北京师范大学)任教授，讲授心理学和教育学课程。1922～1941 年，先后就任北京高等师范学校附属中学校长、中山大学教授兼教务长、广州师范学校校长、广东省立教育学院院长、国立桂林师范学院教授兼教务长等。共和国成立后，历任中央人民政府教育部中等教育司司长兼北京师范大学校长、教育部副部长。"文化大革命"爆发后，离职养老，1977 年 1 月 9 日病逝于北京。其主要著作有《文化教育学》、《伦理学纲要》、《教育哲学》、《教育危言》等，现辑有《林砺儒教育文选》。

《儿童保育与人性改造》是林砺儒的教育著作《教育危言》中的一篇，成稿于 1945 年 4 月 20 日。该文将儿童保育和人性改造密切联系起来，主张只有进行人性的改造，才能保障儿童保育的科学性和民主性。为了充分有力地论证自己的观点，林砺儒从古今中外多个角度展开论说，既揭露了封建社会对儿童的戕害，又介绍了西方自文艺复兴和启蒙运动以来逐步对儿童的重视的历程和现象，以此呼吁尊重儿童、保护儿童。

……

尊重儿童与爱护儿童是近代的事情，是随着科学的发展、文明的进步而越来越有利，在理论上也越来越精密进步的。在学理上提出尊重、爱护儿童的重要的，可归纳为如下两方面：

一方面是根据于生物学，从个体生存与种族保存的观点出发。高等动物爱护幼儿的本能很强，有人损害它的幼儿，无论它如何的软弱，它都会起来拼命的，这就是最显著的一种强烈的要求。从进化的程度来讲，生物越是高级的，其爱护幼儿的方法就越周到。另一方面是根据于儿童学，人类儿童需要父母照料，养育的时间最长，占全生命约四分之一的时间，人类长幼依赖的要求特别大，造成了人类的慈爱。儿童学者以此为人类社会进化的有力枢纽，因而尊重儿童、爱护儿童的程度可成为社会进化的标度。这种根据是很有力的。但是，单从这方面来看，将生物学和儿童学夸张，以为这是爱护儿童的唯一原因则不免陷于错误。爱子是生物的天性，但是，同样地，生物也有吃自己亲生孩子的天性：猫生下小猫，狗生下小狗，只要遇着它饿，它就要吃几个的。如果承认生物具有爱儿和吃儿这两种天性，则具有生物的通性的人类，在野蛮的部落里，吃小孩也不足深怪。大饥荒找不到食物的时候，头一批被吃的就是小孩和老人；打败仗被追逐，跑得累了又没有粮食，小孩是自然地被拿来充饥。有了历史的文字的记载以后，也还有这种吃人的事实：圣人出世的春秋时代，宋国被围，在城里的人们没有办法也就吃小孩，《左传》就有这种事实的记载。目前沦陷后的中山先生的家乡——中山县以及顺德等地，成帮成帮的儿童成为救饥的食物，澳门也有小孩子的肉出现于卖市。人类不只是吃小孩，而且吃的方法高明得多了："子女玉帛"就是把小孩当"玉帛"的东西看，可以买卖，可以争夺，可以交换，可以当礼品的。把小孩来做奴隶，古今中外是到处有，地主一家就有十个八个丫头当牛马一样地使用。这些都不是无知无识的人干的，而是读圣贤书、教养很高的士大夫干的。工厂的童工问题，欧洲百多年来已闹震全球。五六七岁的小孩，孤儿院的孩子成群成群地被拐到工厂里做工，做死了就埋在厂里没有人知道。人类爱护小孩，但有时也会吃小孩，而且吃得更阴险更残酷，这是禽兽所不如，亦不如禽兽的地方。我们从没有听到猫狗开工厂来吃小猫小狗，也没有大狗拿小狗来当丫头的事情，人类就懂得这一手法，吃得文雅，高妙，优美，这就是人类文明的另一方面。

但是，我们并没有动摇我们的信念，即使说吃小孩是不好的事。我们要坚决地去认识去扑灭这种残忍地吃小孩的根源。历史事实显然地摆给我们看：人类文明史阶级出现以后的事，人类高妙地吃小孩就是阶级社会的产物。阶级就是人吃人，吃小孩也就是当然的了。在阶级社会里，爱护小孩只是特权阶级的特权，他们的小孩才是真的宝宝，穷人的却是阿猫阿狗。但是，进一步严正冷静地来看，有钱人的那种爱护是否有利呢？不！那只是变相地吃小孩罢了，——在这里显出了人类根本的不平等——是一样的属于悲惨的而不是幸福。几十年前，俄国哲学家索洛维约夫(L. 托尔斯泰的同时代者)在他的名著《善的本质》里面说，人是不平等的，与人不平等的一是上帝一是狗，他由沙皇与人不平等而推论到沙皇不是人。让小孩子过非人的生活，在封建社会里尤其如此，丫头越多的家门，其小孩就越坏。我们由富贵家的父母对丫头的态度可推知其小孩的性格：对丫头较好的，其小孩还可有好的；对丫头残酷的，那家庭养出的小孩多半没有一个是好东西的。于是被压迫阶级的小孩既然被牺牲了，而压迫阶级的也同样地被牺牲。人类固有动物的通性，而阶级文明使人类的根性变质而更凶残于禽兽。于是改造人性就非从改造社会入手不可，百多年来的尊重儿童的运动就证明了这论点没有错误。

……儿童解放与政治解放，社会改造，社会运动，处处是连在一起没有分开的。十九世纪的民主革命，虽然是很有限度的革命，而毕竟是空前的革命，因而儿童教育的事也随着各国民主实现的或高或低而或多或少地展开来。德国尽管是幼稚教育的首创者，但办得不如英法的彻底，而欧洲办的又不如西半球的美国那样来的彻底。在苏联革命前，美国是全世界幼稚教育最发达的国家，这就是因为美国的民主程度最高的缘故。

一九〇〇年十二月卅一日夜晚十二时出版的《儿童世纪》作者爱伦凯[1]夫人是瑞典的妇女运动家。她择定那一个钟头来出版这部书，意思是说：二十世纪是儿童的世纪，儿童应该得到解放了。但是，真正的儿童世纪是始于一九一七年苏联革命的成功。苏联在短短的二十年间，不知道做了多少工作，美国那样发达的儿童教育也就瞠乎其后比不上了。在内战时期，几百万被丢弃的流浪儿童，苏维埃政府却把他们教育成为建设的工人和革命的领导者。英国费边派[2]的名人韦白氏夫妇，在其所著《苏维埃社会主义新文化》一书中，五体投地地佩服苏联。该书第十章“人的改造说及苏联的儿童”，从怀胎起一直到出生以后，由国家负责其保育及其教育各方面是如何地完善周到。托儿所的床位在一九三六年已达几百万个之多，使每个母亲享受有子女的快乐，而不感育儿的艰苦。全国到处都有专为儿童而设的研究站，他们要研究什么就研究什么，不论科学上、艺术上、生产技术上，都会有人来好好地指导。第三个五年计划，规定一九四二年全国的统一劳动学校的学生数从第一年级至第十年级，即自八岁至十八岁，共有四千万名，即是说全国每一个儿童都无条件地受足初等及中等教育。在革命以前俄罗斯文化那样的落后，而在短短的时间中，他们的成功这么大，这就是由社会改造而达到人的改造的效果。这证明了廿世纪是儿童的世纪那句话，只在苏联实现了。桂林文化供应社出版的一本小册子，《苏联的小图书馆》里面记载苏联的教育家毫无愧色地这样宣告：“我们的儿童能够看到他们所做的一切，不是为了要使他们的长辈愉快，而是为了他们自己，并且为了我们的国家的整个的未来。苏维埃的儿童不惯于谄媚与卑屈的。他们不能像对一个操纵他们生死权的人一样对工头低头。由于他们父母的榜样与他们整个的环境，他们看到一切事业都为他们而开放，一切要达到成功之路完全依靠于他们在教室里的用功与恳切的努力。”我们读了这段话，若只从理论上说，现代教育家都晓得的，然而使人佩服的就在他们那里能够兑现。为什么如此？就因为他们那里真正革了命，在那里真成功了社会主义的建设，人吃人的旧习肃清了，人性改造了，因而儿童们得到真解放。怪不得他们这样说："我们的儿童在我们社会主义的国家里，比任何人更感受到新鲜空气。"这就是为什么他们能自由学习、发展与预计他们的将来。这就是为什么他们能了解他们的前途，知道爱他们的祖国，并且为了要成为苏联的良好公民与爱国者而奋斗。

我们领悟了要儿童教养事业大规模地推行，必须改造有史以来人类的劣根性，而人性的改造又不能靠"正心诚意"那一套玄功，而唯有凭社会改造。现在中国正在必须改造之际，因而儿童教养事也零星地开端。可是我们必须深切认识这并非点缀升平的慈善事业，更不是亲贵们或命妇们的化装游戏，乃是一种紧张的革命斗争。假如剥削的社会机构还顽强地保留着，贪污还毒疮般含脓着，那便是人还在那里恣意地吃人，那么，任何冠冕堂皇的儿童教养事业都要变质。挂的尽管是"机房教子"的牌，而唱的还是"辕门斩子"的戏。现代儿童学、心理学的研究并非没有贡献，只是所贡献的限于教养的技术方面。先把儿童爱护变成社会上每个人都关心的事业，才感觉得到技术改造的需要。只凭儿童心理学、儿童本位的教育学说的讲习研究，决不能变化人们的气质，这一类的说教决不能化除人们吃小孩的兽性。

中央教育科学研究所编：《林砺儒教育文选》，北京师范大学出版社 1984 年版。

注　释

1. 爱伦凯：指瑞典女作家、教育家、妇女运动家爱伦·凯(Ellen Key，1849～1926)。她是自由教育论的拥护者，认为 20 世纪是儿童的世纪，教育者的使命在于帮助儿童本性自发的发展；理想的学校应放任儿童自由，废止班级制度和教科书，教师只作为儿童的伴侣，一切活动以儿童为中心。主要著作有《儿童的世纪》、《二十世纪的儿童世界》、《妇女运动》等。
2. 费边派：1884 年，由英国资产阶级改良派知识分子在伦敦组织了一个费边社，主要代表人物有悉尼·维伯(即文中所言韦白氏)、萧伯纳等。该派反对无产阶级革命和无产阶级专政，主张采取温和缓进的办法逐步实行资产阶级的社会变革。

了解少年儿童是教育工作的先决条件

《了解少年儿童是教育工作的先决条件》一文，原载于 1953 年 11 月 11 日《人民日报》。林砺儒在该文中强调了解儿童是教育工作的先决条件。了解儿童不仅包括了解儿童生理发展特征，还包括了解儿童的心理特征和儿童所面临的

社会现实。

新中国建国四年来，全国少年儿童入学的达到五千万名以上，而参加少年先锋队的也已达到七百万，这事实证明了我们的少年儿童在新社会是得到了爱护的，少年儿童教育事业是得到了发展的。学校和少年先锋队在进行新知识教育和爱国主义教育上，都做出了不少成绩，同时也涌现了一批模范的进步的教育工作者。四年来我们培养新的一代是有成绩的。可是由于旧社会遗留下来的陋习还未清除，还有人轻视少年儿童教育工作，而误认为做教育工作没出息；又还有人轻率地用粗暴的方法，强迫命令、甚至于斗争的方式来对待少年儿童，因而造成了工作上很大的损失，这也是不容讳言而今后必须努力改正的现象。

我们做哪一种工作，都必须清楚地了解自己的工作对象，这是自明的真理。汽车司机必须了解汽车，骑士必须了解马，园艺家必须了解植物，教育工作者当然必须了解少年儿童。其实了解少年儿童是比了解车、马、植物难得多的。若偏偏把教育少年儿童看作人人会做的事，值不得进行了解，更谈不到钻研，那是很大的错误。

少年儿童是人生发展极旺盛而迅速的时期，从婴儿期达到青年期这时间约占一个人寿命的四分之一。发展的另一方面意味着未成熟，儿童由于相当长期未成熟，就可能学会许多的本领，所以，这又叫做少年儿童的可塑性，即是可受教育性。少年儿童们凭着这可塑性就能够在一二十年的时间基本上学会祖先们经过千万年积累下来的文化遗产。所以说儿童期——广义的——是人生之宝。例如小学程度的算术，那是人类积累了千万年的经验才归纳出来的科学知识，可是现代的儿童在小学里只花一千二百小时左右就学会了，那是多么便宜啊！我们的孩子们能够这样发展成长，人类就因而能够无限地进步。

孩子们从出生以至于成熟，这个发展是极复杂而又极迅速的过程。关于儿童身心发展的研究，虽然还没有达到最高的成果，但已经找到了它的基本发展规律，这种规律性，是我们所应该掌握的。

儿童身心的各方面——各器官、各机能——不是平均地发展，而是有先后快慢的。试把一张五六岁孩子的相片放大到七八尺，也还是个孩子，因为他的脑瓜大而腿短，谁一看也知道那是孩子的相片。这就说明了脑瓜的发育和腿的发育不是平均的。一到了十四五岁时，腿长得快，而脑瓜倒大不了多少了。这是最显著的例子，其他各机能也都如是。

身心各方面的发展变化又不是彼此隔绝孤立的，而是交互影响成为统一的个性的发展。在发展过程中部分的变化往往表现为全面的变化，这发展过程还是整个的。例如儿童由于心脏跳动得快，就容易疲劳，注意力也难持久，因而表现出多心而又不耐烦的孩子气。在发展的各时期中，幼儿、儿童、少年和青年，他们的姿态、神气、言语行动、脾气嗜好，都显示着各个时期的全面的面貌，这是我们所容易观察得到的。

由于身心各方面发展的不平衡，而又时时都形成统一的发展过程，我们就可以说儿童发展的过程是有阶段性的，每一个阶段都有那一阶段的特征。阶段和阶段之间有规律地交替着，前一阶段准备好后，到了一定时期才突然开始显出后一阶段的特征，例如思维，往往有人误认为要到了少年期才开始，童年期还没有思维。其实不然。八九岁的儿童也有思维作用，只是带有具体的感性的特征罢了。儿童在小学里学习语文，正是学习思维。就是说：他们了解语文课本所说明的事物，同时也学习运用语汇和句子语法来思维。假如小孩不会思维，那么，小学生怎能学习语文呢？我们的古老教本——《三字经》就说过："口而诵，心而维。"意思是说：口一面在念书，心一面在了解，在思维。不少教师的毛病正是不晓得语文教学是思维教育，而只要孩子们机械地认字背书。那样的语文教学便不能不失败。童年期的具体的感性的思维，蓄积了一个时期，便准备了以后少年期青年期进行抽象思维的条件。由此可见，儿童发展的过程是渐变和突变辩证地交织着、结合着的过程。

儿童身心发展的过程又决不是像资产阶级的儿童学所说的那样纯生物学的过程。儿童发展是在人类社会环境、社会关系——阶级关系之中，在今天的文化环境中。如果离开社会的阶级关系、文化环境来考虑儿童发展，那便是大错特错。河北的孩子和岭南的孩子呱呱坠地时，声音是一样的，而长大了说话就两样，这就因为两个地方的言语环境不同。至于河北的狗和广东的狗吠声却是一样的，就因为它们没有言语环境。

儿童受社会环境的影响，又决不是像动植物受自然环境影响的那样被动地无可奈何地接受，而是可能用积极的能动的态度来迎接或抗拒的。环境不只是为人所接受，同时也可为人所改变。当儿童能积极地应付环境时，他们便可能改变环境对自己的影响。

进步的社会的教育正是有目的有计划地领导儿童用积极的态度应付环境的作用。例如今天中国的孩子都知道美帝国主义者可恶可恨，而在国民党反动派统治时代就很少知道。难道美帝国主义是在最近四年才忽然变得可恶了的吗？不是的。是因为今天我们的教育是在工人阶级领导下的教育，所以才能帮助孩子们把美帝国主义的可恶的面目揭露出来。儿童是以社会成员的身分，在曾经人类祖先所缔造的环境中，用积极的能动的态度和现实环境接触，这样地发展自己。教育工作做得越有效，儿童的积极性和能动性便越提得高，因而越能有效地了解环境，批评环境，接受那些影响，抗拒那些影响。只有在人民的社会，儿童才可以受到这样的教育。因此，又该说：在人民的社会，环境给儿童的诸多影响之中，教育是可以起主导作用的。

社会环境又不是一成不变的，而是经常地在变化发展，因而给儿童的影响也常在变化。在剥削阶级统治下的社会，尤其是在快要没落的阶级统治下的社会，虽也是有变化的，但由于统治阶级不承认变化存在，更用尽力量抗拒进步的东西而卫护腐朽的东西，因而那样的社会不可能有合理的教育，儿童们也很难得到正常的发展。只有人民真正掌握了政权的社会，人们才公认社会的变化，公认新的东西应该产生而陈旧的东西应该死亡，而且按照社会发展法则有计划、有步骤地把社会向着理想推进。这样的社会变化发展是丰富而迅速的，因而影响儿童的发展也是丰富而迅速的。这样的社会是社会主义的社会，我们今天正在逐步地过渡到社会主义社会。在这样的社会中，教育工作就可能朝着社会发展的正确方向，审查着儿童发展各阶段的水平，领导儿童了解他们可能而又应该了解的东西，接受那些可能而又应该接受的影响，批评或抗拒那些可能而又应该批评或抗拒的影响。在这里的教育工作者的工作任务是愉快而光荣的，同时又是十分艰巨的，所需用的学识是广博而丰富湛深的。今天的教育工作者若是还沿用旧时的强迫命令，讥笑怒骂，甚至于乱整乱斗或体罚等等荒谬而笨拙的方法来对待儿童，那就不免太失策了。

从以上简单的说明，可知我们教育工作的对象是各个具体的生气勃勃的新民主主义社会的儿童，将来要长成为社会主义社会的成员。他们每个人的发展都包含有各人的天资、禀赋、特征、知识和修养的总和，也含着各人在生活中所受到的一切社会、家庭、阶级、交游以及学校教育的影响，而我们的社会又正在逐步地过渡到社会主义社会，这里面是十分复杂的，而且也还是在变化着发展着的过程。因此，我们进行工作必须十分慎重，十分细心。以下要就我理解所及提出几点，以供参考：

第一，要十分重视儿童健康。儿童正在发育，好比植物的嫩芽，前途的发展固然很大，而同时也是很容易受伤害的。这时期若得顺利地发育，便是一生的幸福；蒙受了伤残，便会耽误终身，甚至于夭折。例如儿童容易感受脑炎病，传染性的皮肤病，各种结核病，又容易弯腰驼背、脱臼折骨、扁桃腺肿大等等，这些都是医学已经证明了的。学校里儿童集体地生活着，卫生环境若不好好地布置，传染病便容易发生或蔓延。学校体育是为得要帮助儿童身体发育，若竟然造成伤害，那就大大违背了体育的本旨。课业负担过重，造成经常的过度疲劳，也是有损无益。对于儿童的健康，体育教师和校医固然直接负更多的责任，而校长、班主任、少年先锋队辅导员也必须经常地注意。家长也有责任随时向学校和团队提供意见。儿童期、少年期少男和少女都各有其应特别注意的特点，决不可忽略。身心两方的发展是密切地相关着的，精神的刺激可以影响身体健康，而身体的变化也可以影响精神，这都必须细心处理。健康固然要积极地锻炼，以增加抵抗力，然也要恰如其分，过分夸张锻炼而不顾发育的条件，当然是有害的。

第二，重视学习。上面说过，人类有特别长的儿童期，才能在社会文化的环境中得到发展，这是人类无穷地进步的一个原因。儿童在其发展的过程中学会了祖先所缔造的文化，掌握了人类社会的实践经验。他们学习使用他们周围的物质，掌握社会的物质的生产的基本方法。他们一步一步地进入社会关系日益广大的范围，了解这些关系而学会了和人们联系的各种行为方式。他们学会了语言，从而掌握人们所知道的周围世界的事物，领会人们怎样去想象它们，它们怎样被反应，怎样被认识。所以在儿童期，除健康第一之外，主要的任务是学习。也应该说，保卫健康，就为的是好好地学习。在资本主义社会，只知道使用儿童，剥削儿童的劳动力。他们为要更多地剥削儿童劳动，才给儿童们一点儿教育，这就是资本主义社会的义务教育的起源。我们人民的国家爱护儿童，要儿童好好的学习，以备将来长成后有效地为人民服务，因而在未成熟的儿童期，对他们的要求就以学习为主。学校的课外活动和少年先锋队的活动，其主要目的都还是学习。儿童们参加各种活动虽也可能对于公共卫生、公安、生产等方面作出一些惊人的贡献，但还是环绕着学习，主要目的还是为学习得更好，而工作成绩只是学习的副产物罢了。这是我们人民的国家在对待儿童方面大异乎资本主义社会之一点，应予注意。学习既然是儿童们的主要任务，我们布置儿童们的学习课堂教学、课外活动和社团活动等，都必须适合他们身心发展的条件，才能使他们学习得更好，在他们现有的发展基础上得到更进一步的发展。这些学习活动倘若无益于儿童的发展，或者有害，那便是要不得的。所以一面要看需要，一面要看儿童发展条件之所及，即儿童主观的可能。如果不是儿童能力之所及，从他们主观方面说，便还不需要这种学习。因此，以教育成人的办法对待儿童，硬灌一些儿童所不了解的东西是不对的。然而儿童发展若达到了有某种学习的可能，而我们还不指导他们学习，不启发他们的学习兴趣，也是妨害了儿童生长。例如逻辑的思考，随着儿童年龄和智慧的发展，其可能性便逐步增加，因而系统的科学的学习便成为需要；倘若还借口要等待儿童自发的兴趣，而不帮助他们动脑筋，也是不对的。所以布置一切学习活动都必须慎重地考虑儿童的年龄特点和个性特点。

第三，要重视研究儿童发展的科学成果。关于儿童发展的研究，今天虽还算是后起的科学，还未十分成熟，然而在生理和心理方面，尤其是在儿童医学方面，也得到了一些可信的成果，这些成果可以帮助我们进行教育工作，值得重视。当然，很多目前现成的科学原理都还未能算是最后的定则，而还有批判发展的余地，何况后起的儿童教育的理论呢？然而一种理论若在实践上有了相当充足的论证，在未曾有更好的发现以前，就可以用作我们进行工作的指针，至少也可供重要的参考。我们要批判它，要修正它，也只有在实践上更深入地检查，发现更充足的论据，才有可能。换句话说，要批判现成的科学，只能凭借更高一步的科学。我们教育工作者若轻视现成的教育科学、儿童教育的理论，甚或只凭主观的臆测，或片断的经验类推，而抹煞现成的科学理论，以自夸创造，那将难免轻率误事。须知在生产工作上轻率从事会糟踏一些物质的资料，而在教育工作上轻率从事将会残害儿童的人格。苏联的教育理论是依据马克思列宁主义的观点和方法研究得来的，他们的论证是尽可能全面的，因而是值得我们学习的。学习苏联的先进的教育方法，必须注意他们那些方法所依据的科学理论，他们考虑所及的方面是很多的，包括着儿童生理的发展和心理的发展的各方面。如果我们只搬用一些苏联教育方法的形式，而忽略了其中丰富的理论研究，那将会是有形而无神。近来有些学校采用苏联“准备劳动与卫国制”的体育而结果失败，其原因就在此。我们教育工作者虽很难人人成为儿童研究的专家，但为着我们工作的需要，经常地留意学习有关的科学理论，是必需的。

第四，深入地了解儿童。现代教育理论固然还未达到十分成熟的科学境界，即使今后更加进步发展，估计也不可能得到像工程学那样任便应用无讹的公式。这就因为工程学的对象是一些无生气的物质，而我们工作的对象是活的儿童。这里面包含着生理的变化，心理的变化，一切社会关系的历史文化的影响，以及今天以前儿童们所已接受的教育教养。由于这种发展过程是如此复杂丰富而变动不居，我们便不可能有何时何地都可通用的公式。往往一种教育方法对这个儿童有效，而对别一个就无效；同一个儿童今天适用这种方法，而到明天就未必适用。饶它是教育的验方，若运用起来，也还要存于教育工作者的一心。我们教育工作者怎样能有如许玲珑的心呢？只凭着深入地了解，教育工作者的威信，就是你赢得孩子们的信服，你对他们才有权威，才能取得你所期待于他们的反应。所以你要热爱儿童，才能了解儿童。你了解他们越透彻，你便会更热爱他们。因而热爱和了解是互为因果，交互发展的。热爱决不是姑息，你严正地对待孩子，也该是从热爱出发，才可有效。往往有教师批评儿童的错误而儿童毫无所动于衷，而换一位教师来，孩子却感动得呜咽流泪，这里的区别就是在热爱够不够。

你发现孩子的优点，你固然爱他，你发现他的劣点，甚至于要惩诫他，也只有你对他更加热爱，你才能想尽方法，坚决地要他改正；给学生惩罚，也不是报复，乃是一种矫正手段，他也只有在受到你热爱的感动时，才翻然悔悟。教育工作者热爱自己的祖国，热爱世界上爱好和平的人类，因而热爱新的一代；为得更好地教育儿童，就热爱一切有关的科学，以求自己的工作做得更好，这叫做"教育爱"。你要培养孩子们的五爱[1]品德，你自身就先要充满着教育爱。有所爱当然也有所恨，可是你能爱好的东西，才会恨坏的东西。你发现儿童的缺点，同时又晓得他有学好的可能性，因而你就会坚持要他改正，决不容许缺点永久留存。孩子们为甚么容易犯错误呢？上面说过，儿童发展的过程是含有矛盾的，这矛盾现象在少年期的行动上表现得更显著。他们自身含有矛盾，而自己又还无力控制，因而易犯过失。教育工作者就必须根据孩子们的心理，扶植他们的优点，鼓励他们走上正确的道路，以克服那些缺点。在指导儿童生活上固应如此，在指导学习作业上也应如此。学习作业的错误也往往是由于儿童有自己难于克服的矛盾，或是思维上的矛盾，或是注意集中和分散的矛盾，小学的儿童更不易自力克服，因而必须依靠老师热情地正确地给以帮助。由此看来，指正孩子们学业的或行为的错误，都必须靠老师的热爱。倘若老师只会怒骂一顿或讥诮一番，都是有害而无益的。教育爱决不是一副单纯的软心肠，而是为着祖国的前途，为着孩子的前途，为着科学的真理，而不惮烦地寻觅最有效的教育方法，不达目的绝不罢手。这里面含有大慈悲，也含有大智慧和大果断。所以说：最良的教育方法存在于最优的教育家人格之中。

矛盾不只是存在于儿童生理的和心理的各种机能发展的过程中，而也有的是社会现实在儿童心里的反映。这种反映在童年期少有，而到少年期就有了，青年期会更多。例如少年青年时期的苦闷彷徨。青少年们和社会现实接触一天一天深入，知道的事情天天增多，他们就会发现那里有些矛盾，不易解释；又把社会现实和他们所学到的一些理论知识相对照，也会发现有不尽相符之处，因而怀疑，因而苦闷。这种青少年苦闷现象，资产阶级心理学者认为是青年们无可奈何的宿命，叫它做心理的危机。其实大谬不然。资本主义社会所有的不合理现象，在他们自身是无法解除的，他们也决不肯让青少年们晓得个中真相，因而只好听他们苦闷下去，直到向现实屈服为止。而在我们人民的社会，发现青少年们有这类疑问，正好是我们进行政治思想教育的良好条件。我们应该给青年们指明：这些不合理的现实，其中哪些是旧社会留下来的残余，我们正在如何大力批判，进行清除；哪些是过渡时期所不可避免的事实，这里哪些还是好的一面，哪些是坏的一面，应如何发展好的克服坏的。只要教育工作者透彻了解人民国家的方针政策,就青少年们理解力之所能及,恳切地指示他们以正确的解决途径,就可使他们释疑,把认识提高一步。他们认识了新社会不怕揭露错误,不怕暴露缺点,但有勇气去批判,有办法去克服;哪还有甚么不可避免的苦闷危机呢?然而这样地进行政治思想教育,也绝不同于和思想敌人作斗争。教育工作者绝不该把自己和少年们对立起来,哪怕他们的认识上存在着一些错误,只应同情地扶植他们正确理解的要求,而克服那一面的误解。要说是斗争的话,也只能说帮助他们认识到进步的一面和落后的一面作斗争。硬搬"三反"、"五反"的形式来进行政治思想教育是不妥当的,不只是不能解决少年们的苦闷,倒会更加深苦闷。

教育工作者只要能深入地了解儿童,就会在儿童发展的过程中,看出活的生理学,活的心理学,活的政治经济学,活的社会史,从那里就会取得精良的教育理论和方法。那里的含义如此丰富,难道还不值得我们细心钻研吗?深入地了解儿童,也就是向儿童学习。我们的古训"教学相长"应作如是解。

教育工作者同志们!我们必须遵照党和人民政府的指示,要儿童们身体好,学习好,工作好,大力完成祖国交托我们的光荣任务!

中央教育科学研究所编:《林砺儒教育文选》,北京师范大学出版社 1984 年版。

注　释

1. 五爱:共和国成立后提倡的国民公德,包括爱祖国、爱人民、爱劳动、爱科学、爱护公共财物,并以此来教育和要求全体少年儿童。

儿童教育的远景

《儿童教育的远景》及后文《学"生"的孩子》均为孙铭勋的教育论作。

孙铭勋(1905～1961),贵州平坝人。我国著名的幼儿教育家。初中毕业后即决心献身于教育事业,考入贵阳师范学校。1927 年 12 月底,与戴自俺一起进入南京晓庄师范,师从陶行知、张宗麟,学习幼稚师范教育。1931 年前往淮安协办"新安小学",并创办"新安幼稚园"。1934 年 4 月为解决沪西女工困难,在上海工人区开办"劳工幼儿团",为我国第一所专为工人子弟服务的学前教育机构。1935 年于广西南宁国民基础教育研究院办幼稚师范班,1939 年协助陶行知创建育才学校,1944 年曾回贵州任平坝县立中学校长。共和国成立后,曾任重庆育才学校校长。1956 年收集整理出版过《四川儿歌》。后受迫害因饥饿死于 1961 年 1 月。其幼儿教育专著主要有《乡村幼稚教育经验谈》、《劳工幼儿团》、《古庙活菩萨》、《从行知诗歌看教育》、《幼稚教育》等,现辑有《孙铭勋教育文选》。

在《儿童教育的远景》一文中,孙铭勋强调幼儿教育要及早进行,即从男女青

年准备结婚时进行的体检到怀孕期间的保胎、养胎都属于幼儿教育的早期阶段，在婴儿出生以后，应该由专门人员负责教养。在儿童观上，孙铭勋反对将儿童看成是成人的缩影或成人的预修，主张儿童有儿童的生活和世界。

处在现时代的阶段里，哪能容我们来谈理想国。然而几千年遗传下来的劣根性，脑海里又免不了时时浮起一些幻想。因此，我们现在正从事儿童教育的人，也不能不看看儿童教育的远景。夫所谓远景者，非可望而不可及的海市蜃楼，乃其道里之不可由人计程而达。然而，倘若时代的法轮加以极大的人力的推动，火车之外尚可制造飞艇，则我们在今日为空谈的儿童教育的远景，不久之后也不难亲履其地。

儿童到了四五岁时才来注意教育，已经迟了。因为儿童身心之健全与否，在他父母媾胎时的细胞中，已经注定了。所以，彻底的说起来，教育儿童应该从青年男女结婚时教起。将来的社会，对于男女结婚，应该负担下面的几种责任：

一、体格检查　在一对青年男女准备结婚的时候，要施以严格的体检。没有达到结婚的年龄，或身心有了缺陷，是不轻易给他结婚的。

二、性的指导　有许多儿童一生下来，就有许多宿疾。如：五官不正及各部畸形的发展，甚之如梅毒的遗传，都是性的关系。青年男女没有正当的性知识，当然先就戕贼了他自己的身体而又危及他的儿童。将来的社会，对于一般青年男女，关于性的各方面的知识，应有指导的机关。

三、新婚生活　青年男女在婚后所过的生活，影响于儿童身心者甚大。所以婚后生活，应该与一般常人不同。劳动的时间，娱乐的场所，以及营养的质量等，在将来的社会里，都要有适当的规定。

四、孕妇学校　在媾胎以后，儿童的一切，完全由女子负责。孕妇的衣食住行以及其他一切，都要有人负专责指导。所以，在将来的社会，孕妇学校是必须普遍地设立起来。儿童不是成人的缩影，也不是成人的预修。儿童有儿童的生活，儿童有儿童的社会。但现在的儿童，是沉溺于成人的社会中，没有自己的社会。虽然也有人高呼儿童中心教育，或儿童自动学校，但在儿童社会没有建立以前，即使做到也是畸形的。所以，要使儿童受到健全的教育，首先要建立儿童的社会。

儿童在现代所以没有他自己的社会，以及在现社会中之所以没有儿童的地位，都是由于儿童在现社会的经济制度上没有权利。儿童既没有得到他应得的生存的权利，而又不能不生存，所以只沉溺于成人的社会之中。要建立儿童的社会，就要在现社会的经济制度上夺取儿童的经济地位，夺取儿童的应得的生存的权利。

在儿童社会已经建立起来的时候，儿童出了母胎，生活上所需要的一切，不惟不许成人侵越，而且应比成人优先享受。从出了母胎以至于成年的整个时间，都由专门的医生及教育者负责教养。在这一段时间内，关于儿童的一切事务，都由儿童自动组织以进行。儿童的一切不好的习惯，都是从成人队伍中学来的。所以，这时的成人，要在专门对儿童负责的人所允许的时间空间之内，才能与儿童会晤。就是在儿童自己的队伍中，年岁相差较远的，亦应当有相当的隔离。年龄大的儿童，常是喜欢欺负年龄小的，而且容易将许多恶习惯传染过去。就现社会所见，手淫及鸡奸等事，总是年龄大的引诱年龄小的。

远景，自然是很模糊。就是用望远镜看，也不能十分清楚。所以，我也不必多谈了。如果要尽情欣赏，只有坐着飞艇飞到那里去。然而中国还不能自己制造飞艇，我们干儿童教育的人，更没有飞艇可坐。怎么办呢？“航空救国，快快捐钱。”然而这是救国，并不是救儿童，更不是为我们干儿童教育的人去看见儿童教育的远景。

怎么办呢？朋友们，我不是在这里开玩笑。

邝忠龄编：《孙铭勋教育文选》，重庆出版社1984年版。

学“生”的孩子

《学“生”的孩子》是孙铭勋幼儿教育著作《从行知诗歌看教育》中的一篇文章，相对应的还有一篇题为《学“死”的孩子》。在本文中，孙铭勋主要通过陶行知的诗歌来形象生动地描绘幼儿教育，既是作者自己幼教思想的体现，又是陶行知“生活教育”思想的反映。

夫子[1]一生的事业的基点是教育，他的诗，可以说是教育诗。而且，他不是“为教育而教育”的，他的教育是和国计民生人类命运息息相关的。因而，从他的诗歌里，又可以寻出目前中国教育的脉络来。现实的中国，走着死亡与新生的两条路。现实的教育也是走着这两条路，现实的孩子也是走着这两条路。用夫子的诗歌唱出来，那就是：

小孩子！
小孩子！
哪几个是学生？
哪几个是学死？

在这样简单的几句诗里，包含了无限的深意与真理。据夫子的说法，教育的意义是长进的意义，是变化的意义。“教人变好的是好教育，教人变坏的是坏教育，活教育教人变活，死教育教人变死”。夫子的教育是“生活教育”。什么是生活呢？夫子说：“有生命的东西，在一定的环境里，生生不已，就是生活。”儿童是有生命的，他当然要生存，要生活，要生长，要有生气，要生生不已。而且儿童虽然小，但他有他的幻想，理想；也有他的欲望，希望。而且，这些，有时是为大人所不及，有时是为大人所不了解。也就是说：他的生之意志，生之力量，比大人还要强烈。所以：

人人都说小孩子，
谁知人小心不小；
你若小看小孩子，
便比小孩还要小。

人类的文化幼苗，是活跃在孩子们的心灵里。人类的生命之火的延续，是燃烧在孩子们的血液里。虽然他的身体比较小，年龄比较小，但他潜在的新生的活力，实在不是小的。夫子就用他的慧眼看清了这种新生的活力，所以，他劝人们不要“小看小孩子”。

然而，不要“小看小孩子”，并不是说就要“大看小孩子”。把小孩子看成“小大人”也是不对的。幼苗发展成为栋梁，但幼苗又毕竟是幼苗。在幼苗的时候，他潜在着可以发展成为栋梁的活力。但如果得不到适当的阳光、温度、湿度、压力、养料，也是不可能发展成为栋梁的。一般的大人们，对待孩子，通常不免是这个极端的不适当的态度：一个是放任，一个是拘束。夫子在他的“儿子教学做”里所分的四个阶段，就表现了适当的科学的态度，让孩子们一步一步的发展。

（一）三餐喂得饱，
个个喊宝宝。
（二）小事认真干，
零用自己赚。
（三）全部衣食住，
不靠别人助。
（四）自活有余力，
帮助人自立。

在自然之神的手里，孩子们的发展，是必然的合乎这四个阶段。但一到人为的不合理的手里，就会摧毁了这四个阶段。夫子把他提出来，加以说明，他自己是这样做，同时也教育一般的大人们，要这样对待孩子。夫子又鼓励孩子们：“小时做小事，大时做大事。”“肯用手做事，肯用心做事。”“手到心到做小事，心到手到做大事。”

生物进化的历程，首先发生的是维持自身生命所必需的基本的生理机能，然后是接受外界刺激的感官和动作的能力，最后才是抽象的思想意识和道德观念。人类之所以成为人类，首先是解放了手，然后才发展了脑。在手的基础上发展起来的脑再回过头来指导手的时候，那就聪明了，高级了。由具体的手的体力的工作发展到脑的抽象的工作，这是自然的合理的有基础的。所以，夫子教育孩子们用手。

小朋友！
小朋友！
我看看你的手，
可拿得动扫帚？

他看见桃红、小桃[2]学打毛线围巾，于是，他又唱起来：

头绳两三根，
指头拨几针，
穿来穿去不费神；
说说笑笑，
围巾做成好披身。

而说得最清楚明白的，那就是《一双手》：

小朋友！
小朋友！
你有一双好宝贝，
身上摸摸有没有？
找不着吗？
你有，你有，不会没有！
我告诉你吧？
就是你的一双手！
玩秋千，
翻筋斗，
送糖果儿进嘴，
和小弟弟比球，
数一数你的快乐，
哪一样不是靠着这双手？
如果你也想去打倒帝国主义，

还须拿出你的拳头。
会用这双手，
什么也不愁，
穿也不愁，
吃也不愁，
玩也不愁。
小朋友啊小朋友！
千万别忘记，
求人不如求手。
别学那没出息的人，
好事怕用手，
个子那么大，
拿不动扫帚，
整天逛趟子，
一双手儿笼在袖里走。
倒会抽香烟，
也会打牌九。
挨了外国人的嘴巴，
忍着气儿不回手。
倒会欺弱者，
欺人还要人请酒。
这样一个人，
你看丑不丑？
他既有手不会用，
何妨打他几把手！
天给我手必有用，
精神全在"做"字上，
攀上知识最高峰，
探取地下万宝藏，
铲除人间的不平，
创造个世界像天堂儿模样。
这些事儿没有完成，
绝不可把手儿放。

夫子常常告诉人们:要"手脑联盟"。他的《手脑相长歌》是大家都唱得烂熟的一支歌。一九四〇年,育才学校社会组的小朋友们,要修一条环山马路,选定五一劳动节开工,取名《劳动路》。夫子写了一首诗送给他们,勖勉他们要"用手也用脑"。

做工如作战,
用手也用脑,
头儿埋起来,
活路造不了!
高高兴兴干,
难苦受得了。
集体能自觉,
创造更巧妙。

每一个小孩子的小小的力量,在集体的方式下团结起来,就是很大的力量。每一个小孩子在他的能力范围内所"能"做的小事,集合起来,也就是大事。"小孩也能做大事"。大与小,是相对的,不在于这件事的本身,而在于它所起的影响。人,不但有着自然的存在,而且有着社会的存在。一个人的工作事业之大小,不仅在于这件工作事业的本身,而在于社会的意义与影响。因此:

四月四,
四月四,
小孩也能做大事。
做什么大事?
学新文字!
教新文字!
有了新文字,
大众个个会识字。

四月四,
四月四,
小孩也能做大事。
做什么大事?
研究国事!
报告国事!
知道了国事,

大众自然会管事。

四月四，
四月四，
小孩也能做大事。
做什么大事？
嘴上长刺！
手上长刺！
遇了敌人来，
千千万万向前刺。

夫子的教育的方法是“教学做合一”，在“教学做合一”的方法下，每个人都是先生，都是学生。“会的教人，不会的跟人学”。老头自然可以教小孩，同样，小孩也能教老头。老头和小孩，本来是人类社会的整体，不能缺少哪一部分。中山先生的“必须唤起民众”，是中华民族解放的一件大事。这件大事是要用很大的力量来做的。而这很大的力量里，必须包含着小孩的力量。千千万万的小孩的力量结合起来，就是一个很大的力量。在我们这个落后的半殖民地半封建的国度里，要想唤起愚昧衰老的文盲大众，是不能忽视了新生的活跃的小孩的力量的。因此，夫子鼓励小学生去做小先生：

我是小学生，
变做小先生。
粉碎那私有知识，
要把时代儿划分。

我是小学生，
教书不害耕。
你没有工夫来学，
我教你在牛背上哼。

我是小先生。
看见鸟笼头昏。
爱把小鸟放出，
飞向森林投奔。

我是小先生，
这样指导学生：
“学会了赶快去教人，
教了又来做学生。”

我是小先生，
烈焰好比火山喷。
生来不怕碰钉子，
碰了一根化一根。

我是小先生，
爱与病魔斗争。
肃清苍蝇与疟蚊，
好叫人间不发瘟。

我是小先生，
填平害人坑。
把帝国主义推倒，
活捉妖怪一口吞。

我是小先生，
要与众人谋生。
上天无路造条路，
入地无门开扇门。

教新文字，报告时事，在牛背上教书，肃清苍蝇蚊虫等等，都是孩子们能做的具体的工作。这些工作，孩子们做起来，实在比大人们要方便而有效得多。把千千万万的孩子的力量集合起来，完成了这些工作，对于人类社会的贡献，实在是很伟大的。何况打倒帝国主义，粉碎私有知识，为人类开辟生路，这些不但是做人的正确的态度，而且是人类光明的远景。人类的光明的远景，是要在孩子们的生命里发芽。在整个人类里，虽然有个别特出的伟大人物，但这些人物，是从整个中磨炼出来的。而且这些人物，在幼稚时代，也会有特出的表现。而且，“人生天地间，各自有秉赋”。倘若大人们对孩子能好好地加以养育与培植，使特出的能得到特殊的发展，平凡的也得到一定的表现，这对于整个人类的利益，实在是无限量的。因此，夫子又勉励孩子们："立大志，求大智，做大事。"

我是小盘古，
我不怕吃苦。
我要开辟天地，
看我手中双斧。

我是小孙文，
我有革命精神。
我要打倒帝国主义，
像个球儿打滚。

我是小牛顿，
让人说我笨。
我要用我的头脑，
向大自然追问。

我是小农人，
靠种田生存。
为何劳而不获？
谁是我的仇人？

我是小工人，
我有双手万能。
我要造富的社会，
不造富的个人。

此外，他还勉励孩子们，"养几只老母鸡"，"种几颗小黄豆"，"捉几个小汉奸"，"劝几个好壮丁"，"化几个小仇恨"，这都是很平凡而又是孩子们所能做到的工作。从平凡中陶冶出特殊，特殊又回到平凡，夫子是一个非常特出的人物，但他生活在平凡的人民中，他一生的生活都是非常平凡，他是从平凡中产生出来的。平凡与特出的互相关联互相转化，也正如个体与群体的互相关联互相转化一样。"数量满盈能变质"，量与质，是在"不疾不息"的渐变中来达到突变。夫子于是就号召孩子们来变。

小朋友！
长长长，
再长几年，
变成一群小森林：
枝头有鸟儿谈天，
树底有野兽安眠。
那高的大的，
拿去盖大众的宫殿，
创造新纪元。
新纪元的第一年是什么年？
儿童年！

小朋友！
攀攀攀，
攀上半天。
变成一群小雨点，
落在每一丘麦田，
洒在每一丘棉园。
那黄的白的，
给大众好吃又好穿，
创造新纪元。
新纪元的第一年是什么年？
儿童年。

小朋友！
飞飞飞，
飞到天边，
变成一群小太阳：
透进每一家的窗帘，
照到每一个人的眼前。
东西南北，
叫大家认清路线，
创造新纪元。

新纪元的第一年是什么年?
儿童年。

又:

变啊! 变啊! 变,变,变,
变成许多小蚊虫。
飞到老百姓的耳朵边,
闹得大家不能再贪眠。
东洋强盗到了眼面前,
把他们赶出去,
夺回我们的田园。
插上国旗,
照耀着白日青天。

变啊! 变啊! 变,变,变,
变成无数的小灯笼,
照到老百姓的脚跟前,
好叫大家不再摸黑路。
更要提防汉奸来欺骗,
大家要相勉励,
十字路口莫流连。
抗战到底,
才算是正确的路线。

变啊! 变啊! 变,变,变,
变成无数的小媒人,
化除各党派的老成见,
好叫同胞不再闹猜疑。
敌人阴谋喜欢干离间,
大家都是兄弟,
萁豆不再自相煎。
精诚团结,
保证中华万万年。

儿童是大众的儿童,是国家民族的儿童,是世界人类的儿童。儿童生活在大众中，生活在国家民族中，生活在世界人类中。一方面要做国家民族世界人类的小主人，另一方面又要以大众国家民族世界人类为重。这一切工作，是要在日常的平凡生活中去进行，不是静止的，孤立的，狭隘的。

站起来，抗日的小孩！
长起来，抗日的小孩，
联起来，抗日的小孩！
我们要帮助大人，
把东洋的妖怪赶开：
赶出关外，
赶出海外，
叫他们知道我们的厉害，
我们是抗日小孩！

站起来，中国的小孩！
长起来，中国的小孩！
联起来，中国的小孩！
我们要帮助大人，
把中华民族兴起来，
人人有饭吃，
还有文化奶，
叫他们知道我们的厉害。
我们是中国的小孩！

站起来，世界的小孩！
长起来，世界的小孩！
联起来，世界的小孩！
我们要帮助大人，
把反侵略阵线展开！
培养新人类，
创造新世界，
叫他们知道我们的厉害，
我们是世界的小孩！

在枯燥的课堂里，死板的书本上，能够进行这一切吗？这是很难的。而是要在动的活的“生活教育”才容易而且有效的进行，“生活教育”并没有什么稀奇，他又是很平凡的。因为“生活教育”是：“生活所原有，生活所自营，生活所必需。”用夫子的轻松平淡的口吻唱起来，那就是：

青菜豆腐糙米饭，
还要看，要想，要谈，要玩，要干。
唤起四万万五千万[3]，
瞄准侵略者，战，战，战。

在夫子的“生活教育”的熏陶下，号召下，培植下，就出现了南京佘儿岗儿童自动学校。

有个学校真奇怪，
小孩自动教小孩！
七十二行皆先生，
先生不在学如在。

也出现了“没有父母带，先生也不在”的新安儿童旅行团。

我们是一群穷光蛋呀！
要把眼睛儿打开来看呀！
在山上看看，
在水里看看，
在社会里看看，
看一看，中国有多少宝藏？
看一看，有多少人没有衣服穿呀？
看一看，有多少人吃不饱呀？
你不相信吧，
三万里路跑回来呀！
这一本账，
越看越要干！
越看越要干！

我们是一群穷光蛋呀！
要把脑袋儿拿出来想呀！
对中国想想，
对日本想想，
对世界想想。

想一想，怎样可以打胜仗？
想一想，谁是爱国的大好佬？
想一想，谁是混账的王八蛋？
你不相信吧！
三万里路跑回来呀！
打开脑袋想，
越想越要干！
越想越要干！

我们是一群穷光蛋呀！
要把光阴腾出来玩呀！
打个球儿玩玩，
唱个歌儿玩玩，
做出戏儿玩玩，
玩一玩，可以免掉老古板，
玩一玩，消除闷气与麻烦，
玩一玩，没有玩的都来玩。
你不相信吧！
三万里路跑回来呀！
越玩越要干！
越玩越要干！

我们是一群穷光蛋呀！
要把嘴儿张开来谈呀！
对国事谈谈，
对世事谈谈，
对小孩的事谈谈。
谈一谈，长了嘴巴有何用呀！
谈一谈，也要吃饭也要谈呀！
谈一谈，空谈瞎说不算谈呀！
你不相信吧！
三万里路跑回来呀！
老老实实谈，

越谈越想干！
越谈越想干！

我们是一群穷光蛋呀！
要把双手儿拿出来干呀！
在城里干干，
在乡下干干，
在战场上干干。
干一干，大家的事大家干。
干一干，团结起来更敢干。
干一干，只有汉奸才假干。
你不相信吧！
三万里路跑回来呀！
保卫大武汉！
打倒小东洋！
打倒小东洋。

此外还有孩子剧团，七七少年剧团，厦门儿童剧团等等，如果是在阳光普照的地方，受到“生活教育”的熏陶，那都是民族的优秀儿女，都会成为中华民族的栋梁。

以上说的都是学“生”的一面。

邝忠龄编：《孙铭勋教育文选》，重庆出版社1984年版。

注　释

1. 夫子：古代对男子的敬称。这里指陶夫子——陶行知。
2. 桃红：陶行知的长子陶宏的昵称。小桃：陶行知的次子陶晓光的昵称。
3. 四万万五千万：其时中国人口的概计。

对于边区儿童的意见

《对于边区儿童的意见》与后文《给湖南省师范学校的一封信》均为徐特立论述教育的文字。

徐特立（1877～1968），原名懋恂，又名立华，字师陶，湖南长沙人，中国无产阶级革命家、教育家。早年就读于私塾，1895年后执教于本乡蒙馆。1905年入长沙城宁乡速成师范学校，毕业后在长沙周南女校任教。1910年赴日本考察教育。归国后，任周南女子师范学校校长兼附属小学校长，创办了湖南最早的教育

刊物《周南教育》。1913 年创办长沙师范学校并任校长。1919～1924 年在法国勤工俭学，归国后创办长沙女子师范学校和湖南孤儿院。1928～1930 年于苏联莫斯科中山大学学习。1930 年后历任中华苏维埃共和国临时中央政府教育部部长、边区政府教育厅厅长、中共中央宣传部副部长、延安自然科学研究院院长。中华人民共和国成立后，历任中央人民政府委员、全国人大常委会委员、中共第七、八届中央委员等职。1968 年 11 月 28 日在北京病逝。其著作已辑成《徐特立教育文选》和《徐特立文集》等。

徐特立倾注其毕生精力从事革命和教育事业，提出了较为独特的儿童教育观。他主张要加强研究儿童心理、教育心理和学习心理，对儿童进行革命的教育，注重共产主义理想的灌输、集体主义精神的养成以及艰苦奋斗等革命传统的教育。在儿童保育问题上，他极力强调儿童身体健康是保育工作的核心，主张设立公共保育机关并加强婴幼儿的营养。

《对于边区儿童的意见》原载于 1941 年 4 月 13 日《新中华报》第 4 版。该文主要强调边区儿童的保育工作，既要求对保育工作和儿童教育工作进行科学的研究，又主张加强托儿所机构的领导与管理。

我们的儿童目前是新民主主义革命的参加者，将来是社会主义建设的主人翁。这种估计谅为大家所公认的。

因此我们对于儿童的希望，不应该满足现有的状态，尤其是不应该满足于封建残余的儿童生活。

马克思主张废止儿童在工厂劳动，虽然他主张教育与生产联系起来（见《共产党宣言》），却不是把生产当作糊口的手段；而是把生产当作教育的手段。目前我们的工厂中虽没有童工，而机关部队中却有勤务员制度，因此把应该受教育的儿童，其中心活动不是受教育，而是洒扫送茶水工作。我以为当前战争紧张劳动力缺乏时，附带的非主要的劳动，不能不分一部分给儿童工作。但宜采取半工半读制，有系统的进行二部教授以至三部教授。

边区[1] 在历史上是文化落后的区域。父母对于子女既不知教也不知养，儿童的死亡率特别大，失学的儿童特别多，小学教师不为农村所尊重。因此，文化落后的损失不只是限于现在的成年和青年，而且贻害及将来的新社会。今日的儿童转眼即青年，稍不注意就难补救了。我以为保育工作和儿童教育工作，应该进行科学的研究，并分配有经验的、有学识的、有能力的干部去领导这一工作。保姆和小学教师，应该提高他们的学识能力。

现在的托儿所，是由各机关学校自己组织的。后起的机关和学校，常没有能力建立这种组织，常妨碍其母亲的工作，其寄托民众家养育者，因家庭妇女对于育儿的无知而影响到小孩发育的不充分。我们应该有组织、有系统的进行乳羊的生产，而托儿所应该有总的领导机关。

自抗战以来，我与儿童没有工作上的直接关系，因此不能有系统的了解，以上的材料，只是直觉得来的。加以分析，加以材料的补充，尚有待将来。希望热心儿童工作的同志们，对于我的意见加以指示。

中央教育科学研究所编：《徐特立教育文集》，人民教育出版社 1979 年版。

给湖南省师范学校的一封信

《给湖南省师范学校的一封信》，原刊登在湖南省长沙师范学校 1978 年编印的《坚强的老战士》，题为《给长沙师范(原幼师)的一封信》，在《徐特立文存》中以《幼儿教育是基础教育的基础》为篇名。

湖南省幼儿师范学校校庆五十周年筹委会：

五月七日来信收到。欣闻你校订于一九六三年“六一”举行建校五十周年庆祝大会，嘱我为你们的校庆专刊题字写文章。在社会主义制度鼓舞下，我虽年已八十七岁，精神身体倒还健康，但记忆衰退，写文章很难得体。为了不负你们热情来信和尊重你们的事业，特地写了这封回信，以表祝贺。

幼儿教育是社会主义建设事业中一项极其重要的工作。幼儿本性是很纯洁的，而他们的习惯好坏是在成长过程所接触的环境中逐渐模仿形成的。昔日“孟母择邻”就是给孩子选择好的邻居作榜样。幼儿教育是教好后一代的基础的基础，它关系到进入青年时期德育、智育、体育的健康发展。所以说幼儿教育是一项重要的工作，是非常细致耐心的工作，也是一项极其光荣的工作。做好这个工作，首先要求搞幼儿教育工作的同志自身要有高尚的共产主义的道德修养，热爱自己的专业，专心致志，钻研业务，对培养好幼儿具有高度的责任感。

我对幼儿教育不在行，没有什么新见解。不当之处请指正。

最后希望你们高举毛泽东思想红旗，以雷锋[2] 作榜样，为培养又红又专的幼儿教育工作者而奋斗！

此复，并祝

全校的同志们身体健康！

徐特立

一九六三年五月十七日

中央教育科学研究所编:《徐特立教育文集》,人民教育出版社1979年版。

注　释

1. 边区:中国共产党在新民主主义革命时期于数省之间所建立的革命根据地。始建于1927年,以湘赣边区为最早,其后陆续建立的有闽浙赣、陕甘宁、晋绥、晋察冀、晋冀鲁豫等边区。
2. 雷锋(1940～1962),湖南长沙人,中国人民解放军工程兵某部运输连四班战士,1962年8月15日因公殉职。1965年3月5日,毛泽东亲笔题词"向雷锋同志学习"。

幼儿的"教"和"养"

——关于幼儿教育的几点意见

《幼儿的"教"和"养"》及后文《把幼教工作同社会主义建设紧紧地联系起来》、《孩子的成长与家庭教育》,均为杭苇的幼教论作。

杭苇(1908～1988),原名锡奎,字一元。江苏无锡人。1926年开始在家乡当小学教师,1928年考入上海美术专科学校艺教系半工半读。1931年毕业后,任无锡盛店小学校长、城区私立蔡氏小学教员。1932～1936年先后创办《小宝宝》、《儿童新闻》、《广西儿童》、《少年知识》、《中国少年》等儿童刊物。抗战期间,任无锡教育界抗敌后援会驻会常务理事、县民教馆馆长、云和简易师范教导主任等职,主编《云和快报》、《云和教育》、《浙江妇女》、《南东儿童》等刊物。1940年10月参加新四军,历任苏中行政公署文教处编审、山东省教育厅编审室主任等职。共和国成立后,历任上海市政府教育处中教室主任、上海市教育局中教处处长、辞海编辑所主任、辞海编辑委员会副主编、上海哲学社会科学学会联合会副主席、上海市语言文字工作者委员会副主任、中国教育学会常务理事、上海市教育学会会长、上海市第六届政协常委、中国陶行知研究会顾问等职。1988年3月22日在上海病逝。主要著作辑有《杭苇教育文集》等。

在《幼儿的"教"和"养"——关于幼儿教育的几点意见》一文中,杭苇首先强调了幼儿教育的重要性,并在此基础上主张对幼儿的教育应该是"教"、"养"并重,并着重指出"教"的三个方面,即保健教育、思想品德教育和知识教育。

幼儿教育,是一个重要的教育阶段。俗话说:"要庄稼好,先要苗好。"对一个人的成长,有类似的说法,也有一句俗话:"从三岁看八十。"当然,这句话是形而上学的,把人看死了,缺乏发展的观点。但从这里可以看到,一个人在幼儿阶段所受的教育,对他今后的成长的重要性。

我们可以回忆自己的童年,回忆熟悉的人们的成长情况,或者作一些调查研究，就可以找到大量的事例，说明一个人的成长，与他们自己的童年关系极大。比如说，一个人的性格倔强、暴躁，或者软弱、胆小，或者抑郁、多愁，往往同他的幼年时经常受到父母打骂有关；一个人的骄傲、任性、虚荣，听不得人家的批评意见，又可能是同家长对他的溺爱有关；孤僻、不喜欢同人相处，不乐意过集体生活，也往往是同他们幼年的孤独生活有关；等等。

我有一个想法，在幼儿阶段，教和养应该并重。我们所说的教养并重，或教养结合，是指把教和养两者作为培养幼儿健康成长不可缺少、同时又不可分的两个方面。我主张在幼儿阶段，要把"养"的工作放在十分重要的地位，一定要把幼儿养好。体质健康，是幼儿成长的基础，是教育的基础，也是今后参加生产劳动的基础。否则，正如毛泽东同志所指出的那样，影响健康，学了也无用。关于"教"，在幼儿阶段，我认为不要强调知识传授。在"教"的方面，似可着重进行下列三个方面的教育：一、保健教育。要培养幼儿好动、好玩、好游戏，要他们跳跳蹦蹦，无忧无虑，过着活泼愉快的生活。这是幼儿健康成长的一个很重要的条件。幼儿的不少疾病，是从不注意卫生习惯引起的，卫生习惯（包括勿随意吃零食），要从幼儿培养起。二、思想品德教育。文明行为，有规矩、懂礼貌，要从小教育培养。要从小进行集体主义教育，教育他们不要老是想到自己，心中只有自己，事事只顾自己。要教育他们时时、处处替别人着想。要喜欢同别的小孩一起玩，不要只想到自己一个人玩，等等。要经常结合日常的生活事例进行爱祖国、爱人民、爱劳动、爱科学、爱护公共财物（包括爱护集体利益）等教育。三、对知识教育，不要强调要识多少字，计算能力有多高。但要鼓励幼儿爱表达自己的意见，并逐步要求能用正确的语言表达自己的意见。在知识方面，主要培养他们逐步具有对事物有比较的能力，要在日常生活接触到的事物中，发展幼儿从具体到抽象的思维能力。要教育幼儿能经常关心周围的事物，对不了解、不熟悉的事物，喜欢问"这是为什么"？养成提问的习惯。要从小培养幼儿从个别的事物中能逐步具有概括事物的习惯和能力。要从日常生活中，一年四季中，逐步了解事物的变化都是有规律的，等等。总之，要在日常生活中，在观察事物中，在游戏中，培养他们观察事物和分析事物的能力。当然，这要限于幼儿所能接受和理解到的范围之内。

在幼儿教育工作者面前，有许多科学研究工作要赶快去做。建议幼教工作者从以下几个方面去着手：一、搜集、整理已有的关于探讨幼儿教育有重要价值的论文，比较成熟的经验总结，并请出版部门有选择地、有计划地陆续出版；二、总结现有的经验，供大家探讨、参考。经过再实践、再总结，从中摸索出规律性的东西来；三、一定要开展广泛的科学研究工作，一方面可以学习、消化上述一、二方面的科学研究成果，另一方面，要定出课题，分头去做大量的调查研究工作。

能不能定出一个规划？比如说，在二〇〇〇年以前，经过广泛的、大量的科学研究，又经过反复的实践、总结，在这些工作基础上，能写出既有理论价值的、又有丰富的实践经验的是我国土生土长的一本《学前教育学》来。当然，我们为了实现上述目标，还要制订具体计划。从时间来说，如三年、五年的，十年、十五年的，最后是二十年的；从科学研究的内容来说，可以分思想教育、行为习惯、智力与能力的培养、卫生习惯、增强体质等几个方面。一个总题目就是在幼儿教育阶段怎样贯彻德智体全面发展。为了更好地贯彻德智体全面发展的方针，又可以从领导、教养员到家长，并取得社会各方面的配合，还要从教和养的要求上对管理、设备、条件等，加以综合研究。

以上很不成熟的意见，请幼教工作者来共同探讨，这是我们的愿望。

杭苇：《杭苇教育文集》，上海教育出版社 1985 年版。

把幼教工作同社会主义建设紧紧地联系起来

《把幼教工作同社会主义建设紧紧地联系起来》是杭苇对荷花池幼儿园教育教学经验的总结。杭苇在这篇文章中对该园教学活动的总结主要从两个方面进行：一是学习她们把幼教工作看作是建设社会主义事业中的一颗石子、一滴水珠；二是学习她们有一颗全心全意为人民服务的红心。在此基础上，杭苇指出应该把幼教工作同社会主义建设紧紧地联系起来。

我们从荷花池幼儿园的经验中学习到一些什么呢？

第一，学习她们把幼教工作看作是建设社会主义事业中的一颗石子、一滴水珠。

荷花池幼儿园的同志们对幼教工作有一个正确的认识。她们牢记毛泽东同志关于要“好生保育儿童”的教导，并认识到幼托工作是为解放妇女劳动力，为发展工农业生产、发展社会主义经济服务的；是为培养无产阶级革命事业的强壮幼苗服务的。她们认识到自己所从事的幼教工作，虽然极其平凡，却是具有崇高意义的。因此她们把同家长的关系看作是一种亲密的同志关系，而不是“你出钱，我为你带孩子”的雇佣关系，把幼教工作看作是建设社会主义事业中的一颗石子、一滴水珠。清洁工小纪说得好：什么“高低贵贱”、“有没有出息”，那是剥削阶级等级观念的反映；能为建设社会主义事业作出一点贡献，这就是高尚，就是有出息。她总是千方百计争取多为人民、为集体做点好事，把做一餐饭、拖一次地板都看作是和远大目标联系在一起的。又如幼教培训班学生小王，当她在学习中逐步认识到幼教工作的重要意义，把幼教工作同社会主义的远大目标联系起来后，心胸就开阔了。她看到自己面前所培养的对象是无产阶级革命事业接班人，在思想上不仅安定下来，而且感到自豪了，因而乐意去做“平凡的小事”，主动挑重担。

第二，学习她们有一颗全心全意为人民服务的红心。

荷花池幼儿园的同志们在把幼教工作同社会主义建设事业紧紧联系起来以后，就产生一颗全心全意为人民服务的红心。她们坚持为工农业生产服务，为人民群众服务的办园的路线。家长那里有困难，她们就把困难接过来，迎着困难上。她们的做法是，每年要普遍进行几次家访，通过调查访问，了解广大家长的困难和需要。如有的希望能把幼儿提早一点时间送园；有的需要迟接；做夜班的希望能让幼儿住在园里；有的家长外出几天，或其他人生病住院等，无人接送孩子，都希望能让幼儿住园；有的要求让幼儿全天搭伙；有的孩子有病，家中无人照顾，希望把孩子送到园里来；等等。她们总是尽一切可能为家长服务，想家长之所想，急家长之所急，真正做到全心全意为人民服务，坚持为生产服务的办园路线。

她们在工作中坚持做到：必须时刻想到家长之所想；必须主动争取“自找苦吃”；必须处处当有心人；必须全园团结一致，共同协作；必须全园重视卫生保健工作；必须保养好儿童，让家长放心；必须对工作精益求精。集中到一点，就是有一颗全心全意为人民服务的“红心”。一个人，在工作中有没有为生产服务的思想，有没有全心全意为人民服务的思想，对认识问题、分析问题和处理问题，是大不一样的。当前，正值暑天，荷花池幼儿园的同志所想的，不是在暑天能多轮休几天，而是为了使工农业生产能搞上去，为解放妇女劳动力，让家长无后顾之忧。由于工作性质任务不同，她们不想同中小学比假期，而是在想盛夏高温季节，更需要为生产着想，为家长着想，为幼儿健康着想。正因为她们有这样一颗红心，每天为幼儿揩身两次，午睡前洗一次澡，回家吃晚饭前再洗一次。这种精神，这种干劲，是值得我们敬佩！值得我们向她们学习！

荷花池幼儿园的经验是比较全面的，我在这里只是着重讲她们的思想，讲她们的精神。我们有一大批从事幼教工作的同志，她们是在艰苦地、勤勤恳恳地工作，而且做出了各式各样的成绩。荷花池幼儿园是百花园中一朵鲜花。让我们来个百花争艳吧！

杭苇：《杭苇教育文集》，上海教育出版社 1985 年版。

孩子的成长与家庭教育

在《孩子的成长与家庭教育》一文中，杭苇首先强调家庭教育对孩子成长的重要性，接着向家长提供家庭教育的经验，即上海教育出版社编辑出版的《家庭教育的艺术》一书。针对该书局限于对知识分子家庭经验的介绍，杭苇希望能总结出农民和贫苦家庭的幼儿家庭教育经验。

父母，是孩子的第一个老师。他们对孩子的成长，起着相当重要的作用。因为婴儿入世以后，就随时随地、日积月累地、逐步地接受着父母的教育和周围社会环境的影响。

有句俗话："龙生龙凤生凤。"这个说法显然是错误的。我们知道，一个人的道德、才能并非与生俱来，而是靠后天的教育培养。但是，孩子在成长过程的一定时期，主要接受父母的教养。从这个意义来说，父母的教育和家庭环境对一个人的成长关系很大。为了说明这一点，可以"狼孩"为例。"狼孩"在婴儿时被狼叼走了，同狼生活在一起，因而他的生活习性很像狼。人孩变成"狼孩"，不是先天的原因，而是后天的影响。这可以启示我们，父母的一言一行，包括社会意识，都会在孩子身上潜移默化，在孩子的心理意识上、行为习惯上，或者接受良好的教育，或者受到不良影响。而且，孩子从婴幼儿到青少年这一成长过程中，模仿性特别强。父母在家里和社会上的言行举动，都可能被孩子学了去。这就说明家长的以身作则对于孩子是何等重要！

孩子进了学校以后，接受学校的有目的、有系统的正面教育。学校教育对于他们的成长起着主导作用，这是一方面。另一方面，他们仍然离不开家庭教育。家长对他们负有直接的教育责任。家庭教育与学校教育，应该紧密配合，相互促进，共同激励孩子"天天向上"，而决不应该起相互抵消的作用。孩子入学前，家长怎样进行启蒙教育，入学以后，家庭教育又怎样同学校教育密切配合，相辅相成，从而在孩子的成长中发挥良好的积极作用呢？我想，这便是上海教育出版社编辑出版这一本《家庭教育的艺术》的目的意图。

这本书集中了一批好的家庭教育经验。像《"小捣蛋"成了科学迷》，针对孩子爱玩、不听话的特点，介绍如何把孩子的兴趣、注意力引导到爱科学、学科学上去的。《培养露露的观察能力》，叙述了家长配合学校教学。《数星星的孩子》这篇课文，诱发孩子观察的兴趣，指导观察方法，丰富观察内容，扩大知识面，引导孩子经常关心周围的自然现象和生活现象，发展孩子的思维、想象能力。《琴坛幼苗的成长》、《色彩的天地》等篇，说明充分运用家庭的条件，培养孩子的兴趣爱好，在某一方面为他们打好基础，可以使孩子成长较快，成绩较大。书中也有好多篇幅反映出家长十分重视孩子的思想教育。如《变得更美些吧，小吉吉》，就是有针对性地帮助孩子克服自卑感、追求时髦等不正确思想；《孩子说谎以后》，教育孩子要做一个诚实的人；《播下文明的种子》，告诉家长要以身作则；等等。搜集在本书内的每一篇文章，都从某一个侧面，提供了很好的教育子女的经验，很值得家长们参考。有些内容，对学校的教师来说，也有一定的参考价值。例如《当孩子提问的时候》，就是一篇很好的教学经验。又如《我们培养了杜影的学习兴趣》一文中，"用图书和故事来吸引她"，"找到了生动形象的认字方法"，"学习成了她最快乐的事"等宝贵经验，不仅可供家长参考，也值得学校的老师学习。杜影在入学以前，就已认识了那么多字，读了那么多书，而且实践证明她学得很出色。这是应该肯定的。我认为，对个别的孩子作一些试验，不是不可以。但我总感到，幼儿时期，主要是长身体时期，一个幼儿要完成那么重的学习任务，是否有此需要？我想把这个问题提出来请大家、特别是研究儿童教育的同志们探讨。

最后，我向本书编辑提一个建议。搜集到本书内的经验，大都来自知识分子的家庭。这在家庭的结构来说，它确实是一个重要的方面。知识分子的家长，对孩子的成长，比较来说是更为关心的。他们中间，怎样教育孩子，在要求上、方法上，又往往各不相同的，有的比较正确，比较恰当，方法也比较好；有的则方法不那么对头，要求不那么恰当，思想教育也不一定重视。因此需要总结好的经验，供大家参考，起到相互交流、相互学习的作用。但同时，在数量上占多数的工人、农民家庭，不少家长还缺少这方面的经验，而本书反映他们的家庭教育经验很少。所以，我想：如有可能，希望能继续编一本反映他们的家庭教育经验的书。这是我的一个建议，也是我的一个希望。

杭苇：《杭苇教育文集》，上海教育出版社 1985 年版。

愿小树苗健康成长

《愿小树苗健康成长》及后选《把教养儿童的责任担负起来》、《致父母、教育工作者和儿童保育工作者的一封公开信》、《把培养革命后代的责任担当起来》，均为宋庆龄有关儿童教育的论作。

宋庆龄(1893～1981)，原籍广东文昌，出生于上海。我国现代著名的女政治家、教育家。早年就读于上海中西女塾，1908 年赴美留学。1913 年毕业于美国佐治亚州林肯市威斯理女子大学，归国途经日本时结识孙中山，1915 年与孙中

山结婚。孙中山病逝后，历任国民党中央执行委员、中央政治委员会委员、国民政府委员。1927 年和 1929 年被“国际反帝国主义同盟”大会选为名誉主席。1931 年 7 月回国后，从事社会福利工作和抗日救国活动，并于次年与蔡元培、鲁迅等发起组织“中国民权保障同盟”，任主席。抗战爆发后，组织“保卫中国同盟”，致力于战时医药救济和儿童福利工作。抗日战争胜利后，将“保卫中国同盟”改组为“中国福利基金会”，从事妇幼福利事业。共和国建立后，当选中央人民政府副主席，后历任国家副主席、全国人民代表大会常务委员会副委员长、全国妇联名誉主席和中国人民保卫儿童全国委员会主席等职，并被授予中华人民共和国名誉主席。1981 年 5 月 29 日在北京病逝。

宋庆龄一生非常重视并积极参加儿童教育事业，主张对儿童进行革命教育，呼吁教育工作者和社会各界共同关注儿童的未来，以促进儿童的全面发展。其主要著作有《为新中国奋斗》、《宋庆龄论少年儿童教育》等，现出版有《宋庆龄选集》。

《愿小树苗健康成长》是宋庆龄对全国三亿多少年儿童提出的殷切希望，希望他们学好各方面的知识，成为社会主义革命事业的接班人和现代化建设事业的主力军。

可爱的孩子们，每当我想到你们，我的眼前就浮现出那些充满生机的小树苗。你们像小树苗一样，柔软的枝条，嫩绿的叶子，在肥沃的土地上扎根，在和煦的阳光下成长。你们睁着惊奇的眼睛观察着：这个世界多么新鲜，多么有趣，多么灿烂！可是，我要提醒你们，狂风暴雨，病虫害，环境污染，都会危害小树的成长。对那些长得歪歪扭扭的小树，还要进行矫正、修剪。同样，社会上某些坏思想、坏风气和旧的习惯势力，也是对你们的危害和污染。因此，你们就需要认真学习，接受教育，增强抵抗力和提高辨别力。要学会在这个纷繁复杂、千变万化的世界上，辨别什么是真的，什么是假的；什么是美好的，什么是丑恶的；什么是正确的，什么是错误的。这样，你们就会像小树苗一样，长成大树，聚成森林，成为祖国需要的有用之材。

我国各族人民在中国共产党领导下，正在进行着社会主义现代化建设事业，这需要几十年时间和几代人的努力。你们是老一代开创的革命事业的接班人。再过一、二十年，你们将成为建设四化的主力军。你们要时刻准备着担负起这个光荣的任务。

我想，你们要在思想上、精神上作好准备。实现四个现代化，不但要有物质力量，还要有精神力量。什么是精神力量呢？要热爱社会主义祖国，继承光荣的革命传统，要有共产主义的远大理想，高尚的思想品德，助人为乐的精神和文明礼貌的行为。你们现在进行的“学雷锋、树新风”和“五讲”、“四美”活动就是这方面的起码的要求。希望你们从现在做起，从自己做起。

要刻苦学习文化科学知识。社会主义现代化要求我们要有高度的文化科学知识和聪明智慧。你们要通过学习，掌握古今中外的文化科学知识，并且要准备创造更高的文化科学。

要锻炼身体。要从小养成卫生习惯，保护眼睛，增强体质，才能获得充沛的精力，养成活泼开朗的性格。艰巨的工作在等待着你们，没有健康的身体是担当不起这个任务的。

还要有健康的文化艺术修养。对文学艺术要有鉴赏力，优美的音乐、美术、文学等对陶冶性情起着重要作用，能够抵制那些不健康的有害的东西，养成优美高尚的情操。

我们正在大力进行绿化祖国的工作，也正在对三亿以上少年儿童进行培养教育工作。我想象着葱绿的大地和鲜艳的红领巾将把祖国点缀得更加美丽多姿，更加欣欣向荣。愿你们和小树苗一同成长，成长得挺拔、旺盛，经得起任何暴风雨和病虫害的考验，成长为栋梁之材，成长为社会主义现代化建设事业的坚强接班人，为创造更高的物质文明和精神文明作出超过前人的巨大贡献。

中央教育科学研究所编：《宋庆龄论少年儿童教育》，教育科学出版社 1984 年版。

把教养儿童的责任担负起来

该文原载于 1957 年 6 月 1 日《人民日报》。在文中，宋庆龄指出教养下一代儿童是全民的共同责任，尤其是做家长的首先要担负起这个责任来，并以“勤劳朴素，诚实勇敢”的精神勉励所有的儿童和担负教养责任的成人。

儿童是我们的未来，是我们的希望，是我们国家最宝贵的财富。我们必须像爱护幼苗一样的爱护他们，像栽培小树一样的栽培他们，为他们准备好一切生长的条件，帮助他们战胜风霜虫豸[1]，同时也要注意矫正长得歪曲了的躯干，剪掉不成材的枝丫。只有这样，这些小树才能长得茁壮、正直，才能经得住风霜，才能成长为有用之材。

几年来，我们的国家给予儿童们最大的关怀和爱护，使他们只能用“幸福的童年”来形容自己的生活，使得我们成年人看到我们的下一代，不能不感到安慰，引为骄傲。这是我们国家和各方面人士——特别是做父母的和儿童教育工作者长期培养教育所得到的成绩。

但是在教养儿童的工作上，我们并不是都尽到了应尽的责任。成年人的行为是儿童的榜样，他们从长辈的行为上找到自己的生活习惯和道德的标准。长辈人的革命奋斗，忘我劳动的行为培养儿童们为参加祖国社会主义建设事业作好准备。但是长辈人的身上也常有些不好的行为给了儿童坏的影响，往往成年人只认为生活小节的一些坏习惯，很容易在孩子身上看到反应，更何况现在社会上还有少数人有意引诱儿童做坏事，这不能不引起我们的重视。

教养下一代是我们全民的责任。首先作家长的要负起这个责任来。现在有些作父母的认为教育儿童是国家的事情，自己可以放任不管；有些人以打骂代替教育；有些人以溺爱代替爱护，甚至有些家长对应届中、小学毕业生施加压力和威胁，增加儿童们在毕业升学问题上的不必要的紧张。不能让这些现象长久存在下去，全社会的人应该负起责任来，首先作家长的应该学会正确地教养自己的子女，这是作为一个新中国的公民对国家应尽的义务！

我们的国家正处在社会主义建设时期，使六亿人民[2] 摆脱贫困，不断提高人民的物质文化水平，是一件伟大而艰巨的任务，这个任务甚至不是我们一代人能够完成的。为了使我们的下一代能够成为我们伟大事业的接班人，使他们将来无愧于作为革命的中国人民的光荣后代，我们留给他们的财富就不仅是物质财产，而最宝贵的东西乃是我们传统的革命精神，也就是今年“六一”国际儿童节的口号，“勤劳朴素，诚实勇敢”的精神。

“勤劳朴素，诚实勇敢”，这是我们对儿童提出的要求。但我想首先应该把这个要求向一切成年人提出来，因为他们随时随地以自己的行为影响着儿童，因为他们担负了教养儿童的责任。

中央教育科学研究所编：《宋庆龄论少年儿童教育》，教育科学出版社 1984 年版。

注　释

1. 豸：zhì，本指长脊兽，如虎、猫之类，又引申为无脚的虫，如蚯蚓等。
2. 六亿人民：20 世纪 50 年代末 60 年代初对中国人口的概算。

致父母、教育工作者和儿童保育工作者的一封公开信

在《致父母、教育工作者和儿童保育工作者的一封公开信》中，宋庆龄首先肯定了共和国成立以来儿童教育工作所取得的进步，接着要求不断提高儿童教育

工作的质量，希望每一个儿童都得以健全发展，成为具有高贵品质的人，成为社会主义和共产主义的建设者。

今天，我们全国又在庆祝国际儿童节了。像往常一样，这是我们的一个非常愉快的日子。对于父母、教育工作者、儿童保育工作者来说，对于我们这些直接对儿童的幸福负责和对他们的健全发展负责的人来说，这是一个具有特别重要意义的日子。

在这一天，我们不仅要为我们的儿童高兴，同时我们也要严肃地考虑一下我们在家里、在玩的时候、在托儿所里和在学校里对他们抱着怎样的态度。这一点，现在应当成为我们的习惯了。在我们进行建设社会主义和保卫我们祖国的斗争的同时，在我们提高我们的政治认识和思想水平的同时，我们必须保证我们在社会生活中不要存在落后的看法，特别要注意在这些方面给孩子们带来了怎样的影响。

我们是通过越来越多地关怀儿童身心的进步，来表示我们对他们的爱护的，这是社会主义社会和已经开始建设社会主义的人们的一个原则。对于我们来说，首先关怀的是儿童。但我们不是那种优待少数、歧视多数的资本主义社会个人主义方式的关怀，而是集体的社会主义方式的关怀，那便是不断增加花在广大儿童身上的经费和精力。

这个基本原则直接反映在我们的宪法中。宪法第九十四条规定：国家特别关怀青年的体力和智力的发展。第九十六条规定：婚姻、家庭、母亲和儿童受国家的保护。因此，保证我们国家每个儿童的健全发展是我国每个公民的目标和义务。

毫无疑问，我们正在努力达到这个目标。在回顾短短五年的时间里，没有人会看不到我们的巨大进步。不仅城乡家庭生活在经济上正在好转和不断改善，并且人们可以看到各处都建立了新的产科医院、学校、托儿所、文化设施和运动场所等。我们可以由于这些进展而为我们的儿童感到高兴。这将鼓励我们每一个人更努力地增加生产和提高工作效率，以便保证这种建设的不断发展。

但是这种进展虽然是令人高兴的，我们却绝不可忘记一件事。儿童们最需要的是我们爱护和指导。没有这些，世上最舒适的物质享受也是没有什么价值的。要求于我们的还不是普通的关怀，而是某种在质量上不断提高的东西。因为今天中国的儿童是在一个正在建设新生活、每天完成着英雄业绩的国家中受教养的。

我们所生活的社会里，由于它为自己规定的宏伟任务，是珍视每一个人的。

我们的愿望是我们每一个人得到最充分的发展，作出最大的贡献，这样，个人就能同他的全体同胞一道增进他的福利。这样一种社会所产生的对儿童的热爱和感情，在旧社会里是不可能存在的。在旧社会里，人的感情很难超出他自己的家庭的圈子。这种新感情是从我们正在创造的新环境里产生出来的。这不仅表现了对某一个儿童的深挚感情，而且远远超过这个范围，由于儿童对整个社会所具有的意义，他得到了人们的珍视。这是一种在深度上、表现方法上和力量上都是无限的感情。具有了这种热爱和感情，父母、教育工作者和儿童保育工作者就能为儿童做出在质和量上都是无可比拟的工作。

大家可以看到，我们衡量我们对儿童的态度的标准是非常高的。我们，不论是父母、教育工作者还是儿童保育工作者，有多少人能够说我们符合这个标准呢？我们大多数人大概都觉得我们是尽到了我们最大的力量了，但是生活要求我们的爱护要比以前更深，而这是一件不经思考和努力就做不到的事情。

事实上，有些人包括父母和儿童工作者在内，根本不把我们所生活的时代和他们对儿童的态度联系起来。还有父母打子女或进行其他虐待的事情。有些保育工作者和教育工作者，由于自己存在缺点和缺乏自我批评，因而对他们的责任缺乏信心，以致施行愚蠢的惩罚并使用暴力。当然，这些都是非常特殊的例子，但是我们不能否认是有这样的情况存在。只要这种情况存在一天，这就说明我们的态度一般说来还有缺陷，我们的旧思想方式同我们的新生活现实之间还有距离。

我们必须对使用任何形式的强迫和暴力的人们指出：这不仅从教育儿童的观点来说是错误的，而且也是违反国法的，是一种罪行。我们还必须对那些对儿童采取放任态度的人们指出：你们辜负了社会对你们的委托，因为社会交给每一位父母、教育工作者和儿童保育工作者一个庄严的责任：教养我们的未来的公民，使他们诚实、勇敢、爱工作、爱祖国、爱同胞并且有同志般的友爱精神。这是一个不能轻率对待的责任，也是不能采取冷淡态度来对待的事情。我们每一个人必须尽全部力量使我们自己具有上述的品德，然后我们才能教育我们的年轻一代，使他们具有这种品德。

父母必须提供充满了爱、有原则和有意义的家庭，因为家庭是对儿童进行教育的一个基本单位。教育工作者和儿童保育工作者必须以高度的责任心，以充满了对儿童的真诚的爱，来对待自己的工作，这样才能获得主动性地和创造性地进行工作的动力。家庭和在家庭以外进行的儿童工作，都必须努力充分利用我们的社会在它前进中提供的物质条件。我们必须使我们的儿童处处受到爱护，我们必须无微不至地照顾他们；我们必须履行我们对我们伟大祖国的责任，使它的儿女成为具有高贵品质的人，成为社会主义和共产主义的建设者。

我们能满足这个要求吗？我对你们说，我完全相信我们能够。为纪念这个日子，每一个父母、教育工作者和儿童保育工作者应当使他（她）自己更好地献身于这个目标。

中央教育科学研究所编：《宋庆龄论少年儿童教育》，教育科学出版社1984年版。

把培养革命后代的责任担当起来（节录）

该文系宋庆龄为《工人日报》关于“怎样教育我们的子女”的问题讨论而作。文章肯定了在党、保育员、教师、少先队辅导员及社会各方面的关怀教育下，孩子们的优秀品质的成长。接着指出要担当培养革命后代的责任，首先要树立正确的教育观点，其次要有正确的教育方法，即对孩子要坚持正面教育，运用启发、说服、鼓励等方法，再次要对孩子进行集体主义教育。

……

离开了教育，即使无产阶级家庭的子女，也不可能自发地形成无产阶级思想；离开了教育，即使老子是英雄，儿子也不一定会成为好汉；离开了教育，孩子不会因为“生在新社会，长在红旗下”而“自然红”起来。幼苗纵然生在肥沃的土地上，但是如果没有农民细心的培育，不去锄草、施肥、灌水、除虫、修枝，就很难长成茂盛的庄稼。我们的孩子降生在社会主义的肥沃的土地上，有着党无微不至的关怀和教育，他们完全有可能成长为共产主义事业的接班人。但是也要看到：他们生长在和平的环境中，没有经受过剥削和压迫，没有经历过残酷的阶级斗争，不了解旧中国劳动人民所遭受的苦难，不了解革命成果得来不易，加上他们年轻幼稚，知识不足，因而对资产阶级思想的侵袭，缺乏抗毒的能力。而当他们开始睁开眼睛看这个世界的时候，开始认识生活的时候，我们这个社会上还存在着无产阶级和资产阶级之间的斗争，存在着社会主义和资本主义两条道路的斗争，不甘心死亡的阶级敌人，把消灭共产主义的企图寄托在我们的下一代的身上，千方百计地用腐朽的资产阶级思想影响下一代。因此，把我们的孩子教育成具有坚定的革命立场，成长为吃得了艰苦，经得起风浪，挑得起重担的英雄，乃是“百年树人”的重要工作，是关系到我们革命事业的成败的问题，是关系到能否保得住社会主义江山，我们的革命在今后几代人手里会不会变质，共产主义事业能否取得最终胜利的重大问题。

人，是一切革命事业的决定因素。把这一代孩子教育成人，教育成符合革命需要的人，是全社会的责任，需要家庭、学校、社会三方面很好的结合起来。其中家长的责任非常重大。这是因为父母是孩子的第一个老师，孩子从幼儿到小学、中学时期，大部分是生活在家庭里，而这正是孩子们长身体、长知识，培养性格、品德，为形成世界观打基础的时期，父母的一言一行都给孩子深远的影响。如果父母不对孩子进行正面的教育，就难免产生反面的影响。以为父母只管生、养，不管教育，是不负责任的态度。为了共产主义事业，为了革命的利益，要求父母把教育子女的责任担当起来。子女是父母心上的宝贝，但更重要的，他们是属于人民的，他们是革命的接班人，是未来的创造者。教育子女的工作，是革命工作的一部分，具有重大而深远的政治意义。我们没有权利放弃责任。

担当培养革命后代的责任，首先要树立正确的教育观点。就是说，用什么思想去教育孩子，把孩子培养成什么样的人。孩子是单纯的，但教育孩子并不简单。

"我教子，惟一经。"教子有"经"是好的，问题是用什么"经"去教子。不同的时代和不同的阶级，使教子的"经"具有不同的内容。旧社会的"经"，不外是要么做"人上人"，升官发财，光宗耀祖；要么安分守己，逆来顺受，甘心做奴隶。我们社会主义时代的"经"，无产阶级的"经"，是用共产主义思想教育下一代，用阶级和阶级斗争的观点教育下一代，把我们的下一代培养成像雷锋那样"毫不利己，专门利人"的人，像雷锋那样"忠于革命忠于党"，像雷锋那样"把有限的生命投入到无限的'为人民服务'之中去"。把我们的孩子们培养成能够继承革命传统，成为我们伟大社会主义祖国未来的建设者和保卫者，成为实现共产主义、解放全人类的战士。

……当我们的孩子们长大起来的时候，将遇到更为宏伟，更为艰巨的革命和建设任务。这就要求他们有更远大的革命理想，更坚毅的革命精神，更丰富的现代科学文化知识，更健壮的身体，才能经得起风浪，看得清方向，挑得起这副重担。有人把孩子看成是父母的私有财产，抱着"养儿防老"的目的，只关心孩子个人前途的发展，希望他报答父母养育之恩；不积极鼓励孩子参加革命斗争、参加生产劳动；把孩子拖在身边"膝下承欢"，而不让他远走高飞。这正是一种私有观念的表现。企图把孩子关在家庭的小天地里面，既表现了父母的个人主义思想，也滋长了孩子的个人主义思想，是要不得的。在我们社会主义制度下，人民的利益和家庭的利益是一致的，革命家庭应该是老子革命也要儿子革命，教育子女从小听毛主席的话，学雷锋的样，从小学习为集体谋幸福，学习为人民服务；从小培养集体主义思想，而不是个人主义思想；从小鼓励他们志在四方，而不是留恋乡土。做父母的眼光应该放得远大些，鼓励孩子树立革命大志，准备投身到变革社会，改造大自然的轰轰烈烈的斗争中去冲锋陷阵，这才称得起是好样的后生。

有人说，我们受了一辈子苦，现在应该让孩子们享享福了。于是有些父母不愿意对孩子讲过去受的苦难，怕损伤了孩子的心。只要给孩子吃好些，穿好些，生活得舒服些，对孩子的某些缺点，也不认真教育，不严格要求，以为这样才表现了父母之爱。试问这样的爱，将产生什么结果呢？势必把孩子惯成好吃懒做，贪图安逸，把他们引导到不择手段地追求个人享受的路上去。这种对子女的娇惯、溺爱，实质上是资产阶级的教育观点，和培养坚强的革命后代的要求背道而驰。爱孩子是人之常情，但怎样爱法？怎样才是真正的爱？都很有值得研究的道理。长辈人经历了千辛万苦，抛头颅、洒热血，打下了今天这个社会主义江山，现在革命的道路还很长，建设的任务还很重，这就要求我们的下一代继承艰苦奋斗的革命传统，准备把革命的接力棒接过来，奔向胜利的终点。对孩子的任何娇惯、溺爱，不但害了孩子也不利于革命。对于将肩负大任的新的一代，应该是“苦其心志，劳其筋骨”，而不是娇生惯养。应该分配给孩子力所能及的家务劳动，自己的事情尽可能自己做，这样来培养劳动观点。等待着一代新人的，是复杂的国内外阶级斗争，是艰巨的建设任务。这就要求他们具有清晰的头脑，健强的身体。他们要准备到高山、海洋、森林、沙漠中去进行战斗，要在生产战线上和科学技术领域中去进行艰苦劳动，去创造、革新、发明。等待他们的不仅有胜利的欢呼，还有困难、失败、犯错误等的考验。如果不能从小养成吃苦耐劳的习惯，坚韧不拔的意志，独立解决各种问题的能力，那末长大以后，就不可能担负起党交给他们的任务，就不可能在任何艰苦的条件下保持旺盛的、乐观的革命精神。因此，我们爱孩子，就应该是革命者的爱，把革命的传家宝交给下一代，把他们培养成不怕严寒风雪的松树，而不是养成经不起风吹雨打的纤花细草。

还有人说，孩子的好坏是天生的。或者说，孩子还小，长大了自然会好的。这都忽视了教育的作用。我们承认孩子的秉赋有差异，但是孩子的好坏，主要是教育的结果。孩子从初生之日起，就受着社会环境的影响，他们是“染于苍则苍，染于黄则黄”。生活环境随时随地在感染孩子。成年人——特别是亲人的生活习惯、兴趣爱好、思想品德强烈地影响着孩子。在存在着无产阶级和资产阶级之间的阶级斗争，社会主义和资本主义的两条道路的斗争的情况下，孩子们受到的社会环境的影响是极其错综复杂的。资产阶级思想和旧的习惯势力并不因为孩子太小而不去影响他们，事实上，国内外阶级敌人正使用各种方式来毒害我们的下一代，应该引起警惕。借口天生的坏孩子管也好不了，从而放弃教育；或者借口孩子还小，长大了自然会好的，从而放任自流，都是不负责任的表现，都会给资产阶级思想侵蚀下一代以可乘之机。我们应该随时随地在孩子幼小的心灵中播下革命的秧苗，不断地用共产主义精神去教育他们，增强他们的抗毒能力，使他们能够分清好坏是非，爱憎分明，成长为坚强的无产阶级战士。

还有人往往喜欢问孩子的志愿，“你长大了要干什么革命?”有些孩子就回答要当工程师、医生、音乐家、运动员、解放军等等。发问的人听到这些回答以后，不免称赞孩子有志气，鼓励一番。这里遇到一个问题：什么样的孩子是有志气的孩子？孩子应该有什么样的志气？立志愿和选职业是两回事情，过早地定下当工程师、当医生之类的目标，将使孩子学习的目的性不明确，而且随着孩子各方面的发展和祖国的需要，孩子的这些志愿会变得不切实际，甚至造成思想上的负担。真正的志愿不是选择什么职业，而是和树立什么人生观联系在一起的……

在树立了正确的教育观点，明确了把孩子培养成什么样的人之后，还需要有正确的教育方法。

孩子的认识和学习，首先是模仿的过程，从咿呀学语、认识周围事物，到学会各种动作，都是从模仿开始的。成年人的一言一行，都是孩子的榜样，大人骗孩子，孩子也就学会了欺骗；大人打孩子，孩子也就学会了打人。大人大公无私、团结友爱、艰苦朴素、诚实勇敢，才能为孩子树立榜样，使他们受到潜移默化的教育。这就叫“以身作则”，这就叫“身教”。单凭“言教”是不行的，孩子的认识主要是直观的、感性的。父母、教师以及社会各方面人士都要为孩子树立行为榜样。为了教育下一代更应该严格要求自己。

孩子由于年幼无知，分不清是非，意志薄弱，贪玩等等，往往产生一些错误行为。对待这些问题，只能用反复教育，启发诱导的方法，而不能粗暴对待。有些人采取“打”的办法，认为孩子不听话只有“打”才能生效，“棒头出孝子嘛”。打，可以使孩子被迫服从，勉强行事，但是不能使他心悦诚服地改正错误，反而会损害他们的心理发展。打的办法会使一些孩子因恐惧而屈服顺从，逐渐养成怯懦无能、抑郁自卑的性格；会使另一些孩子起而反抗，逐渐形成粗暴专横的性格；还会使一些孩子表面服从、背后故犯，逐渐养成虚伪欺骗的习性。教育孩子是个十分细致的工作，不能简单急躁行事，尤其不能因泄愤、出气而打孩子。这些都是与社会主义教育原则，与培养革命后代的要求不相容的。

对孩子要坚持正面教育，运用启发、说服、鼓励等方法进行长期的、反复的教育工作。要善于用革命领袖和英雄模范的形象鼓舞孩子，表扬孩子的好行为，用生动的事实对他们讲清道理，树立榜样，帮助他们分清是非，找到行为的标准。孩子由于幼稚，由于不能坚持，往往做些胡涂事，甚至有时出于好心却做了错事。这时仍要耐心地、反复地进行教育，启发他自己弄清对在那里，错在那里，帮助他自己改正错误,相信他自己能够改正错误。对孩子应该严格要求,不放松任何小事情,但也要讲究教育方法,从正面进行教育纠正。

孩子活泼好动、好奇敢问,这是年龄特点使然,不能把这些一律当成调皮捣蛋。我们希望孩子成为生龙活虎、坚强勇猛、敢于追求真理、敢于冲锋陷阵的人;而不希望他们变成萎靡不振、胆小怕事、优柔寡断的人。那么活泼好动、好奇敢问正是孩子的优点,而不是什么调皮捣蛋。关键在于引导他们,利用他们好动好问的特点来进行教育。积极组织孩子的体育游戏活动,引导他们阅读图书,给他们讲有意义的故事(千万不要讲鬼故事)等等。我们往往一看到孩子在玩就觉得不对头,其实玩是孩子生活的需要,通过玩可以发展孩子的体力和智力,培养集体主义思想和活泼开朗的性格,而且适当的玩有助于提高学习的积极性,正如成年人的文体活动能够促进生产积极性一样。人们有时要求孩子老成持重、循规蹈矩,不准玩、不准笑,这是脱离实际的不适当的要求。

要鼓励孩子参加集体活动。相信集体力量能使孩子更自觉地上进。和邻居孩子一起玩,参加班级活动,参加少先队活动,都有助于培养集体主义思想。让孩子在集体玩、集体工作的过程中,逐渐养成团结友爱、互助合作的精神,在集体舆论的约束下,养成服从集体利益、遵守纪律的习惯。当然应该关心他的伙伴是些什么样的孩子,但不要认为只要和别的孩子玩,就一定会学坏,因而把他关在家里,带在身边,不准他把玩具拿出去和伙伴一起玩,不准他去积极帮助别人。这样会使孩子的性格变得孤僻,变得自私自利,滋长特殊化思想。孩子只有在自己的集体中,才能更好地成长。

……

中央教育科学研究所编:《宋庆龄论少年儿童教育》,教育科学出版社 1984 年版。